高等职业技术教育精品教材——铁道机车类

电力机车电器

主 编 崔 晶　虞梦月　杨会玲
副主编 王 娟　王晓琴
主 审 李益民

西南交通大学出版社
·成 都·

图书在版编目（CIP）数据

电力机车电器 / 崔晶，虞梦月，杨会玲主编．
成都：西南交通大学出版社，2024. 7. -- ISBN 978-7
-5643-9897-2

Ⅰ．U264.3

中国国家版本馆 CIP 数据核字第 2024QH4701 号

Dianli Jiche Dianqi
电力机车电器

主　编／崔　晶　虞梦月　杨会玲　　　　责任编辑／王　旻
　　　　　　　　　　　　　　　　　　　　封面设计／曹天擎

西南交通大学出版社出版发行
（四川省成都市金牛区二环路北一段 111 号西南交通大学创新大厦 21 楼　610031）
营销部电话：028-87600564　　028-87600533
网址：http://www.xnjdcbs.com
印刷：郫县犀浦印刷厂

成品尺寸　185 mm×260 mm
印张　19.5　　字数　487 千
版次　2024 年 7 月第 1 版　　印次　2024 年 7 月第 1 次

书号　ISBN 978-7-5643-9897-2
定价　48.00 元

课件咨询电话：028-81435775
图书如有印装质量问题　本社负责退换
版权所有　盗版必究　举报电话：028-87600562

本书是根据铁路高职教育铁道机车专业教学计划"电力机车电器"课程标准的要求编写的。

本书共分 4 篇：第一篇为基础知识篇，介绍电器的基本理论，包括电器的电动力与触头、电弧的燃烧与熄灭、电器的发热与散热以及传动装置；第二篇为低压电器篇，介绍常用电力机车低压电器，包括继电器、接触器和其他低压电器的结构和基本原理及维护与检修；第三篇为高压电器篇，介绍电力机车高压电器的结构和基本原理及维护与检修；第四篇为实验篇，根据教学安排全书共收录了 6 个实验。本书以 SS_{4G} 型直流传动电力机车和 HXD_3 型大功率交流传动机车为典型车型编写，既适合于理论教学，又贴近生产实际。

教材的使用建议：

（1）教学中要坚持理论与实践相结合的原则。应避免"重理论、轻实践"的做法。为了提高学生的实际动手能力，应结合其他专业课程适时安排现场实习，将课堂知识转化为实际技能。

（2）突出教学的直观性。"电力机车电器"是一门直观性、实践性很强的专业课，如果只是强调课本上的图文，不追求实物所带来的直观性，那就会使教学效果事倍功半。因此，教师在授课时，一方面要充分利用实物、模型等教具或多媒体课件激发学生的学习兴趣，另一方面要适当增加实验、实训课的教学时数。

（3）我国目前铁路干线运行的国产和进口电力机车型号多达数十种，加之新型机车的不断推出，本书由于篇幅所限，很难包罗所有车型，仅选用具有代表性的两种机车加以介绍。因此，作为本专业教师，应时刻关注电力机车发展的新动向，在教学中，随时将电力机车发展的新技术、新知识、新工艺补充进去；同时，在教学中能总结出各型机车的异同点，做到举一反三，使学生具有较强的适应性和应变能力。

本书由西安铁路职业技术学院崔晶、虞梦月、杨会玲担任主编，王娟、王晓琴担任副主编。参加编写的有西安铁路职业技术学院崔晶（前言、项目一、项目二），虞梦月（绪论、项目三、项目四），杨会玲（项目五），王娟（项目六、实验五、实验六），王晓琴（项目七任务一、任务二、任务四、任务五、任务六、任务七），张笛（项目九、项目十、项目十一任务一、任务二、任务三、任务四），房楠（项目七任务三），张宏强（项目八），周文博（实验一、实验二、实验三、实验四），西安铁路局西安机务段王小峰（项目十一任务五）。西安铁路职业技术学院李益民担任主审。

由于编者水平所限，教材中难免有疏漏和不足之处，恳请广大读者批评指正。

编 者

2024 年 5 月

《电力机车电器》数字资源目录

序号	二维码名称	资源类型/数量	书籍页码
1	认知电器的电动力	PPT/1	7
2	认知触头系统	PPT/1	9
3	认知电弧	PPT/1	26
4	解析电器的发热和散热	PPT/1	45
5	探秘电磁传动装置	PPT/1	55
6	认知电空传动装置	PPT/1	61
7	认识接触器	PPT/1	67
8	探秘交流接触器	PPT/1	71
9	探秘直流接触器	PPT/1	75
10	探秘真空接触器	PPT/1	76
11	接触器的维护与检修	PPT/1	78
12	认识继电器	PPT/1	89
13	探秘电磁式继电器	PPT/1	94
14	探秘机械式继电器	PPT/1	105
15	探秘司机控制器	PPT/1	120
16	认知扳键开关	PPT/1	133
17	认知蓄电池	PPT/1	149
18	解析自动开关	PPT/1	158
19	认知受电弓	PPT/1	186
20	探秘TSG1型单臂受电弓	PPT/1	188
21	探秘DSA200受电弓	PPT/1	193
22	受电弓的检查与维护	PPT/1	199
23	TDZ1A-10/25型空气断路器	PPT/1	210

续表

序号	二维码名称	资源类型/数量	书籍页码
24	BVAC.N99 型真空主断路器	PPT/1	218
25	认知高压隔离开关	PPT/1	232
26	认知高压接地开关	PPT/1	237
27	认知电空接触器	PPT/1	241
28	探秘两位置转换开关	PPT/1	246
29	认知互感器	PPT/1	258
30	认知高压连接器	PPT/1	266
31	认知避雷器	PPT/1	273

目 录

绪 论 ··· 001

第一篇 基础知识篇

项目一 电器的电动力和触头 ··· 006
  任务一 认知电器的电动力 ··· 007
  任务二 认知触头系统 ·· 009
  小 结 ··· 023
  思考练习题 ·· 023

项目二 电弧的燃烧与熄灭 ··· 025
  任务一 认知电弧 ··· 025
  任务二 探秘电弧的燃烧与熄灭 ·· 029
  小 结 ··· 042
  思考练习题 ·· 042

项目三 电器的发热与散热 ··· 044
  任务一 解析电器的发热和散热 ·· 044
  任务二 认知电器的极限允许温升 ··· 047
  任务三 探秘不同工作制下电器的发热 ·· 049
  小 结 ··· 052
  思考练习题 ·· 053

项目四 电器的传动装置 ··· 054
  任务一 探秘电磁传动装置 ··· 054
  任务二 电磁铁的吸力与特性解析 ··· 057

任务三　认知电空传动装置 ·· 61
　小　结 ··· 64
　思考练习题 ··· 64

第二篇　低压电器篇

项目五　电磁式接触器 ·· 066
　　任务一　认识接触器 ·· 067
　　任务二　探秘交流接触器 ··· 071
　　任务三　探秘直流接触器 ··· 075
　　任务四　探秘真空接触器 ··· 076
　　任务五　接触器的维护与检修 ·· 078
　小　结 ··· 085
　思考练习题 ··· 085

项目六　继电器 ·· 088
　　任务一　认识继电器 ·· 088
　　任务二　探秘电磁式继电器 ··· 094
　　任务三　探秘机械式继电器 ··· 105
　　任务四　探秘电子式时间继电器 ······································· 111
　　任务五　继电器的维护与检修 ·· 113
　小　结 ··· 115
　思考练习题 ··· 116

项目七　其他低压电器 ··· 120
　　任务一　探秘司机控制器 ··· 120
　　任务二　认知扳键开关 ··· 133
　　任务三　认知传感器 ·· 137
　　任务四　认知蓄电池 ·· 148
　　任务五　解析自动开关 ··· 158
　　任务六　探秘熔断器 ·· 163
　　任务七　其他电器的检查与维护 ······································· 170
　小　结 ··· 180
　思考练习题 ··· 181

第三篇 高压电器篇

项目八 受电弓和主断路器 ·········· 185
　　任务一 认知受电弓 ·········· 186
　　任务二 探秘 TSG1-630/25 型单臂受电弓 ·········· 188
　　任务三 探秘 DSA200 型单臂受电弓 ·········· 192
　　任务四 受电弓的检查与维护 ·········· 199
　　任务五 认知主断路器 ·········· 209
　　任务六 TDZ1A-10/25 型空气断路器 ·········· 210
　　任务七 BVAC. N99 型真空主断路器 ·········· 218
　　任务八 主断路器的维护与检修 ·········· 222
　　小　结 ·········· 229
　　思考练习题 ·········· 229

项目九 高压隔离开关和高压接地开关 ·········· 232
　　任务一 认知高压隔离开关 ·········· 232
　　任务二 高压隔离开关的维护保养 ·········· 235
　　任务三 高压接地开关 ·········· 237
　　任务四 高压接地开关的检修与维护 ·········· 238
　　小　结 ·········· 240
　　思考练习题 ·········· 240

项目十 电空接触器和两位置转换开关 ·········· 241
　　任务一 认知电空接触器 ·········· 241
　　任务二 探秘两位置转换开关 ·········· 246
　　小　结 ·········· 255
　　思考练习题 ·········· 255

项目十一 其他高压电器 ·········· 257
　　任务一 认知互感器 ·········· 257
　　任务二 认知高压连接器 ·········· 266
　　任务三 认知支持绝缘子 ·········· 272
　　任务四 认知避雷器 ·········· 273
　　任务五 检查与维护 ·········· 277
　　小　结 ·········· 280
　　思考练习题 ·········· 280

第四篇 实验篇

实验一 电磁、电空接触器实验 ································· 283

实验二 电流继电器、时间继电器、接地继电器实验 ··············· 287

实验三 TSG1 型受电弓特性及调整实验 ························ 290

实验四 DSA200 型受电弓性能实验 ··························· 291

实验五 TDZ1-400/25 型主断路器动作性能、动作时间测定与调整实验 ··· 296

实验六 BVAC.N99 型主断路器性能实验 ······················· 299

参考文献 ··· 302

绪 论

一、电器的定义及分类

由于电能与其他形式的能量相比具有易转换和便于控制、调整、输送等优点，因此在生产、生活及众多科学领域中获得了广泛应用。然而，电能从产生、输送到应用并不是一个简单的过程，而是较为复杂的过程，同时也需要一系列控制、调整、保护装置的作用才能很好完成的过程。例如，对电力电路实行通、断控制；对电动机实行启动、停止、正转、反转控制；对用电设备进行过载、过压、短路、断相等故障保护；在电路中传递、变换电量或非电量信号，从而达到自动检测和调节的目的等。

所以，凡是根据外界特定信号，自动或手动地接通和分断电路，对电量或非电量对象起控制、调整、保护及检测作用的电工设备，均称之为电器。根据这个定义，电机（包括发电机与电动机）和一般的负载不属于电器的范畴。

由于电器的用途广泛、功能多样、工作原理各异，造成其产品种类繁多，无法用某一分类方法来说明其全部特点，因此，电器只能按不同的分类标准进行分类。

1. 按电压高低分类

（1）高压电器：额定电压 500 V 及以上的电器，称为高压电器。如高压断路器、隔离开关、电抗器、电压互感器、电流互感器、避雷器等。

（2）低压电器：额定电压 500 V 以下的电器，称为低压电器。如接触器、启动器、自动开关、低压熔断器、继电器和主令电器等。

2. 按用途分类

（1）开关电器：用来自动或非自动地开闭有电流的电路，如闸刀开关、自动开关、转换开关、按钮开关、隔离开关和主断路器等。此类开关操作次数少，断流能力强。

（2）控制电器：用于自动或非自动地控制电机的启动、调速、制动及换向等，如接触器。

（3）保护电器：用于保护电路电机或其他电器设备，使其免受不正常的高电压、大电流的损害，如各种保护继电器、避雷器、熔断器及电抗器等。

（4）调节电器：用于自动调节电路和设备，使参数保持给定值，如电压调节器、温度调节器等。

（5）仪用变流器和变压器：用于将高电压、大电流变为低电压、小电流，以供仪表测量或继电器保护电路之用，如电流互感器、电压互感器等。

（6）受电器：用于接受电网电能，作为机车电源的电器，如受电弓。

（7）成套电器：由一定数量的电器按一定的电路要求组合的整体电器屏柜，如高压柜、辅助柜、控制屏、信号屏等。

3. 按操作方式分类

（1）手动电器：如刀开关、隔离开关、按钮开关等。

（2）自动电器：如高压断路器、接触器、继电器等。自动电器还可根据传动方式分为电磁传动电器、电空传动电器、电动机传动电器等。

4. 按电器的执行功能分类

（1）有触点电器：电器通断电路的执行功能由触头来实现。

（2）无触点电器：电器通断电路的执行功能是根据开关元件输出信号的高低电平不同，由一些电子组件来完成的。

（3）混合式电器：有触点与无触点结合的电器。一般正常工作由有触点部分完成，而转换过程由无触点部分完成。

5. 按电器使用场合和工作条件分类

（1）一般工业企业用电器：适用于大部分工业企业环境，无特殊要求。

（2）特殊工业企业用电器：适用于矿山、冶金、化工等特殊环境，例如矿用防爆电器和化工用电器。

（3）热带用电器和高原用电器：适合于热带、亚热带地区及高原山区而派生的电器。

（4）家用电器：近些年发展起来的适用于家庭生活环境中的电器。

（5）牵引、船舶、航空用电器：例如船用电器、航空电器、电气铁道用的牵引电器以及汽车、拖拉机用电器等。

二、电力机车电器的分类

在电传动机车上起开关、控制、转换、保护、检测、调节等作用的电工器械（电器）称为牵引电器。

在电力机车上，既有一般工业用的通用电器，也有专门为它设计、制造的适用于电力机车的牵引电器，本课程中将两者统称为电力机车电器。根据其特殊情况，电力机车电器还有以下的分类方法。

1. 按电器所接入的电路分类

（1）主电路电器：使用于电力机车主电路中的电器，如受电弓、主断路器、转换开关、高压连接器、高压互感器及电空接触器等。

（2）辅助电路电器：使用于电力机车辅助电路中的电器，如接触器。

（3）控制电路电器：使用于电力机车控制电路中的电器，如司机控制器、各种继电器及一些低压开关等。

2. 按电器在电力机车上的用途分类

（1）控制电器：用来对电力机车上的牵引设备进行切换、调节作用的电器，如司机控制器、接触器、转换开关等。

（2）保护电器：用来保护电力机车上电气设备不受过电压、过电流及其他损害的电器，如自动开关、熔断器、接地继电器、过流继电器、避雷器、机械式继电器等。

（3）检测电器：用于与其他设备配套，检测电力机车各电路电压、电流及机车运行速度等的电器，如互感器、传感器等。

（4）受流器：用于电力机车在接触网上获取电能的电器，如受电弓等。

三、电力机车电器在电力机车电气系统中的作用

随着电气化水平的提高和飞速发展，对电器的需求量也在加剧。我国经济建设在不断发展，电网容量迅速增大，电力传动技术在革新，因此对电力机车电器提出了越来越高的要求。对低压电器，要继续提高使用寿命和操作频率，减小体积、减轻质量且提高容量，降低成本；在继续发展有触点电器的同时，发展无触点电器及混合式电器。对高压电器，则要发展大容量、快速动作、端口电压高的新系列产品，努力发展组合电器及成套配电装置。

电力机车电器在电气系统中的主要作用：

（1）控制作用：指能自动或非自动地控制电机的启动、调速、制动及换向等。

（2）保护作用：指能根据设备的特点，对设备、环境以及人身实行自动保护，如电动机的过热保护、电网的短路保护、漏电保护等。

（3）测量作用：指利用仪表及与之相适应的电器，对设备或其他非电参数进行测量，如电流、电压、功率、转速、温度、湿度等。

（4）调节作用：指低压电器可对一些电量和非电量进行调整，如温度的自动调节等。

（5）指示作用：指利用低压电器的控制、保护等功能，检测出设备运行状况与电气电路工作情况，如绝缘监测、保护指示等。

（6）转换作用：指在用电设备之间转换或对低压电器、控制电路分时投入运行，以实现功能切换，如励磁装置手动与自动的转换，供电的市电与自备电的切换等。

总之，电力机车电器应朝着提高工作可靠性、电气寿命，提高分断能力及减小体积、简化拆装线路、降低费用的方向发展。随着我国电力机车更新换代速度的加快，将有更多性能及质量更好的电器产品应用在电力机车上。

四、电力机车电器的工作条件和基本要求

由于电力机车电器安装于高速运行的电力机车上,而电力机车内部空间又极为有限,所以其工作条件与一般工业企业用的电器有所不同,相应的也有一些不同的要求。

电力机车电器的工作条件及特点主要是:受振动较强、温度与湿度变化大、大气环境及污染影响严重、操作频率高、工作电压和电流波动大,以及安装空间位置受限制等。

1. 工作环境问题

由于电力机车露天运行,电器工作的环境温度变化大,工作时车内温度很高,车底及车顶在冬天或温度很低时甚至可能结冰。因此要求电力机车电器允许的温度范围为 +40 ℃(其中 −40 ℃ 为存放温度,−25~+40 ℃ 为工作温度)。由于大气中的粉尘及其他污染物对电力机车电器的腐蚀也较为严重,从而降低了电器的绝缘能力,严重时会影响其正常工作。因此,在选择电力机车电器时,标准要求也较高,使用过程中也要经常对电器进行清扫、保养,以保证其工作正常。

2. 振动问题

机车运行中,当机车起动或制动时,产生沿机车纵向的振动;当机车通过曲线或道岔时,产生沿机车横向的振动;当机车轮对通过钢轨接缝时,产生垂直方向的振动。这样必然引起电力机车电器的各零件也产生振动。另外,机车内部的一些旋转性设备(如电机、通风机、压缩机等)也会引起一些振动。由于振动,使电器各部件受到附加力的作用,严重时会影响电器的正常工作。为此,在选用、布置、安装电器时应考虑到振动因素的影响。要注意紧固件应有弹簧垫及防松装置,以防松脱。电器中弹簧的力量及电磁吸力应适当增加,以防振动引起电器的误动作。连接线(如母线、电子线路)连接要坚固,避免因振动而产生接触不良、内部发热而造成事故。

3. 操作频率问题

机车常有起动、制动以及在不同工况时进行调速的操纵,所以电力机车电器的操作频率较高。另外,电力机车主电路的电压在较大范围内变动,而电流则随牵引电动机的工作状态而变化,故在机车电器的工作环境中电压、电流波动范围相当大。对电力机车电器而言则要求其操作频率的等级要高些。另外,要求其电气寿命及机械寿命均应长一些。

4. 空间安装位置问题

由于安装电器的机车内部空间受限,因此,电器的安装尺寸要尽量小。为了更有效地利用机车内空间,应尽量采用成套装置。同一电路中的电器应安装在同一屏柜中,这样既便于安装又便于检修。

五、电力机车电器的发展

随着我国电气化铁道及电力机车技术的迅速发展,电力机车电器在产品的结构、形式、质量方面都有了很大的改进和提高。在电力机车中,不断地采用了性能较好、运行可靠及免

维护的接触器及继电器，普遍地应用了真空主断路器，越来越多地应用了无触点电器。

电力机车电器的发展趋势概括起来有以下几个特点：

1. 从有触点电器逐步过渡到无触点电器，且两者互相结合，取长补短

随着电子技术的迅速发展，使用电子元件的无触点电器得到了广泛的应用。无触点电器有很多优点，如不怕振动、工作可靠、操作频率高、寿命长、体积小、质量轻、维修方便，适用于防火、防爆场合，有利于实现系统的自动化且动作可靠、灵敏。但也有不足之处，主要是：导通时有较大的管压降、阻断时有较大的残余电流、不能完全切断电路；功率损耗大；承受过载和过电压的能力差。基于此，在机车电器的发展中，有触点电器与无触点电器联合使用，各自发挥其优点，从而推动机车电器的发展。

2. 从单个电器过渡到成套电器或成套装置

所谓成套装置，不是指将一般结构的电器简单地、机械地连接在一起，而是将所有电器、组件和小体积的零件按照一定的要求，有机地结合在一起。目前，电力机车同一电路中的电器安装在同一屏柜上，这样既便于安装又便于检修。

3. 趋向于标准化、系列化、通用化、小型化

电力机车电器在发展中越来越趋向标准化、系列化、通用化、小型化。

总的来说，电力机车电器是向着提高工作可靠性、电气寿命，提高分断能力及减小体积、简化拆装线路、降低费用的方向发展的。

六、本课程的主要任务

本课程是铁道机车运用与维护专业的核心课程之一，主要学习有关电器的基本理论知识，机车各种高、低压电器的基本结构、动作原理和技术参数及维护与检修。课程以项目任务驱动的形式，强调学生的主动参与和学习主体性的培养，通过教师引导、学生自主探究、任务实施、评价反馈等教学环节，达到如下要求：

（1）掌握电器发热和电动力、电接触、传动装置、电弧的产生和灭弧的方法等基础理论知识。

（2）掌握 SS_{4G}、HXD_3 型电力机车中使用的各种低压电器的作用、基本结构和工作原理及维护检修。

（3）掌握 SS_{4G}、HXD_3 型电力机车中使用的各种高压电器的作用、基本结构和工作原理及维护检修。

第一篇 基础知识篇

项目一 电器的电动力和触头

载流导体处在磁场中或载流导体间相互作用都会使载流导体受到力的作用，这种力称为电动力。合理有效地利用电动力可以提升工作效率，"不合时宜"的电动力则会使电器发生误动作或机械变形，甚至损毁。

触头是开关电器通、断电和转换过程中的执行部件，通过分合动作分开/闭合电路中的电压/电流，其性能优劣直接影响到电器的性能。

本项目我们将学习电动力的定义、方向判别、电动稳定性，以及触头在电路中的分类、参数、接触形式、振动等知识。通过本项目的学习，应达到以下目标：

知识目标

（1）了解电器中的电动力现象，明确电动力的作用及危害，理解电动稳定性等相关理论知识；

（2）掌握触头的分类、参数、振动和磨损，以及接触电阻等相关理论知识。

能力目标

（1）具备判断载流导体电动力方向的能力；

（2）具备运用触头系统知识分析判断电器的基本构造和常见故障的能力。

素养目标

（1）树立深耕厚植、深钻细研的学习态度，不断夯实基础；

（2）养成严肃认真、精益求精的工作态度和职业素养；

（3）提升自我发现问题、分析问题及解决问题的能力，善于总结、勇于创新。

任务一　认知电器的电动力

知识导入

通过电流的导线周围有磁场，而磁场作用于其范围的铁磁物质使其受力，同方向电流的两条导线互相吸引，反方向电流的两条导线互相排斥。这种吸引或排斥的力即电气线路所称的"电动力"。同所有的认知过程一样，人类对电动力的认知也是由现象到本质逐步深入的，让我们秉承深耕厚植、深钻细研的学习态度，不断夯实基础，共同领略电动力的风采。

认知电器的电动力

知识储备

一、载流导体的电动力

载流导体处在磁场中会受到力的作用，载流导体间相互也会受到力的作用，这种力称为电动力。对于这种现象，有可利用的一面，如电动机的工作原理就是利用电动力将电能转换为机械能。但也有危害的一面，如对大容量输配电设备来说，在短路情况下电动力可达很大数值，对配电装置的性能和结构影响极大。

在电器中，载流导体间、线圈匝间、动静触头间、电弧与铁磁体间等都有电动力的作用。在正常电流下，电动力不至于使电器损坏，但动、静触头间的电动斥力过大会使接触压力减小，接触电阻增大，从而造成触头的熔化或熔焊，影响触头的正常工作。有时在强大短路电流所形成的电动力作用下，使电器发生误动作或使导体机械变形，甚至损坏。利用电动力的作用改善和提高电器性能的例子也是很多的，例如接触器的磁吹灭弧、快速自动开关的速断机构等。

电动力的方向判断可用左手定则或磁通管侧压力原理来进行。左手定则为伸平左手，磁通穿过左手掌，4个手指为电流方向，大拇指指的就是电动力方向。磁通管侧压力原理（米特开维奇则）是：把磁力线看成为磁通管，磁通管密度高的一侧具有推动导体向密度低的一侧运动的力，这个方向即为电动力的方向。

电动力方向判断的两种方法其结果是一样的，可根据具体情况采用某一种。在结构及产生磁场因素复杂的情况下用磁通管侧压力原理来判定电动力方向较为方便，如图1.1、图1.2所示。利用电动力进行磁吹灭弧的原理如图1.3所示。

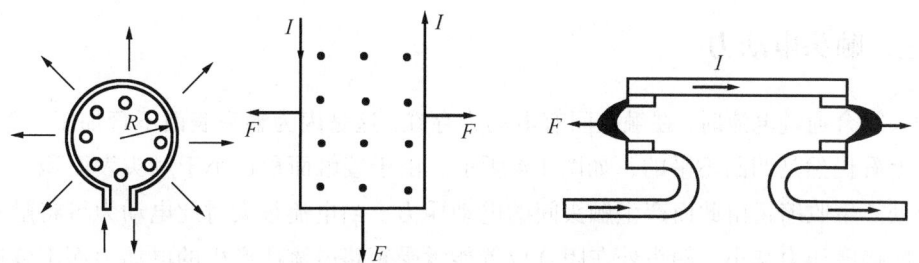

图1.1　环形导体和U形导体所受电动力　　图1.2　电弧受到的电动力

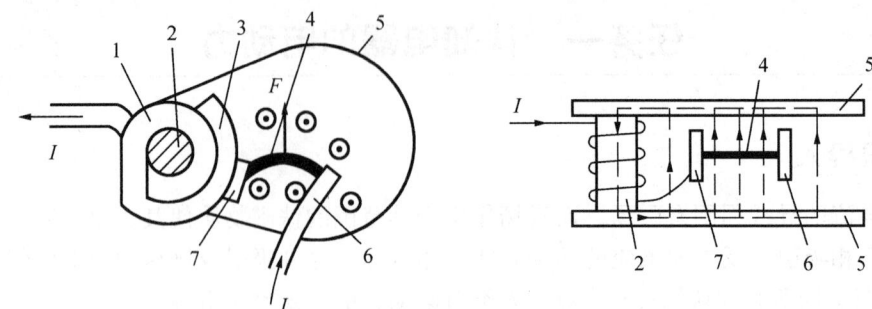

1—磁吹线圈；2—磁吹铁芯；3—导弧角；4—电弧；5—铁夹板；6—动触头；7—静触头。

图 1.3 电动力的磁吹原理

二、载流导体电动力计算基础及电动稳定性

当长为 L 并通有电流 I 的导体垂直置于磁感应强度为 B 的均匀磁场中时，作用在该导体上的电动力 F 为

$$F = BIL \tag{1.1}$$

若该导体与磁感应强度 B 的方向成 β 夹角时，则作用在导体上的电动力为

$$F = BIL\sin\beta \tag{1.2}$$

若任意形状的载流导体置于不均匀磁场中，这时导体所受的电动力是由作用在导体上各个长度元 dL 的许多力元 dF 的几何和来决定。因为可将无限短的导体视为直线，它所处的磁场可认为是均匀的，因此它所受到的力 dF 可用下式表达

$$dF = BIdL\sin\alpha \tag{1.3}$$

长为 L 的全导体所受到的力则为

$$F = \int_0^L dF \tag{1.4}$$

电器的电动稳定性是指电器在特定条件下，能够承受规定电流的电动力作用，而不会导致零件损坏或产生永久变形的能力。

电动稳定性通常与短路电流的电动力效应有关，在这种电流作用下，电器必须能够保持结构的完整性，不会出现机械损伤或永久性形变。电器的电动稳定性与其设计和制造质量密切相关，国家标准对不同类型电器的电动稳定性指标有具体规定。

三、触头电动力

触头闭合通过电流时，在触头间有电动力存在。这是因为触头表面不管加工得怎样平整，从微观上看仍然是凹凸不平的，如图 1.4 所示。由于接触面积远小于触头表面积，电流线在接触点处产生收缩，由此而产生触头间的电动斥力。当电流很大时此电动力可将触头拉开或使触头间接触压力减小。触头处在闭合位置能承受短路电流所产生的电动力而不致损坏的能力，称为触头的电动稳定性。

图 1.5 所示为闭合的隔离开关动静触头间存在电动斥力。当电流很大时此电动力可将触头间接触压力减小，甚至引起触头的机械形变或触头拉开造成误动作。由于触头表面加工情况不同，触头压力情况不同，因而难以确定触头接触处电流线收缩的情况，故由电流线收缩而产生电动斥力的计算较为复杂。

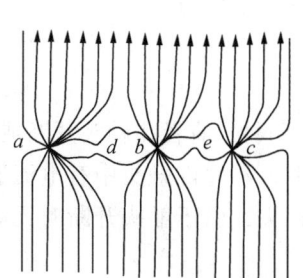 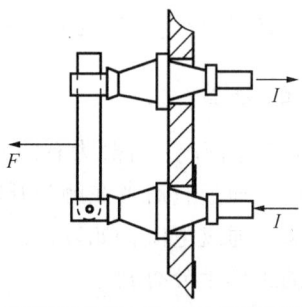

图 1.4 接触的触头间收缩受到的电动力　图 1.5 隔离开关动、静触头间受到的电动力

通过分析可得：视在接触面积 s、触头材料的抗压强度越大，电流线收缩得越厉害，电动斥力也越大。触头压力 F_j 越大，有效接触面积增加，电动斥力也就越小。

任务二　认知触头系统

知识导入

触头系统被广泛应用于接触器、继电器等电力机车电器中，需具备良好的导电性、抗熔性、电力稳定性……随着开关电器向高电压、大电流、小型化及长寿命方向发展，对触头系统提出了更高的要求。让我们秉承精益求精的职业素养开始该任务的学习。

知识储备

电路的通断和转换是通过电器中的执行部件来实现的。触头是有触点的电器执行部件，由于它经常受到机械撞击、发热及电弧烧蚀等影响，极易损坏，是电器中最薄弱的环节之一，其性能的优劣直接影响到电器的工作性能。

认知触头系统

本任务介绍了触头的基本参数，并就触头在不同工作状态下出现的主要问题，如接触电阻、振动、磨损等进行分析，列举了减少其损害的一些方法。

一、概　述

1. 触头的基本要求

根据触头的工作情况，为了保证电器可靠工作和有足够的寿命，对触头有如下要求：
（1）工作可靠，接触电阻要小。

（2）有足够的机械强度。

（3）长期通过额定电流时，温升不超过规定值。

（4）通过短路电流时，有足够的电动稳定性与热稳定性。

（5）有足够抵抗外界腐蚀（如氧化、化学气体腐蚀）的能力。

（6）寿命长。

（7）所用的材料要少，质量轻，价格便宜，便于制造和维修等。

2. 触头的分类

（1）按触头工作情况：可分为有载开闭和无载开闭两种。前者在触头开断或闭合过程中，允许触头中有电流通过；后者在触头开断或闭合过程中，不允许触头中有电流通过，而在闭合后才允许触头中通过电流，如转换开关。无载开闭触头，由于触头开断时无载，故无电弧产生，对触头的工作十分有利。

（2）按开断点数目：可分为单断点式和双断点式触头。

（3）按触头正常工作位置：可分为常开触头和常闭触头。

（4）按结构和形状：可分为指形触头和桥式触头等。

（5）按触头相互运动状态：可分为滑动式和滚动式。后者比前者的机械磨损小，传动力也大为减小。

（6）按触头的接触方式：可分为点接触、线接触和面接触3种。

3. 触头接触面形式的选择

在电路中，触头对电流的接通是通过其接触面来实现的，所以接触面形式对触头的工作性能起着至关重要的作用。触头的接触面形式分为点接触、线接触和面接触3种，如图1.6所示。在设计电器时对触头接触面形式应有合理的选择。

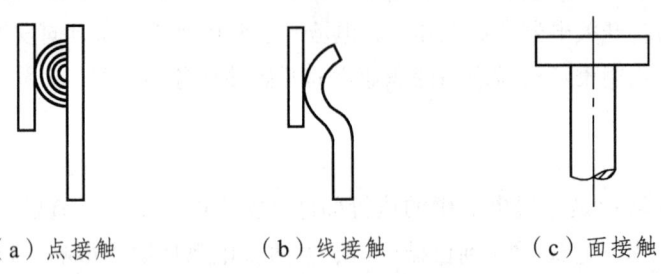

图1.6 触头的接触面形式

对于点、线、面3种接触形式，其各自的特点和适用场合如下：

（1）点接触。点接触是指两个导体只在一点或者很小的面积上发生接触的触头（如球面对球面，球面对平面）。触头间是"点"与"点"的接触。在同样的触头压力下，它的单位压力大，因此，可得到较小的接触电阻。但其散热条件差，用于大电流是不合适的。同时，点接触的机械强度较弱，只适用于开断负荷小的触头。如多用于10 A以下的继电器，以及接触器和自动开关的联锁触头等，一般控制电路的触头都采用点接触形式。由于接触面积小，保证其工作可靠性所需的接触压力也较小。

（2）线接触。线接触是指两个导体沿着线或较窄的面积发生的接触（如圆柱对圆柱、圆柱对平面）。在同一压力条件下，线接触的接触电阻比其他两种低。其原因是触头的压力强度和实际接触面得到了适当配合。面接触的接触点虽较多，但压力强度小，点接触的压力强度虽高，但接触点少，因此它们的接触电阻都比线接触大。另外，线接触容易做到触头间有滑动和滚动，从而使触头的工作条件得到改善。同时，线接触触头的制造、调整、装配均比较方便，因而得到广泛的采用。常用于几十安至几百安电流的中等容量的电器，如接触器、自动开关及高压开关电器的主触头。

（3）面接触。面接触是指两个导体有着较大的表面接触（如平面对平面）。其接触面积和触头压力均较大。由于其触头在开闭过程中接触面间无相对滑移，不能清除氧化膜等高电阻物质，所以在此种触头面上需嵌上贵重的银片。而且面接触的接触电阻很不稳定，当外界对接触面稍有一些破坏或者装配不当，都会使接触电阻大大增加。所以此种形式应用较少，仅用于大电流、接触压力大的场合，如固定母线接触、大容量的接触器和断路器的主触头。闸刀开关常采用面接触的形式。

触头实现电连接，一般采用触头弹簧压紧，压力较小，并考虑到装配检修的方便和工作可靠，多采用点接触或线接触的形式。在近代高压断路器和低压自动开关中，有的采用多个线接触和点接触并联使用，以减小接触电阻，使得工作可靠，制造检修方便。

4. 触头的参数

触头的参数主要有触头的结构尺寸、开距、超程、研距、触头初压力和终压力等。

（1）触头的结构尺寸。触头的结构尺寸主要是根据触头工作时的发热条件确定，同时要考虑到它的机械强度与工作寿命等条件。

（2）触头的开距。触头处于断开位置时，动、静触头之间的最小距离 s 称为触头的开距（或行程），如图 1.7（a）所示。开距是触头的一个主要参数，它不仅要保证在开断正常电流时能可靠地熄弧，而且还能使触头间具有足够的绝缘能力，当电源出现不正常的过电压时不致击穿。它不仅影响触头与灭弧系统的尺寸，而且影响到电磁传动机构的尺寸。

从减小电器的尺寸和减少触头闭合时振动的目的出发，在保证可靠开断电路的原则下，触头开距越小越好。触头开距的大小与开断电流大小、线路电压、线路参数以及灭弧装置等有关。图 1.7（b）为触头刚接触状态。

（3）触头的超程。触头的超程是指触头对完全闭合后，如果将静触头移开，动触头在触头弹簧的作用下继续前移的距离 r，如图 1.7（c）所示。

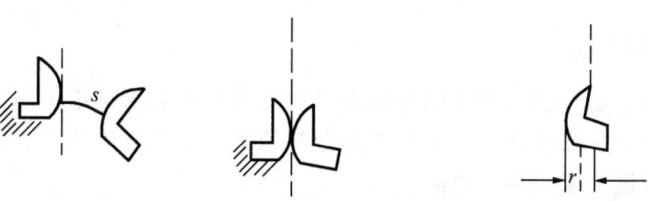

（a）断开状态　　（b）刚接触状态　　（c）闭合状态（静触头移走）

图 1.7　触头的参数

触头超程是用来保证在触头允许磨损的范围内仍能可靠地接触。一般在计算时选取超程 $r = (0.6 \sim 0.8)d$，式中 d 为新触头的厚度。但应指出，超程不宜取得过大，因为当超程过大时，在一定的吸力情况下，触头的初压力相应要小些。而初压力小，对减小触头振动是不利的。

（4）触头初压力。触头闭合后，其接触处有一定的压力，称为触头压力。触头压力是由触头弹簧产生的。触头弹簧有一预压缩，使得动触头刚与静触头接触时就有一互压力 F_0，称为触头初压力，它是由调节触头弹簧预压缩量来保证的。初压力可以降低触头闭合过程的振动。

（5）触头终压力。动、静触头闭合终了时，触头间的接触压力称为触头终压力 F_Z。它是由触头弹簧最终压缩量来决定的。它使触头闭合时的实际接触面积增加，使闭合状态时的接触电阻小而稳定。

（6）触头的研距。动触头和静触头接触过程中，触头接触表面既有滚动，又有滑动，这种滚动和滑动称为触头的研磨过程。由研磨所产生的距离称为研距。

为了保证触头工作时有良好的电接触，一般线接触触头开闭过程的起止点不重合，且有一定距离。研距是触头开闭过程中动、静触头间滚动量与滑动量之和。

如图 1.8 所示，动、静触头开始接触时，其接触线在 a 点处，在触头闭合过程中，接触线逐渐移动，最后停在 b 点处接触，以导通工作电流。由于在动触头上的 ab 和静触头上的 $a'b'$ 长度不一样，因此，在两者接触过程中，不仅有相对滚动，而且有相对滑动存在，整个接触过程称为触头的研磨过程。

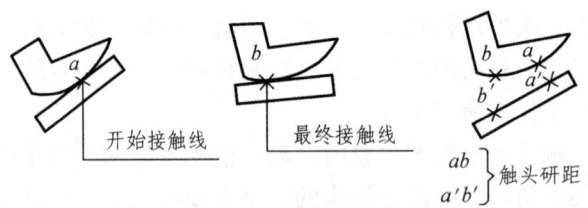

图 1.8　触头的研磨过程及研距

触头表面有滑动，可以擦除触头表面的氧化层及脏物，减小接触电阻，使触头有良好的电接触。触头表面有滚动可以使触头在闭合时的撞击处与最后闭合位置的工作点之间，以及开断电路时产生电弧处与闭合位置的工作点分开，保证正常工作的接触线不受机械撞击与电弧的破坏作用，保证触头接触良好。

触头的开距、超程、初压力和终压力都是必须进行检测的重要参数。在电器的使用和维修中常用这些参数来反映触头的工作情况及检验电器的工作状态。

5. 触头的工作情况

（1）触头处于闭合状态。触头处于闭合状态时的主要任务是保证能通过规定的电流，且触头温升不超过允许值，主要问题是触头的发热及热稳定性和电动稳定性，触头的发热是由接触电阻引起的，故应设法减小接触电阻。

（2）触头处于断开状态。触头处于断开状态时，必须有足够的开距，以保证可靠地熄灭电弧和开断电路。

（3）触头闭合过程。从动、静触头刚开始接触到触头完全闭合，由于会发生振动，使它不是一次接触就能闭合,而是有一个过程,这个过程称为触头的闭合过程。由于触头在闭合过程中会因碰撞而产生机械振动,因此这个过程的主要问题是减小机械振动,从而减小触头的磨损,避免触头熔焊。

(4)触头的开断过程。触头开断过程是触头最繁重的工作过程。由于在触头开断电路时,一般会在触头间产生电弧,因此这个过程的主要问题是熄灭电弧,减小由电弧产生的触头电磨损。

二、触头的接触电阻

1. 接触电阻的产生

两个导电零件接触在一起实现电的连接,其导电能力显然比同样尺寸的完整导体要差。图 1.9(a)所示为一段完整的导体,通以电流 I,用电压表测量出其 AB 长度上的电压降为 U,则 AB 段导体的电阻为

$$R = \frac{U}{I} \tag{1.5}$$

如果将此导体截断,仍通以原来的电流,测得 AB 两点之间的电压降为 U_C,如图 1.9(b)所示。U_C 比 U 大得多,AB 点之间的电阻 R_C 为

$$R_C = \frac{U_C}{I} \tag{1.6}$$

R_C 除含有该段导体材料的电阻 R 外,还有附加电阻 R_j,即

$$R_C = R + R_j \tag{1.7}$$

附加电阻为收缩电阻与表面膜电阻之和,是由于接触层之间直接产生的电阻,故称附加电阻 R_j 为接触电阻。动、静触头接触时同样也存在接触电阻。

(1)收缩电阻。接触处的表面无论经过多么细致的加工处理,从微观角度分析,其表面总是凹凸不平的,它们不是整个面积接触,而是只有若干小的突起部分相接触,如图 1.10 所示,实际接触面积比视在接触面积小得多。当电流通过实际接触面积时,电流只从接触点上通过,在这些接触点附近,迫使电流线发生收缩。由于有效接触面积(即实际接触面积)小于视在接触面积,由此产生的附加电阻称为收缩电阻。

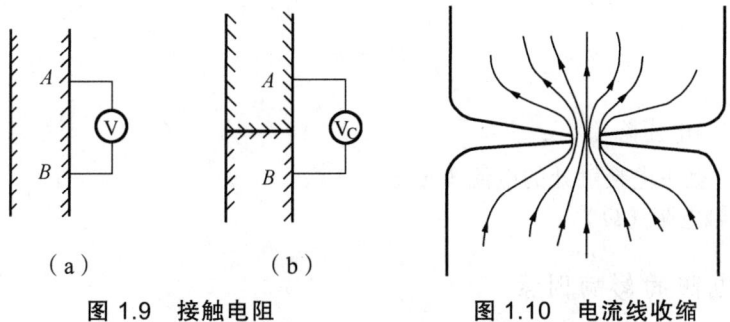

图 1.9 接触电阻　　　　图 1.10 电流线收缩

（2）表面膜电阻。由于种种原因，在触头的接触表面上覆盖着一层导电性很差的薄膜，例如金属的氧化物、硫化物等，也可能是落在接触表面上的灰尘、污物或夹在接触面间的油膜、水膜等，其导电性很差，由此而形成的附加电阻称为表面膜电阻。

表面膜电阻的大小除与膜的种类有关外，还与薄膜的厚度有关，膜越厚，电阻越大。

2. 接触电阻的计算公式

由于膜电阻难以计算，故接触电阻可用经验公式计算，即

$$R_\mathrm{j} = \frac{K}{F m} \tag{1.8}$$

式中　R_j——触头接触电阻（Ω）；

　　　F——触头压力（N）；

　　　m——与触头接触形式有关的常数，其值在 0.5～1.0 之间，对于点接触 $m = 0.5$，线接触 $m = 0.5 \sim 0.8$，面接触 $m = 1$；

　　　K——与接触材料、接触表面加工方法、接触面状况有关的常数，见表 1.1 所示。表 1.1 列出了当接触表面没有氧化层及污物时，各种触头材料的 K 值。

表 1.1　各种触头材料的 K 值

触头材料	K	触头材料	K
铜-铜	$(0.08 \sim 0.14) \times 10^{-3}$	铜-铝	0.98×10^{-3}
黄铜-黄铜	0.67×10^{-3}	铝-黄铜	1.9×10^{-3}
铝-铝	$(3 \sim 6.7) \times 10^{-3}$	铜-铜镀锡	$(0.07 \sim 1) \times 10^{-3}$
黄铜-铜	0.38×10^{-3}	银-银	0.06×10^{-3}

必须指出，R_j 计算公式的局限性很大，不能概括各种因素对接触电阻的影响。尤其是触头表面的氧化对 K 值的影响很大，在表 1.1 中只给出了触头表面未被氧化时的 K 值，至于氧化了的材料，其 K 值远远超过表中给出的数值，它的接触电阻在很大范围内变化。所以，接触电阻的计算实际上是一个很复杂的问题，根据公式（1.8）计算出的值只能作参考。在实际应用中，常采用测量接触压降的方法来实测接触电阻值。接触压降是指通过一定电流时，触头电接触处的电压降，即

$$U_\mathrm{j} = I R_\mathrm{j} \tag{1.9}$$

式中　U_j——接触电压降（V）；

　　　I——通过触头电接触处的电流（A）；

　　　R_j——接触电阻（Ω）。

3. 接触电阻的影响因素

接触电阻与触头材料、触头压力、接触面形式、触头温度、触头表面的清洁状况及化学

腐蚀等因素有关。

1）接触压力的影响

接触压力对接触电阻的影响最大，当接触压力很小时，接触压力微小的变化都会使接触电阻值产生很大的波动。

由公式（1.8）可知，触头接触电阻与接触压力近似曲线关系，即接触电阻值在一定的压力范围内是随外施压力F的增大而减小的，如图1.11所示。这是因为在压力作用下，两表面接触处产生弹性变形，压力增大，变形增加，有效接触面积也增加，收缩电阻减小。而当压力达到一定值后，接触电阻几乎不变，这是因为材料的弹性变形是有限度的，因而接触面积的增加也是有限的，故接触电阻不可能完全消除。

增大接触压力，可将氧化膜压碎，使膜电阻减小，但压力增大到一定程度后，膜电阻将稳定在一个较小的数值。

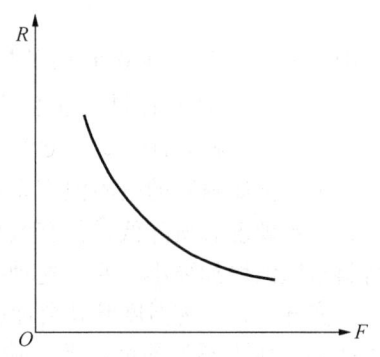

图1.11　接触电阻与接触压力的关系

材料的抗压强度越小，在同样接触压力下得到的实际接触面积就越大，接触电阻就越小。采用抗压强度小的材料可以使接触电阻降低，但由于触头本身需要一定的机械强度，因此常在接触连接处用较软的金属覆盖在较硬的金属上，以获得较好的性能，例如铜触头搪锡等。

2）触头材料的影响

触头材料对接触电阻的影响主要决定于触头材料的电阻系数、材料的抗压强度、材料的化学性能等。触头材料的电阻系数越低，接触电阻就越小。表1.2给出了电器中常用材料与铜电阻系数的比较值（铜的电阻系数为1）。

表1.2　常用材料与铜电阻系数的比较

触头材料和它的覆盖层	ρ_K比较值	触头材料和它的覆盖层	ρ_K比较值
铜	1	钢	35
镀锡的铜	0.7	碳	1000
搪锡的铜	2.0	黄铜-黄铜	4.0
镀银的铜	0.3	铜-黄铜	2.2
银	0.2	铜-铝	1.3
铝	2.5	铜-钢	7.0

银的电阻系数小于铜，但银比铜价格贵，所以常采用铜镀银或镶银的办法，以减小接触电阻。

电阻材料越易氧化，就越容易在表面形成氧化膜，如不设法清除，接触电阻就会显著增大。例如铝在常温下几秒钟内就会氧化，其氧化膜导电性很差，故铝一般只用作固定连接，而且通过在其表面覆盖银、锡等方法减小接触电阻。小容量触头常采用点接触的双断点桥式触头，其结构难以实现研磨过程来消除氧化膜，所以触头材料采用银或银基合金。因为银被氧化后的导电能力和纯银相差不多，所以银或镀银的触头工作很稳定。

3）触头温度的影响

触头的接触电阻与它本身的金属电阻一样，也受温度的影响，随着触头温度的升高，接触电阻增加。由试验得知，接触电阻与温度之间的关系式为

$$R_j = R_{j0}\left(1 + \frac{2}{3}\alpha_0\theta\right) \quad (1.10)$$

式中　R_{j0}——触头在 0 ℃ 时的接触电阻（Ω）；
　　　α_0——触头材料的电阻温度系数（1/℃）；
　　　θ——触头的温度（℃）。

触头金属材料的电阻温度系数大于接触电阻的电阻温度系数，这是由于接触处温度升高后，材料硬度有所降低，使有效接触面积增大，以致在温度增加时，接触电阻的增加比金属材料电阻的增加要小一些，这种差别就用它们电阻系数的不同来表示。

实际上，因为温度升高会加剧氧化，所以，温度对接触电阻的影响还要大些。图 1.12 表示在接触压力不变的情况下，接触电阻 R_j 与触头温度 θ 的关系曲线。曲线 1 的接触压力比曲线 2 的接触压力小，故接触电阻大。

在 B 点以前，接触电阻随温度的升高而增加。当温度达到 B 点时，θ 为 250～400 ℃，材料软化，实际接触面积增大，接触电阻有迅速减小的现象。这时，触头材料的机械强度突减，触头遭到破坏，这是不允许的，这种情况可能发生在触头通过较长时间短路电流的故障状态。

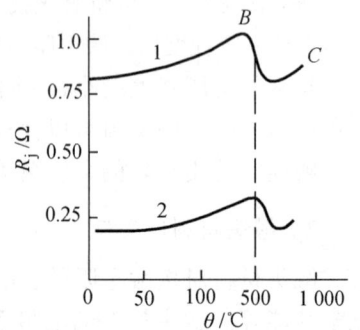

图 1.12　接触电阻与温度的关系

当材料的强度稳定下来后，接触电阻又随温度的增高而增大。当温度达到 C 点时，材料熔化，接触处就会熔焊在一起，触头难以分离，电器不能正常工作。因此，触头的温升不允许超过允许值。

4）触头表面情况的影响

（1）触头表面加工方法的影响。

表面粗糙度对接触电阻有一定的影响。接触表面可以粗加工，也可以精加工。至于采用哪种方式加工更好，要根据负荷大小、接触形式和用途而定。

对于大、中电流的触头表面，不要求精加工，最好用锉刀加工，重要的是平整。两个平整而较粗糙的平面接触在一起，接触点数目较多且稳定，并能有效地清除氧化膜。相反，精加工的表面，当装配稍有歪斜时，接触点的数目显著减少。

对于某些小功率电器，触头电流小到毫安以下，为了保证 R_j 小而稳定，要求触头表面粗糙度越低越好。粗糙度低的触头不易受污染，也不易生成膜电阻。为了达到这样低的粗糙度，往往采用机械、电或化学抛光等工艺。

（2）触头表面氧化膜的影响。

暴露在空气中的接触面（除铂和金外）都将产生氧化作用。空气中的铜触头在室温下（20～30 ℃）即开始氧化，但其氧化膜很薄，在触头彼此压紧的过程中就被破坏，故对接触电阻影响不大。当温度高于 70 ℃ 时，铜触头氧化加剧，氧化铜的导电性能很差，使膜电阻

急剧增加，因此，铜触头的允许温升都是很低的。银被氧化后的导电率与纯银差不多，所以银或镀银的触头工作很稳定。

为了减小接触面的氧化，可以将触头表面搪锡或镀银，以获得较稳定的接触电阻。

（3）触头表面清洁状况的影响。

当触头的压力较小时，触头表面的清洁度对接触电阻影响较大，随着压力的增加，这种影响逐渐减小。

5）触头表面的电化学腐蚀

采用不同的金属作触头对时，由于两金属接触处有电位差，当湿度大时，在触头对的接触处会发生电解作用，引起触头的电化学腐蚀，使接触电阻增加。

常用金属材料的电化顺序是金（Au）、铂（Pt）、银（Ag）、铜（Cu）、氢（H）、锡（Sn）、镍（Ni）、镉（Cd）、铁（Fe）、铬（Cr）、锌（Zn）、铝（Al）。规定氢的电化电位为 0，在它后面的金属具有不同的负电位（如 Al 的电化电位为 -1.34 V），在它前面的金属具有不同的正电位（如 Ag 的电化电位为 $+0.8$ V）。选取触头对时，应取电化顺序中位置靠近的金属，以减小化学电势。例如不宜采用铝-铜、钢-铜做触头对。电镀层或涂层也要注意电化顺序。

4. 减小接触电阻的方法

当电流通过闭合触头时，如果接触电阻过大，就会产生过大的附加损耗，使触头本身及周围的物体温度升高，加速绝缘材料的老化，触头寿命减少。触头的过度发热还会使触头表面加速氧化，而多数金属（除银外）氧化后产生高阻的氧化膜，使电阻增加，造成恶性循环。

为了避免触头超过允许温升，一方面要尽量减小接触电阻，另一方面应具有足够的触头散热面积。

根据接触电阻的形成原因，减小接触电阻一般可采用下列几种方法：

（1）增加接触点数目。选择适当的接触形式，用适当的方法加工接触表面，并在接触处加一定的压力，均可使接触点数目增加。

（2）选择合适的材料。采用本身电阻系数小且不易氧化或氧化膜电阻较小的材料作为接触导体，或作为接触面的覆盖层。

（3）触头在开闭过程中应具有研磨过程，以擦去氧化膜。

（4）经常对触头清扫，使触头表面无油污、尘埃，保持干燥。

三、触头的振动

1. 触头产生振动的原因

触头在闭合过程中，触头间的碰撞、触头间的电动斥力和衔铁与铁芯的碰撞都可能引起触头的机械振动。

当触头闭合时，电器传动机构的力直接作用在动触头支架上，使得质量为 m 的动触头以

速度 v_1 向静触头运动，在动、静触头相撞时动触头具有一定的动能 $\frac{1}{2}mv_1^2$，如图 1.13（a）所示。触头发生碰撞后，触头表面将产生弹性变形，此时，一部分能量消耗在碰撞过程中（因为触头不是绝对弹性体），而大部分能量转变为触头表面材料的变形势能。当触头表面达到最大变形 x_{SD} 时，如图 1.13（b）所示，变形势能达到最大，而动触头的动能降为 0，于是动触头停止运动。紧接着触头的弹性变形开始恢复，将势能释放，由于静触头固定不动，动触头应会受到反力作用，以初速度 v_2 弹回，如图 1.13（b）所示，甚至离开静触头，并把触头弹簧压缩，将动能储存在弹簧中，在触头弹簧的作用下，动触头反跳的速度逐渐减小。与此同时，传动机构继续推动触头支架将弹簧进一步压缩。当动触头反跳的速度降为零时，反跳距离达到最大值 x_m，如图 1.13（c）所示。随后，动触头在弹簧张力的作用下又开始向静触头运动，触头间发生第二次碰撞和反跳。

由于触头每一次碰撞和反跳都要消耗掉一部分能量，同时，在碰撞和反跳的过程中，传动机构使触头弹簧进一步压缩，因而动触头的振动时间和振幅一次比一次要小，直至振动停止，触头完全闭合，如图 1.13（d）所示。

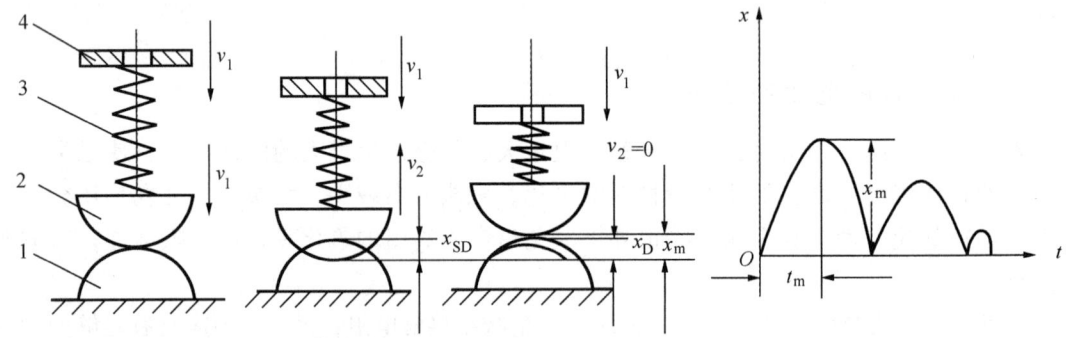

（a）触头碰撞开始瞬间 （b）触头碰撞后瞬间 （c）触头振动变化过程 （d）振动时间与振幅示意图
1—静触头；2—动触头；3—触头弹簧；4—动触头支架；x_{SD}—塑性和弹性变形量；
x_D—弹性变形量；x_m—最大振幅。

图 1.13 触头振动过程

另外，在触头带电接通时，由于实际接触的只有几个点，在接触点处便产生电流线的密集或弯曲，如图 1.14 所示。畸变的电流线和通过反向电流的平行导体一样，相互作用产生斥力，使触头趋于分离，该电动力称为收缩电动力。收缩电动力也能引起触头间的振动，特别是在闭合大的工作电流或短路电流时，电动斥力的作用更为显著。

对于电磁传动的电器来讲，在触头闭合过程中，衔铁以一定的速度向静铁芯运动，当衔铁吸合时，同样会因碰撞而产生振动，以致触头又发生第二次振动。

在触头振动过程中（见图 1.13），如果 $x_m \leq x_{SD}$，则碰撞后触头不会分离，这样的振动不会产生电弧，对触头无害，因而称之为无害振动。反之，若 $x_m > x_{SD}$，则碰撞后动、静触头分离，在触头间隙中会出现金属桥，造成触头磨损或熔焊，甚至产生电弧，严重影响触头寿命，故称之为有害振动。两个触头在闭合时发生碰撞产生振动是不可避免的，所谓消除触头闭合过程中的振动，是指消除触头的有害振动。

2. 减小振动的方法

为了提高触头的使用寿命,必须减小触头的振动。减小触头振动有以下几种方法:

(1)使触头具有一定的初压力。增大初压力可减小触头反跳时的振幅和振动时间。但初压力增大是有限的,如果初压力超过了传动机构的作用力(如电磁机构的吸力),不仅使触头反跳的距离增加,而且触头也不能可靠地闭合,反而加剧了触头的磨损。

(2)降低动触头的闭合速度,以减小碰撞动能。由实验可知,减小触头闭合瞬间的速度可减小触头振动的振幅,这就要求吸力特性和反力特性良好配合。需要指出的是,当触头回路电压高于300 V 时,若闭合速度过小,则在动、静触头靠近时,触头间隙会击穿形成电弧,反而会引起电磨损的增加。

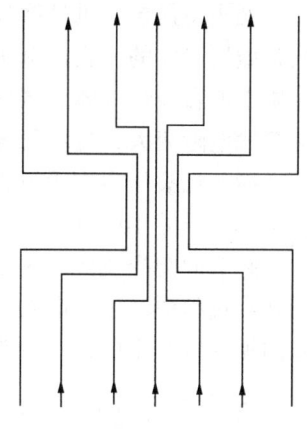

图 1.14 接触点电流线密集情况示意图

(3)减小动触头的质量,以减小碰撞动能,从而减小触头的振幅。但在减小触头质量的同时,必须考虑触头的机械强度、散热面积等问题。

(4)对于电磁式电器,减小衔铁和静铁芯碰撞时引起的磁系统的振动,以减小触头的二次振动。其方法是吸力特性与反力特性有良好配合及铁芯具有缓冲装置。

四、触头的熔焊

触头的熔焊主要发生在触头闭合有载电路的过程中和触头处于闭合状态时。

(1)在触头闭合过程中,触头的机械振动使触头间断续产生电弧,在电弧高温的作用下,使触头表面金属熔化。当触头最终闭合时,这些熔化金属可能凝结而引起熔接,使动、静触头熔焊在一起不能打开。

(2)在触头处于闭合状态时,若通过过大的电流,会使触头接触处温度升高,如果达到了熔化温度,两触头接触处的材料便熔化并结合在一起,使接触电阻迅速下降,其损耗和温度都下降,熔化的金属可能凝结而引起熔接。这种由热效应而引起的触头熔接,称为触头的"熔焊"。

(3)还有一种触头熔接现象产生于常温状态,通常称为"冷焊"。"冷焊"常常发生在用贵金属材料(如金与金合金等)制成的小型继电器触点中。其原因为贵金属表面不易形成氧化膜,纯净的金属接触面在触头压力作用下,由于金属原子间化学亲和力的作用,使两个触头表面结合在一起,产生"冷焊"现象。由"冷焊"产生的触头间黏结力很小,但是在小型高灵敏继电器中,由于使触头分开的力也很小,不能把冷焊黏结在一起的触点弹开,常常出现触头黏住不释放的现象。

五、触头的磨损

1. 触头磨损的原因

触头在多次接通和断开有载电路后,它的接触表面将逐渐产生磨耗和损坏,这种现象称为触头的磨损。触头磨损达到一定程度后,其工作性能便不能保证,此时,触头的寿命即告终结。继电器和接触器的寿命主要取决于触头的寿命。

触头磨损包括机械磨损、化学磨损和电磨损。机械磨损是在触头闭合和打开时研磨和机械碰撞所造成的，它使触头接触面产生褶皱、裂痕或塑性变形等磨损。化学磨损是由于周围介质中的腐蚀性气体或蒸气对触头材料浸蚀所造成的，它使触头表面形成非导电性薄膜，致使接触电阻变大，且不稳定，甚至完全破坏了触头的导电性能。这种非导电性薄膜在触头相互碰撞及触头压力作用下，逐渐剥落，形成金属材料的损耗。机械磨损和化学磨损一般很小，占全部磨损的 10% 左右。

触头的磨损主要取决于电磨损。电磨损主要发生在触头的闭合和开断过程中，尤其以触头开断过程中产生的电磨损为主。在触头闭合电流时产生的电磨损，主要是由于触头碰撞引起的振动所产生的，在触头开断电流时所产生的电磨损，主要是由高温电弧造成的。

2. 触头电磨损的形式

触头在分断与闭合电路过程中，在触头间隙中产生金属液桥、电弧和火花放电等各种现象，引起触头材料的金属转移、喷溅和气化，使触头材料损耗和变形，这种现象称为触头的电磨损。

触头的电磨损形式主要有两种，即液桥的金属转移和电弧的烧损。

（1）液桥的形成和金属转移。触头开断时，在从触头完全闭合到触头刚开始分离的时间内，先是触头的接触压力和接触点数目逐渐减小，接触电阻越来越大，这样就使接触点的电流密度急剧增加，由此产生的热量促使接触处的金属熔化，形成所谓的金属液体滴。触头继续断开时，将金属液体滴拉长，形成液态金属桥，简称液桥。由于温度沿液桥的长度分布不对称，且其最大值发生在靠近阳极的地方，因此，使金属熔液由阳极转移到阴极，这种现象称为金属转移。实践证明，由于液桥的金属转移作用，经多次操作，触头的阳极因金属损耗而形成凹坑，阴极则因金属增多而形成针刺，凸出于接触表面。在弱电流电器（如继电器）中，液桥对触头的电磨损有着重要的影响。

（2）电弧的烧损。电弧对触头的腐蚀十分严重，电弧磨损要比液桥引起的金属转移高出 5~10 倍。当负荷电流超过 20 A，甚至达到几百或上千安时，电弧的温度极高，触头间距离又较大，一般都有电动力吹弧，再加上强烈的金属蒸气热浪冲击，往往把液态金属从触头表面吹出，向四周飞溅。这种磨损与小功率电弧的磨损是不同的，金属蒸气再度沉积于触头接触表面上的概率已大大减小，使触头阴、阳极都遭到严重磨损，由于阳极温度高于阴极，所以阳极磨损更为严重。

3. 减小触头电磨损的方法

减小触头的电磨损，提高触头的寿命，一般可从两方面着手，即减小触头在开断过程中的磨损和减小触头在闭合过程中的磨损。

（1）减小触头在开断过程中的磨损，即减小触头在开断时的电弧，其方法如下：

① 合理选择灭弧系统的参数，例如磁吹的磁感应强度 B。B 值过小，吹弧电动力小，电弧在触头上停留时间较长，触头的电磨损增加；B 值过大，吹弧电动力过大，会把触头间熔化的金属液桥吹走，电磨损也增加。因此，有一个最佳的 B 值，在该值下电磨损最小。

② 对于交流电器（如交流接触器）宜采用去离子栅灭弧系统，利用交流电流通过自然零点时不再重燃而熄弧，减小触头的电磨损。

③ 采用熄灭火花的电路，以减小触头的电磨损。这种方法就是在弱电流触头电路中，在触头上并联电阻、电容，以熄灭触头上的火花。这种火花熄灭电路对开断小功率直流电路很有效。

④ 正确选用触头材料。例如，钨、钼的熔点和气化点高，因此，钨、钼及其合金具有良好的抗磨损特性，银、铜的熔点与气化点低，其抗磨损性较差。

（2）减小触头闭合时的磨损。

触头闭合时的磨损主要是由于触头在闭合过程中的振动所引起的，因此，为了减小触头的电磨损，必须减小触头的机械振动。

六、触头材料

触头所采用的材料关系到触头工作的可靠性，尤其是对触头磨损影响甚大。根据各种电器的任务和使用条件的不同，对触头材料性能的要求亦不同，一般要求如下：

（1）电气性能：要求材料本身的电阻系数小，接触电阻小且在长期工作中能保持稳定。要求生弧的最小电流大和最小电压高，电子逸出功及游离电位大。

（2）热性能：要求熔点高，导热性好，热容量大。

（3）机械性能：要有适当的强度和硬度，耐磨性好。

（4）化学性能：要具有很好的化学稳定性，在常温下不易氧化，或者氧化物的电阻尽量小，耐腐蚀。

此外，还要考虑材料的可加工性能好，价格便宜，经济适用。但实际上是不可能同时满足以上各项要求的，而只能根据触头的工作条件及负荷的大小，满足其主要的性能要求。

触头材料分为3大类，即纯金属、合金和金属陶瓷材料。

1. 纯金属材料

（1）银。银是高质量的触头材料，具有高的导电和导热性能。银在常温下不易氧化，其氧化膜能导电，在高温下易分解还原成金属银。因此，银触头能自动清除氧化物，接触电阻低且稳定，允许温度较高。银的缺点是熔点低，硬度小，不耐磨。由于银的价格高，一般仅用于继电器和小功率接触器的触头或用于接触零件的电镀覆盖层。

（2）铜。铜是广泛使用的触头材料，导电和导热性能仅次于银。铜的硬度较大，熔点较高，易加工，价格较低。铜的缺点是易氧化，其氧化膜的导电性很差，当长时间处于较高的环境温度下，氧化膜不断加厚，使接触电阻成倍增长，甚至会使电流通路中断。因此，铜不适用于作非频繁操作电器的触头材料。对于频繁操作的接触器，电流大于150 A时，氧化膜在电弧高温作用下分解，可采用铜触头，并做成单断点指式触头，在触头分、合过程中有研磨过程，以清除氧化铜薄膜。

（3）铂。铂是贵金属，化学性能稳定，在空气中既不生成氧化物，也不生成硫化物，接触电阻非常稳定，有很高的生弧极限，不易生弧，工艺性好。铂的缺点是导电和导热性能差，硬度低，价格昂贵。因此，不采用纯铂作为触头材料，一般用铂的合金做小功率继电器的触头。

（4）钨。钨的熔点高，硬度大，耐电弧，钨触头在工作过程中几乎不会产生熔焊。但是，钨的导电性能较差，接触电阻大，易氧化，特别是与塑料等有机化合物蒸气作用（例如在封闭塑料外壳内的钨触头），生成透明的绝缘表面膜，而且此膜不易清除，加工困难。因此，除少数特殊场合（如火花放电间隙的电极）外，一般不采用纯钨做触头材料，而与其他高导电材料制成陶瓷材料。

2. 合金材料

由于纯金属本身性能的差异，将它们以不同的成分相配合，构成金属合金或金属陶瓷材料，使触头的工作性能得以改进。

常用的合金材料有银铜、银钨、钯铜、钯铱等。

（1）银铜合金。适当提高银铜合金的含铜量，可提高其硬度和耐磨性能。但是，含铜量不宜过高，否则，会和铜一样易于氧化，接触电阻不稳定。银铜合金熔点低，一般不用作触头材料，主要用作焊接触头的银焊料。

（2）银钨和钯铜。银钨和钯铜都有较高的硬度，比较耐磨，抗熔焊。有时用于小功率电器及精密仪器仪表中。

（3）钯铱合金。钯铱合金使用较广泛，铱有效地提高了合金的硬度、强度及抗腐蚀能力。

3. 金属陶瓷材料

金属陶瓷材料是由两种或两种以上的彼此不相熔合的金属组成的机械混合物，其中一种金属有很高的导电性（如银、铜等），作为材料中的填料，称为导电相；另一种金属有很高的熔点和硬度（如钨、镍、钼、氧化镉等），在电弧的高温作用下不易变形和熔化，称为耐熔相，这类金属在触头材料中起着骨架的作用。这样，就保持了两种材料的优点，克服了各自的缺点，是比较理想的触头材料。

常用的金属陶瓷材料有银-氧化镉、银-氧化铜、银-钨、银-石墨等。

（1）银-氧化镉。导电性能和导热性能好，抗熔焊，耐电磨损，接触电阻低且稳定，特别是在高温电弧的作用下，氧化镉分解为氧气和镉蒸气，能驱使电弧支点迅速移动，有利于吹灭电弧，故银-氧化镉触头具有一定的自灭弧能力。此外，它的可塑性好，且易于加工。因此，它是一种较为理想的触头材料，广泛用于大、中容量的电器中。

（2）银-氧化铜。银-氧化铜与银-氧化镉相比，耐磨损，抗熔焊性能好，无毒，在高温下触头硬度更大，使用寿命长，价格便宜。试验结果表明，银-氧化铜触头比银-氧化镉触头在接触处具有更低且稳定的接触电压降，导电性能更好，发热情况较轻，温升较低。因此，近年来银-氧化铜材料得到了广泛的应用。

（3）银-钨。具有银的良好的导电性，同时，又具有钨的高熔点、高硬度、耐电弧腐蚀、抗熔焊、金属转移小等特性，常用作电器的弧触头材料。随着含钨量的增加，其耐电弧腐蚀性能和抗熔焊性能也逐渐提高，但其导电性能下降。银-钨的缺点是接触电阻不稳定，随着开闭次数的增加，接触电阻增大，其原因在于分断过程中，触头表面产生三氧化钨、钨酸银等电阻率高的薄膜。

（4）银-石墨。导电性好，接触电阻低，抗熔焊，耐弧能力强，在短路电流作用下也不会熔焊，其缺点是电磨损大。

上述金属陶瓷材料利用粉末冶金法、化学沉淀法（也称沉淀法）及内氧化法等制成。

小 结

在本项目中，要求理解电动力的作用及危害；重点掌握电动力方向的判断；理解触头间的电动斥力及危害；理解电器的电动稳定性。

触头作为电器的执行机构，对电器的工作性能、总体结构、尺寸有着决定性的影响。

（1）掌握触头基本参数的定义、作用，理解其调整方法。

（2）触头在闭合状态时存在着接触电阻的问题，掌握接触电阻的产生原因、影响因素及减小的方法。

（3）触头在闭合过程中存在着振动问题，理解振动对触头的影响及减小振动的方法。

（4）掌握触头磨损的分类及减小的方法，理解电磨损产生的原因。

（5）触头材料的发展是比较快的，通过对触头材料的介绍，了解常用触头材料的性能、特点。

思考练习题

一、填空题

1. 电器的电动力稳定性是指当大电流通过电器时，在其产生的电动力作用下，电器有关部件不产生损坏或永久变形的_____。

2. 触头处在闭合位置能承受短路电流所产生的电动力而不致损坏的能力，称为触头的_____。

3. 由于辅助触头常常起到电气联锁作用，所以又称为_____。

4. 触头的接触形式有点接触、线接触和_____3 种。

5. 增大触头的_____可以降低触头闭合过程的弹跳。

6. 触头的发热是由接触电阻引起的，因此应设法减小_____。

7. 触头材料分 3 类：纯金属、金属合金和_____。

8. 金属陶瓷材料是由两种或两种以上的彼此不相熔合的金属组成的机械混合物，其中一种金属有很高的导电性（如银、铜等），作为材料中的填料，称为_____；另一种金属有很高的熔点和硬度（如钨、镍、钼、氧化镉等），在电弧的高温作用下不易变形和熔化，称为_____，这类金属在触头材料中起着骨架的作用。

9. 触头磨损包括机械磨损、化学磨损和_____。

10. 触头的磨损主要取决于_____。电磨损主要发生在触头的_____过程中，在触头闭合电流时产生电磨损，主要是由于_____引起振动所产生的，在触头开断电流时所产生的电磨损，是由_____电弧所造成的。

二、判断题

1. 载流导体电动力的方向可用左手定则来判断。（　　）

2. 载流导体的电动力和磁感应强度及电流的大小成正比。（　　）

三、简答题

1. 触头可以怎样分类？
2. 触头的参数有哪些？
3. 减小振动的方法有哪些？
4. 什么是触头的机械磨损？
5. 什么是触头的电磨损？
6. 减小接触电阻的方法有哪些？
7. 对电接触材料的性能有哪些要求？
8. 影响接触电阻的因素有哪些？
9. 什么叫电器的电动稳定性？

四、综合题

触头的电磨损与哪些因素有关？采取什么方法可以减小电磨损？

项目二 电弧的燃烧与熄灭

当开关电器在操作过程中，特别是在开断电路的瞬间，如果电压和电流达到一定条件，触头间就会产生强烈的白光，这就是电弧。直到电弧熄灭，触头间隙成为绝缘介质后，电路才真正分断。电弧不仅使断开电路的时间延长，也对触头有着很大的破坏。在使用开关电器时，必须充分考虑电弧对电器的影响，采取有效的措施尽快熄灭电弧，确保电器设备的安全和可靠。

本项目将认知电弧的概念、结构、分类，以及电弧产生与熄灭的物理过程。通过本项目的学习，应达到以下目标：

知识目标

（1）认知电弧的概念、结构和分类；
（2）了解电弧的产生与熄灭过程及灭弧方法等相关理论知识。

能力目标

能够利用电弧的知识分析电器的灭弧装置及工作原理。

素养目标

（1）培养安全责任意识；
（2）养成严肃认真、求真务实的工作态度和职业素养；
（3）养成严谨规范的工作作风。

任务一　认知电弧

知识导入

电弧是一种高温、高亮度的放电现象，其温度非常高，一般自由电弧的弧柱中心温度可达 8 000 ℃ 左右，被广泛应用于焊接、熔炼、化学合成及强光源等领域。对于有触点电器而言，电弧主要产生于触头断开电路的瞬间，高温将烧损触头及绝缘，严重情况下甚至引起相间短路、电器爆炸，酿成火灾。因此，在涉及电弧的领域中，必须具备高度的安全意识和责任心，严格遵守操作规程和安全制度，这不仅是确保设备和人员安全的关键，也同样是社会责任和职业道德的体现。

知识储备

认知电弧

一、气体放电的物理过程

电弧是气体放电的一种形式。气体放电分为自持放电与非自持放电两类，电弧属于气体自持放电中的弧光放电。试验证明，当在大气中开断或闭合电压超过 10 V、电流超过 0.5 A 的电路时，在触头间隙（或称弧隙）中会产生一团温度极高、亮度极强并能导电的气体，称为电弧。

我们借助一定的仪器仔细观察电弧，可以发现，除两个极（触头）外，电弧明显地分为 3 个区域，即近阴极区、近阳极区及弧柱区，如图 2.1 所示。

近阴极区的长度约等于电子的平均自由行程。在电场力的作用下正离子向阴极运动，造成此区域内聚集着大量的正离子而形成正的空间电荷层，使阴极附近形成高电场强度（$10^6 \sim 10^7$ V/m）。正的空间电荷层形成阴极压降，其数值随阴极材料和气体介质的不同而有所变化，但变化不大，为 10~20 V。

近阳极区的长度约为近阴极区的数倍。在电场力的作用下自由电子向阳极运动，它们聚集在阳极附近而且不断被阳极吸收而形成电流。在此区域内聚集着大量的电子形成负的空间电荷层，产生阳极压降，其值也随阳极材料而异，但变化不大，稍小于阴极压降。由于近阳极区的长度比近阴极区的长，故其电场强度较小。

图 2.1 电弧 3 个区及电位降、电位梯度分布

阴极压降与阳极压降的数值几乎与电流大小无关，在材料及介质确定后可以认为是常数。

弧柱区的长度几乎与电极间的距离相同，是电弧中温度最高、亮度最强的区域。因在自由状态下近似圆柱形，故称为弧柱区。在此区中正、负电粒子数相同，称等离子区。由于不存在空间电荷，整个弧区的特性类似于一金属导体。每单位弧柱长度电压降相等。其电位梯度 E_L 也为一常数，电位梯度与电极材料、电流大小、气体介质种类和气压等因素有关。

电弧按其外形分为长弧与短弧。若弧长大大超过弧径的电弧称为长弧，其特点是电弧的过程主要取决于弧柱，电弧压降的大小主要由弧柱压降所决定，即长弧的电压是近极压降（阴极压降与阳极压降）与弧柱压降之和：$U = U_{阴} + U_{阳} + U_{柱}$；若弧长小于弧径，两极距离极短（如几毫米）的电弧称为短弧，此时两极的热作用强烈，近极区的过程起主要作用，电弧的压降以近极压降为主，几乎不随电流变化。

由于电弧产生的物理过程比较复杂，且影响电弧特性的因素很多，因此还不能全用理论的方法来计算电弧特性，在设计灭弧装置时，通常用经验的方法并通过实验来解决。因此应很好掌握电弧产生的内在物理过程及其基本规律，并把密切相关的一些因素联系起来进行分析，就可以了解如何熄灭电弧的问题了。

二、电弧产生与熄灭的物理过程

当触头开断电路，在间隙中产生电弧时，电路仍然是导通的，这说明已分开的触头间的气体由绝缘状态变成了导电状态。但当电弧熄灭之后触头间又恢复了绝缘状态。那么，究竟有哪些物理过程在电弧的产生与熄灭过程中起了作用呢？下面就此进行分析。

1. 电弧产生的物理过程

金属材料表面在某些情况下能发射出自由电子，这种现象叫表面发射。自由电子的产生是由于金属内的电子得到能量，克服内部的吸引力而逸出金属表面。一个电子逸出金属所需的能量叫逸出功。不同金属材料逸出功的大小不一样。

从物质原子的结构而言，是由原子核与若干电子构成的。如果外界加到电子上的能量足够大，能使电子克服原子核的吸引力作用而成为自由电子，这种现象称为游离。游离所需的能量叫游离能。不同的物质其游离能不同。

触头开断电路时，产生电弧的原因主要有：阴极热发射电子、阴极冷发射电子、碰撞游离和热游离等。

（1）阴极热发射电子。触头开断过程中，触头间的接触面积逐渐减小，接触处的电阻越来越大，电流密度也逐渐增大，触头表面的温度剧增，金属内由于热运动急剧活跃的自由电子就克服内部的吸力而从阴极表面发射出来，这种主要是由于热作用所引起的发射称为热发射。

温度越低、逸出的功越大时，热发射的电流密度越小。

（2）阴极冷发射电子。在触头刚刚分开发生热发射的同时，由于触头之间的距离很小，线路电压在这很小的间隙内形成很高的电场，此电场将电子从阴极表面拉出，形成强电场发射。在强电场发射中，并不需要热功的参与，所以强电场发射也称作冷发射。

当金属的温度越低、阴极表面电场越小时，电子发射的数量就越少。

通常阴极电子的发射，同时包含了热发射和冷发射的过程，只是不同的材料热发射和冷发射的程度各不相同。

（3）碰撞游离。由于以上两种发射的作用，大量电子从阴极表面进入弧隙。它们在电场的作用下，获得动能而加速，随着触头的分开不断地撞击气体的原子或分子（中性粒子），当此粒子具有的动能大于中性粒子的游离能时，该中性粒子则分解为带电荷的自由电子和正离子，这一现象叫作碰撞游离（或称电场游离）。碰撞游离后出现的自由电子在电场作用下又可同其他中性粒子发生新的撞击和游离，使得自由电子和正离子数累积增加。弧隙中的中性气体就变为导电的自由电子与正离子。在电场作用下，它们向阴极、阳极运动，电弧形成，电路并未断开。若电子撞击中性粒子不足以使其立即游离，但经多次撞击，中性粒子所获得能量也使其发生了游离，这种过程称为累积游离。在带电粒子中，由于电子体小质轻，自由行程长，容易加速而获得能量，故其游离作用比正、负离子大得多。

（4）热游离。随着电弧的形成，弧隙中气体温度很高，气体中的中性原子或分子由于热运动而发生互相撞击，其结果也造成游离，这就是热游离。热游离实质上也是碰撞游离，只不过发生碰撞的原因是高温引起而不是电场引起的。所以温度越低，热游离越弱；相反温度越高，热游离越强。

中性粒子热游离的程度与温度的高低、气压的大小、物质的游离能大小有关。在高温状况下，金属材料容易发生气化，金属蒸气的游离能比气体的小得多。当气体中混有金属蒸气时，游离程度更加迅速。

由上可见，电弧的产生，第一是由于热的作用，发生热发射和热游离；第二是由于电场的作用，发生冷发射和碰撞游离，在气隙间出现大量电子流，使气体由绝缘体变成导体。应该注意的是，在整个过程中几种物理作用并不是截然分开的，而是交叉进行或同时存在的。电弧燃烧期间，起主要作用的是热游离。因而，使电弧迅速冷却是熄灭电弧的主要方法。

从能量的角度来说，电弧燃烧时要从电源不断向电弧内部输入能量，而这个能量又不断转变为电弧的热量通过传导、对流及辐射3种方式散失。

设输入弧隙的功率为 $P_h(W)$，电弧散失功率为 $P_s(W)$，则

当 $P_h = P_s$ 时，电弧电流不变，稳定燃烧；

当 $P_h > P_s$ 时，电弧电流变大，电弧越燃越烈；

当 $P_h < P_s$ 时，电弧电流变小，电弧逐渐熄灭。

2. 电弧熄灭的物理过程

电弧稳定燃烧时是处在热动平衡状态，此时不可能有电子和离子的积累。这说明电弧中气体游离的同时还存在一个相反的过程，我们称之为消游离。消游离就是正、负带电粒子中和而变成中性粒子的过程。消游离的形式主要有以下两种：

（1）复合。带异性电荷的粒子相遇后相互作用中和而变成中性粒子称为复合。在游离过程中出现的电子和正、负离子，如果它们的运动速度不大，当它们接近时就互相吸引而成中性分子，这种复合称为直接复合。如果电子和正、负离子的运动速度较高时，它们不能直接复合，速度较高的电子撞击中性粒子时，除形成撞击游离外，也可能附在中性粒子上形成负离子。由于形成负离子后的质量比电子大得多，因而速度就减慢，当与正离子接近时，就互相中和成中性粒子，这个过程称为间接复合。

复合的速度受温度的影响很大，因为温度升高，离子运动速度加大，它们复合的几率就减小；反之，温度低时，离子运动速度也低，它们复合的几率增大，因此冷却电弧是加强复合过程的重要因素。此外，加入大量的新鲜气体分子，也可增强复合作用。

（2）扩散。带电粒子从电弧区转移到周围介质中去的现象称为扩散。电弧是一个电子和离子高度密集的空间，同时其中温度很高。它和气体分子一样，有均匀地分布在容积中的倾向，这样电子便从弧隙中向四周扩散，扩散出来的电子（或离子）因冷却互相结合而成为中性分子，这种过程的进行不在电弧的内部，而在电弧的表面空间进行。扩散的方向一般为从高温、高浓度区向低温、低浓度区，扩散出来的带电粒子因冷却很容易相互结合而形成中性粒子。因此，当弧柱表面温度降低时，即电弧内部与电弧表面之间的温差增大时，扩散就会

加快。

综上所述，电弧中同时存在着游离和消游离两方面的作用。当游离作用占优势时电弧就会产生和扩大；当消游离作用占优势时，电弧就趋于熄灭；当游离作用和消游离作用处于均衡状态时，则弧隙中保持一定数量的电子流而处于稳定燃烧状态。

游离与消游离作用与许多物理因素有关，如电场强度、温度、浓度、气体压力等。那么，我们可以根据这些物理因素的变化情况，找出一些切实可行的方法，减小游离，增加消游离，使触头断开电路时产生的电弧尽快熄灭。

任务二　探秘电弧的燃烧与熄灭

知识导入

从电器的角度研究电弧，目的在于了解它的基本规律，找出相应的办法，让电弧在电器中尽快熄灭。在掌握了电弧的概念和结构后，让我们秉承科学、严谨、规范的工作作风，一起探秘电弧的燃烧与熄灭，为电器设备配备适合的灭弧装置。

知识储备

电弧发生的过程因电路电源交、直流的差异而不同，因此我们将对直流电弧和交流电弧分别进行讨论。

一、直流电弧的燃烧与熄灭

对于直流电弧，我们可用它的伏安特性曲线来说明其基本性质及特性。

1. 直流电弧的伏安特性

直流电弧是指产生电弧的电路电源为直流。当直流电弧稳定燃烧时，电路仍是导通的，因而电弧中有电弧电流，电弧两端有电压降。直流电弧的伏安特性就是指电弧电压与电弧电流之间的关系曲线，它实质上是反映电弧内的物理过程，是电弧的重要特性之一。由于影响直流电弧伏安特性的因素很多，通常只能用实验方法求得。

如图2.2中所示，在两极之间有一稳定燃烧的电弧。测得电弧长度为 l_{DH}，通过调节可变电阻 R 的值非常缓慢地调节回路电流（$\frac{di}{dt} \rightarrow 0$），在这个过程中分别测量电弧电流 I_{DH} 和电弧两端电压 U_{DH}，可绘出其伏安特性，如图2.2中曲线1。此伏安特性称为直流电弧的静伏安特性（简称静特性）。静特性是指在电弧稳定燃烧（$\frac{di}{dt} \rightarrow 0$）条件下，电弧不受热惯性影响时，电弧电流与电弧压降的关系。

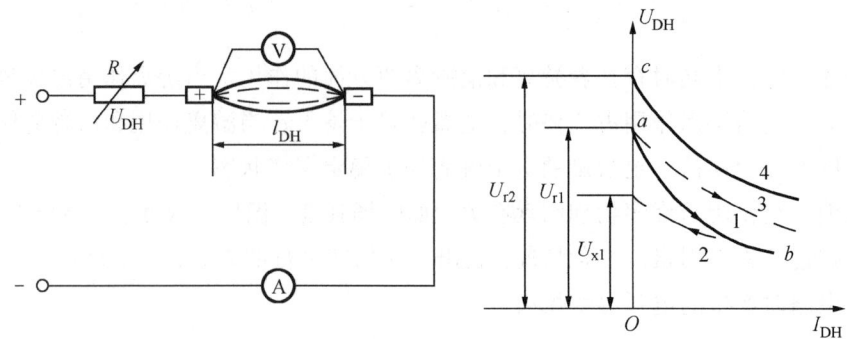

图 2.2　直流电弧及其伏安特性

从曲线 1 可见，触头在开断直流电路时所产生的电弧，相当于在电路中串入一个非线性电阻，当电弧电流 I_{DH} 增加时，电弧电压 U_{DH} 减小。这和我们熟知的普通电路的情况相反。在普通电路中，当电流增加时，电阻上的电压也增加，这是因为电路中的电阻值不变的缘故。但在弧隙中，电弧电阻是随着电弧电流而变化。随着电流的增大，电弧内的游离作用越来越激烈，离子浓度越来越大，导电性越好，其对外所呈现的电阻值越小，从而维持电弧稳定燃烧所需的电压也相应减小；反之，当电弧电流减少时，维持电弧稳定燃烧所需的电压相应增大。

若调节可变电阻 R 来调节回路电流，让回路电流以一定速度减小（$\frac{di}{dt}<0$）或增加（$\frac{di}{dt}>0$），则可得曲线 2 和 3。这时所得的伏安特性称直流电弧的动伏安特性（简称动特性）。动特性是指在电弧不稳定燃烧条件下，电弧电流变化快，其热惯性对电弧有影响时，电弧电流与电弧压降的关系。根据电流变化速度不一样，动特性曲线有许多条。从图 2.2 中可得出，伏安特性曲线 1、2、3 并不重合，而且电流增加过程的伏安特性 3 位于静伏安特性 1 的上方，电流减小过程的伏安特性 2 位于静伏安特性 1 的下方。其原因是当回路电流以一定速度变化时，电弧内部有保持原来热状态（游离和消游离状态）的热惯性作用，致使电弧内部状态的变化总是滞后于回路电流的变化。当回路电流变化速度越大时，这种热惯性作用就越明显。电弧的电阻也就不同于相应点应有的电阻值，电弧的压降同样就和相应点的压降不同。

在图 2.2 中，静特性曲线 1 与纵轴交点的电压值称为燃弧电压，用 U_{r1} 表示。所谓燃弧电压，就是产生电弧所必需的最低电压，电压低于此值，就不足以点燃电弧。伏安特性曲线 2 与纵轴交点的电压值称为熄弧电压，用 U_{x1} 表示。所谓熄弧电压，就是指熄灭电弧的最高电压，电压高于此值，电弧将不能熄灭。熄弧电压总是小于燃弧电压的，其原因是燃弧前弧隙中介质强度高，即游离程度小，要形成电弧就必须具有较高的电压。燃弧电压应比维持电弧所需的最低电压要高。电弧在燃烧过程中游离程度高，介质强度低，维持其燃烧的最低电压就低，而熄弧电压应比这个电压还要低，所以熄弧电压 U_{x1} 总是小于燃弧电压 U_{r1}。

电弧的静伏安特性与弧长有关。在其他条件相同时，弧长 l_{DH} 越长，静伏安特性越向上移，如图 2.2 曲线 4 所示。其原因：在同一电流情况下，电弧单位长度的电阻值不变，电弧拉长后的总电阻增加，因而电弧的电压就增大了。由于静伏安特性向上平移，燃弧电压和熄弧电压也都要增加。从这个角度来说，拉长电弧，可以加速电弧的熄灭。

2. 直流电弧的熄灭

设有如图 2.3（a）所示典型的直流电弧电路，E 为电源电势，L 和 R 分别为电路中和电弧串联的电感和电阻。根据克希荷夫第二定律，可写出电压平衡方程式

$$E = V_{DH} + iR + L\frac{di}{dt} \qquad (2.1)$$

由于电弧的电阻呈非线性的特点，采用图解法更为方便。将式（2.1）中各项的伏安特性表示在同一坐标系中，以便分析其相互间的关系。如图 2.3（b）所示，曲线 2 为电弧的静伏安特性，直线 1 为 $E - iR$。从图中可以得出：直线 1 与曲线 2 相交于 A、B 两点，其对应的电流值为 i_A 与 i_B。

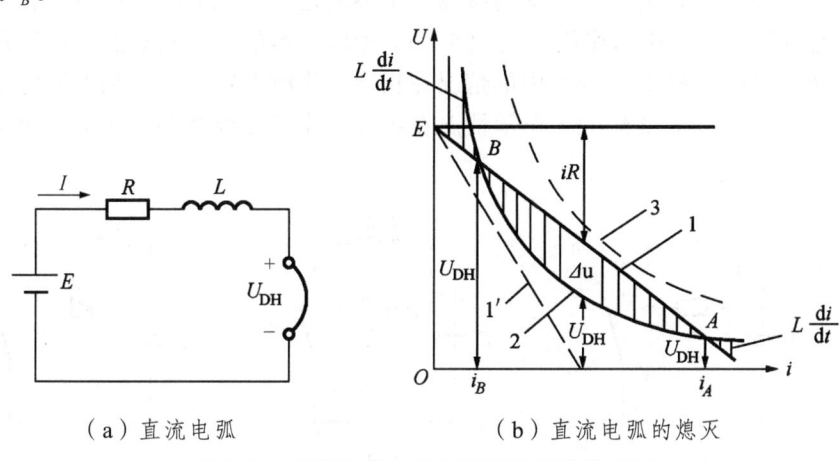

（a）直流电弧　　　　　　（b）直流电弧的熄灭

图 2.3　开断电感电路的直流电弧及其熄灭

一个直流电弧能够稳定燃烧的条件是有稳定燃烧点，即 $\frac{di}{dt} = 0$。那么，要想使直流电弧熄灭，就应该做到消除稳定燃烧点，且 $\frac{di}{dt} < 0$。从图 2.3 可知曲线 2 与直线 1 没有交点且曲线 2 位于直线 1 的上方。要想达到这个目的，图形上的变化可有很多种，但结合实际来考虑，将曲线 2 向上平移至 3 的做法最为可行。从其代表的物理意义上来讲，就是将电弧拉长。所以拉长电弧是熄灭直流电弧最常用的方法，而且拉长的方式也有多种。

还有一种方法也能使直流电弧熄灭，那就是在电弧两端并联电阻，如图 2.4 所示。从图形上看，由于 $i = i_b + i_{Rb}$，使得电弧两端的伏安特性发生了变化，满足了直流电弧熄灭的条件，电弧将熄灭。这种方法有一定的缺陷，那就是电弧虽熄灭了，但电路并未断开。所以要利用这种方法，还必须安装附加开关以分断并联电阻电路。

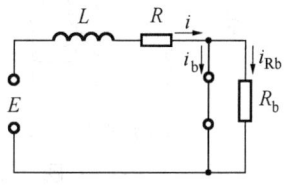

（a）电弧并联电阻电路

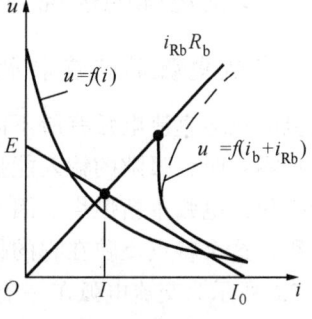

（b）电路伏安特性曲线

图 2.4　电弧并联电阻电路及其伏安特性曲线

3. 断开感性电路的过电压

为了减小电弧对触头及电器的烧损,通常希望熄弧时间越短越好。但是在断开感性电路时,若熄弧时间过短,电感中将产生很大的自感电势,也就是 $L\dfrac{\mathrm{d}i}{\mathrm{d}t}$ 的值很大。其数值常比电源电压大好多倍,通常称之为过电压。为了区别于大气过电压,称之为内部过电压(或操作过电压)。过电压产生后,一方面可能将电气设备的绝缘击穿,引起破坏性故障;另一方面,可能击穿弧隙,使电弧重燃。为此必须加以防止和限制。

断开感性电路产生过电压的根本原因,在于贮存在电感中的磁场能量要在非常短暂的时间内释放出来并消耗掉。如果能将磁场能量逐渐地消耗在电阻上就可以控制此时的过电压。图 2.5 所示的方法均能将电感中的磁场能量逐渐地消耗在电阻上或者延长电路电流变化的时间,起到抑制过电压的作用。图 2.5(a)中所表示的方法其缺点是在正常工作时,附加电阻有功率损耗。图 2.5(b)中的情况在正常工作时电容充电达到电源电势,在附加电阻上没有功率消耗。图 2.5(c)所示情况在正常工作时二极管的反向电流很小,其上的功率损耗亦很小。

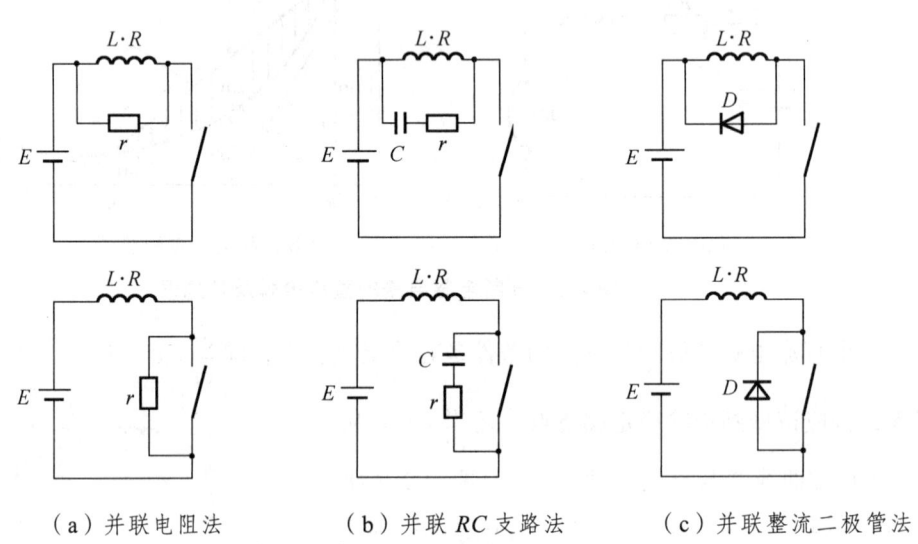

(a)并联电阻法　　　(b)并联 RC 支路法　　　(c)并联整流二极管法

图 2.5　减小直流电弧熄灭时过电压的方法

二、交流电弧的燃烧与熄灭

1. 交流电弧的伏安特性

交流电弧与直流电弧有所不同,交流电流的瞬时值随时间变化,每周期内有两次过零点。电流经过零点时,弧隙的输入能量等于零,电弧温度下降,电弧自然熄灭。而后随着电压和电流的变化,电弧重新燃烧。因此,交流电弧的燃烧,实际上就是电弧的点燃、熄灭周而复始的过程,这个特点反映在它的伏安特性中。

图 2.6 所示为交流电弧在一个周期内的伏安特性,图中箭头方向表示了电流变化的方向。从 o 点开始,因电弧还未产生,所以随着电压的增加只有少量的由阴极发射产生的电流。到 A 点时电弧点燃,再随着电流的增大,电弧电阻减小,电弧压降也下降,直到 B 点,此时电

弧电流达到峰值。在 B 点后随着电流的减小，弧电阻增加，电弧压降上升。变化到 C 点时，电弧电流趋近于零，电压达到熄弧电压，电弧熄灭。当电流过零点后，在第三象限重复上述规律。

显然，由于交流电弧自身所具有的不断变化值，它的伏安特性都是动特性。由于热惯性作用，弧电流绝对值从小到大的特性曲线与电弧电流绝对值从大变小的特性曲线不重合，这种现象称为"弧滞"。

按照交流电弧的上述特性，交流电弧电流通过零点时，由于电源停止供给电弧能量，热游离迅速下降，为电弧的最终熄灭创造了最有利的条件，此时只要采取一定的消游离措施，使少量的剩余离子复合，就能防止电弧在下半周重燃，使电弧最终熄灭。因此，交流电弧比直流电弧容易熄灭。我们通常把利用电弧电流自然过零的特点进行的熄弧称为零点熄弧原理。

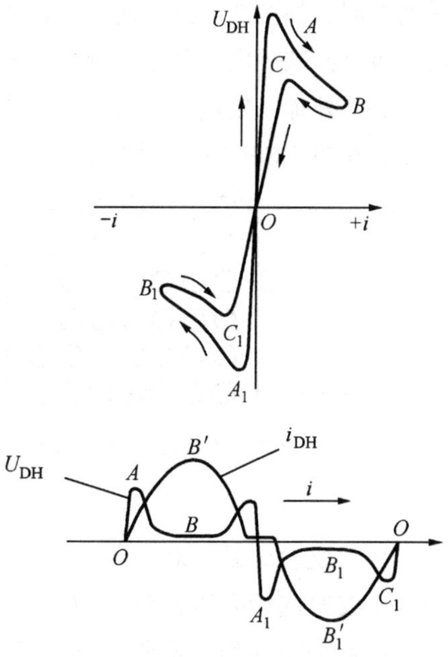

图 2.6 交流电弧的伏安特性

2. 交流电弧过零后的物理过程

交流电弧由于电弧电流过零时，电源停止供给能量，电弧自然熄灭。但是交流电弧过零自然熄灭后，还会重新燃烧。所以怎样防止电弧重燃是研究交流电弧的重点。为此，我们将研究在电流通过零点时弧隙中存在的物理过程，了解哪些因素能使电弧重新点燃，哪些因素抑制电弧重燃，从这一观点出发，凡是抑制电弧重新点燃的因素，或是加强不利于电弧重新点燃的因素，都可以促使交流电弧熄灭。

交流电弧电流过零期间，同时存在两个对立的基本过程，一是介质强度恢复过程，二是弧隙电压恢复过程。

1）介质强度恢复过程

交流电弧过零熄灭后，由于电弧电流值下降至零，弧隙温度迅速下降，促进了消游离作用，使弧隙由原来的导电状态转变为绝缘介质状态，此过程称为介质强度恢复过程。这是促使电弧熄灭的因素。当弧隙的介质强度增高时，相当于弧隙电阻 r_{DH} 增大，使电弧电流很快减小。这个过程的快慢与许多因素有关：

（1）与近阴极效应有关。设交流电弧电流过零之前，电弧中的正离子和电子的运动方向如图 2.7（a）所示。当交流电弧电流过零点后，触头极性改变如图 2.7（b）所示，原来的阴极改变为新的阳极，而原来的阳极改变为新的阴极。电场方向的改变，弧隙中剩余电子和离子的运动方向也应随之改变。但是由于电子的质量远比正离子质量小得多，因而电子的运动方向改变要远比正离子灵敏得多，在电流过零后，电子能立刻反向朝刚刚得到正极性的新阳极运动，而正离子因能动性差，在此瞬间仍停在原地来不及向新阴极运动，并且刚得到负极性的阴极也还来不及逸出新的电子。因此，在新的阴极附近就存在一层没有电子而只有正离子的空间，如图2.7（b）所示。因为正离子的导电性差，电弧导电主要靠电子的定向运动，新阴极表面缺少电子就不能导电，相当于形成一薄层绝缘介质。要是电弧重燃，弧隙重新导电，必须外加一定电压使这一薄层击穿才有可能。这一击穿电压的最小值称为起始介质强度 U_{JF0}，在图2.8中如 OA 段所示。

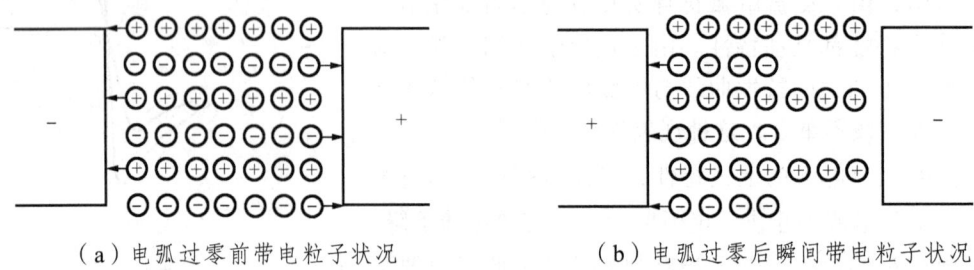

（a）电弧过零前带电粒子状况　　　　（b）电弧过零后瞬间带电粒子状况

图2.7　近阴极效应

根据实验结果：对于铜电极，当电流为数百安时起始介质强度为 150～250 V；当电流为数千安时起始介质强度为 40～60 V；当电流更大时该强度还要低些。原因是电流很大时，热发射起一定作用，使阴极继续发射电子所需的电压相应降低。起始介质强度在电流过零后 1 μs 内就会出现，这种在交流电弧电流过零后弧隙几乎立即出现一定的介质强度的现象称为交流电弧的近阴极效应。

（2）与灭弧方法有关。随着灭弧方法的不同，介质强度继续增长的情况也不一样，只能根据具体的灭弧方法，由实验测出介质强度继续增长的规律。通常把弧隙间介质强度恢复随时间变化的关系称作弧隙介质强度恢复特性，如图2.8所示。图中的 OA 段与近阴极效应产生的起始介质强度有关，AB 段与电弧熄灭的方法和装置有关。灭弧装置效果越好，图中的 α 角就越大，说明介质强度恢复速度越高。

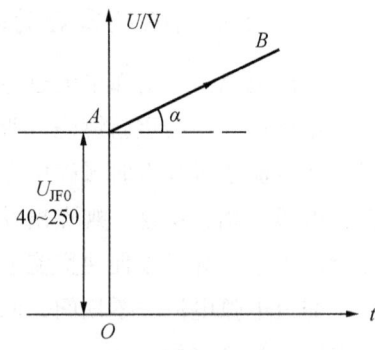

图2.8　介质强度恢复特性

2）弧隙电压恢复过程

所谓电压恢复过程，就是对应于电流过零电弧熄灭瞬间电源电压的瞬时值，也叫作工频恢复电压，如图2.9（a）所示。设在 A 点电弧熄灭，则对应于 A 点的电源电压瞬时值 E_0 就称为工频恢复电压。电流过零电弧熄灭后，触头两端电压从熄弧电压 U_{xH} 恢复到工频恢复电压 E_0 的过程称为电压恢复过程。这个过程根据线路参数情况的不同形成较为复杂的情况。因为在实际中，触头两端电压不是从熄弧电压 U_{xH} 立即恢复到工频恢复电压 E_0，而是要经过一段过程，而且这个过程会呈现振荡或非振荡现象。例如图2.9（a）所示为非振荡恢复过程，而图2.9（b）所示为振荡恢复过程。发生这种现象的原因是：触头所接的线路中总是存在着电感和电阻。此外，线路中的导线对地之间、发电机的绕组之间都存在着电容。这样，由于电阻、电感和电容的作用，就可能产生振荡现象。

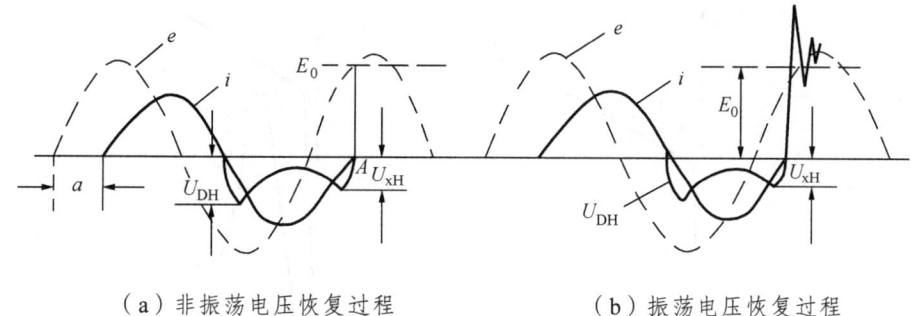

(a)非振荡电压恢复过程　　　　　　(b)振荡电压恢复过程

图 2.9　电压恢复过程

由于电压恢复过程是使电弧重燃的要素,很显然,周期振荡电压恢复过程中有较高的电压峰值,对电弧不再重燃是十分不利的,所以也是应该尽量避免的。

电压恢复过程与下列因素有关:

(1)与线路功率因数角 α 有关。如果是纯电阻电路开断,此时电弧电流过零时,电源电压为零,加在弧隙上的电压也是零,而后恢复电压按照电源电压正弦规律上升,这种情况下的电弧容易熄灭;如果是纯电感电路开断, $\alpha=90°$,则 $E_0=E_m$,因此电弧电流过零时电源电压有幅值,加在弧隙两端就有很大的电压,显然开断电感负载比开断纯电阻负载就困难多了。同时说明当 α 不同时,工频恢复电压 E_0 不一样,电压恢复过程也就不一样。必须指出,由于线路中总存在有电感、电容和电阻,这些参数在一定的配合下,恢复电压的变化可能是非周期的指数增长过程,也可能是高频振荡周期增长过程,在最严重情况下,恢复电压的峰值可达电源电压幅值的两倍,使熄弧更加困难。

(2)与触头的结构形式有关。由于双断点结构时恢复电压是作用在两个断口上,使每个断口的电压值比一个断口时的要低,所以电弧容易熄灭。

3. 交流电弧熄灭的条件

交流电弧过零后弧隙间介质强度的恢复和电压的恢复是两个对立的过程。因为介质强度恢复过程主要是弧隙内部带电粒子不断减少的过程,而电压恢复过程则相反,它使弧隙中的气体产生新的游离而使带电粒子不断增加。那么可以简单地确定交流电弧熄灭条件为:交流电弧电流过零后,如果弧隙介质强度恢复的速度超过了弧隙电压恢复的速度,则电弧熄灭。反之,电弧重燃,如图 2.10 所示。

因此,在交流电弧熄灭过程中有两方面的因素要加以考虑:

(1)交流电弧电流过零是最有利的灭弧时机,这时输入弧隙的功率趋近于零,如电弧散失的功率大于此时由电源输入的功率,电弧就会熄灭。如果熄弧措施太强,使电弧电流提前强制过零,这时交流电弧的熄灭与直流电弧相同,会造成熄弧困难。

(2)对交流电弧的电路参数而言,电源电压越高,恢复电压峰值也越高,熄弧困难。电弧熄灭前电路的电流越大,电弧功率越大,熄弧困难。电路中电感比例越大,熄弧越困难。

为了使交流电弧过零点后不再重燃,总的来讲可减小恢复电压增长速度和增加介质强度恢复速度。

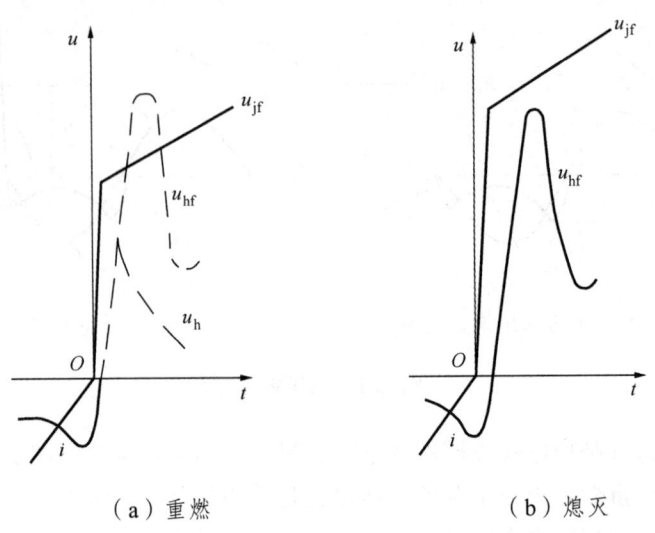

(a)重燃　　　　　　　　(b)熄灭

图 2.10　交流电弧熄灭的条件

增加介质强度恢复速度，在实际运用中效果较显著的方法就是通过金属栅片将电弧分割成许多短弧，这样每一个短弧相当于处在一对电极之中，电流过零后，就产生近阴极效应。此时起始介质强度之和比一对电极下产生的扩大了许多倍。当外界加在电弧两端的电压小于此值时，电弧在过零后就不再重燃。

对于减小恢复电压增长速度，抑制电弧重燃，一般采用的方法为在弧隙两端并联一电阻 r_m，如图 2.11 所示。其原理如下：在弧电流经过零点前后几十微秒内，$i_{DH} \approx 0$，所以可近似认为 $R_{DH} = \infty$。此时 i 分成向电容 C 充电的电流 i_1 和流经 r_m 的电流 i_2。由于 r_m 分流了 i_1，使电容 C 的充电时间加长，即 a、b 两端电压的增长速度变慢，因此就抑制了燃弧因素。从熄灭电弧的角度出发，分流电阻 r_m 的值越小越好，但 r_m 值过小，在正常情况下损耗过大。所以希望 r_m 在正常工作时其阻值很大，$i_2 \approx 0$；而在触头断开电路时，要求 r_m 值很小。为此，一般用非线性电阻较好。韶山系列电力机车所用的 TDZ_{1A} 型主断路器就是利用这种原理，在其主触头上并联有非线性电阻，来抑制恢复电压的增长速度，促使其电弧熄灭。

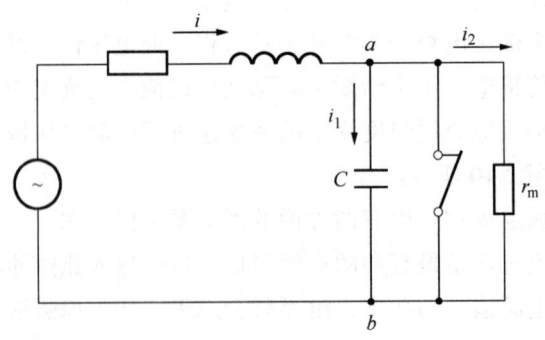

图 2.11　并联电阻灭弧原理

三、熄灭电弧的基本方法

通过理论分析，我们可以找出加速电弧熄灭的多种方法，例如，拉长电弧、降低温度、将长弧变为短弧、将电弧放置于特殊介质中、增大电弧周围气体介质的压力等。为了减少电弧对触头的烧损和限制电弧扩展的空间，通常把这些方法加以应用，为此而采用的装置称为灭弧装置。一个灭弧装置可以采用某一种方法进行熄弧。但在大多数情况下，则是综合采用几种方法，以增强灭弧效果。例如拉长和冷却电弧往往是一起运用的。

1. 拉长电弧

电弧拉长以后，电弧电压增大，改变了电弧的伏安特性。在直流电弧中，其静伏安特性上移，电弧可以熄灭。在交流电弧中，由于燃弧电压的提高，电弧重燃困难。

电弧的拉长可以沿电弧的轴向（纵向）拉长，也可以沿垂直于电弧轴向（横向）拉长，如图 2.12 所示。

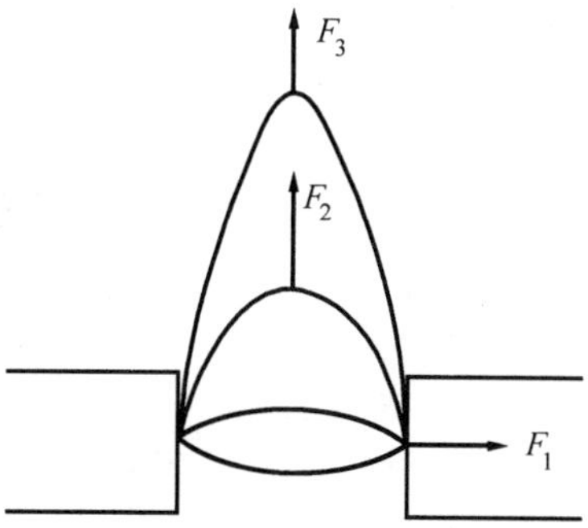

（1）机械力拉长。电弧沿轴向拉长的情况是很多的，电器触头分断过程实际上就是将电弧不断地拉长。刀开关中闸刀的拉开拉长电弧，电焊过程中将焊钳提高可使电弧拉长并熄灭。

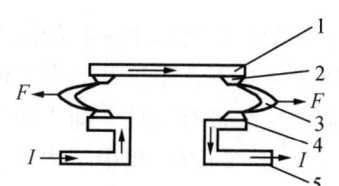

图 2.12 拉长电弧

（2）回路电动力拉长。载流导体之间会产生电动力，如果把电弧看作一根软导体，那么受到电动力它就会发生变形，即拉长。如图 2.13 所示，在一对桥式双断点结构形式的触头断开时，电弧受回路电动力 F 的作用被横向拉长，也就是图 2.12 中受 F_2 作用力的情况。横向拉长时电弧与周围介质发生相对运动而加强了冷却，这样就加速了电弧的熄灭。有时为了使磁场集中，在触头上添加磁性片 6，以增大吹弧力，如图 2.13（b）所示。

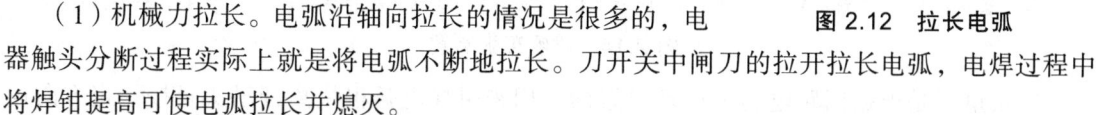

（a）常用触头回路电动力吹弧　　（b）增磁型触头回路电动力吹弧

1—触头桥；2—动触头；3—电弧；4—静触头；5—静触头座；6—磁片。

图 2.13 触头回路电动力吹弧

因利用回路本身灭弧的电动力不够大，电弧拉长和运动的速度都较小，所以这种方法一般仅用于小容量的电器中。开断大电流时，为了有较大的电动力而专门设置了一个产生磁场的吹弧线圈，这种利用磁场力使电弧运动而熄灭的方法称为磁吹灭弧，如图 2.14 所示。由于这个磁场力比较大，其拉长电弧的效果更好，如图 2.12 中 F_3 所示的情况。

图 2.14 的磁吹线圈 4 是接在引出线和静触头 6 之间，通过绝缘套与磁吹铁芯绝缘，导弧角 2 和静触头 6 固装在一起。磁吹线圈 4 中的磁吹铁芯 1 两端各装有一片导磁夹板 5，导磁夹板 5 同时夹于灭弧室两侧，用来加强弧区磁场。设在灭弧室中的动静触头就处在磁板之间。

当触头分开有电弧燃烧时，磁吹线圈和电弧本身均在电弧周围产生磁场。由图 2.14 可见，在弧柱下方一侧，磁吹线圈的磁通和电弧的磁通是相叠加的，而在弧柱上方一侧，两磁通是相削弱的，因此就产生磁吹力。电弧在磁吹力的作用下发生运动，电弧被拉长，电弧的根部离开静触头而移到导弧角2上，进一步拉长电弧，使电弧迅速熄灭。

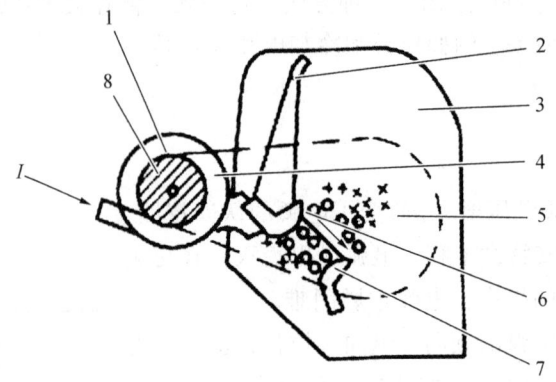

1—磁吹铁芯；2—导弧角；3—灭弧罩；4—磁吹线圈；5—导磁夹板；6—静触头；7—动触头；8—绝缘套。

图2.14 磁吹灭弧装置

导弧角2是根据回路电动力原理设置的，用来引导电弧很快离开触头且按一定方向运动，以保护触头接触面免受电弧的烧伤。

由于磁吹线圈与电路的连接方式不同而形成串激线圈和并激线圈之分。

上述所介绍的这种磁吹线圈和触头相串联的激磁方法称为串激法。它的优点是：电流流向改变但磁吹力方向不变，即磁吹方向不随电流极性的改变而改变。同时因为是串激，通过磁吹线圈的电流与弧电流相同，因此弧电流越大则灭弧效力就越强；反之弧电流小时，灭弧效力就弱，所以串激法适用于切断大电流的电器中。

并激法的磁吹线圈不是和负载回路串联，而是直接跨接在电源上。它的优点是，可产生一个与回路电流无关的恒定磁场。这样，在一定的恒定磁场下，不论开断大电流或小电流，都可使电弧很快熄灭。但是由此产生的缺点是使电器的接线带有极性，即当触头上电流反向时，必须同时改变并激线圈的极性，否则磁吹力就会反向，所以使用中不太方便。

还有一种无须线圈和电源也能产生和并激线圈同样效果的磁吹装置，那就是用永久磁铁，其结构更趋简单。

2. 灭弧罩

灭弧罩是让电弧与固体介质相接触，降低电弧温度，从而加速电弧熄灭的比较常用的装置。其结构形式多种多样，但其基本构成单元为"缝"。我们将灭弧罩壁与壁之间构成的间隙称作"缝"。根据缝的数量可分为单缝和多缝。根据缝的宽度与电弧直径之比可分为窄缝与宽缝。缝的宽度小于电弧直径的称窄缝，反之，大于电弧直径的称宽缝。根据缝的轴线与电弧轴线间的相对位置关系可分为纵缝与横缝。缝的轴线和电弧轴线相平行的称为纵缝，两者相垂直的则称为横缝。

（1）纵缝灭弧罩。图2.15所示为一纵向窄缝的灭弧情况，当电弧受力被拉入窄缝后，电弧与缝壁能紧密接触。在继续受力情况下，电弧在移动过程中能不断改变与缝壁接触的部位，因而冷却效果好，对熄弧有利。但是在频繁开断电流时，缝内残余的游离气体不易排出，这对熄弧不利。所以此种形式适用于操作频率不高的场合。

图 2.16 所示为一纵向宽缝的灭弧情况,宽缝灭弧罩的特点与窄缝正好相反,冷却效果差,但排出残余游离气体的性能好。图 2.16 中所示情况是将一宽缝中又设置了若干绝缘隔板,这样就形成了纵向多缝。电弧进入灭弧罩后,被隔板分成两个直径较原来小的电弧,并和缝壁接触而冷却,冷却效果加强,熄弧性能提高。由于缝较宽,熄弧后残存的游离气体容易排出,所以这种结构形式适用于较频繁开断的场合。

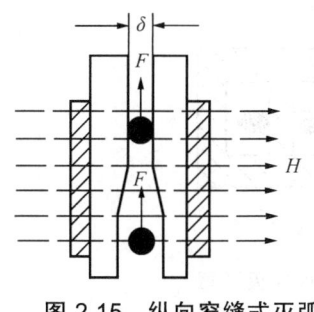 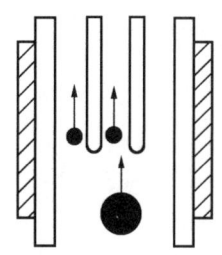

图 2.15　纵向窄缝式灭弧罩　　　　　　图 2.16　纵向宽缝式灭弧罩

图 2.17 所示为纵向曲缝式灭弧罩的灭弧情况。纵向曲缝式又称迷宫式,它的缝壁制成凹凸相间的齿状,上下齿相互错开。同时,在电弧进入处齿长较短,越往深处,齿长越长。当电弧受到外力作用从下向上进入灭弧罩的过程中,它不仅与缝壁接触面积越来越大,而且长度也越来越长。这就加强了冷却作用,具有很强的灭弧能力。但是,也正因为缝隙越往深处越小,电弧在缝内运动时受到的阻力越来越大。所以,这种结构的灭弧罩,一定要配合以较大的让电弧运动的力,否则,灭弧效果反而不好。

（2）横缝灭弧罩。为了加强冷却效果,横缝灭弧罩往往以多缝的结构形式使用,也就是称为横向绝缘栅片,如图 2.18 所示。当电弧进入灭弧罩后,受到绝缘栅片的阻挡,电弧在外力作用下发生弯曲,从而拉长了电弧,并加强了冷却。为了分析电弧与绝缘栅片接触时的情况,以图 2.19 来放大说明:设磁通方向为垂直向里,电弧 AB、BC 和 CD 段所受的电动力都使电弧压向绝缘栅片顶部,而 DE 段所受的电动力使电弧拉长,CD 段和 EF 段相互作用产生斥力。这样一些力的作用,使电弧拉长并与缝壁接触面增大而且紧密,所以能收到比较好的灭弧效果。

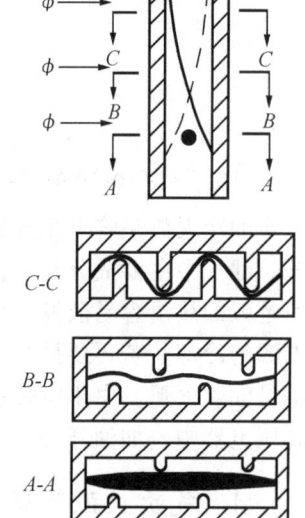

图 2.17　纵向曲缝式灭弧罩

由于灭弧罩要受电弧高温的作用,所以对灭弧罩的材料也有一定的要求,如:受电弧高温作用不会因热变形、绝缘性能不能下降,机械强度好且易加工制造等。灭弧罩材料过去广泛采用石棉水泥和陶土材料,现在逐渐改为采用耐弧陶瓷和耐弧塑料,它们在耐弧性能与机械强度方面都有所提高。

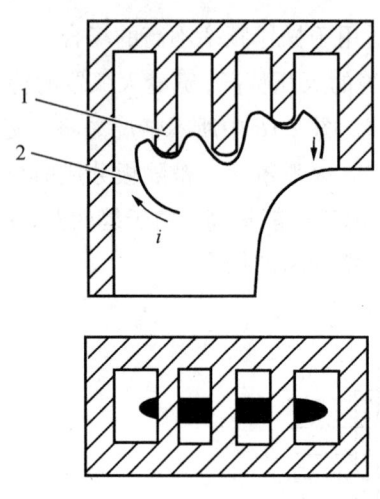

1—灭弧罩；2—电弧。

图 2.18　横向绝缘栅片式灭弧罩

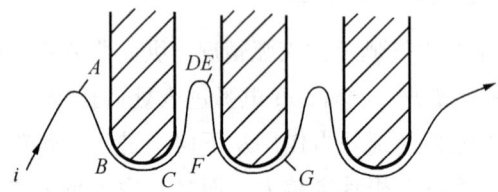

图 2.19　电弧在横向绝缘栅片灭弧罩中的放大图

3. 油冷灭弧装置

油冷灭弧是将电弧置于液体介质（一般为变压器油）中，电弧将油汽化、分解而形成油气。油气中主要成分是氢，在油中以气泡的形式包围电弧。氢气具有很高的导热系数，这就使电弧的热量容易散发。另外，由于存在着温度差，所以气泡会产生运动，又进一步加强了电弧的冷却。若再要提高其灭弧效果，可在油箱中加设一定机构，使电弧定向发生运动，这就是油吹灭弧。由于电弧在油中灭弧能力比大气中拉长电弧大得多，所以这种方法一般用于高压电器中，如油开关。

4. 气吹灭弧装置

气吹灭弧是利用压缩空气来熄灭电弧的。压缩空气作用于电弧，可以很好地冷却电弧、提高电弧区的压力、很快带走残余的游离气体，所以有较高的灭弧性能。按照气流吹弧的方向，它可以分为横吹和纵吹两类。横吹灭弧装置的绝缘件结构复杂，电流小时横吹过强会引起很高的过电压，故已被淘汰。

图 2.20 表示了纵吹（径向吹）的一种形式。压缩空气沿电弧径向吹入，然后通过动触头的喷口、内孔向大气排出，电弧的弧根能很快地被吹离触头表面，因而触头接触表面不易烧损。因为压缩空气的压力与电弧本身无关，所以使用气吹灭弧时要注意熄灭小电流电弧时容易引起过电压。由于气吹灭弧的灭弧能力较强，故一般运用在高压电器中，例如韶山系列机车的空气断路器（主断路器）。

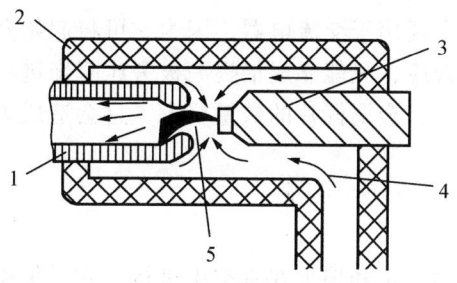

1—动触头；2—灭弧室瓷罩；3—静触头；4—压缩空气；5—电弧。

图 2.20　气吹灭弧装置

5. 横向金属栅片灭弧

横向金属栅片又称去离子栅，它利用的是短弧灭弧原理。用磁性材料的金属片置于电弧中，将电弧分成若干短弧，利用交流电弧的近阴极效应和直流电弧的近极压降来达到熄灭电弧的目的。

横向金属栅片灭弧情况如图 2.21 所示。栅片的材料一般采用铁。当电弧靠近铁栅片时，由于铁栅片为磁性材料，所以栅片本身就具有一个把电弧拉入栅片的磁场力（当电弧移近金属栅的上沿时，铁栅片又具有把电弧拉回的特性，可防止电弧逸出栅外，烧损它物）。当电弧被这个磁场力或外力作用刚进入铁片栅中时，由于磁阻较大，铁片栅对电弧的吸力不大。为了减小电弧刚进入铁栅片时的空气阻力，铁栅片做成楔口并交叉装配，即只让电弧先进入一半铁片栅中以增大最初接触电弧的铁片片距。随着电弧继续进入铁片栅中，磁阻减小，铁片对电弧的拉力增大，足以使电弧进入所有的铁片栅中。电弧进入铁片栅后分成许多串联短弧，电流回路产生作用于各短弧上的电动力使短弧继续发生运动。此时应注意短弧被拉回向触头方向运动的力，它会使电弧重燃并烧损触头。为了消除这种现象，可以采用凹形栅片和 O 形栅片。铁栅片在使用时一般外表面要镀上一层铜，以增大传热能力和防止铁片生锈。

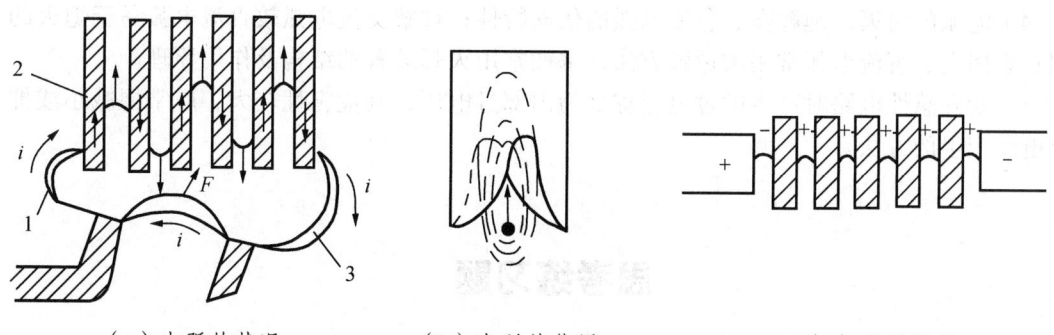

（a）电弧的状况　　　　　（b）电弧的作用　　　　　（c）灭弧原理

1—入栅片前的电弧；2—金属栅；3—入栅片后的电弧。

图 2.21　横向金属栅片灭弧罩结构、原理

横向金属栅片灭弧装置主要用于交流电器,因为它可将起始介质强度成倍地增大。对于直流电弧而言,因无近阴极效应,只能靠成倍提高极旁压降来进行灭弧。由于极旁压降值较小,要想达到较好的灭弧效果,金属栅片的数量要大,这会造成灭弧装置体积庞大,所以直流电器中很少采用。

6. 真空灭弧装置

真空灭弧是指触头电弧的产生和熄灭在真空中进行,它是依据零点熄弧原理,以真空为熄弧介质工作的过程。

在真空中气体很稀薄,电子的自由行程远大于触头间的距离。自由电子在弧隙中做定向运动时几乎不会和气体分子或原子相碰撞,不会产生碰撞游离。所以将触头置于真空中断开时产生的电弧则是由于阴极发射电子和产生的金属蒸气被电离而形成的。当电弧电流接近零时,阴极发射的电子和金属蒸气减少,弧隙中残留的金属蒸气和等离子体向周围真空迅速扩散。这样,弧隙可以在数微秒之内由导电状态恢复到真空间隙的绝缘水平。因此,在真空中触头有很高的介质恢复速度、绝缘能力和分断电流的能力。

小　结

本项目介绍了有触点电器触头在断开时电弧产生的原因、危害及在实际运用中加速电弧熄灭的方法及装置。

学习本项目时,注意以下知识点:

(1)概念。本项目所接触到的概念较多,需注意掌握和理解。如近极压降、近阴极效应等。

(2)电弧产生的物理过程。注意掌握在此过程中起主要作用的是哪些;理解各物理现象及影响因素。

(3)电弧熄灭的物理过程。理解复合及扩散的概念及影响因素。

(4)电弧的熄灭。理解交、直流电弧的伏安特性;理解交流电弧较直流电弧易于熄灭的原因;掌握交、直流电弧常用的熄弧方法;掌握常用灭弧装置的结构及作用原理。

(5)断开感性电路时产生的过电压称之为内部过电压,其危害性较大,应掌握减小或抑制过电压产生的方法。

思考练习题

一、填空题

1. 电弧是在气体中的一股强烈电子流,属于气体_____的一种形式。
2. 电弧有短弧和长弧之分。一般把弧长小于_____的电弧称为短弧;而把弧长大大超过_____的称为长弧。

3. 气体呈导电状态的原因是原来的中性气体分解为电子和离子，即气体被游离，此过程称为气体的_____过程。

4. 触头开断过程中，接触面积越来越小，接触处的电阻越来越大，触头表面的温度急剧升高，金属内由于热运动急剧活跃的自由电子克服金属内正离子的吸引力而从阴极表面发射出来，这种主要由于热作用所引起的发射称为_____。

5. 在触头刚刚分开发生热发射的同时，由于触头之间的距离很小，线路电压在这很小的间隙内形成很高的电场，此电场将电子从阴极表面拉出，形成高电场发射。在高电场发射中，并不需要热功的参与，所以高电场发射也称为_____。

6. 从阴极发射出来的电子，在电场作用下获得能量朝阳极逐渐加速飞驰，并不断撞击中性气体分子。当飞驰着的电子获得的能量足够大时，就能把气体中的电子击离它本身的轨道，使中性分子游离，形成 _____游离。

7. 当电弧燃烧时，电弧间隙中气体温度很高，气体中的中性原子或分子由于热运动而发生互相撞击，其结果也造成游离，这就是_____游离。

8. 使电弧_____是熄灭电弧的主要方法。

9. _____就是电弧表面的离子（或电子）扩散到周围冷介质里去的现象。

10. 电弧的伏安特性就是指电弧_____和电弧电流之间的关系。

11. 根据电弧电流变化的快慢，其伏安特性有_____伏安特性和_____伏安特性之分。

12. 在同一电流下，电弧单位长度的电阻不变，电弧拉长后的总_____就增加，因而电弧电压也就增大了。

13. 一般来讲，直流电弧的伏安特性，是指使电弧电压随着电弧电流增加而下降的_____特性。

14. 电弧电位在整个电弧长度上的分布是不均匀的，它分为近阴极区、_____、近阳极区。

15. 灭弧罩壁与壁之间构成的间隙称作"缝"。根据缝的数量可分为单缝和_____。

16. 气吹灭弧是利用压缩空气来熄灭电弧的。压缩空气作用于电弧，可以很好地冷却电弧，它可以分为横吹和_____两类。

17. 横向金属栅片又称为_____，它利用的是短弧灭弧原理。

二、简答题

1. 长弧与短弧各有何特点？
2. 消游离的形式主要有哪两种？
3. 什么是动伏安特性？
4. 什么是零点熄弧原理？
5. 什么是电压恢复过程？电压恢复过程与哪些因素有关？
6. 常用的灭弧方法和装置有哪些？
7. 试分析磁吹灭弧的原理。

项目三 电器的发热与散热

电器发热是一个常见现象，主要由于电流通过电器时会产生一定的电能损耗，这部分电能转化为热能所致。电器过热会降低电器使用效率，加速元件老化，缩短电器寿命。此外，电器过热还可能引发火灾等安全隐患，对人身安全构成威胁。了解电器发热的原因，并采取相应措施来降低电器温度，有助于更好地使用和维护电器，延长其使用寿命，确保电器正常工作和人身安全。

本项目我们将认知电器的发热与散热、电器的允许温升及不同工作制下电器的发热等知识。通过本项目的学习，应达到以下目标：

知识目标

（1）掌握电器的发热与散热、允许温升等相关理论知识；
（2）了解电器工作制及不同工作制下电器的发热。

能力目标

（1）具备电器发热原因的分析能力；
（2）具备提升电器散热性能的应用能力。

素养目标

（1）牢固树立安全责任意识，建立对设备应用的敬畏心；
（2）具备良好的心理素质，如稳定的情绪、耐心、责任心等；
（3）养成严谨求真、不怕困难、探索创新的学习态度和科学精神。

任务一 解析电器的发热和散热

知识导入

电器工作时，在导体中有电阻损耗；在导磁材料中有磁滞和涡流损耗；在绝缘材料中有介质损耗。这些损耗几乎都变成热能，致使电器零部件发热。电器的发热与散热也是一个相互关联、动态平衡的过程。

知识储备

一、概　述

解析电器的发热和散热

有触点电器是由导电材料、导磁材料和绝缘材料等组成的。电器在工作时由于有电流通过导体和线圈而产生电阻损耗。如果电器工作于交流电路，则由于交变电磁场的作用，在铁磁体内产生涡流和磁滞损耗，在绝缘体内产生介质损耗。所有这些损耗几乎全部都转变为热能，其中一部分散失到周围介质中，另一部分加热电器本身，使其温度升高。

电器温度升高后，其本身温度与周围环境温度之差，称为温升。电器的温度超过某一极限值后，其中金属材料的机械强度会明显下降，绝缘材料的绝缘强度会受到破坏。若电器温度过高，会使其使用寿命降低，甚至遭到破坏。反之，电器工作时的温度也不宜过低，因为电器工作时温度太低，说明材料没有得到充分利用，经济性差，相对体积大、质量大。

由此可见，研究电器的发热与散热问题，对保证电器正常可靠地运行及缩小电器体积、节约原材料、降低成本、增长使用寿命等方面具有重要意义。

二、电器的发热

电器工作时，电流通过导电部分将产生电阻损耗，此损耗转变为热能使电器发热。常见损耗是电阻损耗、磁滞和涡流损耗。对高压电器还应考虑介质损耗。

1. 电流通过导体的电阻损耗

直流电流通过导体时产生的电阻损耗为

$$W = I^2 Rt \tag{3.1}$$

式中　W——电阻损耗功率（W）；
　　　I——通过导体的电流（A）；
　　　R——导体电阻（Ω）；
　　　t——导体通过电流的时间（s）。

交流电流通过导体时在导体内建立交变磁通，交变磁通感应电势和电流用以阻止原电流流通。导体中心部分匝链的磁通较其表面部分多，因而使导体中心部分电流密度减小，导体表面部分电流密度增大，产生集肤效应；当两导体平行且靠得较近时，导体中的交变电流建立的磁通彼此耦合，使导体截面中的电流分布不均匀，产生邻近效应。集肤效应和邻近效应都使电流分布不均，导体有效截面面积减小，有效电阻增大，损耗增加。

2. 磁滞和涡流损耗

铁磁体在交变磁通的作用下，会在铁磁零件中产生一定的涡流。这是因为铁的导磁率很高，而磁通变化速度又快，因而产生相应的电动势和涡流损耗。同时，磁通的方向和数值变化使铁磁材料反复磁化，产生磁滞与涡流损耗可以导致铁质零件发热。一般来说，这个损耗不大。但如果制造不当，如材料较差、铁片较厚或片间绝缘不好，则涡流损耗就比较大。

磁滞与涡流损耗一般与磁通密度大小、磁通变化率及铁磁材料有关。

3. 电介质损耗

绝缘介质中的介质损耗一般与电场强度及频率有关。电场强度和频率越高则介质损耗也越大。对于电场强度较小的低压电器而言，介质损耗小到实际上可以忽略不计。但在高压电器中，电压很高，介质中的电场强度很大，必须考虑电介质损耗及其产生的发热，以免引起过热而使绝缘老化加速，甚至引起热击穿而损坏。

三、电器的散热

电器工作时，只要电器温度高于周围介质及接触零件的温度，它便向周围介质散热，所以发热和散热同时存在于电器发热过程中。

当电器产生的热量与散失的热量相平衡时，电器的温升维持不变，这时称电器处于热稳定状态，此时的温升称为稳定温升。若温升随着时间而变化，则称为不稳定发热状态。

电器的散热以热传导、热对流与热辐射3种基本方式进行。

1. 热传导

热传导现象的实质是通过具有一定内部能量的物质基本质点间的直接相互作用，使能量从一个质点传递到另一相邻质点。热传导的方向是由较热部分向较冷部分传播，或由发热体向与它接触的物体传播。热传导是固体传热的主要方式，它也可在气体和液体中进行。

2. 热对流

热对流是通过流体（液体与气体）的运动而传递热量。热量的转移和流体本身的转移结合在一起。根据流体流动的原因，对流分为自然对流和强迫对流两种。机车的电机、电器变流器等因受安装空间的限制，较多采用强迫对流（强迫风冷却或强迫油循环冷却及强迫水冷却），可加强散热，缩小体积。

3. 热辐射

热辐射是发热体的热量以电磁波形式传播能量的过程。热辐射可穿越真空和气体而传播，但不能透过固体和液体物质。

热传导、热对流、热辐射3种传热过程可通过相关公式来进行计算，但是分别进行热计算是相当复杂的，而且结果并不十分准确。所以在实际计算发热体表面温升时，不进行单独考虑，而是在一定表面情况和周围介质条件下，把3种散热方式综合起来，用综合散热系数 K_T 来考虑散热，这就是通常采用的牛顿公式，即

$$P = K_T S \tau \quad (3.2)$$

式中　　P——散热功率（W）；

　　　　K_T——综合散热系数[W/(cm² · ℃)]；

　　　　S——有效散热面积（cm²）；

τ ——温升（°C）。

通过式（3.2）可得出，散热功率和温升及有效散热面积成正比，温升越高，有效散热面越大，则散热功率越大。严格地讲，综合散热系数 K_T 不是常数，它是指温度升高 1 °C，发热体单位面积发散到周围介质的功率，其大小和发热体结构、工作制、布置方式及周围介质密度、传热系数等诸多因素有关。K_T 值由实验方法确定。表 3.1 为 K_T 的一些实验数据，供参考。在应用牛顿公式时重要的问题在于正确地选取综合散热系数。

表 3.1 综合散热系数 K_T 的实验值

序号	散热体表面及其特性	K_T/[W/(cm² · °C)]	附 注
1	窄边直立的扁平铜母线	$(6\sim9)\times10^{-4}$	
2	涂绝缘漆的钢或生铁表面	$(10\sim14)\times10^{-4}$	
3	具有绝缘纸的线圈	$(10\sim12.5)\times10^{-4}$	
4	螺旋状生铁电阻	$(10\sim13)\times10^{-4}$	K_T 值对应于全部螺旋表面
5	由康铜或镍铬丝或带绕的电阻组件	$(10\sim14)\times10^{-4}$	K_T 值对应于全部导体表面

任务二 认知电器的极限允许温升

知识导入

当电器设备的温度超过其设计极限时，其稳定性、绝缘性、导电性及机械强度等方面均发生显著变化，可能引发火灾或电击，对使用者和设备本身构成极大威胁。因此，为了确保电器设备的正常运行和安全使用，需明确电器允许温升及发热温度极限等概念，定期检查设备的温升情况，牢固树立安全责任意识。

知识储备

为了确保电器的工作性能和使用寿命，各国电器技术标准都规定了电器各部件的发热温度极限及允许温升。

所谓发热温度极限就是保证电器的机械强度、导电性、导磁性以及介质的绝缘性不受危害的极限温度。

允许温升是发热温度极限与最高环境温度的差值。

因为电器的工作环境直接影响电器的散热过程，我国国家标准《电气设备的环境条件》（GB/T 3755—2015）规定最高环境温度为 40 °C（一般为 35 °C），从发热温度极限减去最高环境温度即为允许温升值，即

$$允许温升 = 发热温度极限 - 40\ °C$$

当海拔 1 000 m 时，各种不同材料和部件的发热温度极限列于表 3.2。

关于短时发热温度极限，目前尚未制定国家标准，表3.3所列数据可供参考。

表3.2 电器部件及材料发热温度极限

项目	零部件名称	材料和形式	发热温度极限/℃
1	发热温度不影响接触压力的触头	紫铜或铜合金 银或银合金触头	115 以不损害相邻部件为限
2	发热温度影响接触压力的触头	磷青铜 弹簧负片构成的簧片 夹形触头，刀形开关，铜质触头	75 75 90
3	用螺钉、铆钉紧固的导电连接	紫铜或黄铜 紫铜或黄铜接触处镀锡 紫铜或黄铜接触处镀银 铝质	95 100 105 80
4	单层电流线圈	铜质	145
5	软连接线	铜质镀（或搪）锡	130
6	电阻	康铜或类似的电阻带、丝 铁铬铝电阻带、丝 镍铬电阻带、丝	390 640 690
7	绝缘线圈及与绝缘材料接触的金属零件	A级绝缘 E级绝缘 B级绝缘 F级绝缘 H级绝缘	120 135 145 170 195

表3.3 电器部件及材料短时发热极限温度

部件名称及材料	短时最高允许温度/℃	部件名称及材料	短时最高极限温度/℃
油中未绝缘的载流导体	250	任何情况下的铝导体	200
不与有机绝缘材料及油接触的铜和黄铜部件	300	闭合情况下的主触头	200

在环境温度为40℃时，绝缘线圈及包有绝缘材料的金属导体的允许温升如表3.4所示。

表3.4 绝缘线圈的允许温升

绝缘材料耐热等级	线圈在空气中允许温升/℃		线圈在油中允许温升/℃
	长期工作制	反复短时、间断长期及短时工作制	
A	65	80	60
E	80	95	60
B	90	105	60
F	115	130	—
H	140	155	—

关于表中绝缘等级的说明：由于绝缘材料的品种繁多，耐热性各不相同，为此国家标准《电气绝缘耐热性分级》（GB/T 11021—2007）规定按耐热性将绝缘材料分为 7 个等级，如表 3.5 所示。

表 3.5　绝缘材料的最高允许温度

绝缘等级	Y	A	E	B	F	H	C
最高允许温度/℃	90	105	120	130	155	180	>180

任务三　探秘不同工作制下电器的发热

知识导入

电器在使用过程中，由于工作任务的要求不同，其工作时间的长短也不同，如供电系统中的一些开关，只要不出现故障和必要的检修，就一直处于工作状态，而机车上控制空气压缩机的电器，则根据实际需要处于一种断续工作状况。由于工作时间长短不同，故电器的发热及冷却状况也不同，在选择和使用电器时，应根据实际工作需求和使用环境来选择合适的电器工作制，以确保电器的正常运行和使用安全并在学习中秉承谨慎求真的科学精神。

知识储备

从电器发热与冷却的观点出发，我们一般将电器的工作状况分为长期工作制、间断长期工作制（8 小时工作制）、短时工作制及间断工作制（反复短时工作制）几种。

一、长期工作制

长期工作制是指电器通电后连续工作到发热稳定，此时温升达到稳定值。其特点是电器损耗所产生的热量全部散发到周围介质中。当发热未达到稳定前，这个热量一部分用于升高导体的温度，另一部分散发到周围介质中去。根据能量平衡原理，得能量平衡公式为

$$Pdt = cGdt + K_T S\tau dt \tag{3.3}$$

式中　Pdt——在 dt 时间内电器总的发热量；

$cGdt$——加热电器本身的热量。

$K_T S\tau dt$——在 dt 时间内电器的散热量；

其中，c、G 为电器本身的物理参数值。

式（3.3）可得

$$\tau = \frac{P}{K_T S}[1 - e^{-t/\left(\frac{cG}{K_T S}\right)}] \tag{3.4}$$

不难看出，这是一条上升的指数曲线，如图 3.1 中曲线 2 所示。

当 $t \to \infty$ 时，电器的温升达到稳定值，称为稳定温升 τ_w，即 $\tau_w = \dfrac{P}{K_T S}$。电器各部分的稳定温升不应超过允许温升。式中 $\dfrac{cG}{K_T S}$ 是一个常数，我们称之为电器的热时间常数（简称时间常数），用 T 表示

$$T = \frac{cG}{K_T S} \tag{3.5}$$

由以上分析可得以下几点：

（1）导体的温升 τ 是随时间的增长按指数曲线上升的。开始上升速度较快，随着 t 的增大 τ 上升速度逐渐减慢，直到稳定温升，此时达到热稳定状态。其原因是散热功率和温升成正比所致。

（2）稳定温升 τ_w 与起始温升无关，它由 $\dfrac{P}{K_T S}$ 决定。当散热面积和散热条件已确定时（s 与 K_T 一定），τ_w 正比于发热功率 P，或正比于电流的平方，电流越大，稳定温升值也就越大。如要限制最大温升，在散热条件不变的情况下，实际上就是限制通过的最大电流。因此，电器的额定电流值就是根据长期发热时的最大温升不超过允许温升来确定的。

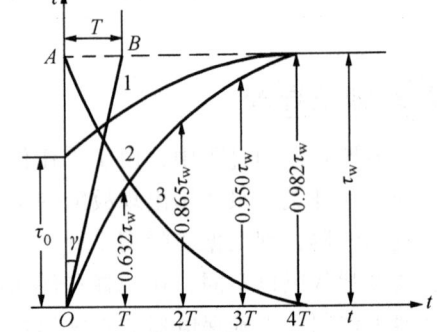

图 3.1　长期工作制时发热与冷却曲线

（3）时间常数 T 决定于导体总的热容量与其散热情况之比。其值是由电器本身的物理参数决定的，与发热功率（电流）无关。总之，T 值越大，表示达到稳定温升所需的时间越长。

（4）理论上讲，$t \to \infty$ 时，温升达到稳定值 τ_w。实际上接近稳定温升所需的时间并不需要无限长。从图 3.1 中可以看出：当 $t = 4T$ 时，$\tau = 0.98\tau_w$，这时温升 τ 即可认为达到稳定值 τ_w。由于 T 与电流无关，故对同一电器，通以不同电流，虽其 τ_w 值不等，但达到 τ_w 的时间是相等的。

间断长期工作制（8小时工作制）也属于长期工作制。在电器规定的工作时间内温升早已达到稳定值，但超过 8 h 之后必须分断电源，分断后可以清除触头的氧化物及尘垢。电器触头工作于间断长期工作制时，其允许温升可以比长期工作制时取得略高一些。

二、短时工作制

电器的短时工作制是指电器通电时间很短，温升未达到稳定就停止工作，并且下一次工作要等到电器冷却到周围介质温度。例如机车主断路器中的分、合闸电磁铁即属于短时工作制情况，它们仅在分、合闸时短时通电，分、合闸结束时就断电。

短时工作制的发热和冷却曲线如图 3.2 中曲线 1、2 所示。

设短时工作制时发热功率为 P_d，通过工作电流为 I_d，发热时间为 t_d。由于发热时间 t_d 很短（一般 $t_d < T$），达不到稳定温升，到 t_d 时即停止发热。经分析可得

$$\tau_d = \tau_{dw}(1 - e^{-t_d/T}) \tag{3.6}$$

$$\tau_d = \frac{P_d}{K_T S}(1-e^{-t_d/T})$$

τ_d 以后电器冷却到周围介质温度。

假设短时温升 τ_d 恰好与某额定功率为 P_e、工作电流 I_e 长期工作制发热的稳定温升 τ_w 相等，即 $\tau_d = \tau_w$。可得

$$\frac{P_d}{K_T S}(1-e^{-t_d/T}) = \frac{P_e}{K_T S} \qquad (3.7)$$

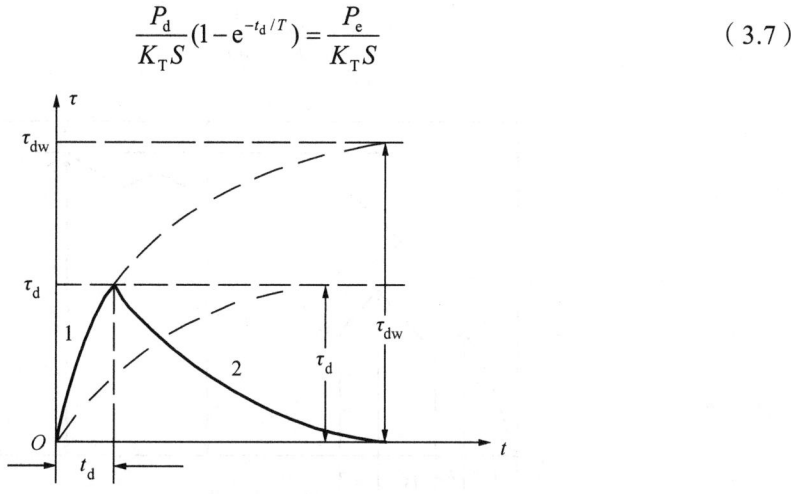

图 3.2 短时工作制时的发热、冷却曲线

变化为

$$\frac{P_d}{P_e} = \frac{1}{1-e^{-t_d/T}} \qquad (3.8)$$

P_d 与 P_e 的比值称为功率过载系数，表示在温升、散热一定的条件下短时工作与长期工作相比，功率允许过载的倍数。同时也可相应得到短时工作时电流的允许过载倍数为

$$\frac{P_d}{P_e} \approx \frac{T}{t_d} \qquad (3.9)$$

$$\frac{I_d}{I_e} \approx \sqrt{\frac{T}{t_d}} \qquad (3.10)$$

由以上分析可得出以下几点：

（1）某电器在长期工作制下工作时，其稳定温升不允许达到允许温升。该电器若用于短时工作制时，允许超载运行，这样可使电器得到充分作用。

（2）该电器在短时工作制下，其功率（或电流）的过载倍数与发热时间 t_d 及时间常数 T 有关。T 越大，t_d 越小，过载倍数则越高。

三、间断工作制（反复短时工作制）

间断工作制是指电器在通电和断电周期循环下的工作过程。通电时间内温度未达到稳定

值,断电后又不能冷却到周围介质温度。多次重复通电后,电器可能达到稳定温升。

图 3.3 说明了间断工作制的发热过程,以 t_1 表示通电发热时间,t_2 表示断电冷却时间,$t = t_1 + t_2$ 称为工作周期。通过分析可得其功率过载倍数、电流过载倍数分别为

$$\frac{P_d}{P_e} = \frac{t}{t_1} \tag{3.11}$$

$$\frac{I_d}{I_e} = \sqrt{\frac{t}{t_1}} \tag{3.12}$$

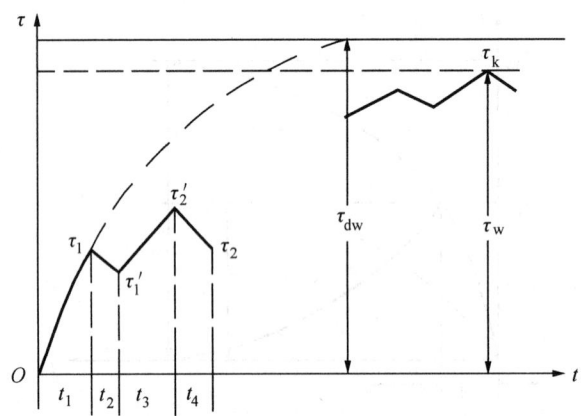

图 3.3　间断工作制的发热曲线

由式(3.9)、(3.10)可以看出间断工作制的过载倍数与工作周期 t 及发热时间 t_1 有关,t 越大或 t_1 越小,过载倍数就越大。

在电器标准中常用通电持续率 $TD\%$ 来表示间断工作制的负荷轻重程度,通电持续率的定义是

$$TD\% = \frac{t_1}{t} \times 100\% \tag{3.13}$$

即工作时间 t_1 与工作周期 t 之比的百分数,显然 $TD\%$ 值越大,说明工作时间越长,任务越繁重,过载系数就越小。

小　结

研究电器的发热与散热问题,对保证电器正常可靠地运行及缩小电器体积、节约原材料、降低成本、增长使用寿命等方面具有重要意义。

通过本项目的学习要求掌握以下几点:

(1)电器的发热原因及温升的概念,理解发热温度极限和允许温升的概念。

(2)电器散热的方法,影响电器散热的主要因素。

(3)了解不同工作制下电器的发热。

思考练习题

一、填空题

1. 电器温度升高后,其本身温度与周围环境温度之差,称为_____。
2. 所谓_____,就是保证电器的机械强度、导电性、导磁性以及介质的绝缘性不受危害的极限温度。
3. 我国国家标准规定最高环境温度为 40 ℃(一般为 35 ℃),把发热温度极限减去最高环境温度即为_____。
4. 电器的散热以_____、_____与_____3 种基本方式进行。
5. _____是固体传热的主要方式。

二、判断题

1. 热辐射可以穿过任何物体。( )
2. 散热功率和温升及有效散热面积成反比。( )

三、简答题

1. 什么是热的传导、对流和辐射?
2. 电器发热的原因是什么?
3. 说明电器的温升、发热温度极限、允许温升的意义。
4. 长期工作制下电器的发热有哪些特点?

项目四 电器的传动装置

电器的传动装置是指有触点电器用来驱使电器运动部分（触头、接点）按一定要求进行动作的机构。电力机车上的电器主要采用电磁传动装置和电空传动装置，其次还采用了手动、机械式传动装置，个别采用了电动机传动装置。

本项目我们将认知电力机车中应用最为广泛的电磁传动装置和电空传动装置。通过本项目的学习，应达到以下目标：

知识目标

（1）了解电力机车电器设备的传动装置；
（2）掌握电磁传动装置的结构、动作原理等相关理论内容；
（3）掌握电空传动装置的结构、动作原理等相关理论内容。

能力目标

（1）能够利用电磁/电空传动知识分析电器基本构造及工作过程；
（2）能够分析处理电器传动装置的常见故障。

素养目标

（1）树立不忘初心、勇于担当的责任意识；
（2）养成爱岗敬业、遵章守纪、团结务实的职业道德和业务素养；
（3）养成严谨求真、勤劳务实、奋斗进取的工作作风。

任务一　探秘电磁传动装置

知识导入

在铁芯的外部缠绕与其功率相匹配的导电绕组，这种通有电流的铁芯便具有了磁性，也叫作电磁铁。电磁传动装置就是通过电磁铁把电磁能转变成机械能来驱动电器动作的机构，在电力机车电路中得到了广泛应用。

知识储备

探秘电磁传动装置

一、电磁传动装置的基本组成和工作原理

1. 电磁传动装置的基本组成

电磁传动装置实际上就是一个电磁铁。它的形式有很多，比如：螺管式、直动式、E 形、U 形等，但它们的基本组成和工作原理却是相同的。

电磁传动装置——电磁铁主要由吸引线圈和磁系统两部分组成。磁系统一般由铁芯、磁轭和衔铁 3 部分组成。衔铁又称为动铁芯，铁芯和磁轭又称为静铁芯。

下面以直流接触器和继电器常用的拍合式电磁铁为例，说明其工作原理和各组成部分的用途。

如图 4.1 所示为一个直流拍合式电磁铁的结构，它由衔铁、极靴、线圈、铁芯和磁轭等组成。线圈套装在铁芯上，极靴与衔铁之间的空气隙称为工作气隙，磁轭与衔铁之间的气隙称为棱角气隙。极靴用来增大气隙磁导，并可以压住线圈。非磁性垫片用来减少剩磁通，以防线圈断电后衔铁被剩磁吸力吸住而不能释放。由于非磁性材料的磁导率和空气的磁导率很接近，故可认为是一个空气隙，称为非工作气隙。

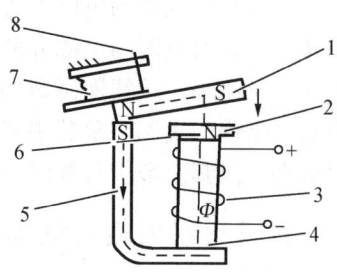

1—衔铁；2—极靴；3—线圈；4—铁芯；5—磁轭；
6—非磁性垫片；7—反力弹簧；
8—调节螺钉。

图 4.1 电磁铁的工作原理

2. 电磁传动装置的工作原理

以常用的拍合式电磁铁为例分析其工作原理。

在线圈未通电时，衔铁在反力弹簧的作用下，处于打开位置，衔铁与极靴之间保持一个较大的气隙。当线圈接通电源后，线圈中产生磁势 IW，在磁系统和工作气隙所构成的回路中产生磁通 φ，其流向用右手螺线管法则确定，如图 4.1 中虚线所示。根据磁力线流入端为 S 极，流出端为 N 极的规定，在工作气隙两端的极靴和衔铁相对的端面上产生异性磁极。由于异性磁极相吸，于是在铁芯和衔铁间产生电磁吸力。当电磁吸力产生的转矩大于反力弹簧反作用力产生的转矩时，衔铁被吸向铁芯，直到与极靴接触为止，并带动触头动作。这个过程称为衔铁的吸合过程，衔铁与极靴接触的位置称为衔铁闭合位置。此时，衔铁与极靴之间仍有一个很小的气隙。

当线圈中的电流减小或中断时，铁芯中的磁通变小，吸力也随之减小，如果吸力小于反力弹簧的反力（归算后），衔铁在反力弹簧的作用下返回至打开位置，并带动触头处于另一工作位置。这个过程称为衔铁释放过程。由此可见，只要控制电磁铁吸引线圈电流（或电压）就能通过触头来控制其他电器。

规定：当线圈失电时，触头若是打开的，称为常开触头（也称动合触头）；触头若是闭合的，则称为常闭触头（也称动断触头）。

电磁铁的用途很广，例如在接触器中，利用电磁铁带动触头运动，只要控制电磁铁线圈电流的通断，就能使电磁铁完成某一工作任务，实现自动控制及远距离操纵的目的。在许多继电器中利用电磁铁作感受元件，它可以反映出电路中电压、电流、功率等参数的变化，对电路及电气设备进行保护和控制。

二、电磁铁（电磁传动装置）的分类

电磁铁可根据线圈接入电路的方式、线圈电流种类、衔铁运动方式及磁系统形状等分为多种形式和类型。图4.2 所示是几种常见电磁铁的结构形式。

1. 按吸引线圈与电路的连接方式分类

电磁铁按吸引线圈与电路的连接方式，可分为并联电磁铁和串联电磁铁。

并联电磁铁的线圈与电源并联，输入电量是电压，其线圈称并联线圈或电压线圈。其阻抗要求大，电流小，故线圈匝数多且线径细，这种电磁铁应用较为广泛。

串联电磁铁的线圈与负载串联，反映的是电流量，其线圈称为串联线圈或电流线圈。其阻抗要求小，故其匝数少且导线粗，应用较少。

2. 按吸引线圈通电电流的性质分类

电磁铁按吸引线圈通电电流的性质，可分为直流电磁铁和交流电磁铁。

直流电磁铁线圈通的是直流电流，当电流达到稳定值后，可以认为匝数 W、电流 I 均不变，故其为恒磁势（WI）系统，磁通不随时间而变化，在铁芯中没有涡流和磁滞损耗，铁芯可用整块钢或工程纯铁制造。为了便于制造，铁芯和极靴一般做成圆形，线圈也做成圆形，形状细高，与铁芯配合较紧密。

交流电磁铁的吸引线圈通的是交流电流，可以认为匝数 w 和磁通有效值 Φ 不变，故其为恒磁链（$\Psi = \Phi W$）系统。但总磁通 Φ 交变，在铁芯中有涡流和磁滞损耗，铁芯不能再用整块钢铁制造，一般是用硅钢片叠制而成。为了便于制造，把铁芯制成方形的，线圈往往也制成方形，且为"矮胖型"，线圈与铁芯间的间隙较大，以利于线圈散热。

3. 按衔铁的运动方式分类

电磁铁按衔铁的运动方式，可分为直动式和转动式两大类。图4.2 中（a）、（f）为转动式，其余均为直动式。

4. 按磁系统的结构形状分类

电磁铁按磁系统的结构形状，可分为 U 形、E 形和螺管形。图4.2 中（a）和（g）为 U 形，（b）和（c）为螺管形，（d）、（e）、（f）均为 E 形。

此外，还可以按电磁铁的动作速度分为快速电磁铁、一般速度电磁铁和延时动作电磁铁。

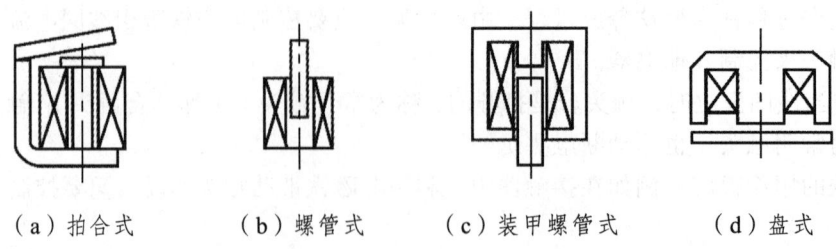

（a）拍合式　　（b）螺管式　　（c）装甲螺管式　　（d）盘式

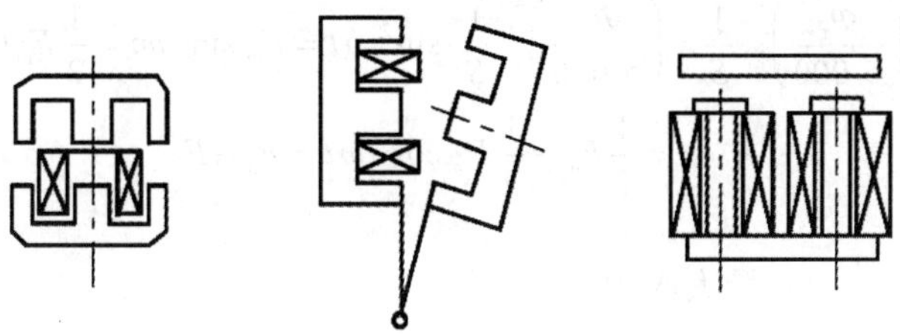

(e）双 E 直动式　　（f）双 E 转动式　　（g）单 U 直动式

图 4.2　常见电磁铁的结构形式

任务二　电磁铁的吸力与特性解析

知识导入

电磁铁吸力特性是电磁铁复杂的综合表现，决定了电磁铁在不同工作条件下的吸附能力和稳定性，在设计及应用时，需要充分考虑诸多因素，以达最佳效果。

知识储备

一、电磁铁的吸力计算基本公式

这里只给出电磁铁吸力计算的基本公式，以便做简单的定性分析。

1. 直流电磁铁的吸力计算基本公式

根据物理学推导，我们可以得到计算电磁铁衔铁吸力 F 的基本计算公式

$$F = \left(\frac{\Phi}{5\,000}\right)^2 \cdot \frac{1}{S} \tag{4.1}$$

式中　Φ——磁极端面磁通（Wb）；
　　　S——磁极的面积（cm^2）。

这个公式是在假定磁极端面下的磁力线均匀分布的情况下得出的，适合工作气隙 δ 较小时的分析。

2. 交流电磁铁的吸力计算及分析

交流电磁铁的吸力计算公式可以在直流电磁铁计算公式的基础上得到。

设交流电磁铁中的交变磁通为

$$\Phi_t = \Phi_m \sin \omega t \tag{4.2}$$

Φ_m 代表磁通的幅值，将 Φ_t 代入式（4.1）得

$$F_t = \left(\frac{\Phi_t}{5\,000}\right)^2 \cdot \frac{1}{S} = \left(\frac{\Phi_m}{5\,000}\right)^2 \cdot \frac{1}{S} \cdot \sin^2 \omega t = F_m \sin^2 \omega t = \frac{1}{2}F_m(1-\cos 2\omega t)$$

$$= \frac{1}{2}F_m - \frac{1}{2}F_m \cos 2\omega t = F_0 - F_j$$

式中 $F_m = \left(\dfrac{\Phi_m}{5\,000}\right)^2 \cdot \dfrac{1}{S}$——最大吸力；

$F_0 = F_m/2$——平均吸力；

$F_j = \dfrac{1}{2}F_m \cos 2\omega t$——吸力中的交变分量。

若磁通有效值用 Φ_0 表示

$$\Phi_0 = \frac{\Phi_m}{\sqrt{2}}$$

则

$$F_0 = \left(\frac{\Phi_0}{5\,000}\right)^2 \cdot \frac{1}{S} \tag{4.3}$$

交流电磁铁磁通与吸力波形如图 4.3 所示。

通过以上分析可知交流电磁铁的吸力有以下 3 个特点：

（1）吸力由一个不变分量的平均吸力 F_0 和一个交变分量的脉动吸力 F_j 组成。

（2）总的吸力虽然也随时间周期变化，但总是大于或等于零，即只有吸力，没有斥力。

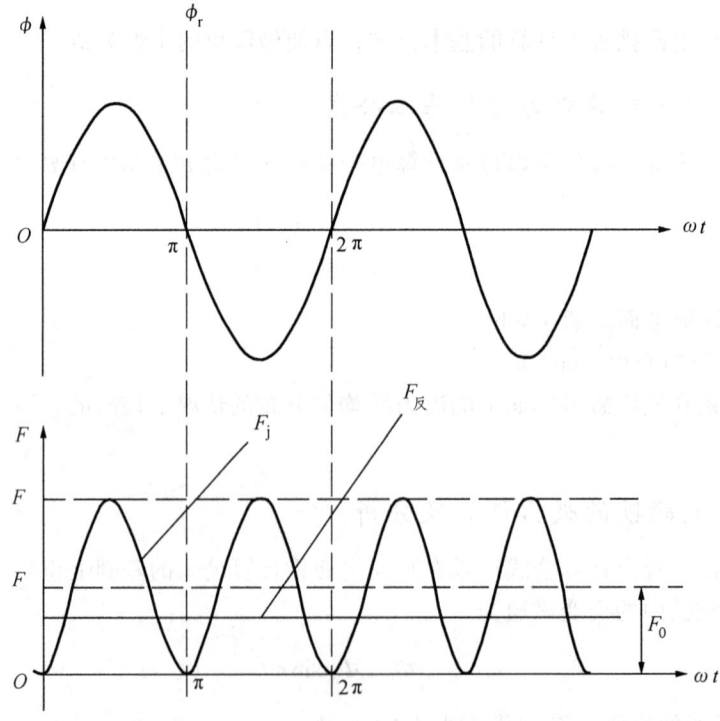

图 4.3 交流电磁铁的磁通与吸力波形

（3）吸力的频率是磁通频率的 2 倍。

在电磁铁工作过程中，决定其能否将衔铁吸合的是平均吸力的大小，即通常所说的交流电磁铁吸力。由于单相交变磁通所产生的吸力在每一个周期内有两次经过零点，所以在工频电路中，每秒内有 100 次经过零点。当吸力为零时，衔铁因失去吸力而开始返回，还没有离开多远时，又被吸住，如此往复，形成振动，产生噪声，损坏零件。一般用分磁环（一般为闭合的铜环，也称短路环）套在部分铁芯上就可减小振动，它是利用通过环内和端面的磁通有相位角差，这两磁通产生的电磁吸力不同时为零，两吸力叠加形成的总吸力任何时刻都不为零。在衔铁闭合位置，如果总吸力的最小值大于作用在衔铁上的反作用力，则可以基本上消除电磁铁的振动和噪声。但吸力仍然是脉动的，故交流电磁铁一般均发出轻微的"嗡嗡"声，俗称"交流声"。对于三相交流电磁铁一般不需加分磁环。

对于交流并联电磁铁，其线圈可以看成感抗很大、内阻很小的电压源，则有

$$U \approx 4.44 fW\Phi_m \cdot 10^{-8} \tag{4.4}$$

式中　f——电源频率（Hz）；
　　　W——线圈匝数；
　　　Φ_m——磁通最大值（Wb）。

整理得

$$\Phi_m W \approx \frac{U \cdot 10^8}{4.44 f} \tag{4.5}$$

式（4.5）说明交流电磁铁为恒磁链系统。

若将铁芯磁阻忽略，而气隙磁导为 G_δ，则对磁路有

$$\sqrt{2} IW = \frac{\Phi_m}{G_\delta} \cdot 10^{-8} \tag{4.6}$$

将式（4.5）带入式（4.6）有

$$I = \frac{U}{\sqrt{2} \cdot 4.44 fW^2 \cdot G_\delta} \tag{4.7}$$

式（4.7）说明交流电磁铁线圈中电流与气隙磁导成反比，即与工作气隙大小成正比，电磁铁在刚要吸合时电流很大。若因某种原因衔铁卡住，则线圈将被烧毁。

二、电磁铁的特性

1. 电磁铁的吸力特性

吸力特性是指电磁铁的吸力与工作气隙的关系，即 $F = f(\delta)$。根据电磁铁的吸力计算公式分析：工作气隙 δ 小时，磁路磁阻小，衔铁上的电磁吸力 F 大；当工作气隙 δ 大时，衔铁上的电磁吸力 F 小。所以吸力特性近似于曲线，如图 4.4（a）所示。对于直流电磁铁来说，由于其为恒磁势系统，即 IW 基本不变，当工作气隙 δ 变化时，磁阻变化，磁通也变化，所以吸力也随着工作气隙变化，故其特性陡峭。对于交流电磁铁来说，由于其为恒磁链系统，

其磁通有效值基本不变，所以吸力随工作气隙变化较小，故其特性相对平坦。

有时为了改变直流电磁铁的吸力特性，以减少闭合时的机械冲击，可以在磁极端上加一极靴，以使特性变得平坦，如图4.4（b）所示。当然个别情况下也希望吸力陡一些，以保证吸合时有较大的吸力，确保可靠吸合衔铁，如E形电磁铁。

吸力特性可以用计算方法得到，也可用实验方法得到。图4.4（a）是直流电磁铁（陡峭）和交流电磁铁（平坦）的吸力特性示意图。图4.4（b）是有极靴和无极靴电磁铁的吸力特性比较示意图。

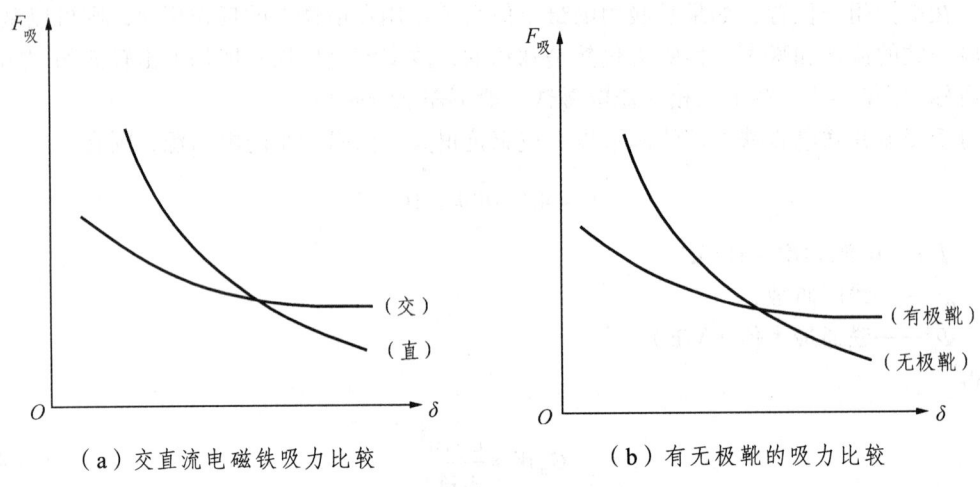

（a）交直流电磁铁吸力比较　　　　（b）有无极靴的吸力比较

图4.4　电磁铁的吸力特性

2. 电磁铁的反力特性

电磁铁反力特性是归算到工作气隙中心的所有反力 F_f 与工作气隙 δ 的关系，即

$$F_f = f(\delta) \tag{4.8}$$

可能存在的反力有：反力弹簧力（主要）、触头弹簧力、摩擦阻力、重力等。图4.5为直流接触器的反力特性示意图，斜线1为常开触头弹簧力，它只存在于动静触头刚接触到完全闭合的这个过程中。曲线2为反力弹簧力，它随工作气隙减少而增大，在触头由开断状态向闭合状态变化时，始终存在为一斜直线；曲线1和曲线2合成的结果，即为反力特性，这里没有考虑其他反力。

3. 电磁铁的吸力特性与反力特性的配合

对于一个电磁铁，如果吸力特性与反力特性配合不好，将影响其工作可靠性、寿命、参数等。对于不同性能的电磁铁，其配合有些差别，但总的要求是：吸合时，吸力大于反力，释放时，反力大于吸力（或等于）。

图4.6所示为电磁铁的特性配合情况。图中曲线1为反力特性，曲线2、3、4、5为吸力特性。曲线2和曲线1适合于快速动作的场合，但冲击较大，一般不用。曲线3和曲线1能保证衔铁的可靠吸合，曲线4和曲线1将不能保证衔铁可靠吸合。曲线5和曲线1将不能吸合。一般采用曲线3和曲线1的配合。

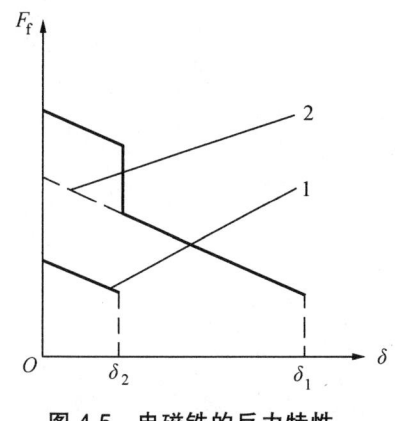

图 4.5 电磁铁的反力特性

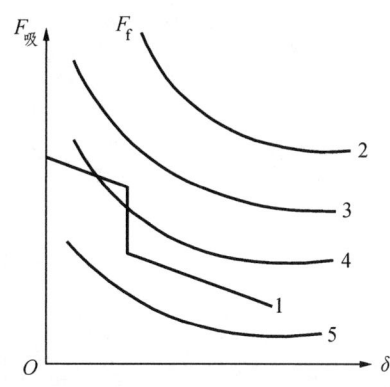

图 4.6 吸力特性与反力特性的配合

当特性配合不好时,可改变吸力特性:调整工作气隙、线圈电流、线圈电压等;也可以改变反力特性:如调整反力弹簧等。

任务三　认知电空传动装置

知识导入

电空传动装置是以电磁阀(电空阀)控制的压缩空气作为动力,驱使电器运动部件动作的机构。与电磁传动装置相比,电空传动装置具有哪些优势?压缩空气又来源于哪里?电磁阀如何对压缩空气实施控制?让我们秉承谨慎求真的态度进入本任务的学习。

知识储备

由电磁传动装置的吸力特性可知,电磁吸力随气隙的增加而下降,因此,在需要长行程、大传动力的场合,用电磁传动装置就不适宜了。而电空传动装置却能将较大的力传递较远,而且电力机车上有现成的压缩空气气源。所以,在电力机车上还采用了许多电空传动的电器设备。此外,与电磁传动装置相比,采用电空传动时,有色金属的消耗及动作时的控制电源功率都可大为减少。

认知电空传动装置

电空传动装置是一种以电磁阀(电空阀)控制的压缩空气作为动力,驱使触头按规定动作的机构,主要由电空阀和压缩空气驱动装置组成。

一、电空阀

电空阀是借电磁吸力来控制压缩空气管路的导通或关断,从而达到远距离控制气动器械的目的。

电空阀按工作原理分为开式和闭式两种,但从结构来说都是由电磁机构和气阀两部分组成,工作原理也类似。

1. 闭式电空阀

闭式电空阀是电力机车上应用较多的一种,原理结构如图 4.7 所示。

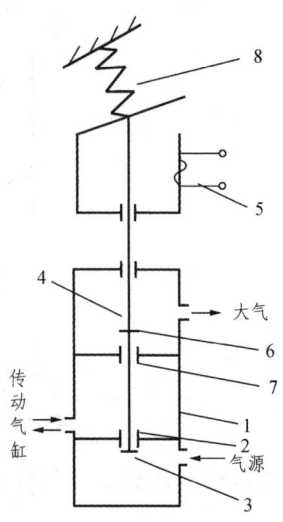

1—阀体；2—下阀门；3、6—阀块；4—阀杆；5—电磁铁；7—上阀门；8—反力弹簧。

图 4.7　闭式电空阀的原理结构

工作原理：当线圈有电时，衔铁吸合，阀杆动作，使上阀门关闭，下阀门打开，关断了传动气缸和大气的通路，打开了气源和传动气缸的通路，压缩空气从气源经电空阀进入传动气缸，推动气动器械动作。当线圈失电时，衔铁在反力弹簧作用下打开，带动阀杆上移，使下阀门关闭，上阀门打开，关断了气源和传动气缸的通路，打开了传动气缸与大气的通路，传动气缸的压缩空气经电空阀排向大气，气动器械恢复原状。其实际结构如图 4.8 所示。在电力机车上，闭式电空阀应用较多。

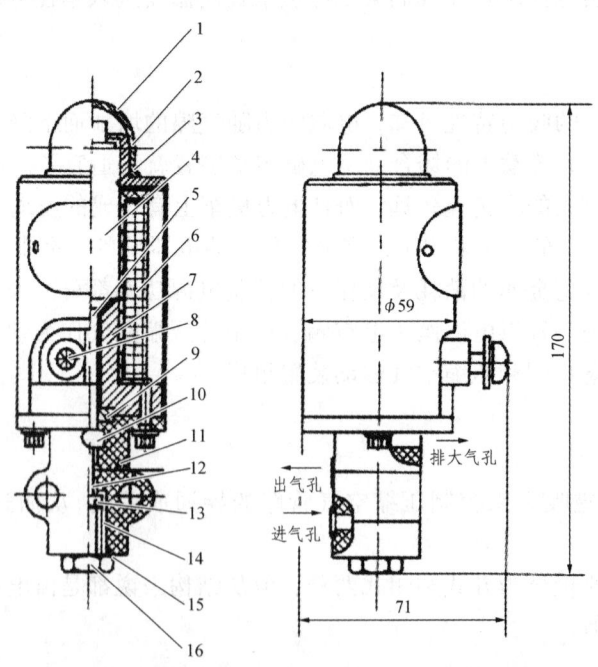

1—防尘罩；2—磁轭；3—铜套；4—动铁芯；5—心杆；6—线圈；7—铁芯座；8—接线座；9—滑道；10—上阀门；11—阀座；12—阀杆；13—下阀门；14—弹簧；15—密封垫；16—螺母。

图 4.8　TFK1B 型电空阀结构

2. 开式电空阀

开式阀是在线圈失电时，使气源和传动气缸接通，大气和传动气缸关闭的阀，其原理结构如图 4.9 所示。

二、压缩空气驱动装置

压缩空气驱动装置按其结构形式分为气缸式传动装置和薄膜式传动装置。

1. 气缸式传动装置

（1）单活塞压缩空气驱动装置。图 4.10（a）所示为单活塞压缩空气驱动装置，气缸内压缩空气的进入和排出是由电空阀控制的。当电空阀有电时，其控制的压缩空气进入传动气缸，推动活塞，压缩弹簧，使活塞杆右移，带动触头闭合。当电空阀失电时，其控制的气源被关断，在弹簧的作用下，推动活塞，带动活塞杆左移，使触头打开。

通常活塞由皮碗或耐油橡胶制成，活塞上涂有机油，以减少摩擦力并具有良好的密封性能。

该传动装置的优点是工作行程可以选择，以满足开距和超程的要求；缺点是摩擦力较大，动作较慢。

（2）双活塞压缩空气传动装置。图 4.10（b）所示为双活塞压缩空气传动装置。与活塞杆 4 相连的两个活塞均由压缩空气驱动，压缩空气由电空阀控制，它有两个位置。当气口 1 开通与气源的通路时，气口 2 则开通与大气的通路，压缩空气从气口 1 进入气缸，活塞被推向右侧，活塞杆 4 带动曲柄 5 使转鼓 6 反方向转过一个角度，带动触头开闭转换，传动装置处在第一个工作位。反之，若气口 2 开通与气源的通路，则气口 1 开通与大气的通路，动作过程相反，传动装置处在第二个工作位置。

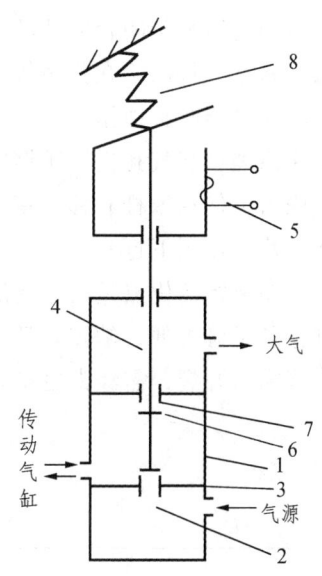

1—阀体；2—下阀门；3、6—阀块；4—阀杆；
5—电磁铁；7—上阀门；8—反力弹簧。

图 4.9 开式电空阀原理结构

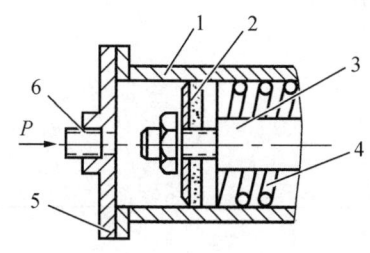

1—气缸；2—活塞；3—活塞杆；4—弹簧；
5—气缸盖；6—进气孔。
（a）单活塞气缸传动装置

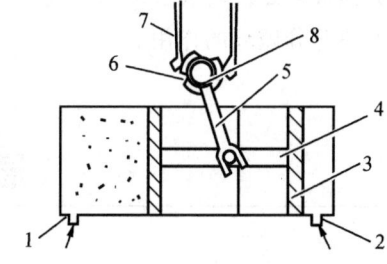

1、2—气口；3—活塞；4—活塞杆；5—曲柄；
6—转鼓；7—静触头；8—动触头。
（b）双活塞压缩空气驱动装置

图 4.10 气缸式传动装置

该传动装置的特点是：活塞是通过胀圈与气缸内侧进行配合的，所能控制的行程受到一定限制，且对被控制的触头不具有压力的传递，所以应用较少。

2. 薄膜传动装置

薄膜传动装置结构如图 4.11 所示。当电空阀有电时，压缩空气进入气缸内，作用在弹性薄膜上的压力增大到大于右侧弹簧等反作用力时，鼓动弹性薄膜推动活塞杆右移，驱动电器触头闭合或开断。当电空阀失电时，气缸内的压缩空气排出，在弹簧等反力作用下，使活塞杆复原，驱动电器触头动作。

工作原理：当气孔进入压缩空气时，压迫薄膜，克服弹簧张力，使活塞杆右移，带动触头动作。反之，则触头在弹簧的作用下打开。

该传动装置的优点是动作灵活，摩擦力和磨损较小，加工制作及维修方便；缺点是活塞杆行程小，在低温条件下，薄膜易开裂，需经常更换。

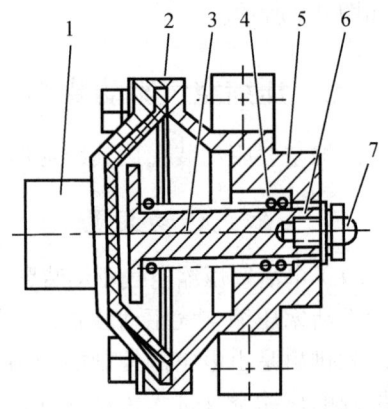

1—气缸盖；2—弹性薄膜；3—活塞杆；
4—复原弹簧；5—气缸座；
6—衬套；7—杆头。

图 4.11 薄膜传动装置

小　结

传动装置是有触点电器的主要组成部分，在电力机车上常用的有电磁传动装置和电空传动装置等。本项目主要介绍了两种传动装置的作用、组成及原理和特点。

对于本项目所介绍的内容可根据教学需要进行侧重点把握，理解为重，便于后续知识的学习。

（1）掌握传动装置的分类及常用的类型。
（2）理解电磁、电空传动装置的组成及工作原理。
（3）理解电磁传动装置的吸力特性及与反力特性的配合。
（4）理解分磁环的作用。

思考练习题

一、填空题

1. 直流电磁铁的线圈中通过直流电流，当电流达到稳定以后，_____是恒定的，导磁体中没有涡流和磁滞损耗，故其铁芯和衔铁可以采用整块工程软铁制成。

2. 交流电磁铁的线圈中通过交流电流，导磁体中的磁通是_____的，有涡流和磁滞损耗，故其铁芯和衔铁一般采用电工钢片制成。

3. 电空传动装置按其结构形式分为_____和薄膜式传动装置。

4. 电空阀按工作原理分为_____和闭式两种。

二、简答题

1. 常用电磁传动装置有哪些形式？
2. 电磁传动装置由哪些部件组成？
3. 简述电磁铁的工作原理。
4. 试说明气缸式传动装置和薄膜式传动装置的工作原理。
5. 薄膜式传动装置与气缸式传动装置相比有何优点？
6. 试说明闭式电空阀的工作原理。

第二篇　低压电器篇

低压电器主要是指用于电力机车辅助电路及控制电路的电器，不仅包括一般工业企业的通用电器，也包括专门为电力机车设计的主令电器、蓄电池等。

学习目标与要求：

（1）熟悉电力机车上各低压电器的功能及作用；
（2）掌握电力机车上各低压电器的结构；
（3）掌握电力机车上各低压电器的工作原理和工作特点；
（4）了解电力机车常用低压电器的技术参数；
（5）熟悉电力机车上各低压电器维护与检修方法。

项目五　电磁式接触器

接触器是一种广泛应用于电力机车中的开关电器，具有分断能力强、动作迅速、操作安全、能频繁操作和远距离控制等优点。接触器的类型较多，本项目将围绕电磁式接触器展开，我们将学习电磁式接触器的基本特点、组成、分类、基本要求、维护与检修，以及电磁式接触器中的交流接触器、直流接触器、真空接触器的作用、结构和工作原理等。通过本项目的学习，应达到以下学习目标：

知识目标

（1）了解接触器的作用、特点、组成及分类；
（2）掌握交流接触器、直流接触器、真空接触器结构和工作原理；
（3）掌握电磁式接触器的维护和检修方法。

能力目标

（1）具备辨识接触器类型的能力；
（2）具备常见电磁式接触器维护和检修的能力；
（3）具备电磁式接触器常见故障判断及处理的能力。

素养目标

（1）树立全面学习、终身学习的学习理念；
（2）培养一丝不苟、追求卓越的工匠精神。

任务一　认识接触器

知识导入

接触器是一种用途广泛的开关电器，它利用电磁，气动或液动原理，来实现对电路的通断控制。让我们将树立全面学习、终身学习的学习理念，秉承一丝不苟、追求卓越的工匠精神，一起探秘接触器的特点、组成和分类等知识。

知识储备

接触器在电力机车中应用广泛，种类较多。在电力机车中常采用电磁式接触器来控制辅助电路中的三相异步电动机以及大容量的控制电路和功率因数补偿装置。在图 5.1 中电磁式交流接触器用来控制机车辅助电路中三相异步电动机的启停。

认识接触器

一、接触器的用途和基本特点

接触器在工业控制中应用非常广泛。在电力机车上主要用于频繁地接通或切断正常工作情况下的主电路和辅助电路以及大容量的控制电路。与其他开关电器相比，它的特点为：

（1）动作次数频繁，每小时开闭次数可达 150～1 500 次。
（2）能通、断较大电流。一般情况只开断正常额定电流，而不能开断短路或故障电流。
（3）可以实现一定距离的控制。

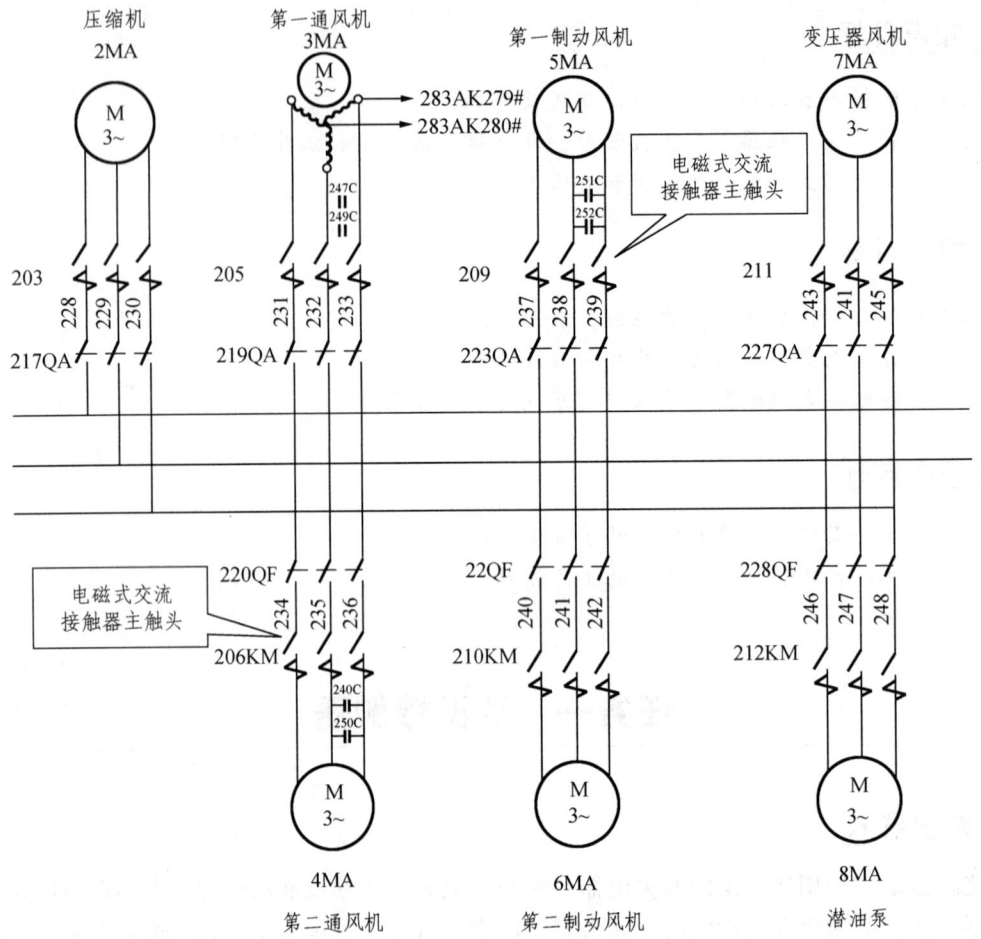

图 5.1 SS₄G型电力机车辅助电路——三相异步电动机电路原理

二、接触器的组成

接触器的结构种类很多，但对于任何一种接触器来说，一般均由以下几部分组成：

1. 触头装置

触头装置由主触头和辅助触头两部分组成。

主触头由动、静主触头和触头弹簧支持件等组成，它是接触器的执行部分，用于直接实现电路的通、断。主触头接通和分断的是主电路、辅助电路以及大容量的控制电路，额定电流比较大，通常为数安到数百安，甚至可能高达数千安。

辅助触头通常由两对以上常开触头和两对以上常闭触头组成，用于控制其他电器、信号或电气联锁等。它接通和分断的是控制电路，额定电流只有 5~10 A。

常开触头指的是接触器的吸引线圈失电时处于断开状态的触头；与此相反，常闭触头指的是接触器吸引线圈失电时处于闭合状态的触头。

辅助触头与主触头是联动的，在接触顺序上要求主触头闭合前常开辅助触头应提前闭合，常闭辅助触头应滞后分断；主触头分断时常开辅助触头应同时或提前分断，常闭辅助触头应同时或稍滞后闭合。

辅助触头与灭弧系统通常在产品上要分开安装，以防电弧弧焰的危害。

2. 传动装置

传动装置包括驱使触头闭合的装置和开断触头的弹簧机构以及缓冲装置，用来可靠地驱使触头按规定要求动作，完成接触器本身的职能。

3. 灭弧装置

灭弧装置一般与主触头配合使用，主要用于熄灭主触头开断电路时产生的电弧，减少电弧对触头的破坏作用，保证触头可靠地工作。根据电流的性质、灭弧方法和原理，可以制成各种灭弧装置。

4. 安装和固定装置

安装和固定装置属于非工作部分，用于合理地安装和布置电器各部件，使接触器构成一个整体。支架和固定装置应有足够的机械强度，并能对内部部件起到保护作用，保证接触器达到一定的寿命。

三、接触器的分类

接触器的用途很广，种类繁多，一般有以下几种分类方法：

1. 按传动方式分类

接触器按传动方式可分为电磁接触器和电空接触器。电磁接触器采用电磁传动装置，电空接触器采用电空传动装置。电磁接触器一般应用于机车的辅助电路中，电空接触器应用于主电路中。

2. 按主触头通断电流的性质分类

接触器按主触头通断电流的性质可分为交流接触器和直流接触器。这里指的是主触头通、断电流的种类，它与传动方式无关，如主触头通、断的是交流电，则不管它采用的是直流电磁机构传动、交流电磁机构传动还是电空传动，都称之为交流接触器。

3. 按主触头所处的介质分类

接触器按主触头所处的介质可分为空气式接触器和真空式接触器。空气式接触器的主触头敞在大气中，采用的是一般的、常用的灭弧装置。而真空式接触器的主触头却密封在真空装置中，它利用的是真空灭弧原理，具有很高的切换能力。

4. 按主触头数目分类

接触器按主触头数目可分为单极接触器和多极接触器。单极接触器只有一对主触头，多极接触器有两对以上的主触头，它们分别用于控制单相和多相电路。

5. 按线圈所接入的电路方式分类

接触器按线圈所接入的电路方式可分为串联和并联电磁接触器。一般用并联电磁接触器。

四、接触器的基本要求

根据接触器的用途和工作特点，对接触器有以下几点基本要求：

1. 切换能力

切换能力又称开闭能力、通断能力，是指接触器的主触头在规定条件下能可靠地接通和分断的电流值。在此电流值下接通和分断负载时，不应发生熔焊、飞弧和过分磨损等现象，保证接触器能在较坏的条件下可靠地工作。

接触器的主触头虽然不要求开断短路电流，但它还是有可能在大于额定电流的情况下接通或切断负载电路的，此时触头可能引起严重烧损，甚至发生熔焊等故障。因此，必须规定接触器在一定的条件下接通和切断高于额定电流和电压的具体指标，也就是说必须规定它的切换能力。

2. 动作值和释放值

动作值是指接触器的动作电压（或电流、气压等），释放值是指接触器的释放电压（或电流、气压等）。

3. 操作频率

操作频率是指接触器在每小时内允许操作的次数。接触器的操作频率越高，每小时开闭的次数就越多，触头及灭弧室的工作任务也就越重。对交流接触器来说，线圈受到的冲击电流及衔铁铁芯受到的冲击次数也就越多。

操作频率直接影响到接触器的电气寿命和灭弧室的工作条件，对于交流接触器还影响到线圈的温升，所以，这是一个重要的技术指标。目前，常用的接触器操作频率有每小时 150 次、300 次、600 次和 1 200 次等几种规格。

4. 机械寿命和电气寿命

机械寿命是指接触器在无负载操作下无零部件损坏的极限动作次数。电气寿命是指接触器在规定的操作条件下（带负载操作），且无零部件损坏的极限动作次数。由于接触器的操作频率较高，为了保证一定的使用年限，应有较长的机械寿命和电气寿命。目前，接触器的机械寿命一般可达数百万次以至一千万次以上，而电气寿命则按不同的使用类别和不同的机械寿命级别有一定的百分比，一般为机械寿命的 5% ~ 20%。

5. 动作时间、释放时间

动作时间（又称闭合时间）是指从电磁铁吸引线圈通电瞬时起到衔铁完全吸合所需要的时间；释放时间（又称开断时间）是指从电磁铁吸引线圈断电瞬时起到衔铁完全打开所需要的时间。为了对有关电路能准确可靠地进行控制，对接触器的动作时间有一定的要求，如：直流接触器的闭合时间一般为 0.04 ~ 0.11 s，开断时间为 0.07 ~ 0.12 s，交流接触器的闭合时间一般为 0.05 ~ 0.1 s，而开断时间为 0.1 ~ 0.4 s。

接触器除应满足以上基本参数的要求外,电磁接触器还应满足在85%额定控制电压下能保证接触器正常工作。

另外在选择接触器时还应考虑工作制的要求。

任务二　探秘交流接触器

知识导入

交流接触器是一种自动的电磁式开关,其特点是具有较高的可靠性与较低的生产成本。交流接触器利用电磁力与弹簧力的相互配合,实现对电路的接通与分断控制。

知识储备

探秘交流接触器

一、6C系列交流接触器

1. 作　用

在SS_{4G}、SS_7、SS_8型电力机车的辅助电路中控制辅助电机等设备。

2. 型号及含义

6C180型、6C110型,其中:6——序号;C——接触器;180、110——主触头额定电流(A)。

3. 结构组成

两种型号的结构基本相同,其外形及结构如图5.2所示。

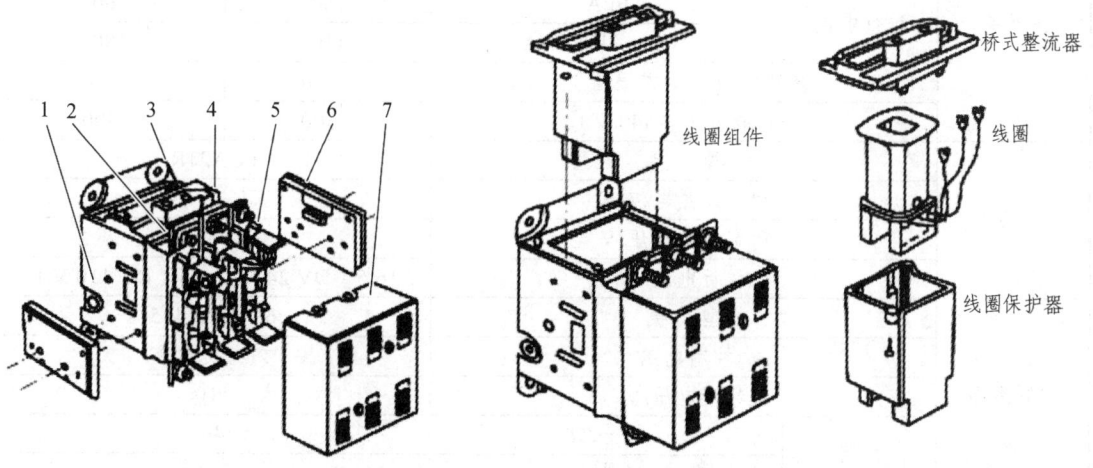

1—底座;2—静触头;3—桥式整流器;4—接线柱;5—动触头;6—辅助触头;7—灭弧罩。

图5.2　6C系列三相接触器外形及线圈组件

(1)触头装置。主触头采用常开直动式桥式双断点。

（2）传动装置。磁系统为单E形直动式，具有较陡的吸力特性，控制线圈由启动线圈和保持线圈并联组成，并串加一个桥式整流器，使控制电源为交、直流两用，整流器输入、输出端都加有压敏电阻进行过电压保护。控制线圈通电后，启动线圈和保持线圈同时工作，在接触器快吸合时，启动线圈断开，只有保持线圈工作。启动线圈的分断由接触器自身一常闭联锁触头完成。

（3）灭弧装置。灭弧罩采用高强度耐弧塑料制成，罩内设有割弧栅片。

6C180接触器的灭弧室与触头支持件之间设有机械联锁装置，当灭弧罩取下后，其联锁装置会将触头支持件锁住，此时即使有人操作，触头系统也不会动作，可靠保证了维修人员的安全。在控制线圈引线边有一红色指示器，指示接触器的闭合或断开。

4. 动作原理

类似电磁铁的工作原理。

5. 特 点

6C180型交流接触器具有操作频率高，主触头压力大，抗熔焊性好，耐电弧等优点，应用较多。在许多电力机车上，原用的3TB系列、6C110型都已改用为6C180型。

6C系列接触器结构为模块化设计，配件通用性大，便于维护及更换。

6. 技术参数

6C110、6C180型交流接触器的主要技术参数如表5.1所示。

表5.1 6C110、6C180型交流接触器的主要技术参数

		型 号	6C110	6C180
主触头		额定绝缘电压/V	1 000	1 000
		运行电流频限/Hz	25~400	25~400
	运行电流	Jd/A	160	260
		AC3（415F）/A	110	180
		接通能力（均方根值）	1 100	1 800
		分断能力（≤440 V）	1 300	1 800
辅助触头		型 号	6CA21R	
		约定发热电流/A	15	
		额定绝缘电压/V	660	
		运行电流/A	16.5（DV 24 V），15（DC 110 V）	
控制线圈		型 号	6CC180/415	
		控制电源	交流或直流	
		额定电压/V	110	
	电阻	闭合/Ω	46	
		吸持/Ω	1 240	
		机械寿命/百万次	10	10
		电器寿命/百万次	1.2	1.2
		最大操作频率/(次/h)	2 400	2 400

二、AF 系列交流接触器

1. 作用

在 HXD_3 型电力机车上用于控制辅助电路中各辅助电机的接通与断开。

2. 型号及含义

AF400-30-11 型、AF110-30-11 型，其中：AF——交直流线圈；400、110——主触头额定电流（A）；30——主触头 3 常开 0 常闭；11——辅助触头 1 常开 1 常闭。

3. 结构组成

两种型号的结构基本相同，其外形及结构如图 5.3、图 5.4 所示。

（1）触头装置：主触头采用正装直动式桥式双断点。触头采用抗熔焊及耐电磨损的银基合金材料制成，导电性能好，寿命长，对环境无污染。

（2）传动装置：铁芯采用 E 形结构，体积小。

（3）灭弧装置：罩盖与躯壳采用耐弧塑料制成，采用自动灭弧，U 形的灭弧片置于躯壳中，形成封闭灭弧室，灭弧效果好，飞弧距离为零。

图 5.3　AF 系列交流接触器外形

4. 动作原理

类似电磁铁的工作原理。

5. 特点

底座用玻璃纤维增强塑料制成，强度高，介电性能好。安装方式可以螺钉安装，也可以用导轨安装，拆装方便迅速。导电部件不外露，安全性能好。

6. 技术参数

AF400-30-11、AF110-30-11 型交流接触器的主要技术参数如表 5.2 所示。

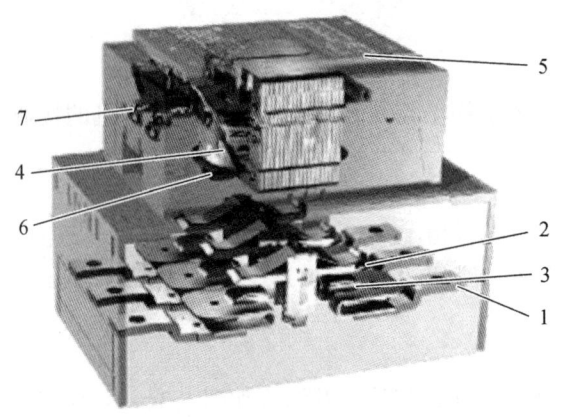

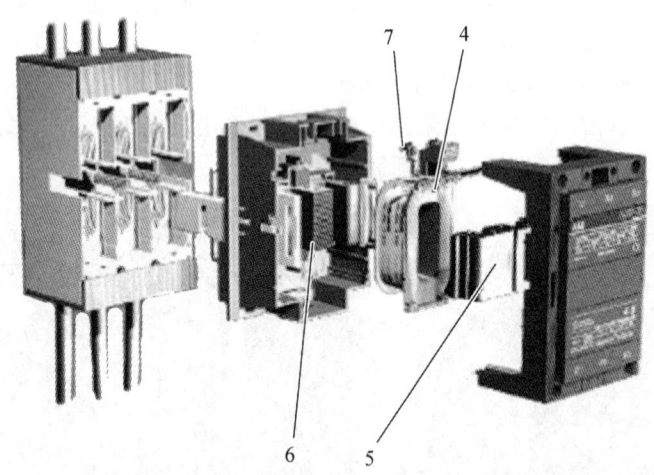

1—端子排；2—动触头；3—静触头；4—线圈；5—罩盖；6—铁芯；7—线圈端子。

图 5.4　AF 系列交流接触器结构

表 5.2　AF400-30-11、AF110-30-11 型交流接触器的主要技术参数

型　号	AF400-30-11	AF110-30-11
数　量	3 个/台	2 个/台
额定电压/V	AC400	AC400
线圈额定电压/V	48～130	48～130
线圈消耗	吸合 990 W　保持 4 W	吸合 990 W　保持 2 W
辅助触头	DC 125 V　0.55 A	DC 125 V　0.55 A

7. AF 系列交流接触器使用条件

（1）周围空气温度为：－5～＋40 ℃。24 h 内其平均值不超过＋35 ℃。

（2）海拔：不超过 2 000 m。

（3）大气条件：在＋40 ℃时空气相对湿度不超过 50%，在较低温度下可以有较高的相

对湿度，最潮湿月的月平均最低温度不超过＋25 ℃，该月的月平均最大相对湿度不超过90%，并考虑因温度变化发生在产品上的凝露。

（4）安装类别：Ⅲ类；污染等级：3 级。

（5）安装条件：安装面与垂直面倾斜度不大于 ± 5°。

（6）冲击振动：产品应安装和使用在无显著摇动、冲击和振动的地方。

任务三　探秘直流接触器

知识导入

直流接触器专门用于控制直流电路，在工作过程中不会出现交流电流的变化，稳定性和可靠性更高，因此，具有更长的使用寿命，能够适用于频繁启停的场合。

知识储备

探秘直流接触器

一、作　用

在 SS_{4G} 型电力机车中，用于控制机车前照灯以及升弓压缩机。

二、型号含义

CZT-20 型、CZT-20B 型，其中：C——接触器；Z——直流；T——铁路用；20——负载级别（A）；B——主触头构成：二常开，一常闭；无 B：二常开。

三、结构组成

该型接触器主要由触头装置、传动装置和灭弧装置等组成，其外形如图 5.5 所示。

触头装置：由 2 常开 1 常闭的主触头和 2 常开 2 常闭的联锁触头组成，联锁触头的通断电流为 5 A，主触头可通断额定电压 DC 440 V 的直流电路，主触头端子有"＋""－"极性，要按标志接线。

（1）传动装置：为一直动式直流电磁铁。

（2）灭弧装置：采用灭弧罩和磁吹装置。灭弧室不能装反，不要拆除灭弧室内的磁铁。

图 5.5　CZT-20 型直流电磁接触器外形

四、工作原理

该型接触器的工作原理类同于电磁铁工作原理，当吸引线圈得电时，衔铁吸合，带动常开触头闭合；常闭触头打开，当吸引线圈失电时，衔铁在反力弹簧作用下打开并带动常闭触头闭合，常开触头打开，常开主触头上的电弧被灭弧装置熄灭。

五、技术参数

CZT-20 型直流接触器的主要技术参数如表 5.3 所示。

表 5.3　CZT-20 型直流接触器的主要技术参数

型　号		CZT－20
主触头	额定工作电压/V	DC 110
	额定工作电流/A	34
	环境温度/℃	－40～＋45
辅助触头	额定电压/V	DC 110
	额定电流/A	5
控制线圈	额定电压/V	DC 110

任务四　探秘真空接触器

知识导入

真空接触器主要由真空灭弧室和操作机构两部分构成。真空灭弧室用于消除触头分断时产生的电弧，特别适用于远距离接通和断开中、低压频繁起停的交流电动机。

知识储备

真空接触器利用真空灭弧室灭弧，由于其灭弧原理的特点，比较适用于交流电路（若熄灭直流电弧，需采取适当的措施）。它比交流电磁接触器有更多的优点：体积小，质量轻，寿命长，分断能力高，操作时噪声小，真空部件不需要维修等。可在重任务条件下供重要场合使用。

探秘真空接触器

一、作　用

EVS630/1-110DC 型在 SS_{4G} 型电力机车主电路中用来接通或断开功率因数补偿装置。

EVS700/1-110DC 型在 SS_8 型电力机车的列车供电电路中，实现机车向列车供电控制。

二、型号及含义

EVS630/1-110DC 型、EVS700/1-110DC 型，其中：EVS——真空接触器；630、700——额定工作电流（A）；1——极数；110——控制电源的电压值；DC——控制电源类型。

三、结　构

如图 5.6 所示，在真空接触器的基座上，驱动机构和装在其旁的辅助开关组件位于真空开关管的上方。真空开关管的动触头经联轴节组件和驱动机构连接，并经软连接和上连接板连接。真空开关管的静触头支杆经连接卡圈和下连接板连接。

在断开状态下，真空开关管的两触头拉开 1.5 mm。由于在真空中断开，这么小的距离已能完全开断电路。触头被拉开的状态是由驱动系统中的压力弹簧实现的。

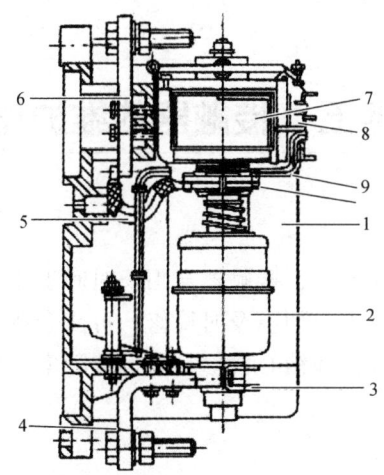

1—机座；2—真空开关管；3—连接卡圈；4—下连接板；5—软连接；6—上连接板；
7—驱动机构；8—辅助开关；9—联轴节。

图 5.6　EVS630/1-110DC 型真空接触器剖视图

四、动作原理

真空接触器的电磁铁设计为带节能电阻的直流电磁铁。接通控制电源时，电磁铁对压力弹簧做功。释放动触头支杆，动触头支杆借助外部作用力使动静触头闭合。

五、特　点

真空接触器具有接通、分断能力大、电气和机械寿命长等特点，可在重任务条件下以及重要场合使用。但也易出现电弧电流过零前熄灭，出现截流，从而在电感电路中产生过电压。

六、技术参数

EVS630 真空接触器主回路技术参数如下：

额定工作电流 ·· 630 A
额定工作电压 ·· 1 140 V
额定工作频率 ·· 50 Hz
额定接通能力 ·· 6 300 A
额定分断能力 ·· 5 040 A

额定短时耐受电流 ··· 8 000 A
额定峰值耐受电流 ··· 13 600 A
机械寿命（次）··· $\geqslant 5\times 10^6$
电寿命 ·· 0.6×10^5
最大机械操作频率（次/h）······································ 3 000
辅助电路技术参数如下：
额定工作电流 ··· DC 0.4 A
额定工作电压 ··· DC 220 V

任务五　接触器的维护与检修

知识导入

伴随机车运行里程的不断增加，接触器会因长时间工作而偶发触点接触不良、线圈过热等问题。上述看似微小的故障现象如不及时检修，可能会造成机车自动控制系统功能失效，危及行车安全。因此，定期维护和精心检修是降低故障率，提高接触器可靠性，延长其工作寿命的重要措施。

知识储备

接触器的维护与检修

一、接触器的简单维护

接触器在使用时应经常或定期检查其运行情况，并进行必要的合理维护，以延长其使用寿命，保证其安全可靠地运行。维护、检修时应首先断开电源，再按照如下步骤进行操作：

1. 外观检查

用压缩空气清除接触器各部件的灰尘，铁芯极面上的灰尘也可以用毛刷清除。若有油污，可先用棉布蘸少量酒精擦拭，然后再用干布擦净，并仔细观察接触器外观是否完整无损，注意拧紧所有紧固件。

2. 灭弧室维护

取下灭弧罩，用毛刷清除罩内落物及金属颗粒，如发现有破裂或严重烧损及零部件（如灭弧栅片）变形、松脱或位置变化等现象而不易修复时，应及时更换新灭弧室。重新安装时，应装回原位，不能随意更换到另一极上，以免影响其灭弧效力。

3. 触头的维护

定期检查触头的温升是否超过标准（主触头温升75 ℃），银或银基粉末冶金制成的触头表面有烧毛发黑的现象是正常的，不会影响其实际工作能力，一般可不必清理。如触头接触处有金属颗粒或毛刺，可以用细锉轻轻锉平，但不能用砂纸或砂布擦拭。对于具有铜触头的转动式接触器，若长时间没使用或连续工作8 h以上，在使用前应先开闭1~2次，以便除去触头的氧化膜。触头如有开焊、裂缝或磨损到原厚度1/3的情况时，则应更换新触头。

4. 吸引线圈的维护

观察线圈外表层有无过热变色，定期检查线圈温升是否超过所规定的值（一般规定，当环境温度为 40 ℃，A 级绝缘的线圈用温度计测得的表面温升不得超过 60 ℃），引线与导线是否有松动、开焊或将断的情况，线圈骨架有无碎裂、磨损或固定不正常现象。此外，还应注意缓冲件是否完整。

5. 铁芯的维护

观察铁芯极端面有无变形、松开现象。可用棉纱蘸少量汽油擦拭极面上的污垢。注意交流电磁铁的分磁环有无断裂，中柱气隙是否保持在 0.1~0.3 mm（如发现过小可略锉去一些）；观察直流电磁铁铁芯的非磁性垫片是否磨损或脱落，缓冲件是否完整，位置是否正确。

6. 接触器转轴的维护

经常注意接触器的转轴转动是否灵活，在转轴与轴承处可注入少量润滑油，以保持转动灵活。

二、接触器的检修

接触器在闭合过程、闭合状态或断开过程中，都不可避免地会产生机械磨损或疲劳裂损，触头系统产生电磨损，线圈及绝缘件出现过热、老化现象，如不及时检查修理，就会影响其工作的可靠性。因此，对接触器进行预防性的检查、修理，及时更换超过限度的零部件，是十分必要的。

1. 6C 系列电磁接触器的检修

（1）辅修项目。在确认断电情况下清理接触器外部，应无尘垢油污。检查接触器外观，应无破损或异常。检查各接线端子应无松脱。检查接触器安装应无松动现象。

上述项目完成后，通电检查，接触器应无异声。辅修作业，无须打开接触器灭弧罩，并不必对动、静触头进行检修。

（2）小修项目。在确认断电情况下完成辅修项目检查维护。打开灭弧罩，用棉布蘸酒精清理触头、支架和灭弧罩上的黑色碳粉，如触头上有凸起颗粒应将其去掉。

上述项目完成后，通电检查，接触器应无异声。

不允许用砂面、锉刀对动、静触头进行磨修。打开灭弧罩后不允许用强力推压动触头机构进行合、分检查。

（3）中修项目。在确认断电情况下完成辅修项目检查维护。清理灭弧罩内外，检查灭弧罩，如有破损或裂痕，应更换。检查灭弧罩栅片，如有脱落，应更换。检查动、静触头，应无松动或移位。用棉布蘸酒精清理触头、支架上的黑色碳粉，如触头上有凸起颗粒应将其去掉。检查灭弧罩安装应牢固。检查各接线端子，应无松脱。检查接触器安装应无松动现象。

上述项目完成后进行通电检查。接触器在正常工作状态下应无异声。检查接触器的动作性能：在 -50~+70 ℃ 的环境温度下，在标准的额定控制电压范围内，接触器应能可靠闭合，可靠释放。

不允许用砂布、锉刀对动、静触头进行磨修。磨损或灼伤严重的触头应更换，操作次数大于 177 000 次的触头应更换，打开灭弧罩后，不允许用强力推压动触头机构进行合、分检查。

2. AF 系列电磁接触器的检修

（1）AF 接触器检修范围如表 5.4 所示。

（2）机械磨损。机械操作的次数增加对接触器触头的机械和电气寿命的影响比较小，主要有以下几种机械磨损。

表 5.4 AF 系列接触器检修范围

序号	检修项目	检修内容及要求	检修范围		
			辅修	小修	中修
1	外观检查	1. 外观清洁，不许有破损，接线端、安装螺栓紧固齐全，接触器吸合时动作灵活，不许有异声	√	√	√
		2. 清理接触器外部，保持清洁，线号清晰	√	√	√
		3. 清扫擦拭动、静触头，清除烧痕，保持接触面洁净	√	√	√
		4. 动、静触头位置正常，不许有松动、移位现象	√	√	√
2	试验	在额定控制电压 DC 88 V 下检查吸合、释放状态，三相动作一致，保持可靠灵活			√

① 交流噪声。如果在铁芯表面有垃圾，接触器吸合时，接触器会有轻微的声音。可以用一块干的软布来清洁。交流噪声也有可能由铁芯表面变形造成。如果铁芯上的短路环损坏，交流噪声会较大，因为磁场会使接触器产生抖动。如果这样的话，接触器就需更换。

产生交流噪声的另外一个原因，可能是在超出接触器技术规范允许的环境下使用，而产生了腐蚀。接触器应该在无凝露的环境下使用，这样可以避免铁芯表面受腐蚀。

② 触头抖动。接触器的线圈工作电压范围应在额定电压的 85% ~ 110% 之间。电压波动范围在 ±5% 范围内时，触头的磨损最小。电压过高会导致铁芯吸合的速度加快，低电压则会降低吸合速度。以上因素都会在吸合时导致较高的触头抖动。高电压及吸合时的速度会导致吸合时声音增加。

（3）主触头的维护。如果触头表面仅是粗糙及变色，此时触头并未破坏或完全磨损。如图 5.7 所示；但经验告诉我们，图 5.8 中的触头比一套新的还要好。这是因为触头已经"电气对位"，整个触头表面已完全接触。根据这一点，如果仅根据触头表面外观来判断是否需更换触头，可能是完全错误的。

图 5.7 接触器动作次数很少的情况下，触头外观

图 5.8 触头达到"良好磨合"程度的外观

随着触头材料的发展及接触器性能的提高，锉、打磨或其他尝试修复触头或触头表面的方法都是不需要的。根据经验，这样做会增加产生其他问题的风险。例如砂纸的残留物会增加触头的阻抗等。

同样在修复触头过程中，未进行清洁工作也会影响接触器的性能。

触头维护应仅限于检查触头的磨损程度，这样是为了保证到下一次维护这段时间，接触器可以无故障运行。

检查触头，也可以判断接触器在应用中正常运行，及触头是否有异常的磨损或损坏现象。

无论是从功能还是经济的观点来看，确定触头的磨损程度是必要的。太早地维护接触器会增加总的费用，在适当的时候维护接触器避免设备中断或事故是比较经济的。

不同的应用类别，不同的负荷触头的磨损率是不同的。对于电机控制还与电机的启动方式有关。

（4）更换触头。在已安装的接触器上更换触头。

3. 真空接触器的检修

（1）检修所需工具、设备及材料：塞尺、电器钳工常用工具、万用表、耐压设备。

（2）日常检查。

① 检查接触器外观，不许有破损或异常。

② 检查各紧固件是否牢固。

③ 检查各接线端子是否牢固，接线断股不超过10%，外包绝缘不许有破损。

④ 接触器动作是否正常，不许有异常现象。

（3）辅修。

① 检查各紧固件是否牢固。

② 检查各接线端子是否牢固，接线断股不超过10%，外包绝缘不许有破损。

③ 检查各部位积尘情况。清除各部位积尘。取下电磁铁中的衔铁，清除衔铁与电磁铁之间的灰尘。

④ 检查开关管开距，用塞尺检查磁轭和联轴节之间的间隙，不大于3.5 mm。开距如果大于3.5 mm，必须更换真空开关管。详细步骤参见中修内容中第②条进行检修。

⑤ 检查接触器外观，应无破损或异常。

（4）小修。

① 滑杆冲程及超程检查，每一极真空接触器都配有一个辅助开关组件，如图5.9所示。它由3组独立的辅助触点组成。其中常闭触点"5""6"已用于控制电磁铁的串联电阻，另外两组触点"1""2"常闭触点和"3""4"常开触点为用户使用。常闭触点"1""2"，当接触器处于"断开"时，滑杆到调整螺钉的距离为0.3 mm以上。当接触器处于"接通"时，滑杆冲程为2.5 mm，超程为0.5 mm以上。常开触点"3""4"，当接触器处于"接通"时，滑杆冲程为2.5 mm，超程为0.5 mm以上。

② 去除各触点表面的氧化层，用棉签蘸酒精清洁各触点。

③ 检查开关管开距，按辅修步骤进行。

④ 检查驱动机构的压力弹簧，无永久变形现象。

⑤ 检查各紧固件是否牢固。

⑥ 检查各接线端子是否牢固，接线断股不超过10%，外包绝缘无破损。
⑦ 检查各部位积尘情况，按第辅修步骤进行。

（5）中修。

① 主触头检查。在接触器使用期间，必须随时检查主触头烧损的情况，当主触头烧损后，用塞尺检查磁轭和联轴节之间的间隙，如图5.10所示，标准间隙为1.5 mm，随着接触器的使用，间隙逐渐增大，当增大到最大许可值3.5 mm时，必须更换真空开关管。

图5.9　辅助触头外形

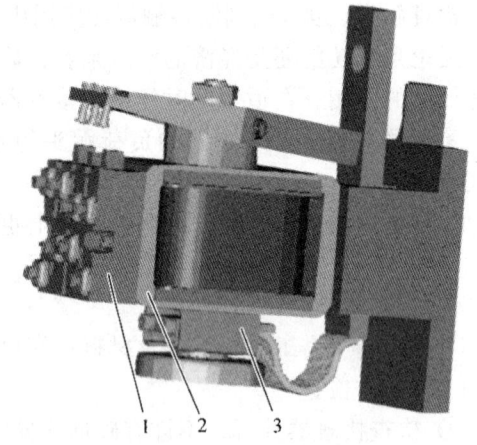

图5.10　主触头检查

1—辅助开关；2—磁轭；3—联轴节

② 真空开关管的拆装步骤和要求。更换真空开关管时，先取下防尘罩，然后在上下连接处取下连接弓形板和连接弓形盖，最后再取出真空开关管。装入新的真空开关管时，首先必须注意制造日期，因为真空开关管在最高为+45 ℃的环境温度下，储存期限为10年，同时还应注意真空开关管的排气管保护帽不应脱落，注意使其与管子紧密配合。

然后按相反的顺序进行安装，安装时先在磁轭和联轴节之间塞入一片1.5 mm厚的塞块，然后拧紧连接螺栓。在安装连接弓形板时应当注意使连接弓形板紧贴在真空开关管动触头支杆的台阶上，这样才能保证触头开距不会变动，最后抽出塞块，用塞尺检查开距应为$(1.50+0.3)$ mm。

③ 滑杆冲程及超程检查，按小修步骤执行。

④ 更换辅助开关，拆除连接线，松开紧固螺钉，将辅助开关及绝缘板一并取下。装配时则按相反顺序进行。

⑤ 性能检测：无论是小修还是中修，只要更换了真空开关管都必须做性能检测。

用2.5 kV对真空开关管进行耐压检查；检查真空开关管闭合时间≤25 ms和断开时间≤15 ms。

⑥ 检查各紧固件是否牢固。

⑦ 检查各接线端子是否牢固，接线断股不超过10%，外包绝缘无破损。

⑧ 检查驱动机构的压力弹簧，无永久变形现象，弹簧弹力正常。

⑨ 动作检查：控制线圈通110 V直流电，接触器能可靠动作；控制线圈通最低88 V直流电，接触器能可靠动作。

(6)限度表如表 5.5 所示。

表 5.5　限度表

序号	名　称	原　形	限　度
1	开关管开距/mm	1.5	3.5
2	辅助触头超程/mm	≥0.5	≥0.5
3	常闭触头开距/mm	0.3～0.35	0.35
4	常开触头开距/mm	2.5～3.0	3.0
5	闭合时间/ms	≤25	25
6	断开时间/ms	≤15	15

三、接触器的常见故障及处理

接触器在使用过程中的常见故障主要发生在电磁接触器上，现将其故障现象、可能原因及处理方法列于表 5.6 中，以供参考。

表 5.6　接触器常见故障的产生原因和处理方法

序号	故障现象	产生原因	处理方法
1	接触器开合不灵	（1）机械可动部分被卡住 （2）摩擦力过大 （3）气隙中有阻塞 （4）磁极表面积尘太厚 （5）电空接触器漏风或风压不足	排除相应障碍即可
2	通电后不能完全闭合	（1）电源电压低于线圈额定电压	调整电源电压或更换线圈
		（2）触头弹簧与反力弹簧压力过大	调整或更换弹簧
		（3）触头超程过大	调整触头超程
3	接触器关合过猛或线圈过热冒烟	电源电压过高	调整电源电压或更换线圈
4	断电后不释放	（1）反作用力太小	调节或更换反力弹簧
		（2）剩磁过大	对直流接触器应加厚或更换新非磁性垫片，对交流接触器应将去磁气隙处的极面锉去一部分或更换新磁系统
		（3）触头熔焊	撬开已熔焊的触头，或酌情更换新触头
		（4）铁芯极面有油污或尘埃	清理磁极表面

续表

序号	故障现象	产生原因	处理方法
5	铁芯噪声过大或发生振动	（1）电源电压过低	调节电源电压
		（2）铁芯极面有脏物或锈层，或因过度磨损而不平	清理极面，必要时可刮削修整或更换铁芯
		（3）分磁环断裂	焊接或更换分磁环
		（4）磁系统歪斜或机械上卡住而使铁芯吸不平	排除机械卡住故障 更正工作位置
		（5）反作用力过大	调节或更换弹簧
6	线圈过热或烧损	（1）电源电压过高或过低	调整电源电压或更换线圈
		（2）线圈通电持续率与实际情况不符	更换通电持续率相符的线圈
		（3）交流线圈操作频率过高	降低操作频率或更换线圈
		（4）交流电磁铁可动部分卡住，铁芯极面不平或去磁气隙过大	排除卡住现象，清理极面或调整铁芯
		（5）线圈匝间短路	更换线圈
		（6）空气潮湿，含有腐蚀性气体或环境温度过高	用特殊设计的线圈
		（7）交流电磁铁采用直流双线圈控制时，因常闭联锁触头熔焊而使起动线圈长期通电	更换联锁触头，排除致使该触头熔焊的故障
7	接触器不闭合或正常情况下突然断开	（1）线圈引出线断裂	焊好后可靠绝缘
		（2）线圈内部断线	更换线圈
8	触头严重发热或熔焊	（1）操作频率过高或负载电流过大	更换接触器
		（2）触头表面高低不平、生锈、积有尘埃或铜触头严重氧化	清理接触面
		（3）超程过小或行程过大	调整参数或更换触头
		（4）接触压力不足	调整或更换弹簧
		（5）闭合过程中振动过于剧烈	调整触头参数或更换接触器
		（6）触头分断能力不足	调换合适的接触器
		（7）触头表面有金属颗粒凸起或异物	清理触头表面
		（8）电源电压过低或机械上卡住而使触头停滞不前或反复跳动	调高电源电压，排除机械卡住故障，保证接触器可靠吸合

小　结

接触器的用途很广，种类也很多，是自动控制中不可缺少的组件。

在电力机车上采用多种型号的直流接触器、交流接触器及真空接触器。对于机车所用接触器，应掌握其型号、作用及结构上的特点，理解其工作原理，以作为机车运用及检修的基础。

思考练习题

一、填空题

1. 接触器一般由_____、_____、_____、_____组成。
2. 接触器按传动方式可分为_____接触器和_____接触器。
3. 接触器按线圈接入电路的方式分为_____、_____。
4. 电磁接触器采用的是电磁传动装置，通常分为_____、_____和_____3大类型。
5. CZT-20型直流接触器主要由_____、_____和_____等组成。
6. 真空接触器比较适用于_____电路。
7. 真空接触器的电磁铁设计为_____。
8. EVS630真空接触器的最大机械操作频率可达_____次/h。
9. _____是指用来接通或切断带有负载的主电路或大容量控制电路的自动切换电器。
10. 接触器的触头按传动方式可分为_____和_____。
11. 接触器按通断电流的性质可分为_____和_____。
12. 接触器按主触头数量可分为_____和_____。
13. 接触器的机械寿命指在无负载操作下无零件损坏的_____。
14. 电磁接触器是用_____来驱动衔铁，进而带动触头闭合或断开，以控制电路。
15. 交流电磁接触器的主触头多采用_____的形式。
16. 真空接触器的传动装置一般采用_____。
17. SS_{4G}型电力机车中使用真空接触器的目的是_____。
18. 接触器是根据电力机车_____的长短来确定修程的。

二、选择题

1. 接触器的线圈接入电路的方式一般采用（　　）。
　　A. 串联　　　　　　　　B. 并联　　　　　　　　C. 混联

2. （　　）一般由动、静主触头等组成，用于直接控制相应电路的通断。
    A. 联锁触头　　　　　　　　B. 辅助触头　　　　　　　　C. 主触头
3. （　　）是接触器在无负载操作下无零部件损坏的极限动作次数。
    A. 电气寿命　　　　　　　　B. 机械寿命　　　　　　　　C. 操作频率
4. EVS630/1-110DC的控制电源的电压为（　　）。
    A. DC 110 V　　　　　　　　B. DC 630 V　　　　　　　　C. DC 700 V
5. EVS630/1-110DC的额定工作电流为（　　）。
    A. 630 A　　　　　　　　　B. 700 A　　　　　　　　　C. 110 A
6. EVS630的额定工作频率为（　　）。
    A. 100 Hz　　　　　　　　　B. 60 Hz　　　　　　　　　C. 50 Hz
7. 触头如有开焊、裂缝或磨损到原厚度（　　）的情况时，则应更换新触头。
    A. 2/3　　　　　　　　　　B. 1/3　　　　　　　　　　C. 1/2
8. 接触器组装后，应测量触头开距、超程及压力，电压为（　　）时，接触器动作应灵活可靠，传动机构及触头系统的工作正常。
    A. 110 V　　　　　　　　　B. 100 V　　　　　　　　　C. 88 V
9. 下列关于接触器的说法正确的是（　　）。
    A. 可进行远距离控制　　　　B. 不能断开过载电流　　　　C. 不能频繁动作
10. 接触器用来通断（　　）。
    A. 小容量电路　　　　　　　B. 控制电路　　　　　　　　C. 主电路或辅助电路
11. 直流电磁接触器不能用来控制（　　）所在电路的接通和分断。
    A. 前照灯　　　　　　　　　B. 劈相机　　　　　　　　　C. 辅助压缩机驱动电机
12. 目前应用在SS$_{4G}$型电力机车中起控制辅助电机作用的是（　　）交流接触器。
    A. 3TB系列　　　　　　　　B. CJ20系列　　　　　　　　C. 6C系列
13. 真空断路器不能用于（　　）保护。
    A. 过流　　　　　　　　　　B. 短路　　　　　　　　　　C. 接地
14. 下列不属于真空接触器特点的是（　　）。
    A. 分断能力强　　　　　　　B. 操作噪声小　　　　　　　C. 不发生截流
15. 真空接触器采用的灭弧方法为（　　）。
    A. 长弧灭弧法　　　　　　　B. 短弧灭弧法　　　　　　　C. 零点灭弧法

三、判断题

1. 机械寿命比电气寿命长。（　　）
2. 操作频率指接触器在每小时内允许操作的次数。（　　）
3. 按主触头所处的环境进行分类，接触器可分为空气式和真空式接触器。（　　）
4. CZT-20B型直流接触器主触头可通断额定电压DC 400 V的直流电路。（　　）
5. 6C系列交流接触器转动装置的磁系统为单U形直动式。（　　）
6. EVS630/1-110DC型在SS$_{4G}$型电力机车主电路中用来接通或断开功率因数补偿装置。（　　）

7. EVS630 的辅助电路技术参数的额定工作电压是 DC 110 V。（　　）

8. 真空接触器具有耐压强度高，介质恢复速度快，接通、分断能力大，电气和机械寿命长等特点。（　　）

9. 灭弧室重新安装时，应该装回原位，不能随意更换到另一极上。（　　）

10. 触头如有开焊、裂缝或磨损到原厚度 2/3 的情况时，则应更换新触头。（　　）

11. 转轴转动应灵活，在转轴与轴承处可注入少量润滑油，以保持转动灵活。（　　）

12. 接触器具有可进行远距离控制，能开断过载电流的特点。（　　）

13. 含有匝数很多并带有铁芯线圈的接触器的电路，在电路开断时容易产生过电流。（　　）

14. 6C 系列交流电磁接触器采用启动线圈和保持线圈并联的双线圈结构。（　　）

15. 真空接触器的真空开关管中不需要设置屏蔽罩。（　　）

16. 接触器维护、检修时不用断开电源。（　　）

四、简答题

1. 简述接触器的组成。
2. 简述接触器的分类。
3. 简述接触器的基本参数。
4. 简述电力机车上采用的接触器类型及功能。
5. 简述真空接触器的特点。
6. 简述 EVS630 真空接触器的主电路技术参数。
7. 简述 EVS630 真空接触器的动作原理。
8. 简述接触器维护的主要内容。
9. 试分析接触器开合不灵产生的原因。
10. 简述触头检修的主要内容。
11. 简述接触器维护的主要内容。

五、综合题

1. 接触器一般用在什么电路中？
2. SS_{4G} 型电力机车有哪些接触器？各起什么作用？
3. 接触器的触头和线圈一般都在同一种电路中吗？
4. 真空接触器有何特点？
5. 若一交流接触器吸力不灵，试分析可能的原因。

项目六 继电器

继电器是人类科技史上的一项伟大发明,它不仅在电气工程领域扮演着至关重要的角色,也为电子技术和微电子技术的发展奠定了坚实的基础,被广泛地应用于工业、农业、国防和交通运输等领域。

本项目我们将学习继电器的作用、分类、基本参数、维护检修与故障处理,以及电磁式继电器、机械式继电器和电子式继电器的作用、结构和工作原理。通过本项目的学习,应达到以下学习目标:

知识目标

(1)了解继电器的作用、分类和基本参数;
(2)掌握电磁式继电器、机械式继电器和电子式继电器的作用、结构和工作原理;
(3)掌握继电器的选用、维护和检修方法。

能力目标

(1)具备辨识继电器类型的能力;
(2)具备正确选择和使用继电器的能力;
(3)具备处理继电器常见故障的能力。

素养目标

(1)培养独立思考、勇于探索的创新精神;
(2)培养踏实肯干、精益求精的敬业精神。

任务一 认识继电器

知识导入

继电器被广泛应用于自动化的控制电路中,用小电流去控制大电流的运作,故在电路中起着自动调节、安全保护、转换电路等作用。正是科学家们在提出新方法、新观点和进行发明创造的意志、信心、勇气和智慧,才有我们今天的便捷、高效、丰富的生活。

知识储备

继电器在电力机车中应用非常广泛,其种类也很多。电力机车常用电磁式继电器与通用电磁式继电器的工作原理一样,只是其功能作用要满足电力机车运行控制及保护的要求。图 6.1 为 SS_{4G} 型电力机车主电路接地保护电路原理图。当出现接地故障时,接地继电器线圈 97KE 得电,其相应触点动作,使主断路器跳闸。

认识继电器

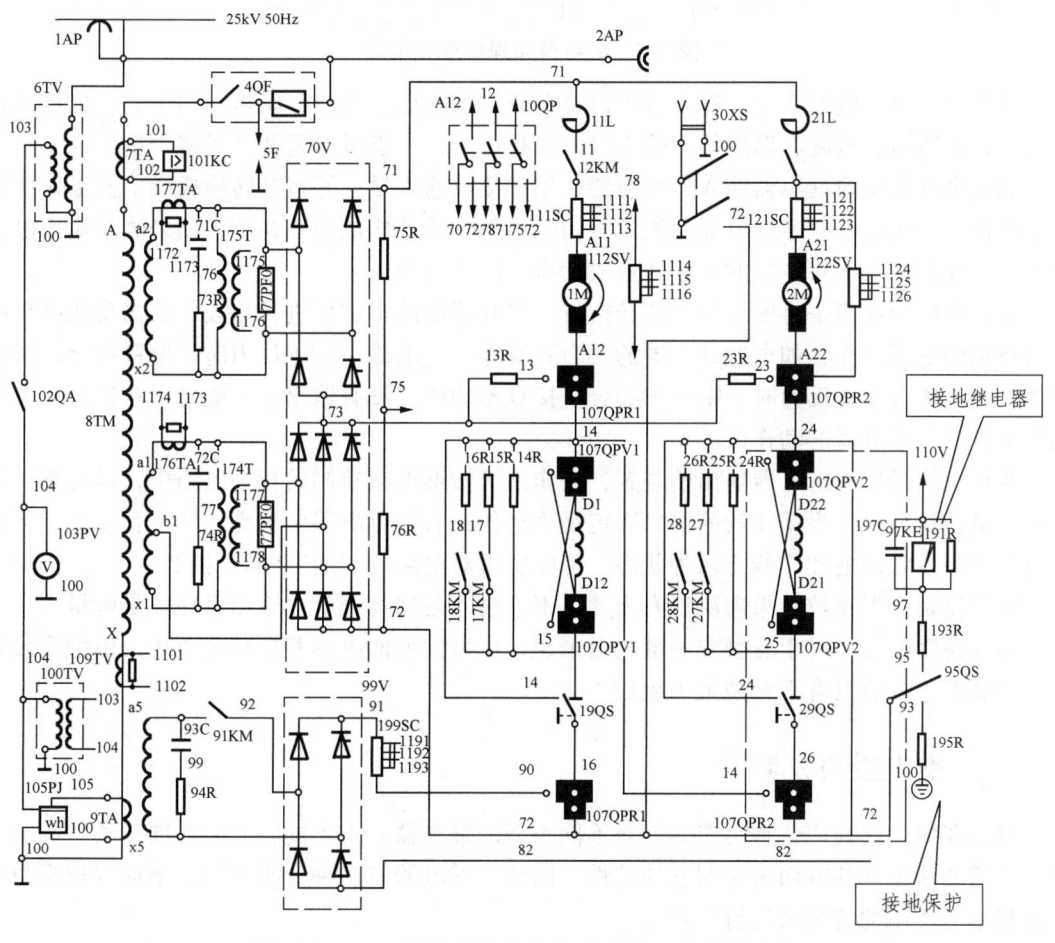

图 6.1 SS_{4G} 型电力机车主电路原理(牵引部分)

一、继电器的定义及组成

1. 继电器的定义及作用

继电器是一种根据某一输入量来控制执行机构的电器,用于控制电路。继电器也可认为是传递信号的电器。在电力机车控制电路中,继电器具有控制、保护或转换信号的作用。

2. 继电器的组成

任何一种继电器，不论它的动作原理、结构形式、使用场合如何千差万别，都是根据外界输入的一定信号来控制电路中电流的"通"与"断"的，这就是继电器的共性。这种共性说明，任何一种继电器为了完成它的特定使命，一般都应由测量机构、比较机构和执行机构等部分组成，其原理组成方框图如图 6.2 所示。

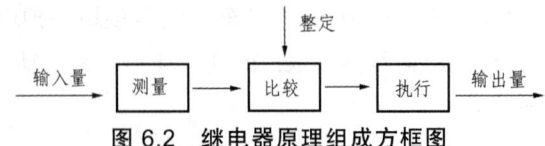

图 6.2 继电器原理组成方框图

对于大部分继电器来说，输入量可以是电量，如电压、电流、阻抗、功率等，也可以是非电量，如压力、速度、温度等。输入量可以是一个量，也可以是两个或多个量。

测量机构是反映继电器输入量的装置，用于接收输入量，并将其转换成继电器工作所必需的物理量。比如电磁型继电器，测量机构是线圈和铁芯构成的磁系统，用来测量输入电量的大小，并在衔铁上将电量的大小转换成相应的电磁吸力。

比较机构的作用是将输入量（或转换量）与其预设的整定值进行比较，根据比较结果决定执行机构是否动作，如电磁继电器的反力弹簧等。当电磁力大于反力时，衔铁吸合，接点动作；当电磁力小于反力时，衔铁不吸合，接点不动作，没有输出。一般可以在比较环节上调整（整定）继电器的动作值。

执行机构是反映继电器输出的装置，它作用于被继电器控制的相关电路中，以得到必需的输出量。执行机构根据比较的结果决定是否动作：有触点电器中触点的分、合动作，无触点电器中晶体管的饱和、截止两种状态，都能实现对电路的"通""断"控制。

输出量是根据比较结果来决定有无的。不管输入是何物理量，输出量往往是电量。

需要说明的是，对于有触点的继电器来说，也可按前面电器基本理论所述，由触头装置和传动装置（一般没有灭弧装置）组成。

二、继电器的分类

继电器的用途很广，种类繁多，对不同类型的继电器要求不同，有时对同一类型的继电器，也需要从不同的方面去说明它的特性，因此，继电器有多种分类方法，下面仅根据目前电力机车上使用的情况来进行分类：

1. 按用途分类

按照在电力机车上的用途不同，继电器可分为控制继电器和保护继电器。控制继电器可用来对电力机车上的一个或多个电路进行控制；保护继电器能够通过接通或断开相应电路来实现对电力机车的保护。

2. 按输入物理量的性质分类

按照输入物理量性质的不同，继电器可分为电磁式继电器（反映电量的继电器）、机械式继电器（反映非电量的继电器）。电磁式继电器的输入量是电流、电压等电量；机械式继电器的输入量是压力、风速、温度等非电量。

3. 按执行机构的种类分类

按照执行机构的种类不同，继电器可分为有触点继电器和无触点继电器。有触点继电器的执行机构为触头，通过触头的闭合与断开来执行动作；无触点继电器则通过晶体管的饱和或截止来实现有触点继电器的触头动作的功能。

4. 按输入电流性质来分类

按照输入电流性质的不同，继电器可分为直流继电器和交流继电器。直流继电器是指继电器线圈通入直流电的继电器；交流继电器是指继电器线圈通入交流电的继电器。

5. 按作用分类

按照在电力机车上的作用不同，继电器可分为电压继电器、电流继电器、中间继电器、时间继电器、压力继电器等。

（1）电压继电器是指当继电器线圈两端电压达到规定值时动作的继电器，其吸引线圈与电路并联，故线圈直径较细，匝数较多，主要作控制用。

（2）电流继电器是指当继电器线圈流过的电流达到规定值时动作的继电器，其吸引线圈与电路串联，故线圈直径较粗，匝数较少，多作过载或短路保护之用。

（3）中间继电器是指用来增加控制电路数目或将信号放大的继电器，它实际上也属于电压继电器。

（4）时间继电器是指从接收信号至触头动作（或使输出电路的电参数产生跳跃或改变）具有一定的延时，该延时又符合其准确度要求的继电器。

（5）压力继电器是指当气压达到动作值时，空气压力大于反力弹簧的反力，推动橡胶薄膜及活塞移动，通过传动件使接点动作。

三、继电器的特点

在电力机车上，继电器一般不直接控制主电路或辅助电路，而是通过接触器或主、辅电路中的其他电器对主电路及辅助电路进行控制。同接触器相比较，继电器具有以下特点：

（1）继电器触头容量小，采用点接触形式，没有灭弧装置，体积和质量也比较小。

（2）继电器的灵敏度要求极高，输入、输出量易于调节。

（3）继电器能反映多种信号（如各种电量、速度、压力等），用途很广，外形多样化。

（4）继电器不能用来开断主电路及大容量的控制电路。

四、继电器的动作原理及特性

下面以电磁式继电器为例来分析其工作原理。电磁式继电器的测量机构是电磁机构，执行机构是触头，通过接收输入量（电压或电流信号），并将其转变为继电器工作所必需的物理量（电磁吸力），通过比较机构进行比较，当达到其动作参数或释放参数（电磁吸力大于或小于反力）时，促使触头动作（触头的闭合或开断）。

继电特性可以通过分析继电器的工作过程来得到。继电器的输入量与输出量之间有一特定的关系，这就是继电器最基本的输入-输出特性，亦称继电特性。

图 6.3 所示为具有常开接点继电器的继电特性，输入量用 X 来表示，输出量用 Y 表示。当输入量 X 从零增加时，在 $X<X_{dz}$ 的过程中，衔铁不吸合，常开接点保持打开，继电器不动作，输出量 $Y=0$；当输入量达到 $X=X_{dz}$ 时，继电器立即动作，衔铁吸合，常开接点闭合，输出量由 0 跃变，即达到了 $Y=Y_1$，继续增加 X 到 X_e（额定输入量），继电器保持该状态不变，输出仍为 Y_1（常开接点继续闭合）。当输入量 X 从 X_e 减少时，在 $X>X_{fh}$ 过程中，继电器仍然保持该状态不变，常开接点继续闭合，输出还是 Y_1。只有当输入量减少到 $X=X_{fh}$ 时，输入量产生的吸力不足以吸合衔铁，衔铁释放，常开触头打开，继电器返回，输出量 Y 由 Y_1 跃变到 0，继续减少输入量 X 到零，输出均保持在 Y 为零状态。

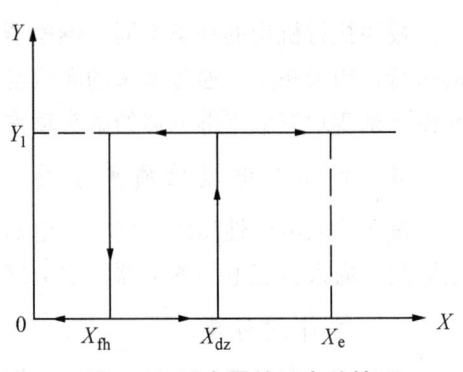

图 6.3 继电器的继电特性

可见，继电特性由连续输入、跃变输出的折线组成，只要某装置有该输入-输出特性就能称为继电器。图中 X_{dz} 称为继电器的动作值，X_{fh} 称为继电器的返回值。

五、继电器的基本参数

1. 额定参数

额定参数是指输入量的额定值及触点的额定电压、额定电流等。

2. 动作值

动作值是指使继电器吸合动作所需要的最小物理量的数值，如电流继电器的动作电流、电压继电器的动作电压、风压继电器的动作风压等，有时也称为整定值。

3. 返回值

返回值是指使接点打开所需要的最大物理量的数值。

需要注意的是衔铁的释放值不一定是继电器的返回值。

4. 返回系数

返回系数是指继电器输入量的返回值 X_{fh} 与动作值 X_{dz} 之比，用 K_{fh} 表示，即

$$K_{fh}=\frac{X_{fh}}{X_{dz}} \tag{6.1}$$

返回系数是继电器的重要参数之一，对继电器来说一般 $K_{fh}<1$。K_{fh} 越接近于 1，继电器动作越灵敏，抗干扰能力就较差，所以返回系数也不完全是越高越好，对控制继电器来说，返回系数要求不高，对保护继电器要求有较高的返回系数。

5. 动作值的调整

继电器动作值（或返回值）的调整，也称继电器参数的整定。对电磁继电器的整定，可通过改变反力弹簧和工作气隙来实现。对电子继电器来说，可改变比较环节的电位器的阻值等来实现。

6. 额定工作制

对于继电器一般有 3 种额定工作制，即长期工作制、短时工作制、间断工作制。

7. 使用寿命

使用寿命包括继电器的机械寿命和电器寿命，是继电器的重要技术指标。目前，控制继电器的机械寿命可高达一千万次以上，它与使用条件有关。

8. 动作时间与释放时间

对于电磁式继电器，动作时间是指继电器通电起，到所有触点达到工作状态为止所经过的时间间隔。释放时间是指继电器断电起，到所有触点恢复到释放状态为止所经过的时间间隔。按动作时间或释放时间的长短，继电器可分为快速动作、正常动作和延时动作 3 种类型。

六、继电器在电路中的表示方法

继电器和接触器的表示方法，在电路图中一般都有说明，同一电器的输入（如线圈）和输出（如接点）往往不画在一起，但代号是相同的，以表示控制和被控制的关系。不同车型的代号编制方法是不同的。另外国产车和进口车的常开、常闭接点的表示方法一般也相反。国产电力机车的电器接点表示方法为"上开下闭，左开右闭"。

SS$_{4G}$ 型电力机车电气线路图中继电器的表示方法如图 6.4 所示。图中 539KT 是时间继电器，其线圈用一侧涂黑的矩形表示；563 KA、564 KA、565 KA 是中间继电器，其线圈用矩形表示。

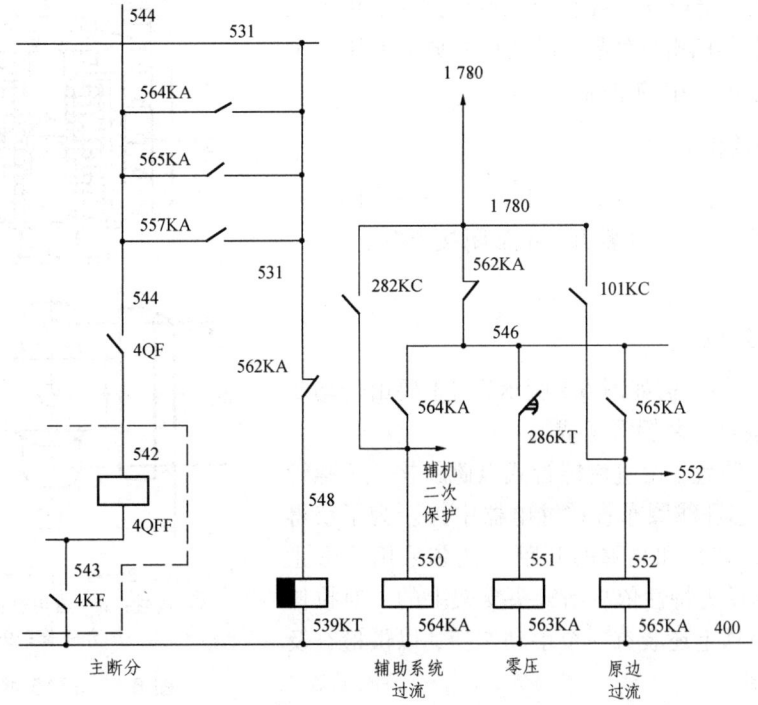

图 6.4 SS$_{4G}$ 型电力机车电气线路图中继电器的表示方法

任务二　探秘电磁式继电器

知识导入

电磁式继电器是利用电磁铁在通电和断电条件下产生和消失磁力的现象，间接控制了另一路高电压大电流电路的开合，它的出现使得电路的远程控制和保护等工作得以顺利进行。电磁式继电器完美呈现了"小杠杆撬动大地球"的现象。随着对电磁式继电器作用、结构和原理的探索与学习，我们将进一步了解它是如何化身神奇的"小杠杆"。

知识储备

电磁式继电器的测量机构是电磁铁，执行机构是触头。它具有工作可靠，结构简单，易于制造等优点，所以在电力机车上得到了广泛的应用。

探秘电磁式继电器

电磁式继电器可分为电压继电器、电流继电器、中间继电器、时间继电器和信号继电器等。按照电流种类的不同，电磁继电器还可以分为直流电磁继电器和交流电磁继电器。

一、直流继电器

1. JZ15-44Z 型中间继电器

1）作　用

在韶山（SS）型电力机车上装有 JZ15-44Z 型中间继电器。该型继电器用在直流控制电路中，用来控制各种控制电器的电磁线圈，以使信号放大或用一个信号控制几个电路中的电器。

2）型号及含义

JZ15-44Z 型，其中：J——电器；Z——中间；15——设计序号；44——4 常开、4 常闭接点数；Z——直流控制。

3）结构组成

JZ15 继电器结构如图 6.5 所示，它主要由传动装置和触头（接点）装置等组成。

（1）传动装置。由直流螺管式电磁铁构成（螺管直动式），铁芯和线圈布置在继电器中央。为了获得较平坦的吸力特性和足够的开距，铁芯采用锥形止铁。继电器的反力特性依靠动触头支架上的一对拉伸弹簧调节，衔铁上还装有一个手动按钮，以供检查及故障操作使用。

（2）触头装置。为 8 对双断点桥式触头，分别布

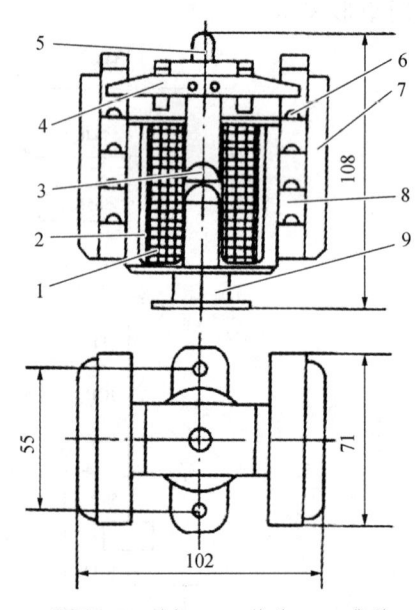

1—线圈；2—磁轭；3—铁芯；4—衔铁；
5—按钮；6—触头组；7—防尘罩；
8—反力弹簧；9—支座。

图 6.5　JZ15 继电器结构

置在磁轭两侧。可根据需要任意组合成 2 开 6 闭，4 开 4 闭，6 开 2 闭的方式，但必须注意两个触头盒中的常开常闭接点数应对称布置。为了防尘和便于观察接点，继电器带有透明的防尘罩。

4）工作原理

JZ15-44Z 型中间继电器工作原理类似电磁铁工作原理。

5）特　点

该型继电器的接点容量为 10 A，为了实现体积小，结构紧凑，又保证大电流分断能力，触头系统采用永磁钢吹弧以提高触头直流分断能力。小型化的永磁钢嵌在静触头的下部，采用无极性布置法，可以将直流电弧拉长，实现吹弧的目的。

6）技术参数

JZ15-44Z 型中间继电器的主要技术参数如表 6.1 所示。

表 6.1　JZ15-44Z 型中间继电器的主要技术参数

型　号		JZ15-44Z
触　头	数　量	4 常开、4 常闭
	额定电压/V	DC 110
	额定电流/A	10
	开距/mm	＜3
	超程/mm	＜2
	初压力/N	0.7
	终压力/N	0.9
吸引线圈	额定电压	DC 110 V
	线径/mm	ϕ0.16
	匝　数	13 100
	阻值/Ω	1 000

7）检修时注意事项

（1）永磁钢极性不能任意改变，应保证两个静触头下的永磁钢极性相反，若装成同极性，则可能在某一电流方向发生两弧隙电弧拉向内侧，造成静触头间飞弧的事故。

（2）若永磁钢丢失，则分断能力要降低一半，触头必须降容量使用。

2．JT3-21/5 型时间继电器

1）作　用

该型继电器作为控制电路中的时间控制环节元件，作衔铁延时释放用。有 3 个时间等级：1 s（0.3～0.9 s），3 s（0.8～3 s），5 s（2.5～5 s）。

2）型号及含义

JT3-21/5 型，其中：J——继电器；T——通用；3——设计序号；2、1——2 开 1 闭接点数目；5——表示动作值（s）（延时时间）。

3）结构组成

JT3系列时间继电器结构如图6.6所示，该型继电器的铁芯和磁轭采用圆柱整体电工钢，使铁芯与磁轭成为一体，再用铝基座浇铸而成，从而减小了装配气隙，降低磁阻，有利于提高继电器的灵敏度。衔铁制成板状，装在磁轭端部，可绕菱形支点转动，形成拍合式动作。铁芯端部套有圆环状的极靴。在衔铁内侧与铁芯相接触处，装有一磷铜皮制成的非磁性垫片，此垫片使衔铁闭合时与铁芯间保持一定的距离，即衔铁与铁芯间有一定数值的磁阻，以防止衔铁在闭合状态下，当吸引线圈断电时，剩磁将衔铁"黏住"，引起继电器不能正常释放而造成事故。时间继电器的延时作用是依靠套装在磁轭上的阻尼套筒来保证的。继电器断电时，可借助于反力弹簧的作用使衔铁打开。

继电器的联锁触头采用标准组件，更换方便，且常开和常闭联锁触头的数量可按需要组合。它装在继电器的前侧。其杆状胶木的动触头支架由与衔铁机械固定在一起的拨叉控制，衔铁动作即通过拨叉带动触头支架上、下动作，使联锁触头作相应的开闭。

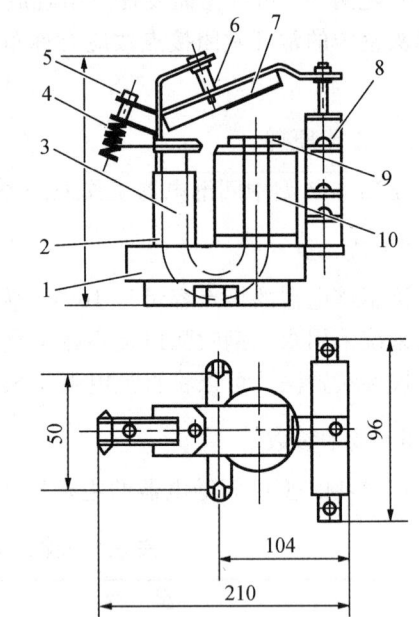

1—底座；2—阻尼套筒；3—铁芯；4—反力弹簧；
5—反力调节螺母；6—衔铁；7—非磁性垫片；
8—触头组；9—极靴；10—线圈。

图6.6 JT3系列时间继电器结构

4）动作原理（延时原理）

当继电器的线圈通电时，在磁路中产生磁通。当磁通增加到能使衔铁吸动的数值时，衔铁开始动作，随着衔铁与铁芯之间气隙的减小，磁通也增加。当衔铁与铁芯吸合以后，磁通最大（此时的磁通大于将衔铁吸住时所需的磁通）。在线圈通电时，因为磁通的增长和衔铁的动作时间很短，所以联锁触头的动作几乎是瞬时的。当线圈断电时，电流将瞬时下降为零，相应于电流的主磁通亦迅速减小，但因其变化率很大，根据楞次定律，在阻尼铜套（或阻尼铝套）内部将产生感应电势，并流过感应电流，此电流产生与原主磁通相同方向的磁通以阻止主磁通下降，这样就使磁路中的主磁通缓慢地衰减，直到磁通衰减到不能吸住衔铁时，衔铁才释放，接点才相应地打开（或闭合），这样就得到了所需的延时。

为保证继电器延时的准确性，在使用时间继电器时必须保证有足够的充电时间（即线圈通电时间），使衔铁和铁芯中的磁通完全达到稳定值。若充电不足，没有建立起稳定的磁通，延时作用将大大削弱。JT3系列时间继电器的充电时间不能小于0.8 s，故继电器通电时间必须大于1 s。

5）延时时间的调节

时间继电器的延时整定必须符合所选继电器相对应的时间等级范围，否则将不能保证延时精度。

时间继电器不同延时时间等级之间的调节（又称大范围调节）可以用更换阻尼套的办法来实现。时间继电器的延时等级取决于阻尼套的材质及参数。因为阻尼套中电流的衰减过程取决于阻尼套的时间常数 T，R 越小，T 就越大，电流衰减也就越慢，延时时间也就越长。因此，5 s 级的时间继电器一般采用大截面铜套以降低电阻值，3 s 级的时间继电器则用铝套或小截面铜套以增加电阻值。

时间继电器相对应的阻尼套都是专用的，由制造厂配给，不能随意拆换。若确需改变继电器的使用等级，则可调换相应等级的阻尼套，以确保整定延时的足够精度。

在允许时间范围内，延时时间的调节方法有两种：

（1）调节反力弹簧。此调节可以是连续而细微的，称为细调。在保持非磁性垫片的厚度不变的前提下，反力弹簧拧得越紧，反作用力就越大，延时时间就越短；反之则反作用力越小，延时时间越长。但反力弹簧不能调得太松，否则有被剩磁粘住不释放的危险。

（2）调节非磁性垫片。这种调节是阶梯形的，既不连续，也不能作微量调整，称为粗调。在保持反力弹簧不变的前提下，非磁性垫片越厚，磁路的气隙和磁阻就越大，相同磁势下产生的电磁吸力就越小，衔铁就越容易释放，故延时时间相应缩短；反之则延时时间相应延长。但非磁性垫片不能太薄或取消，太薄容易损坏而成无垫片，无垫片将会发生继电器衔铁不能释放的现象。

6）技术参数

JT3 系列时间继电器的主要技术参数如表 6.2 所示。

3．TJJ2-18/21 型接地继电器

1）作　用

该继电器用作主电路接地保护。机车上共装有两个该型继电器，分别装在 1、2 号高压柜内，对 1、2 架主电路进行接地保护。

2）型号及含义

TJJ2-18/21 型，其中：T——铁路；JJ——接地继电器；2——设计序号；18——动作整定电压值（18 V）；2——主触头数；1——联锁触头数。

表 6.2　JT3 系列时间继电器的主要技术参数

型　号		JT3 系列
触　头	数　量	1 常开、1 常闭
	额定电压/V	DC 110
	额定电流/A	10
	开距/mm	<3
	超程/mm	<1.5
	初压力/N	0.7
	终压力/N	0.9
吸引线圈	额定电压（电流）	DC 110 V
	线径/mm	ϕ0.18
	匝　数	6 750
	阻值/Ω	644
整定值		12KT，21KT 为 1 s，11-20KT 为 3 s

3）结构组成

TJJ2 系列继电器的结构如图 6.7 所示，主要由传动装置、触头装置、指示装置和机械联锁等组成，组装在由酚醛玻璃纤维压制成的底板上，外面装有防尘的有机玻璃透明外罩。

（1）传动装置：由拍合式电磁铁构成，带有吸引线圈。

（2）触头装置：有两对主触头和一对联锁触头，均为桥式双断点，主触头由衔铁控制，联锁触头由指示杆带动。

（3）指示装置：带有恢复线圈，螺管式电磁铁和指示杆。

（4）机械联锁：由钩子和扭簧组成。

4）工作原理

正常工作状态，红色指示杆埋在罩内，继电器处于无电释放状态，指示杆被钩子勾住，接地继电器的联锁触头处于常开位置。当机车主电路发生接地故障时，在电磁力的作用下，衔铁被吸合，主触头进行分合转换，开闭有关控制电路，使主断路器分断切断机车总电源，从而达到保护目的。与此同时，衔铁压下钩子的尾部，迫使钩子克服扭簧的作用力转开，不再勾住指示杆，使红色指示杆脱扣并在弹簧作用下跳出外罩，显示机械式动作信号，同时联锁触头相应闭合，在司机台显示故障信号。

当故障消除后，衔铁在反力弹簧作用下返回原位。但此时红色指示杆不能恢复原位（即不能回复至罩内），机械信号仍保持；司机台上信号也不能立即消除。只有通过按主断路器"合"按钮，使恢复线圈短时得电，才能使指示杆吸合进入罩内，指示杆重新被钩子勾住，联锁触头也随之断开，于是接地继电器发出的机械信号和电信号一起消失，恢复至正常状态。

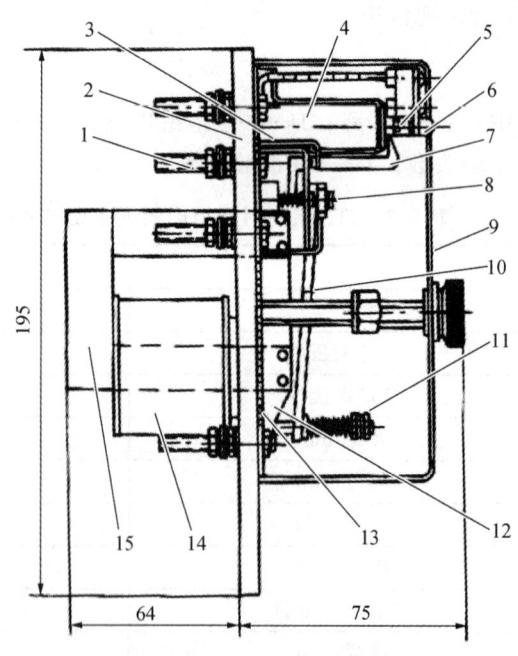

1—接线端子；2—底板；3—主触头；4—恢复线圈；5—联锁触头；6—指示器；7—钩子；8—扭簧；9—外罩；10—衔铁；11—反力弹簧；12—支座；13—非磁性垫片；14—吸引线圈；15—铁芯。

图 6.7 TJJ2 系列接地继电器结构简图

5）技术参数

TJJ2 系列时间继电器的主要技术参数如表 6.3 所示。

表 6.3　TJJ2 系列时间继电器的主要技术参数

型　号			TJJ$_2$ 系列
触头		数　量	2 常开、1 常闭
		额定电压/V	DC 110
		额定电流/A	5
		开距/mm	>4
		超程/mm	1.5
		初压力/N	0.9
		终压力/N	1.4
吸引线圈	规格一	线径/mm	ϕ0.29
		匝　数	4 000
		阻值/Ω	120
	规格二	线径/mm	0.12
		匝　数	3 000
		阻值/Ω	205
整定值			1KE，2KE 为 18 V

6）注意事项

TJJ2 型电磁继电器在使用过程中必须注意两点：一是该型继电器的指示杆正常时应能被钩子可靠勾住，以防信号错乱；二是该继电器的恢复线圈只能短时通电，其持续时间不得超过 1 min，以免过热而烧损。

4. D-U305-Y 型中间继电器

1）作　用

该型继电器用在 HXD$_3$ 型电力机车控制电路中，以使信号放大或用一个信号控制几个电路中的电器。

2）型号及含义

D-U305-Y 型，其中：D-U3——瞬动中间继电器；05——额定电压 DC 110 V；Y——双断/双闭。

3）结构组成

D-U305-Y 型瞬动中间继电器是 MORS-SMITT 公司生产的小型插入式铁路专用瞬动中间继电器，带有四转换接点，装有反电动势保护和电磁吹弧装置，可插入标准的 V22BR、V23BR 型继电器底座。其外形如图 6.8 所示，接线方式如图 6.9 所示。

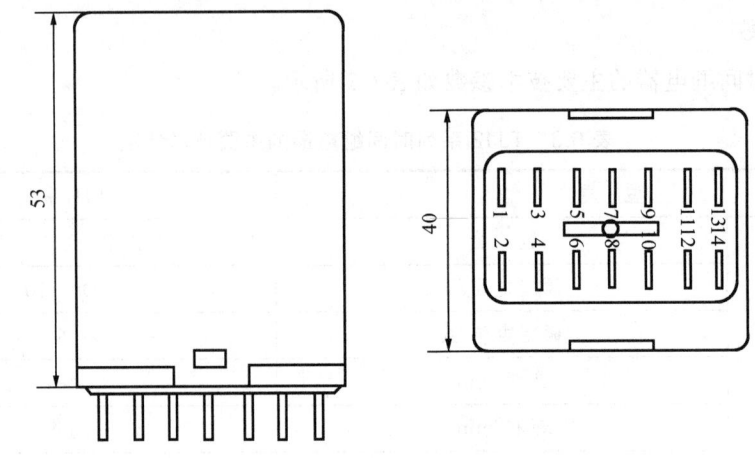

图 6.8 D-U305-Y 瞬动中间继电器外形图

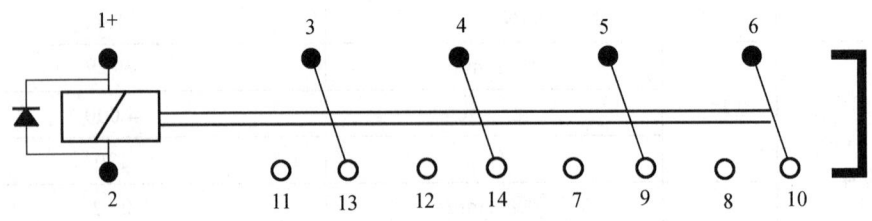

图 6.9 D-U305-Y 瞬动中间继电器接线图

4）技术参数

D-U305-Y 型中间继电器的主要技术参数如表 6.4 ~ 表 6.6 所示。

表 6.4 线圈数据（直流）

型 号	额定电压	频 率	最小电压	最大电压	保持电压
D-U305	DC 110 V	50 Hz	82.5 V	137.5 V	70 V
额定功耗				3 V·A	
额定电压下的感应系数 L/R			8 ms　　　加电 6 ms　　　放电		
吸合时间			10 ms		
释放时间			5 ms		
常开触点弹跳时间			4 ms		
关闭触点弹跳时间			8 ms		

表 6.5 接点数据

最大工作电流	16 A（200 A, 10 ms）
最大触点电流	10 A（AC1；IEC 947）
最大开断电压	DC 250V，AC 440 V
最小开断电压	12 V，10 mA
最大接触电阻	15 mΩ

最大切断容量	110 V 10 A 直流（$L/R \leqslant 15$ ms）
断开接点之间的绝缘	2.5 kV；50 Hz；1 min
接触力	>200 mN
额定电流	根据 IEC947（AC1），6A，AC 电阻性
规定的分断容量及寿命	DC 110 V 0.5A，$L/R = 40$ ms 电气寿命：100 万次

表 6.6 主要数据

绝缘强度	4 kV，50 Hz，1 min 极-极 IEC255-5 5.5 kV，50 Hz，1 min 触点-线圈 IEC77
绝缘等级	C 级，380V 50Hz/450VDC，IEC255-5
耐压脉冲	5 kV（1.2/50 ms）
振 动	10～150 Hz 时为 2g IEC571-1 50 Hz 时为 5g IEC77
冲 击	50 Hz 时为 5g IEC77
机械寿命	30×10^6 次
最大开关频度	1 200 次/h
质 量	125 g
最高环境温度	+70 ℃
最低环境温度	−40 ℃
湿度	90%，允许短暂冷凝
防护等级	IP 50

二、交流继电器

1. JL14-20J 型交流继电器

1）作 用

该型号交流继电器是作为韶山型电力机车主电路一次侧过流保护和辅助电路过流保护之用。主电路一次侧过流保护采用 JL14-20J/5 型交流继电器，辅助电路过流保护采用 JL14-20J/1200 型交流继电器。

2）型号及含义

JL14-20J 型，其中：J—继电器；L——电流；14——设计序号；2——常开触头数；0——常闭触头数；J——交流控制。

3）结构组成及工作原理

（1）一次侧过流继电器。一次侧过流继电器采用 JL14-20J/5 型交流电流继电器，它接在高压交流电流互感器的二次侧，作牵引变压器一次侧过电流保护。其额定电流为 5 A，动作电流整定值为 10 (1 ± 10%) A。

JL14系列继电器的结构如图6.10所示。它的电磁系统是由呈角板形的磁轭、固定在磁轭上的圆形铁芯、套装在铁芯上的吸引线圈，以及平板形衔铁所组成。衔铁可绕磁轭的棱角支点转动，形成拍合式动作。磁轭棱角的左下方装有反力弹簧，继电器失电时，衔铁可借助反力弹簧的反力而打开。电磁系统右侧安装有触头组，触头支架与衔铁支件相连，衔铁动作时，可带动触头支架做相应的动作，使联锁触头开闭。在铁芯端的衔铁上装有非磁性垫片，用以防止剩磁继续吸引衔铁而出现不释放现象。

改变非磁性垫片的厚度，可调节继电器的释放电流值；改变反力弹簧的压力，可调节继电器动作电流的整定值。

（2）辅助过流继电器。辅助过电流继电器选用的是额定电流为1 200 A 的 JL14-20J/1200型交流电流继电器，它直接接在辅助电路中（即电磁系统的吸引线圈就是辅助电路的母线），作辅助电路过电流保护，其动作电流的整定值为 2 800 (1 ± 10%) A。

该型继电器与一次侧过电流继电器结构基本相同，如图6.11所示。根据励磁的需要，它的电磁系统由磁轭和分磁板组成矩形框架，吸引线圈就是穿过矩形方框的方形铜排，即母线，由它取代了铁芯骨架。分磁板的作用是将短路或过载电流产生的磁通分为相位不同的两部分，以保证铁芯对衔铁的合成吸力消除过零点，并保持在一定的范围内，从而减小了交流电磁铁处于闭合状态的振动和噪声。

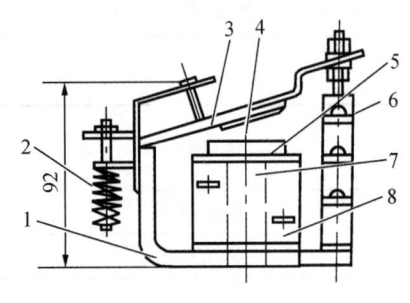
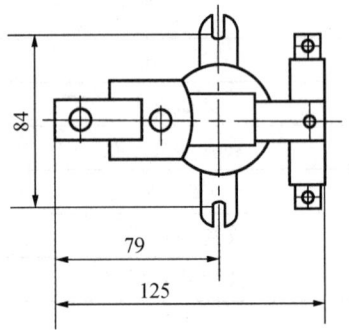

1—磁轭；2—反力弹簧；3—衔铁；4—非磁性垫片；
5—极靴；6—触头组；7—铁芯；8—线圈。

图 6.10　JL14 系列继电器结构

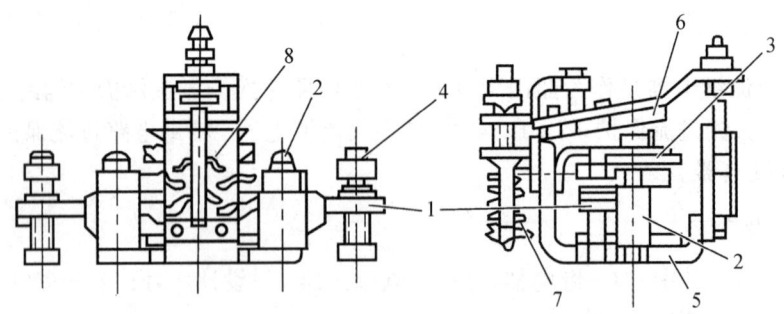

1—母线；2—支架；3—分磁板；4—螺栓；5—磁轭；6—衔铁；7—反力弹簧；8—触头组。

图 6.11　JL14-20J/1200 型交流电流继电器结构

当辅助电路工作正常时，母线中通过的电流小于动作值，衔铁在反力弹簧的作用下处于打开状态。若辅助电路出现过载或短路故障，衔铁即在电磁吸力的作用下吸合，带动触头组中的联锁触头作相应的分合转换。

4）主要参数

电磁继电器的主要技术参数如表 6.7 所示。

表 6.7 电磁继电器的主要技术参数

型　　号		JL14 系列	
触　头	数　　量	2 常开	
	额定电压/V	DC 110	
	额定电流/A	5	
	开距/mm	<2.5	
	超程/mm	<1.5	
	终压力/N	0.25	
吸引线圈	额定电压（电流）	5 A	1 200 A
	匝　　数	216	1
	阻值/Ω	0.417	约为 0
	整定值	10 A	2 800 A

2．CMP 交流一次侧过流继电器

1）作　用

该型继电器用在 HXD$_3$ 型电力机车控制电路中，作为主电路一次侧过流保护之用。

2）型号及含义

CMP4-12A 型，其中：CMP——交流一次侧过流继电器；4-12A——电流范围（4～12 A）。

3）结构组成

CMP 交流一次侧过流继电器紧凑的外形节省了安装空间，频率范围在 16～60 Hz，耐冲击振动，无须提供备用电源，用闭锁按钮可调节动作电流范围。其外形如图 6.12 所示，接线方式如图 6.13 所示。

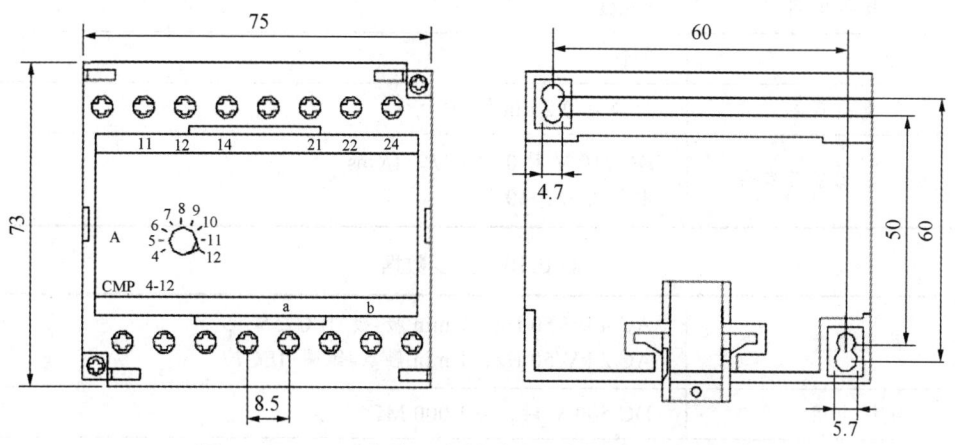

图 6.12　CMP 交流一次侧过流继电器外形及安装图

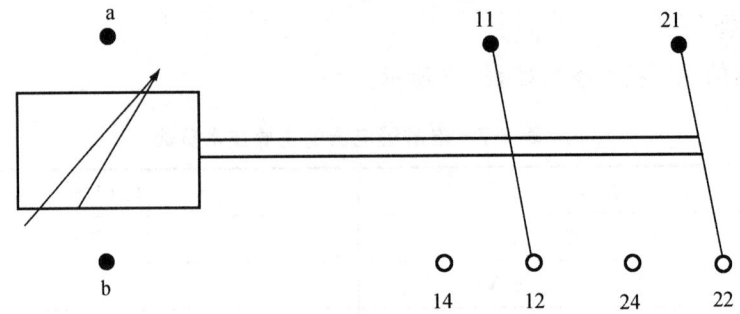

图 6.13 CMP 交流一次侧过流继电器接线图

4）主要技术参数

CMP 交流一次侧过流继电器的主要技术参数如表 6.8 ~ 表 6.10 所示。

表 6.8 线圈数据（直流）

型　号	CMP
输入电流范围	4 ~ 12 A
频率范围	16 ~ 60 Hz
最大电流	120% 连续，200% 最大 2 min
精　度	设置：±2.5%，稳定性：±2%，温度影响：1%/10 K 频率影响：I 最大时为 1%/10 Hz，I 最小时为 0.5%/10 Hz
电源功耗	约 5 V·A
设置点范围	33% ~ 100%

表 6.9 接点数据

额定电流	6A AC 电阻性，根据 IEC947（AC1）
最大开断电压	DC 300 V，300 mA　　AC 250 V，2.6 A
最小开断电压	4 V/2 mA/0.1 W（V·A）
最大接触电阻	5 mΩ
触点数量	2 个
触点材料	银质带 0.2 μm 的金
额定的分断容量及寿命	DC 110 V 时 0.1A L/P = 15 ms 电气寿命：10 万次

表 6.10 主要数据

绝缘强度	AC 4 kV/50 Hz，1 min 极-极　IEC255 ~ 5 AC 2 kV/50 Hz，1 min 触点-线圈　IEC77
绝缘电阻	DC 500 V 时，≥1 000 MΩ

续表

振　　动	正弦波：1～100 Hz，2g，在 x、y、z 方向上 2 h 任意：10～150 Hz，ASD 为 0.005 g^2/Hz（0.84gMRS） 在 x、y、z 方向上 30 h
机械寿命	$3×10^7$ 次
质　　量	450 g
最高环境温度	+70 ℃
最低环境温度	-40 ℃
湿　　度	90%，允许短暂冷凝
冲　　击	在 x、y、z 方向上 3 次，5g，30 ms（正向和反向）

任务三　探秘机械式继电器

知识导入

火车的"肚子"里装着各种各样的继电器，其中，机械式继电器通过"感知"风量、风压和油量等非电量来控制电路的通断，从而确保电气设备的可靠运行。下面，我们将秉承独立思考、勇于探索的创新精神，通过学习风道继电器、风压继电器和油流继电器的作用、结构和原理等内容，揭开机械式继电器的神秘面纱。

知识储备

在韶山系列电力机车上使用机械式继电器有：风道（风速）继电器、风压继电器、油流继电器等，以下分别进行介绍。

探秘机械式继电器

一、风道（风速）继电器

风道继电器安装在硅整流装置柜、制动电阻柜及牵引电机通风系统的风道里，用来反映通风系统的工作状态是否正常，以确保通风系统有足够的风量。目前采用风道继电器的有 TJV1-7/10 型和 TJY5（TJY5A）型。

1. TJV1-7/10 型风速继电器

1）作　用

该型继电器装在各通风系统的风道里，用来反映通风系统的工作状态是否正常，以确保通风系统有一定的风量，保护发热设备。

2）型号及含义

TJV1-7/10 型，其中：T——铁路机车用；J——继电器；V——速度；1——设计序号；7——动作值（m/s）；1、0——常开常闭联锁触头数。

105

3）结构组成

TJV1-7/10 型风速继电器如图 6.14 所示。

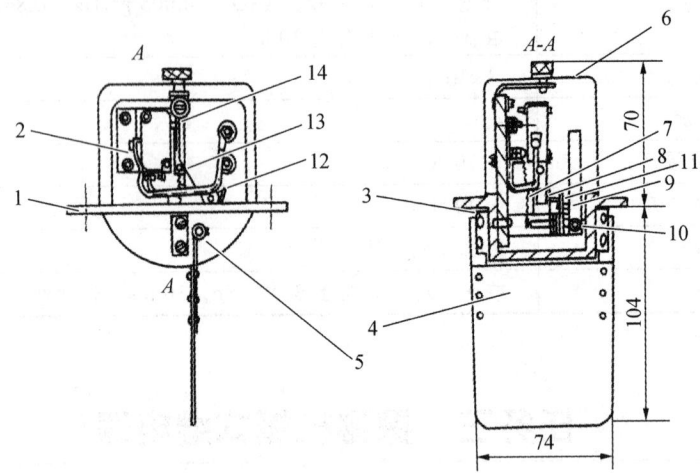

1—底座；2—微动开关；3—挡块；4—风叶；5—转轴；6—盖；7—反力弹簧；8—传动板；9—传动块；
10—扭簧；11—拨杆；12—滚轮；13—弹性传动件；14—微动开关按钮

图 6.14　TJV1-7/10 型风速继电器结构

测量环节由风叶组成，用以感测风速。比较环节由扭簧和反力弹簧等组成，以决定继电器是否有输出（动作）。执行环节由 LW-11 型微动开关来担任。

在风叶的转轴上套有轴套，并固定有传动块和传动板。传动板可通过它右侧的拨杆使传动块与套在轴套上的扭簧相连，左侧则可通过滚轮与弹性传动件接触。弹性传动件的上端即套在微动开关的支架上。通过扭簧和传动块、风叶的力矩就可传递到由传动板、滚轮和弹性传动件组成的传动组件上，进而通过弹性传动件来控制微动开关的按钮。

4）动作原理

当通风系统的工作正常时，风量足够，风叶在风压力作用下转动，传动块随着转动，并通过扭簧拨动传动板，使其克服反力弹簧的作用而向下运动，滚轮受压后带动弹性传动件移动，触动微动开关按钮，使其常开联锁触头迅速闭合，接通相应的控制电路正常工作。

当通风系统发生故障时，风量很小或为零，风叶在扭簧和反力弹簧的作用下恢复到原位，使继电器返回，微动开关释放，其常开触头打开，从而切断相应的控制电路。

继电器的动作整定风速值靠调节反力弹簧来整定。反力弹簧的反力通过改变弹簧挂钩的上下位置来调节。其返回值约为 6 m/s。

5）技术参数

TJV1-7/10 型风速继电器的主要技术参数：

触头额定电压 ·· DC 110 V
触头额定电流 ·· 3 A
触头对数 ·· 1 常开
风速整定值 ··· 7*(1±10%) m/s

2. TJY5（TJY5A）型风道继电器

1）作用

在 SS_{4G} 型电力机车上，安装在牵引电机、硅整流装置柜和制动电阻柜的通风系统风道中，用来反映通风系统的工作状态，保护发热设备。

2）型号及含义

TJY5 型、TJY5A 型，其中：T——铁路机车用；J——继电器；Y——压力型；5、5A——设计序号。

3）结构组成

新型风道继电器外形为圆丘形。可分为触头装置和传动装置。亦可分为测量环节、比较环节、执行环节。铸铝合金壳体，电器各部件封闭其内，如图 6.15 所示。其测量机构是膜片；比较机构为反力弹簧；执行机构是一对常开联锁触头。整个继电器封装在铸铝合金壳体内。取下继电器盖，在壳体上部铸有一筋条，筋条中间安装有常开静触头。该静触头为螺栓状，拧入一塑料体中，塑料体安装在筋条上，可上、下调节，故静触头对地绝缘，并可调节触头开距及压力大小。在筋条的一侧装有引线端子座，用于连接内部动触头接线与外部连线。

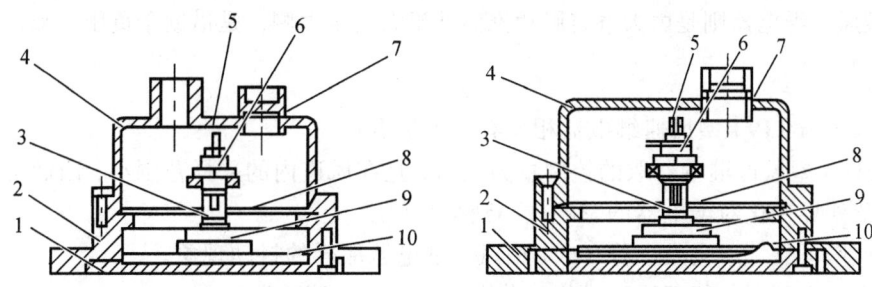

1—盖板；2—壳体；3—常开动触头；4—盖；5—常开静触头；6—塑料体；7—出线环；8—反力弹簧；9—塑料座；10—膜式铝片

图 6.15　TJY5、5A 型风道继电器结构

风道继电器膜片为一很薄的尼龙编织制品，上、下铆以膜式铝片，起支撑上部动触头和传递风压的作用。上铝片安装有塑料座，塑料座上装有常开动触头。下铝片面对盖板，盖板上开有孔，用于传递风压。无风压时，膜片在反力弹簧的作用下处于平直状态，其常开触头断开。

风道继电器应垂直安装，即膜片处于垂直状态，安装位置可以比较灵活，它与 TJV1 风速继电器不同，可以不安装在风道上。

4）动作原理

（1）TJY5A 型风道继电器。用于监视牵引电机和制动电阻通风设备的工作情况。

牵引电动机和制动电阻柜是依靠牵引风机和制动风机吹入的压缩空气将热量带走而进行冷却的。TJY5A 型风道继电器的风压取自牵引、制动风机风道，为正压力。吹进牵引电动机或制动电阻柜的压缩空气从盖板的小孔经管道进入膜片下方的空腔内，当风机正常工作时，风道某处的压力达到继电器的动作值时，膜片下方与上方的压力差足以克服反力弹簧的反力，推动膜片向上移动，带动常开动触头与静触头闭合并保持一定的接触压力，接通相应的控制电路正常工作；当通风系统发生故障时，风量很小或为零，膜片下方与上方的风压差很小或为零，膜片在反力弹簧的作用下复位，使常开联锁触头断开，从而切断相应的控制电路。

（2）TJY5型风道继电器。用于监视硅整流装置通风系统的工作。

硅整流装置柜与牵引电动机和制动电阻柜不同，它是依靠硅风机吸出压缩空气来进行冷却的。装在硅整流装置柜风道内的TJY5型风道继电器和TJY5A型风道继电器的结构相似，只是在它的盖上有一管道，使膜片上方的空腔通过这一管道与硅整流装置柜相连，膜片下方的空腔则通过继电器盖板上的小孔与大气相通。由于硅风机正常工作时将硅整流装置柜内的空气吸向了大气，故硅整流装置柜风道内的压力（膜片上方）低于大气压力（膜片下方），当风机正常工作，风道内的风压达到其动作值时，压力继电器产生一负压力，即吸力，使膜片在该吸力的作用下由下向上移动，推动塑料座克服反力弹簧的作用力运动，带动常开联锁触头闭合并保持一定的接触压力，接通相应的控制电路正常工作；当通风系统发生故障时，风力不足或为零，膜片在反力弹簧的作用下复位，常开联锁触头断开，切断相应的控制电路。

可见，TJY5A型风道继电器是由压缩空气将膜片向大气侧推动，是借助于正压力来工作的；而TJY5型风道继电器则是由大气将膜片推向低于大气压力侧，是借助于负压力来工作的。

5）特　点

该继电器与TJV1型风速继电器相比有以下优点：

（1）TJY5型风道继电器取的控制量为压力，且在风道内的采样范围小，因而可以将风道内的涡流及外界变化对继电器的影响减小到很小程度。

（2）动作可靠，不会发生像TJV1型风速继电器那样的抖动现象。

（3）维护方便，一般不需要维修，若有尘埃进入，清除即可。

（4）安装方式灵活，通用性强。

6）技术参数

触头额定电压 ··· DC 110 V
触头额定电流 ··· 3 A
触头数量 ··· 1常开
风压整定值 ··· 0.3(1±10%) kPa
质量 ··· 0.75 kg

二、风压继电器

1. 作　用

TJY3-1.5/11型是作为电力机车电阻制动和空气制动间的安全联锁，在电阻制动时，电制动力并非恒定，需加一点空气制动来限速。但空气制动力不能太强，以免车轮被抱死，造成滑行而擦伤车轮。

TJY3A-4.5/11型是作为主断路器的欠气压保护，避免在低气压下动作主断路器。

2. 型号及含义

TJY3-1.5/11 型、TJY3A-4.5/11 型，其中：T——铁路机车用；J——继电器；Y——压力型；3（3A）——设计序号；1.5（4.5）——动作整定风压值（kPa）；11——常开常闭联锁触头数。

3. 结构组成

两种型号的继电器结构基本相同，主要由传动装置和联锁触头组成（当然亦可分为测量、比较和执行3部分）。TJY3型压力继电器结构如图6.16所示。

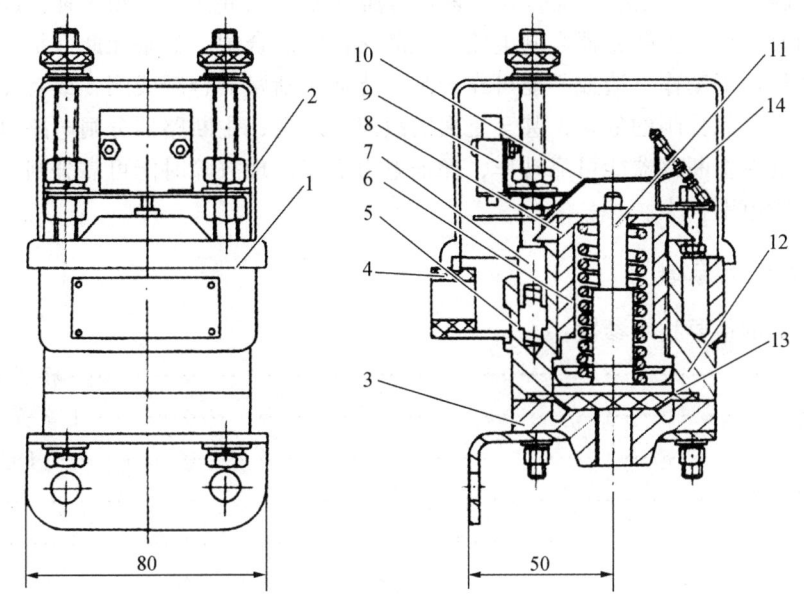

1—壳体；2—上盖；3—下盖；4—橡皮环；5—弹簧；6—反力弹簧；7—止销；8—调节螺母；
9—行程开关；10—支架组装；11—活塞；12—阀体；13—橡胶薄膜；14—拉力弹簧。

图6.16 TJY3型压力继电器结构

如图6.16所示，空气传动装置由橡胶薄膜、活塞、反力弹簧、调节螺母及拉力弹簧等组成。反力弹簧套装在铜质活塞上，其一端压装在基座上；另一端与调节螺母相接。可旋转调节螺母来调整反力弹簧对活塞的作用力，从而达到对该继电器的整定值的调整。调整完毕，止销弹出，防止调节螺母的误动作，影响该继电器的整定值。

联锁触头采用LX19K行程开关。

TJY3A-4.5型的结构与TJY3-1.5型相似，只是行程开关换成微动开关，安装支架、反力弹簧和阀体也略有不同。

4. 动作原理

当气压达到动作值时，空气压力大于反力弹簧的反力，推动橡胶薄膜及活塞上行，通过传动件使接点动作。

（1）TJY3-1.5型风压继电器。当电力机车制动缸压力低于150 kPa时，在反力弹簧的作用下，空气压力不足以推动橡胶薄膜及活塞向上移动，行程开关的常闭联锁触头处于闭合状态，该继电器接通有关电阻制动电路。此时,电力机车使用的是电、空联合制动来限制运行速度。

当司机操作空气制动,补充电力机车制动缸压力达到 150 kPa 及以上时,被视为补充制动力过大。此时橡胶薄膜在空气压力的作用下,克服反力弹簧的作用力推动活塞上移,并通过支架组装带动行程开关动作,其常闭触头切断电阻制动中的励磁电路,电阻制动自动解除。

当制动缸压力下降到释放值 100 kPa 时,橡胶薄膜在反力弹簧的作用下复位,行程开关的常闭联锁触头恢复闭合状态,电阻制动电路重新接好,可再次施行电阻制动。

(2)TJY3A-4.5 型风压继电器。当主断路器储风缸压力超过 450 kPa 时,该压力继电器动作,触头闭合,接通主断路器合闸电路,主断路器方能合闸。如果无此保护,主断路器就有可能在过低气压下动作,造成不能可靠合闸,烧坏主断路器合闸线圈,或者在过低气压下合闸后不能保证可靠分闸的危险,甚至更大的故障。现在,主断路器分闸电路也受此风压继电器控制,以确保主断路器能可靠动作,保证电力机车出现故障时能可靠分闸,切断机车总电源,防止故障范围扩大。

5. 主要技术参数

风压继电器的主要技术参数:

触头形式 ··· 桥式双断点
触头数量 ··· 1 常开 1 常闭
触头额定电压 ··· DC 110 V
触头额定电流 ··· 5 A
额定气压 ··· 900 kPa

TJY3 型

触头接通风压 ··· 150 kPa
触头断开风压 ··· (100 ± 10) kPa

TJY3A 型

触头接通风压 ··· 450 ~ 465 kPa
触头断开风压 ··· 400 ~ 425 kPa

三、油流继电器

1. 作　用

TJV2-1/11 型油流继电器是电力机车牵引变压器的附件,用来监视变压器循环系统的工作情况,当油流停止或不正常时,给司机发出警告信号。

2. 型号及含义

TJV2-1/11 型,其中:T——铁路机车用;J——继电器;V——速度;2——设计序号。

3. 结构组成

在 SS_{4G} 型电力机车牵引主变压器两端的循环油管内,各设置有一个 TJV2-1/11 型油流继电器。如图 6.17 所示，由叶片、扭簧和接线柱组成。

在 HXD$_3$ 型电力机车牵引主变压器两端的循环油管内，各设置有一个 YJ-100 型油流继电器。其结构与 TJV2-1/11 型油流继电器基本相同。

其测量机构由绕球轴承转动的叶片和扭簧组成，执行机构为由叶片和接线柱 9 组成的常闭联锁触头承担。

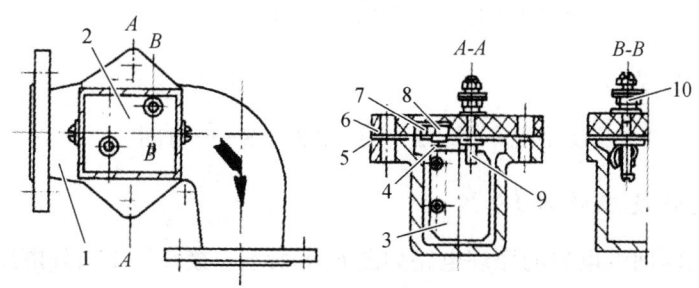

1—连管；2—外罩；3—叶片；4—扭簧；5—橡胶垫；6—底板；7—球轴承；8—转轴；9、10—接线柱。

图 6.17　TJV2 型油流继电器

4. 动作原理

当油流正常循环时，油流推动叶片克服扭簧的扭力而转动，使常闭联锁触头（叶片 3 和接线柱 9）断开，司机台上无电信号显示；当油流停滞时，叶片在扭簧作用下返回，同接线柱 9 接触，电信号电路经接线柱 9、叶片、扭簧和接线柱 10 而接通，司机台上显示相应的电信号，表示油流不正常。

该型油流继电器管体上标有油流方向箭头，分左、右两方向，不能装错。

任务四　探秘电子式时间继电器

知识导入

电子式时间继电器又称为半导体时间继电器，是一种利用电子元器件来实现延时功能的电器装置，具有适用范围广、延时精度高、调节方便、寿命长等一系列优点，被广泛应用于火车的自动控制系统中，有序地组织各模块发挥着作用。

知识储备

近年来，在电力机车上还采用了新型的电子继电器（晶体管保护装置），其组成亦可分为测量环节、比较环节和执行环节等 3 大部分。通过触发器的翻转状态变化（晶体管的导通和截止）来完成控制电路的通和断，由于电路的通或断是靠晶体管的导通或截止来实现，无明显的开断点，所以也称无触点电器（实际上，为了扩大输出功率，有时晶体管继电器的最终输出用的是小型中间继电器）。一般电子继电器中还采用了大量的电阻、电容和二极管等，用来组成各功能电路。

TJS型电子式时间继电器具有延时范围广、精度高、体积小、耐冲击、耐震动、调节方便、寿命长等优点。

1. 作　用

电力机车上一般安装2个TJS型电子式时间继电器，用于自动停车信号装置的延时（整定值为7 s），用于空气制动柜的延时（整定值为25 s）。

2. 型号及含义

TJS型，其中：T——铁路机车用；J——继电器；S——时间。

3. 结构组成及工作原理

TJS型电子式时间继电器的原理电路如图6.18所示。接线柱1由外电路得电，通过接线柱2和接地端与外接中间继电器线圈相连。

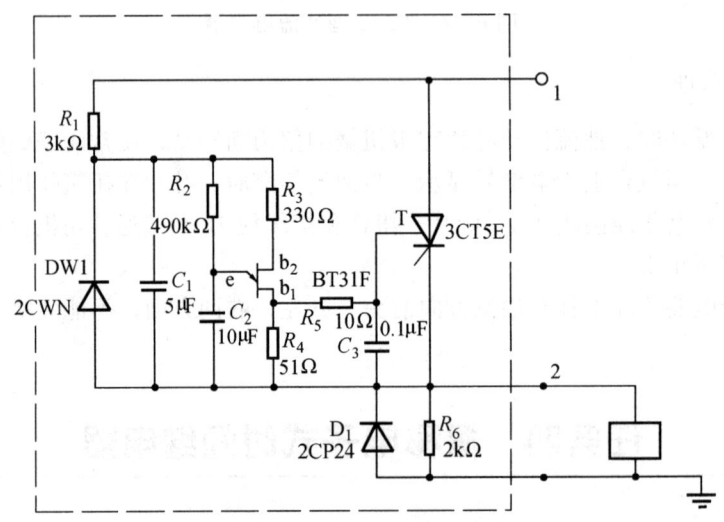

图6.18　TJS型电子式时间继电器原理电路

当电子式时间继电器接线柱1由外电路得电后，经降压电阻R_1，在稳压管DW1上获得24 V的直流电压，通过电阻R_2对电容C_2充电，获延时作用（延时时间由时间常数决定）。当C_2上的电压充至单结晶体管BT31F的峰点电压时，C_2经BT31F向电阻R_4放电，由此产生的脉冲触发晶闸管T，由接线柱2输出，使外接中间继电器线圈得电。

电容器C_1起滤波和防干扰的作用，电容器C_3用以防止晶闸管的误导通，二极管D_1用来释放外接中间继电器线圈的电磁能量，电阻R_6使晶闸管一旦导通后能维持导通状态，不受中间继电器线圈电感的影响。

4. 延时时间的调整

由于该型电子式时间继电器的延时时间由R_2和C_2充电电路的时间常数决定，因此只要改变电阻R_2的阻值，即可方便地调整延时时间。

任务五　继电器的维护与检修

知识导入

中国高铁作为"国家名片",是世界公认最安全的高铁之一。如何确保低故障率和高安全性,使各部件更好地发挥作用呢?这离不开铁路工人对每一个部件的精心维护与检修。定期维护与检修不仅提高了设备运行效率和稳定性,减少故障损失,也保障了每一位旅客的人身安全。铁路工人这种踏实肯干、精益求精的敬业精神,永远是我们学习的榜样。

知识储备

一、继电器的选用

继电器是现代工业生产中不可缺少的自动化组件,它广泛地应用于工业、农业、国防和交通运输等各个部门,其品种多、用量大。因此,了解各继电器的性能、参数和使用条件,正确地选择和使用继电器,是确保继电器及其被控制或保护对象可靠工作、正常运行的重要环节。

选用继电器的一般方法如下:

(1)根据被控制或保护对象(可根据电量或非电量)的具体要求,确定采用的继电器的种类,并设计其继电-接点电路。

(2)确定控制和被控制电路的基本参数,如控制电路(继电器线圈电路)的线圈数量,电流种类,继电器动作、释放和工作状态的电流、电压或功率值以及它们的变化范围;被控制电路(继电-接点电路)的常开和常闭接点的数量,电路中的电流种类(直流或交流)及其大小,负载的电阻和电感量(即 R 和 L 值)等。

(3)根据控制和被控制电路对继电器的要求,在考虑使用寿命、工作制、使用条件、继电器各主要技术参数及重量和尺寸的基础上,从产品目录中选择合适的继电器。

二、继电器的维护与检修

前已述及,继电器是电力机车控制电路和监测保护系统的主要配件。电力机车运行时,当主电路和辅助电路中的电机、电器或连接线路出现故障时,可通过相应监测保护系统的继电器,将故障转化为电信号,一方面反馈到主断路器的分闸线圈,使主断路器跳闸,切断电力机车总电源,对电力机车进行保护;另一方面反馈到信号装置(包括机械信号和电信号),使其显示不同的故障状态,指示电力机车乘务员及时而正确地处理故障。可见,继电器虽然不直接控制主电路和辅助电路,但在电力机车上的作用却是极其重要的。

由于电力机车电器的工作条件恶劣,各继电器及部件的性能与参数也将随着工作任务与使用时间的改变而改变,而且还经常受到各种偶然因素的影响。因此,我们必须对这些情况经常地监视和及时地了解,对可能出现的各种异常现象及早地提防,对某一继电器或继电器的某一部件产生的故障及时地修理或更换,以确保各继电器的使用寿命,保证电力机车正常而可靠地工作。所以,坚持预防为主的方针,建立必要的维修制度,对继电器进行经常的和定期的维修是十分必要的。

尽管继电器型号不同，检修方法也有区别，但是在检修时都应按以下共同的要求进行。

（1）继电器活动部分的动作应灵活、可靠，外罩及壳体应无损坏或缺少零件等情况。

（2）继电器线圈引出端子及外部连接线必须牢固、可靠，电磁继电器吸引线圈的阻值必须符合有关的技术规定。

（3）有指示件的继电器应检查指示件的自锁和释放作用，保证其正确、可靠。

（4）绝缘状态良好，磨耗件及易损件（包括胶木件、外罩、分磁环、非磁性垫片等）有缺损时应更新，各连接部分的紧固状态应良好。

（5）测量继电器触头厚度、开距、超程及终压力等技术参数，必须符合有关规程和工作文件的要求。

（6）调整继电器动作参数的整定值，并加漆封固定。有特殊要求时，还应测量继电器的返回系数。

继电器的检修工作除一般的清扫、检查外，主要内容是测量继电器的技术参数并调整其动作的整定值，即上面提到的第（5）条和第（6）条。

电力机车上装有电磁式继电器、机械式继电器和电子继电器。从继电器的输入、输出特性我们知道，继电器只有当输入量达到其规定的动作参数时才会动作，即电磁式继电器在达到规定的电压、电流值，或机械式继电器达到规定的压力、速度时，继电器才动作，并带动相应的联锁触头接通或分断相应的控制电路，将故障或正常工况准确地显示出来。由此可见，继电器的动作参数是决定继电器准确动作的决定性因素，而调节继电器动作参数的过程，即对继电器的整定过程就显得尤为重要了。所以，在电力机车中修时，最主要的任务之一就是必须对全部继电器重新整定、校检。继电器整定值的调试应由专职人员在专用的试验台上进行。电磁式继电器可借调整反力弹簧、初始气隙及非磁性垫片等措施来调整动作值。一般地，调整初始气隙可改变其动作值，调整非磁性垫片可改变其释放值，而调整反力弹簧则动作值和释放值都可改变。应当注意的是，各继电器整定完毕后应铅封或漆封，以防错动而影响整定值。

必要时，某些继电器在检修后还应作振动试验，触头压力及接触电阻测试。

三、继电器的常见故障及处理

继电器在使用过程中，由于各种原因，如产品质量不高、使用不当、维修不好等，常常发生各种各样的故障。对于电子继电器，因目前机车上所用种类还少，其故障及处理以及检查、试验具有自己的特点。在此，主要介绍有触点继电器的故障及处理。最常见的有以下几种：

1. 触头故障

（1）由于触头的机械咬合（触头上形成的针状凸起与凹坑相互咬住）、熔焊或冷焊而产生无法断开的现象。

（2）由于接触电阻变大和不稳定使电路无法正常接通的现象。

（3）由于负载过大，或触头容量过小，或负载性质变化等引起触头无法分、合电路的故障。

（4）由于电压过高，或触头开距变小而出现触头间隙重新击穿的故障。

（5）由于电源频率过高，或触头间隙电容过大而产生无法准确开断电路的故障。

（6）由于各种环境条件不满足要求而造成触头工作的失误。

（7）由于没有采用熄弧装置或措施，或参数选用不当而造成触头磨损，或产生不必要的干扰。

2．线圈故障

（1）由于环境温度的变化（超过技术条件规定值）导致线圈温升超过允许值而引起线圈绝缘的损坏；由于潮湿而引起绝缘水平的严重降低；由于腐蚀而引起内部断线或匝间短路。

（2）由于线圈电压超过110%额定电压而导致线圈损坏。

（3）在使用维修时，可能由于工具的碰伤而使线圈绝缘损坏，或引起线圈折断。

（4）由于线圈电压接错，如额定电压为110 V的线圈接到220 V的电源电压上，或将交流电压线圈接到同样等级的直流电压上而使线圈立即烧坏。

（5）交流线圈可能由于线圈电压超过110%额定电压，或操作频率过高，或当电压低于85%额定电压时因衔铁吸合不上而烧坏。

（6）当交流线圈接上电压时，可能由于传动机构不灵或卡死等原因，使衔铁不能闭合而使线圈烧坏。

3．磁路故障

（1）棱角和转轴的磨损，导致衔铁转动不灵或卡死的故障。

（2）在有些直流继电器中，由于机械磨损，或非磁性垫片损坏，使衔铁闭合后的最小气隙变小，剩磁过大，导致衔铁不能释放的故障。

（3）交流继电器铁芯上分磁环断裂，或衔铁和铁芯极面生锈或侵入杂质时，引起衔铁振动，产生噪声。

（4）交流继电器E形铁芯中，由于两侧铁芯的磨损而使中柱的气隙消失时，产生衔铁黏住不放的故障。

4．其 他

如各种零件产生变形或松动，机械损坏，镀层裂开或剥落，各带电部分与外壳间的绝缘不够，反力弹簧因疲劳而失去弹性，各种整定值调整不当，产品已达额定寿命等。

继电器产生故障的原因很多，除了要求生产厂家确保产品的质量以外，正确使用和认真维修也是减少故障、保证可靠工作的重要环节。

小 结

继电器在电力机车上应用的种类比较多，作用也很重要，是电力机车控制系统中不可缺少的器件。

继电器由于其本身特点不同于接触器,要准确理解继电器的基本参数中有关动作值、释放值、整定值及返回系数的定义。

对于电力机车上常用的电磁式继电器和机械式继电器,要求重点掌握和理解其型号、作用、结构特点及整定值调整方法。

思考练习题

一、填空题

1. 从继电器的工作原理考虑,继电器一般由_____、_____、_____等部分组成。
2. 继电器常用于电力机车的_____电路中。
3. 工作于电力机车上的继电器按照输入量性质的不同,一般可分为_____和_____两种。
4. 继电器的输入量与输出量之间的关系称为_____特性。
5. 在电力机车上,根据用途不同,继电器可分为_____继电器和_____继电器。
6. JT3 系列时间继电器有_____、_____、_____等3种延时时间。
7. TJJ2-18/21 型继电器有 2 个线圈,分别称为_____和_____。
8. JZ15-44Z 型中间继电器主要由_____和_____组成。
9. 油流继电器在电力机车上,用来监视_____循环系统的工作情况,当油流停止或不正常时,给司机发出警告信号。
10. TJY5A-0.3/10 型风道继电器通过_____采集风道内的压力。
11. 与接触器相比,由于继电器所在电路的电压电流较低,容量较小,因此没有_____装置。
12. 国产电力机车上,继电器的触点表示方法遵循_____的原则。
13. 电磁式继电器的测量机构是_____,执行机构是_____。它在电力机车上得到广泛的应用。
14. _____继电器通常用来增加控制电路的数目或将信号放大。
15. JZ15-44Z 型中间继电器代号中第一个 Z 表示_____,第二个 Z 表示_____。
16. JZ15-44Z 型中间继电器共有_____对联锁触头,可根据需要任意组合。
17. 为加强 JZ15-44Z 型中间继电器的灭弧,在静触头的下方嵌装有小型化的_____。
18. 在 SS_{4G} 型电力机车上共装有_____个 TJJ2-18/21 型接地继电器,对主电路进行接地保护。
19. JL14-20J/型电流继电器代号中第一个 J 表示_____,第二个 J 表示_____。
20. JL14-20J/1200 型交流电继电器用于电力机车的辅助过电流保护,其吸引线圈是_____,其动作电流的整定值为_____A。
21. TJS 型电子式时间继电器对电路进行通或断执行时,是靠晶闸管的_____和_____来实现的。

22. 当加在线圈上的电压超过110%额定电压时可能会导致_____损坏。
23. 交流继电器铁芯上的分磁环断裂会引起_____振动，产生噪声。
24. 对于电磁式继电器，一般情况下，调整初始气隙可改变其_____值，调整非磁性垫片可改变_____值。

二、选择题

1. 对于大部分继电器来说，输入量可以是（　　）。
   A. 电量　　　　　　　　B. 非电量　　　　　　　　C. 电量和非电量都可以
2. 继电器一般采用（　　）接触形式，体积和质量也比较小。
   A. 点　　　　　　　　　B. 线　　　　　　　　　　C. 面
3. 继电器（　　）用来开断主电路及大容量的控制电路。
   A. 能　　　　　　　　　B. 不能
4. 使继电器释放动作所需要的最大物理量的数值被称为（　　）。
   A. 额定值　　　　　　　B. 动作值　　　　　　　　C. 返回值
   D. 释放时间
5. 国产电力机车的继电器触点表示方法一般为（　　）。
   A. 下开上闭，左开右闭　　B. 上开下闭，左开右闭
   C. 上开下闭，右开左闭　　D. 下开上闭，右开左闭
6. 中间继电器在电力机车上主要应用在（　　）中。
   A. 主电路的直流部分电路　B. 直流控制电路
   C. 交流控制电路
7. JZ15-44Z型中间继电器有（　　）对双断点桥式银点触头，分别布置在磁轭两侧。
   A. 4　　　　　　　　　B. 6　　　　　　　　　　C. 8
8. JT3-21/5型时间继电器延时时间的细调可通过（　　）实现。
   A. 更换阻尼套　　　　　B. 调节反力弹簧
   C. 调节非磁性垫片　　　D. 以上3种方式
9. TJJ2-18/21型接地继电器用作电力机车的（　　）保护。
   A. 主电路接地　　　　　B. 辅助电路接地
   C. 控制电路接地
10. JL14-20J/1200型交流继电器在电力机车上可起（　　）作用。
    A. 主电路一次侧过流保护　B. 主电路二次侧过流保护
    C. 辅助电路过流保护
11. TJV1-7/10型风速继电器风叶相当于继电器的（　　）。
    A. 测量环节　　　　　　B. 比较环节　　　　　　　C. 执行环节
12. TJY5-0.3/10型风道继电器采用（　　）传动形式。
    A. 气缸传动　　　　　　B. 薄膜传动　　　　　　　C. 电磁传动
13. 在电力机车上，继电器常用于（　　）电路中。
    A. 主　　　　　　　　　B. 辅助　　　　　　　　　C. 控制

14. JT3 系列继电器的延时体现在（　　）。
     A. 延时吸合　　　　B. 延时释放　　　　C. A 和 B 都对
15. TJJ2-18/21 型接地继电器的恢复线圈所起的作用是（　　）。
     A. 通电产生电磁吸力，使衔铁吸合
     B. 断电后电磁吸力消失，使衔铁释放
     C. 短时间通电使联锁触头复位，指示杆恢复进入罩内

三、判断题

1. 比较机构的作用是将输入量与预设的整定值进行比较，根据结果决定执行机构是否动作。（　　）
2. 继电器的输入量为非电量时，其输出量也为非电量。（　　）
3. 在电力机车上，继电器既可用于控制电路，也可用于主电路。（　　）
4. 无触点继电器的执行机构为触头。（　　）
5. 继电器的机械寿命和电气寿命，是继电器的重要技术指标。（　　）
6. JZ15-44Z 型中间继电器的永磁钢可任意方向安装。（　　）
7. JZ15-44Z 型中间继电器的永磁钢若丢失，则需降容量使用。（　　）
8. JT3-21/5 型时间继电器的延时时间为 5 s。（　　）
9. TJJ2-18/21 型接地继电器在动作执行后，联锁触头不会恢复。（　　）
10. TJV1-7/10 型风速继电器装在通风系统的风道里，用来反映通风系统的工作状态是否正常，以确保通风系统有一定的风量，保护发热设备。（　　）
11. TJY5A-0.3/10 型风道继电器是借助于负压力来工作的。（　　）
12. 风道继电器取的控制量为风量。（　　）
13. 油流继电器在安装时要注意安装方向，确保油流方向与要求相符。（　　）
14. 机械式继电器的输入、输出量都不是电量。（　　）
15. 继电器由测量机构、整定机构、执行机构等部分组成。（　　）
16. 继电器一般由传动装置和触头装置组成。（　　）
17. 继电器一般不能用来开断主电路及大容量的控制电路。（　　）
18. TJJ2 型继电器有两组线圈，用于衔铁的吸合。（　　）
19. JT3-21/5 型时间继电器的代号中 5 表示延时时间为 5 s。（　　）
20. JT3 系列时间继电器主要是由反力弹簧实现延时效果的。（　　）
21. JL14-20J 型电流继电器在电力机车上主要用于主电路接地保护。（　　）
22. TJV1-7/10 型风速继电器是通过检测风道内的风压来实现动作执行的。（　　）
23. TJS 型电子式时间继电器可以通过调整充电电路的时间常数来实现。（　　）

四、简答题

1. 有触点电器和无触点电器有什么不同？
2. 什么是继电器的返回系数？
3. 继电器的各组成部分有什么作用？
4. 为什么继电器一般没有灭弧装置？

5. 继电器有哪些特点？

6. JZ15-44Z型中间继电器型号的含义是什么？它的联锁接点有什么特点？

7. JZ15-44Z型中间继电器采用哪种灭弧方式？

8. 中间继电器在电力机车控制电路中起什么作用？

9. TJJ2-18/21型继电器在电力机车上起什么作用？

10. TJJ2-18/21型继电器如何工作？

11. JL14-20J型电流继电器的工作原理如何？

12. 机械继电器与电磁继电器在动作原理上有何不同？

13. 在电力机车的使用中，机械式继电器输入量有哪些？

14. TJV1-7/10型风速继电器如何工作？如何调节动作整定值？

15. TJY5型与TJY5A型风道继电器有何不同？

16. 归纳机械式继电器的特点。

17. TJS型电子式时间继电器是如何工作的？

18. 为何称电子式时间继电器为无触点电器？

19. TJS型电子式时间继电器延时时间的调整是如何实现的？

20. 组成TJS型电子式时间继电器的3个电容器各起什么作用？

21. 继电器的选择一般采用哪些方法？

22. 继电器触头常见故障有哪些？分析产生的原因。

23. 继电器线圈常见故障有哪些？产生的原因是什么？

24. 分析磁路常见故障的原因。

25. 如何确保继电器工作的正常和可靠？

26. 对于不同类型的继电器，如何调整其整定值？

27. 在继电器的组成部分中，比较机构有何作用？

28. 简述电磁式继电器的工作原理。

29. 继电器触头间接触电阻变大时，可能带来什么现象？

五、综合题

1. 为什么继电器一般不能用来开断主电路及大容量的控制电路？

2. JT3系列时间继电器的延时原理是什么？如何调整延时时间？

3. TJJ2-18/21型继电器的机械联锁有何作用？恢复线圈有何作用？

4. JL14-20J型电流继电器在电力机车上的应用有何意义？

5. TJY5型风道继电器在电力机车上起什么作用？与TJV1-7/10型风速继电器相比较工作原理有何不同？

6. 思考TJY5型风道继电器与TJY3型风压继电器的不同。

7. 在韶山系列电力机车上使用有JL14-20J/5、JL14-20J/1200型交流电流继电器，试分析二者在结构、作用、动作整定值等方面有何不同。

8. 试结合TJJ2系列接地继电器的实物，说明其工作原理。

9. 说明电磁式继电器与机械式继电器的异同点。

10. 为何称电子式时间继电器为无触点电器？

项目七 其他低压电器

本项目我们将学习司机控制器的型号、结构与工作原理，扳键开关的结构与技术参数，传感器的定义、分类、结构与工作原理，蓄电池的作用、结构与工作原理，自动开关的定义、分类、结构与工作原理，熔断器的定义、结构、原理与主要特性，以及部分低压电器的检查、维护与故障处理等内容。通过本项目的学习，应达到以下学习目标：

知识目标

（1）了解司机控制器、扳键开关、传感器、蓄电池、自动开关及熔断器的型号与含义；
（2）掌握司机控制器、扳键开关、传感器、蓄电池、自动开关及熔断器的作用、结构和工作原理；
（3）掌握司机控制器、扳键开关、传感器、蓄电池的维护方法和检修方法。

能力目标

（1）具备司机控制器、扳键开关、传感器、蓄电池、自动开关以及熔断器的型号辨识能力；
（2）具备维护和检修司机控制器、扳键开关、传感器和蓄电池的能力；
（3）具备处理司机控制器、扳键开关、传感器和蓄电池常见故障的能力。

素养目标

（1）培养团队协作、服务大局的团队精神；
（2）培养爱岗敬业、甘于奉献的劳模精神。

任务一 探秘司机控制器

知识导入

机车乘务员通过操纵司机控制器，向控制电路发出指令，间接地实现对主电路中电气设备的操控，驱动"钢铁巨龙"飞速驰骋。

知识储备

一、概　述

电力机车通常两端各有一个司机室，为便于双端操作，在机车的Ⅰ、Ⅱ端司机室各装有

探秘司机控制器

一台结构完全相同的主司机控制器；同时，为了便于调车作业，在Ⅰ、Ⅱ端司机室靠近正司机座位侧窗下各装有一台结构完全相同的辅助司机控制器，又名调车控制器（近年来，在标准化司机室内，逐渐取消了辅助司机控制器）。

SS_{4G} 型电力机车采用的是 TKS14A 型主司机控制器和 TKS15A 型辅助司机控制器；HXD_3 型电力机车采用的是 S640U-B 型司机控制器，该型司机控制器主手柄上设置有警惕按钮。

电力机车司机控制器是司乘人员经常操作的设备，其技术状态良好与否直接关系到行车状况。由于其部件动作要求精确，且设备操作频繁，容易产生松旷、变形、接触不良等故障，对其的日常维护和定期检修非常重要。所以，为了更好地操控和使用机车，操作司机控制器时也必须注重保养，这样才能避免经常维修，从而达到延长司机控制器使用寿命，增强司机控制器可操作性的效果。

二、SS_{4G} 型电力机车司机控制器

SS_{4G} 型电力机车装配的主司机控制器为 TKS14A 型，辅助司机控制器为 TKS15A 型，这两种控制器都属于凸轮控制器，与鼓型控制器不同的是它的凸轮是由凸轮架和凸轮块拼装而成，因而，每一个凸轮的凸凹形状可根据控制需要而改变。

1. 司机控制器的型号含义及主要技术参数

1）型号及含义

TKS14A 型、TKS15A 型，其中：T——铁路机车用；K——控制器；S——司机；14、15——设计系列号；A——设计序号。

2）主要技术参数

额定电压 ·· DC 110 V
额定电流 ·· 5 A
触头开距 ·· 两断点之和≥4 mm
触头超程 ·· 0.5～1 mm
触头终压力 ·· 2×1.0 N
手柄操作力 ·· 不大于 50 N

2. TKS14A 型主司机控制器

1）结　构

TKS14A 型司机控制器（见图 7.1）由上、中上、中下、下 4 层构成，各层之间由钢板隔开，并由六方支柱支撑；上层（面板上）主要有手轮 1、手柄 2；中上层主要为机械联锁装置，包括作为联锁用的凸轮组 3、4 及定位用的凸轮组 5；中下层包括作为控制用以实现电逻辑要求的凸轮架 6 和安装在其上的凸轮块 7 以及辅助触头盒 8；下层主要有电位器 9 及接线插座 10。该控制器左右两侧装有主轴 11 和转换轴 12，其中主轴用于调节机车的速度，换向轴用于控制机车的运行状态及方向。电位器 9 固定在主轴上，它为塑料导电膜电位器。辅助触头

盒8的接触元件为双断点桥式常闭型结构，具有自润滑功能。它由两根挡棍固定。在该型控制器的面板上还安装有一警惕按钮13。

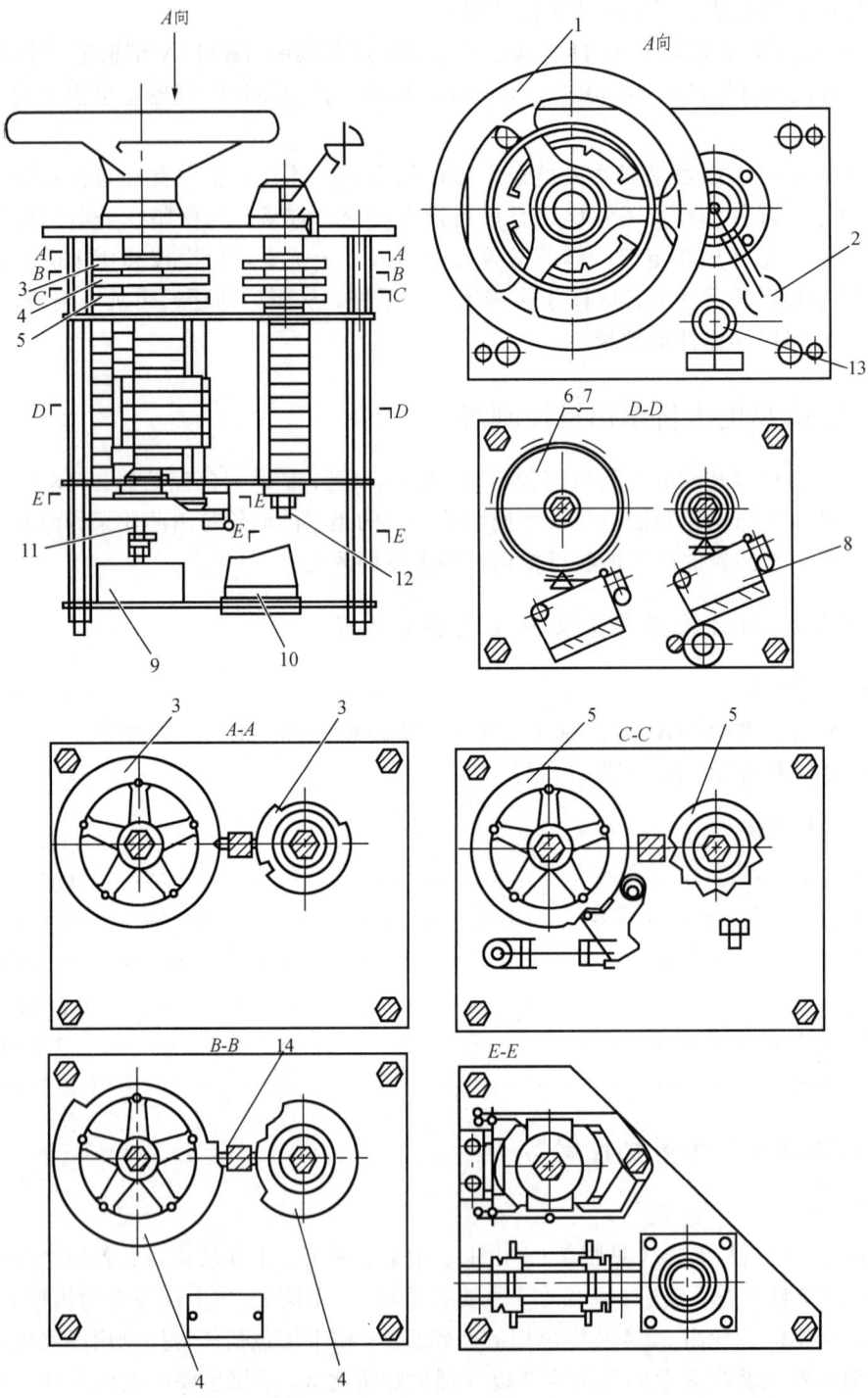

1—手轮；2—手柄；3、4—凸轮；5—定位凸轮；6—凸轮架；7—凸轮块；8—辅助触头盒；9—电位器；10—插座；11—主轴；12—转换轴；13—警惕按钮；14—锁柱座。

图 7.1　TKS14A 型主司机控制器

根据触头闭合表的需要，主轴自"0"位开始可顺时针方向或逆时针方向各转动150°。顺时针方向0°~15°区域为"0"位区，司机控制器无输出（即电位器1、2端电压约为0 V）。15°~150°区域为"牵引"区域。逆时针方向0°~15°区域也为0位区，在此区域内，司机控制器无输出。15°~150°区域为"制动"区域。手轮可在"牵引"区域或"制动"区域内操纵主轴转动，由此改变电位器上"1""2"端输出电压的大小，该电压又作为机车电路的指令来决定电机的转速，最终达到调节机车速度的目的。换向轴共有"后""0""制""前""Ⅰ""Ⅱ""Ⅲ"7个位置。这7个位置由机械联锁装置中定位凸轮来定位。主轴上装有10层凸轮架，其中有5层为备用层，另5层凸轮架上根据闭合表的要求装有相应的凸轮块。凸轮架上有凸轮的地方则形成凸缘，无凸轮块的地方形成凹槽。而辅助触头盒的安装能满足如下要求：当主轴转动到凸缘与辅助触头盒的杠杆同一位置时，该辅助触头盒的触点断开，而当主轴转动到凹槽对准辅助触头盒的杠杆时，辅助触头盒的触点闭合（不动作）。转换轴上情况类似，不同的是其备用层只有3层，凸轮块的位置应符合转换轴闭合表要求。

2）机械联锁关系

司机是借助手轮及手柄来实现对控制器的操作。手轮是固定的，而手柄为可取式（钥匙式），利用面板上限位器的缺口来保证手柄只有在转换轴处于"0"位时，才能插入或取出。手柄同时又是调车控制器（TKS15A型）的手柄。同样，利用调车控制器面板上限位器的缺口来保证：只有当主轴处于"取"位时，手柄才能插入或取出。这样整台机车的主司机控制器和调车控制器共用一个活动手柄，从而保证了机车在运行中，司机只能操作一台司机控制器，其余3台均被锁在"0"位或"取"位，不致引起电路指令发生混乱。

为了防止司机可能产生的误操作，确保机车设备及机车运行安全，司机控制器的手轮与手柄之间设有机械联锁装置，它们之间的联锁要求如下：

（1）手柄在"0"位时，手轮被锁在"0"位不能动作。
（2）手柄在"前"或"后"位时，手轮可在"牵引"区域转动。
（3）手柄在"制"位时，手轮可在"制动"区域转动。
（4）手轮在"0"位时，手柄可在"后""0""制""前"各位间任意转动。
（5）手轮在"牵引"区域时，手柄可在"前""Ⅰ""Ⅱ""Ⅲ"位或被锁在"后"位。
（6）手轮在"制动"区域时，手柄被锁在"制"位。

上述机械联锁要求是由机械联锁装置来实现的。图7.1中各图所示位置为手轮、手柄（或主轴、转换轴）均在"0"位：

（1）当手柄在"0"位时，*A-A*视图中锁柱阻止了主轴上的凸轮向顺时针方向的转动。*B-B*视图中，主轴上的凸轮限制了主轴向逆时针方向转动。这样，当手柄在"0"位时，手轮被锁在"0"位。

（2）手柄在"前"位或"后"位两种情况：

① 手柄在"前"位时，转换轴应自"0"位逆时针方向转动两个位置（每个位置之间为30°），此时，*A-A*视图中主轴上的凸轮顺时针方向的约束被排除；*B-B*视图中主轴上的凸轮在顺时针方向无约束，逆时针方向的约束仍存在；*C-C*视图中无这种约束，凸轮上的凸凹只是给司机相应的手感。因此，手轮可操作主轴向顺时针方向转动即手轮可转到"牵引"区域。

② 手柄在"后"位时,转换轴应自"0"位顺时针方向转动 30°,此时,A-A、B-B 视图情况同上。

(3) 手柄在"制"位时,转换轴应自"0"位逆时针方向转动 30°,此时,A-A 视图中主轴上的凸轮顺时针方向转动的约束还存在,逆时针方向无约束;B-B 视图中,主轴上的凸轮逆时针方向转动的约束被解除。这样,手轮只能操作主轴向逆时针方向转动即手轮只能在"制动"区域内转动。

(4) 手轮在"0"位,如图示位置,A-A 视图中,换向轴无约束,B-B 视图中,转换轴可顺时针方向转动 30°,逆时针方向转动 60°,即手柄只能在"0""后""制""前"各位间转换。

(5) 手轮在"牵引"区域时,主轴由"0"位顺时针方向转过 15° 以上,B-B 视图中主轴上的凸轮最低"台阶"转动到锁柱 14 位置,将转换轴的所有约束解除。由前第(2)项知,手轮若在"牵引"区域,则手柄事先应转动到"前"或"后"位:

① 假设手柄原来在"前"位,A-A 视图中,转换轴可逆时针转动 90°,即手柄可在"前""Ⅰ""Ⅱ""Ⅲ"各位转动;

② 假设手柄原处在"后"位,A-A 视图中,锁柱 14 正好被卡入换向轴上"后"位的缺口中,换向轴在顺时针和逆时针方向都无法转动,因而手柄被锁在"后"位。

(6) 手轮在"制动"区域时,即主轴由"0"位逆时针方向转动 15° 以上,A-A 视图中,换向轴无约束。而由前述第(3)项知,手轮若要到"制动"区域,手柄必须先转动到"制"位。B-B 视图中,当主轴逆时针转动 15° 以上时,换向轴由图示位置逆时针转动 30°,手柄正好处于"制"位,这样,锁柱正好被卡入换向轴上凸轮的缺口,换向轴在顺时针、逆时针方向都不能动作,即手柄被锁在"制"位。

3) 触头闭合表要求的实现

触头闭合表的要求是由主轴、转换轴、辅助触头盒及电连接来实现的,它们的结构如图 7.2～图 7.4 所示。

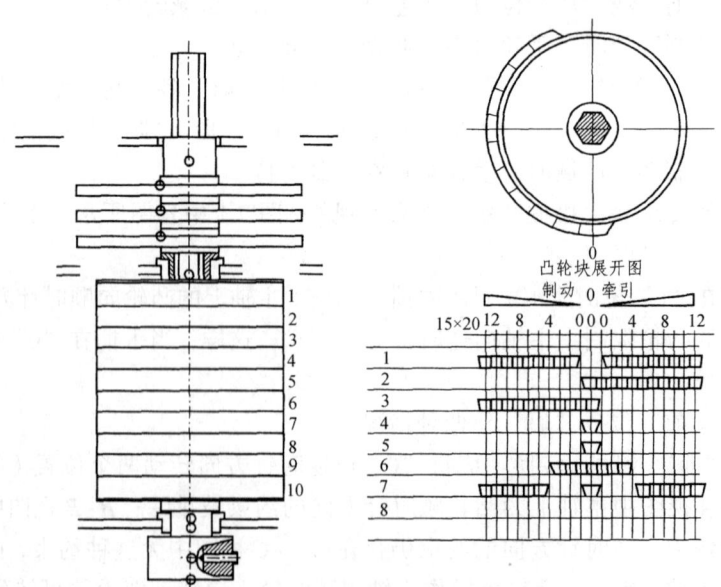

图 7.2 主轴组装

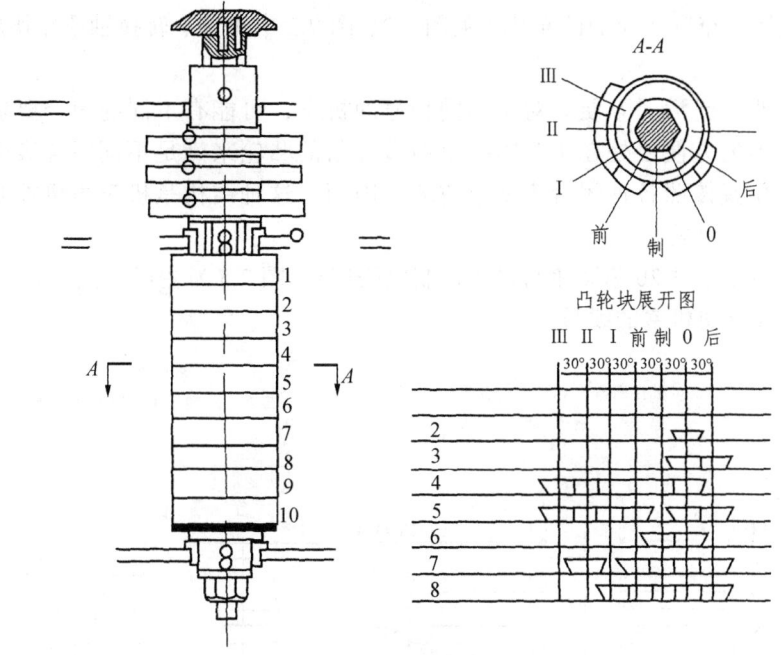

图 7.3 转换轴组装

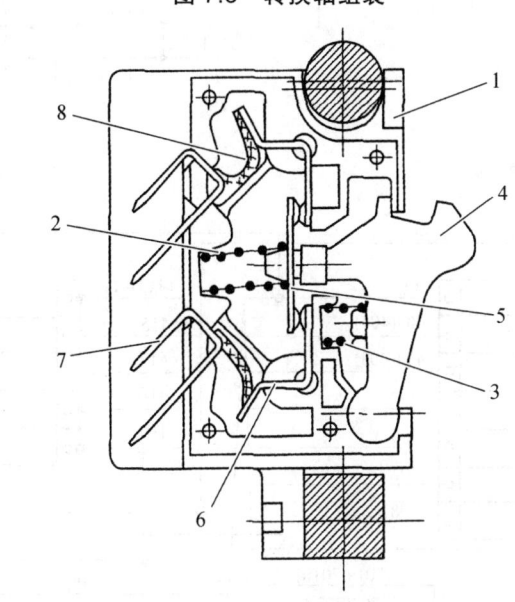

1—触头盒体和盖；2—触点弹簧；3—恢复弹簧；4—杠杆；5—动触头；
6—静触头；7—接线片；8—软连线。

图 7.4 辅助触头盒

图 7.1 的 D-D 视图中，凸轮架上装有凸轮块，当转动手轮时，凸轮架随之转动，当凸轮块的位置转动到辅助触头盒的杠杆位置时，杠杆受到凸轮块的挤压而将与其连动的动触头顶开，此时，与该辅助触头盒相连的控制线失电；当主轴转动到在辅助触头盒杠杆处凸轮架上无凸轮块时，由于辅助触头盒恢复弹簧的作用，使其触点闭合，这样，与该辅助触头盒相连的控制线得电。利用此原理，可根据电路原理图上司机控制器各控制线得失电情况，在主轴、

转换轴的凸轮架上布置相应的凸轮块（见图7.2、图7.3中主轴、转换轴凸轮块展开图）以满足要求。

这种结构非常灵活、方便。对于不同型号的机车，可能有不同的闭合要求，使用这些系列司机控制器的方便之处在于不需要重新设计新的凸轮来满足不同闭合表的要求，只需要将凸轮块的位置按照各种闭合表要求拼装。因而，这种结构是机车司机控制器系列化、统一化的较理想的结构。

主司机控制器通过20芯插座与机车控制电路连接。图7.5为主司机控制器的电气接口图，其中括号内为Ⅱ端司机室的线号。

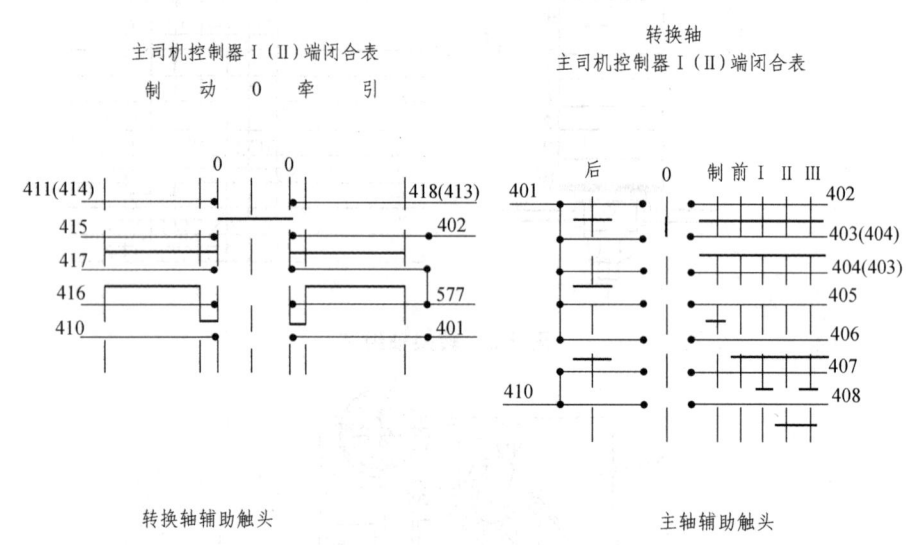

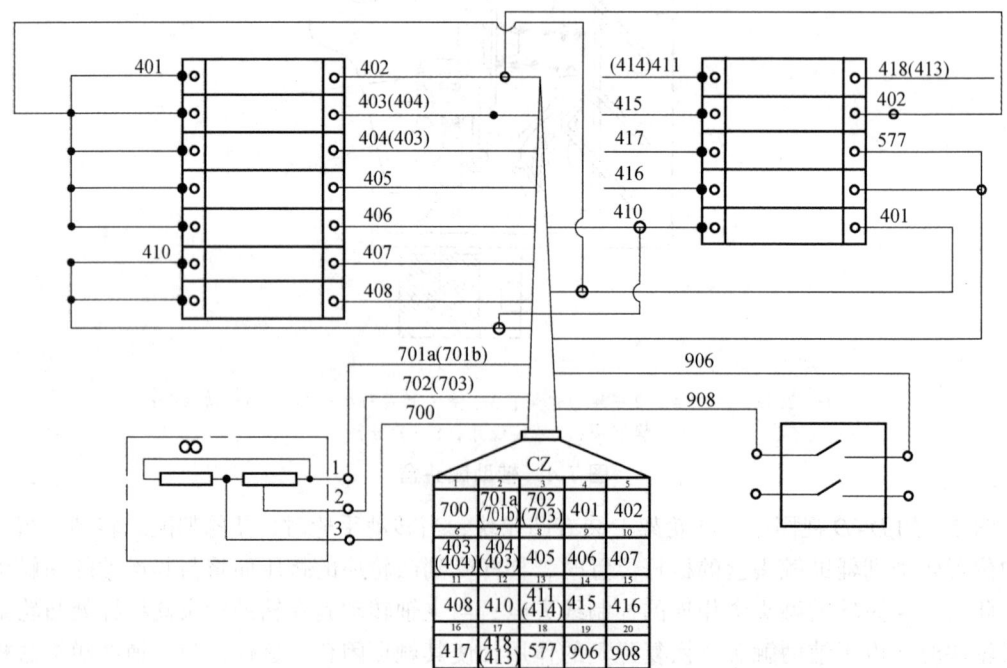

图7.5 主司机控制器电气接口图

4）电位器的调节

手轮调速主要是通过调节电位器输出电阻的大小来实现的。该型司机控制器采用的是塑料导电膜，电阻分配如图 7.6 所示。

135°区域为有效电气角度，30°"0"位区域的出线端子为"3"端，60°"0"位区域出线端为"1"端，135°区域为"2"端。在 135°区域内有一个固定电阻与一个均匀分布的同样大小的可调电阻，电气原理图如图 7.7 所示。

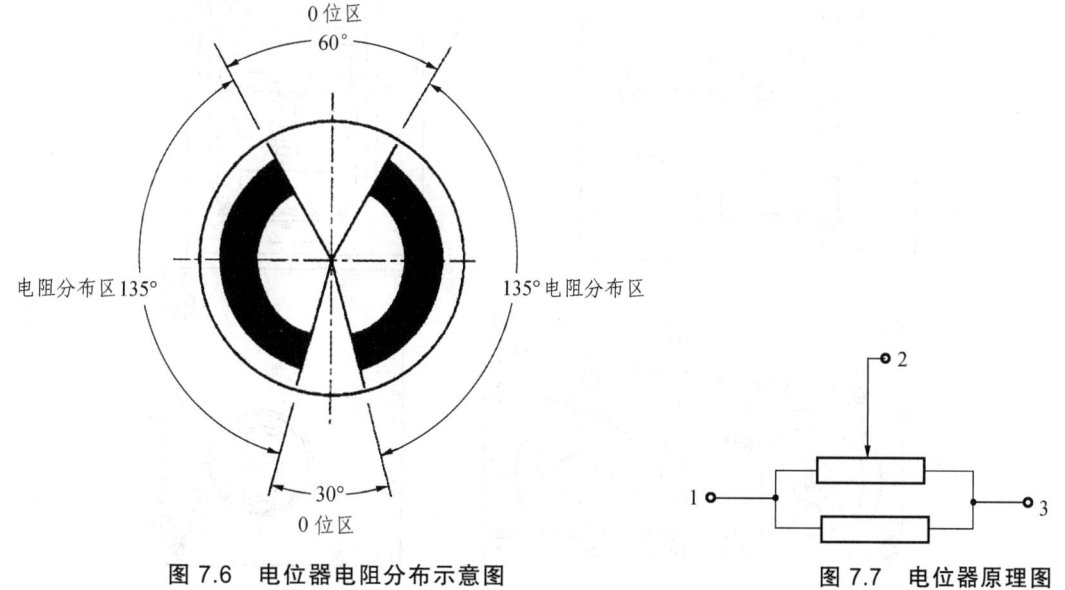

图 7.6　电位器电阻分布示意图　　　　图 7.7　电位器原理图

图 7.7 中的电阻代表的是"牵引"区域或"制动"区域的单边电阻，两边的结构以"0"位为中心对称。电位器安装到主轴上时，应保证其 30°"0"位区与司机控制器面板上标牌所标明的"牵引""制动"之间的"0"位区一致。

调节步骤如下：

（1）电位器"3"端接地，1 端加 15 V 直流电压，然后测量"2""3"端电压。

（2）调整电位器轴，使"2""3"端电压在手轮处于"牵引""0"位和制动"0"位时，均不超过 0.1 V。

（3）拧紧紧定螺钉，并涂上红油漆防止松动。

3．TKS15A 型辅助司机控制器

1）结　构

TKS15A 型辅助司机控制器结构如图 7.8 所示。TKS15A 型辅助司机控制器在结构及原理上与 TKS14A 型主司机控制器基本相似，所不同的是，TKS15A 型辅助司机控制器只有一根轴，手柄共有"取""向后""取""向前"4 个位置，"取"位即为辅助控制器的机械"0"位。手柄只能从"取"位插入或取出。它的电位器同 TKS14A 型主司机控制器。但其限位器限制了手柄在"向前"或"向后"转动的最大范围为 75°，加上分压电阻（见图 7.9），司机操作该控制器最大只能到 4 级。

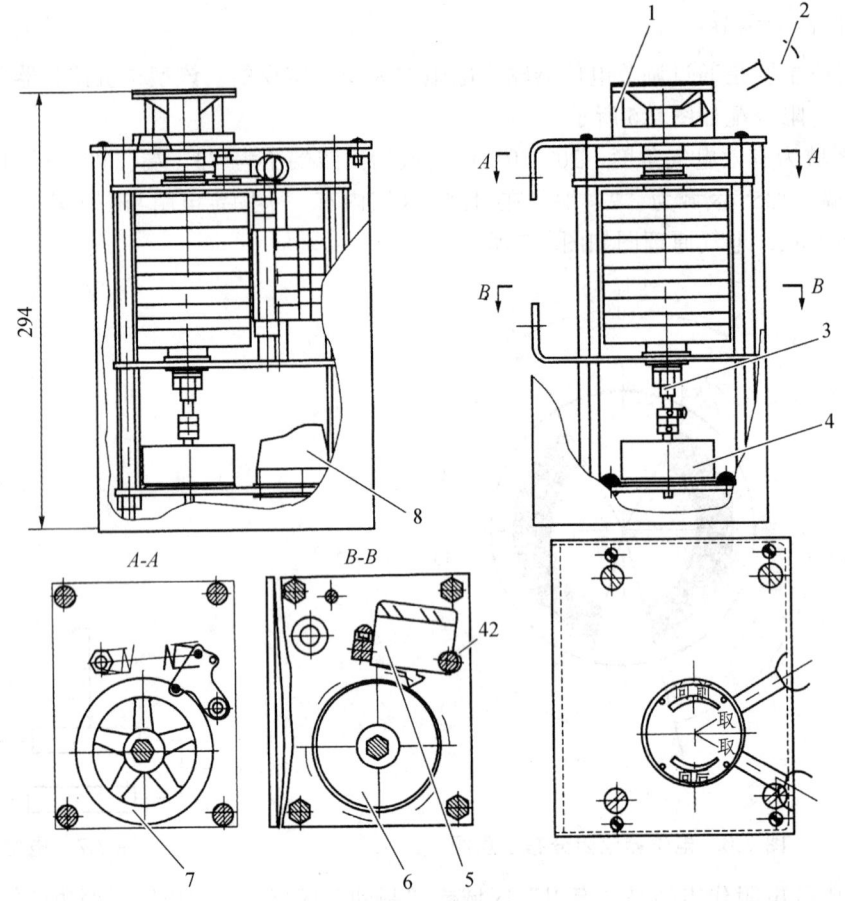

1—限位器；2—手柄；3—主轴；4—电位器；5—辅助触头盒；6—凸轮架；7—定位凸轮；8—插座。

图 7.8　辅助司机控制器结构

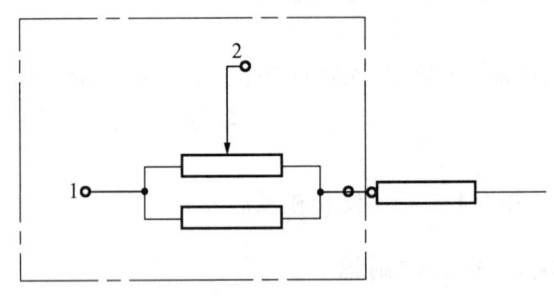

1—电位器；2—分压电阻。

图 7.9　电位器与分压电阻连接原理

2）触头闭合表

辅助司机控制器通过 20 芯插座与机车控制电路相连。图 7.10 为辅助司机控制器的电气接口图，其中括号内为Ⅱ端司机室的线号。

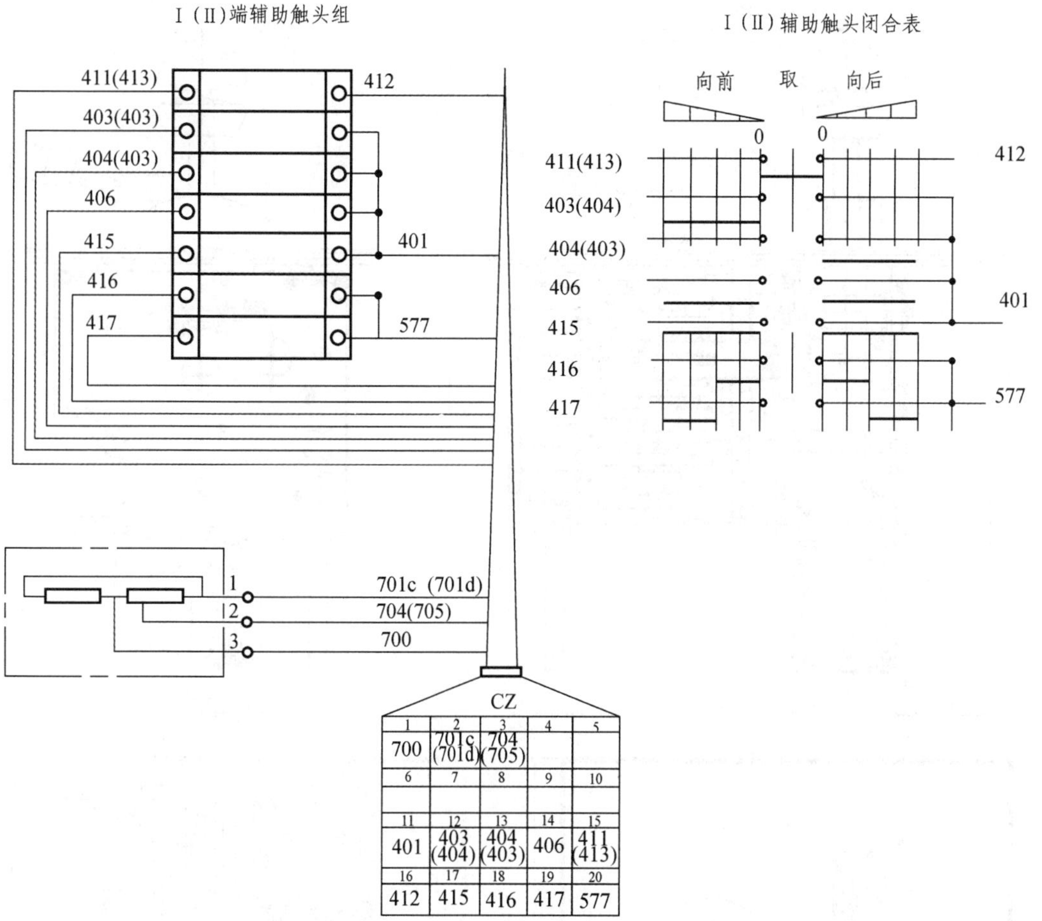

图 7.10 辅助司机控制器电气接口图

三、HXD₃型电力机车司机控制器

HXD₃型电力机车两端司机室操纵台上各装一台 S640U-B 型司机控制器,如图 7.11 所示,该型司机控制器的特点:结构紧凑、体积小、质量轻、高可靠、长寿命、少维修或免维修。触头采用德国沙尔特宝公司先进的触头模块,为速动自净型、密封结构。司机控制器主手柄上设置有警惕按钮,而且该司机控制器还具有夜间挡位显示功能。

1. 结 构

从司机控制器面板上看:有两个控制器,一个为推拉式主手柄,它是机车调速用控制推杆,它分为"牵引"区域、"0"位区域、"制动"区域。另一个为换向手柄,它是用于机车换向操纵,有"后""0""前"3个位置,如图 7.12 所示。

图 7.11 S640V-B 型司机控制器

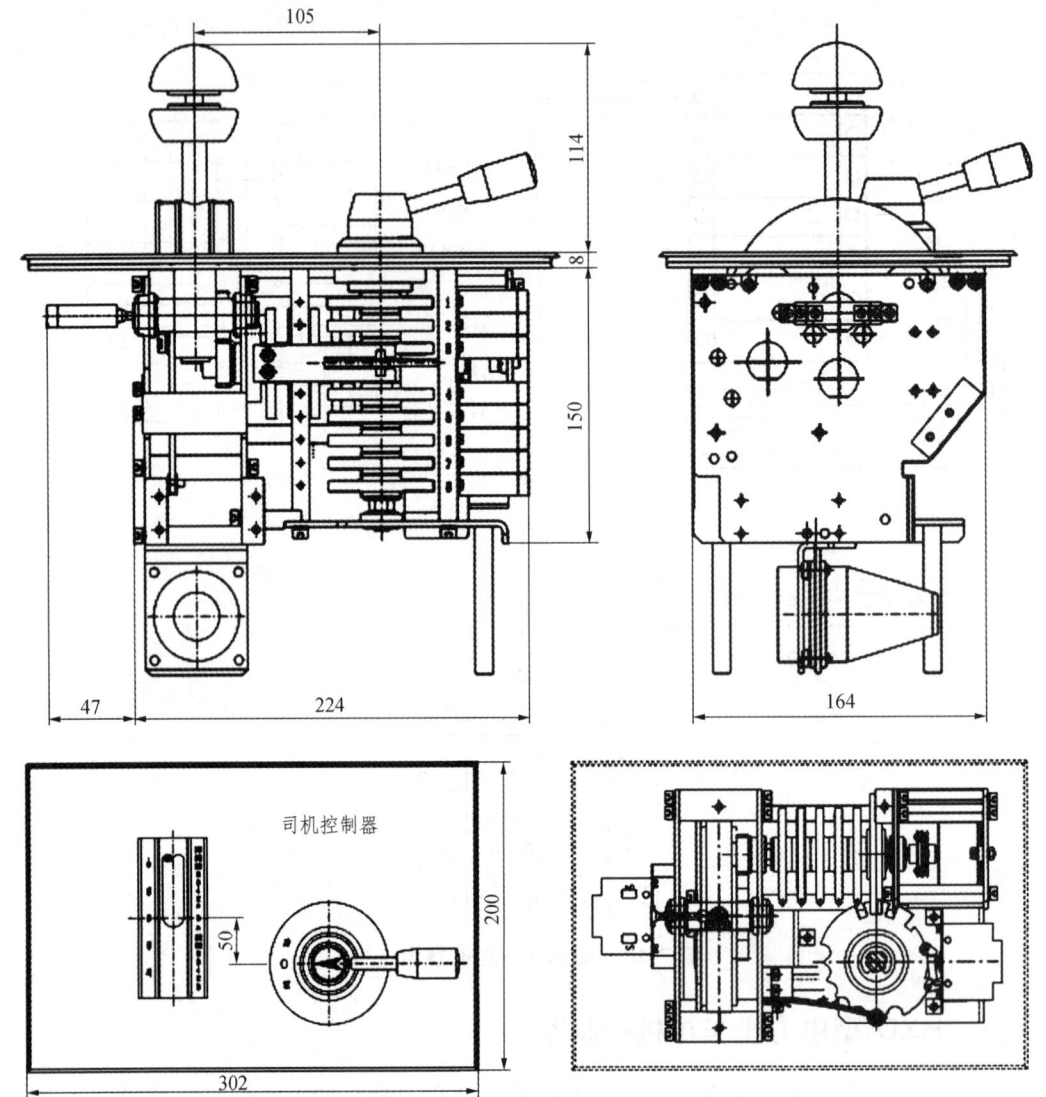

图 7.12　S640U-B 型司机控制器外形

司机控制器内部结构如图 7.13 所示，控制器中的推杆经机械传动与六方轴连接，方轴转动带动每层凸轮转动。凸轮选用硬度高、耐磨的陶瓷材料，压入方轴上，各层凸轮根据闭合表要求，顶压速动开关的滚轮，使滚轮绕固定轴转动并压下开关使触头闭合（断开），完成机车操纵程序。

S640U-B 型司机控制器采用 S8472W2B 触头，具有以下特点：接点为速动型；封式结构；接点具有自净功能，可提高用作计算机信号时的可靠性。其结构外形如图 7.14 所示。

2. 动作原理

司机控制器的面板上有主手柄、换向手柄两种可操作机构。主手柄有："0"位、牵引指示挡位"*-2-4-6-8-10-12-13"和制动指示挡位"*-12-10-8-6-4-2-0"；换向手柄有："后""0""前"3 个挡位。

图 7.13　S640U-B 型司机控制器内部结构　　　图 7.14　触头 S8472W2B 外形结构

司机控制器的主手柄在牵引指示的"0""*"位有定位;在其他挡位之间为无级调节;在牵引工况下主手柄向前推,在制动工况下主手柄向后拉,通过齿轮传动带动驱动电位器调节输入到微机柜的电压指令,从而达到调节机车牵引力和电制动的目的;换向手柄在每个挡位均定位,使换向手柄稳定在相应的挡位中。

3. 机械联锁

主手柄是固定式;换向手柄是可取式(钥匙式),且只能在"0"位插入或取出。整台机车的司机控制器合用一只活动手柄(钥匙手柄),从而保证了机车在运行中,只能操作一台司机控制器,不致引起电路指令发生混乱。

为了防止可能产生的误操纵,司机控制器的主手柄与换向手柄之间设有机械联锁装置:

(1)换向手柄在"0"位时,主手柄被锁在"0"位。

(2)换向手柄在"前""后"位时,主手柄可离开"0"位转向"牵引区"或"制动区",主手柄一旦离开"0"位,换向手柄被锁住。

(3)主手柄在"0"位时,换向手柄可以在"后""0""前"各位之间转动。

S640U-B 型司机控制器主手柄上设置有警惕按钮。主手柄在任意位置时,警惕按钮均可按下。

司机控制器挡位的夜间显示用"仪表照明"扳钮开关控制。夜间行车时,打开"仪表照明"扳钮开关,司机控制器的挡位和机车仪表同时发光。

4. 司机控制器闭合表及接线图

司机控制器闭合表(见图 7.15)、司机控制器接线图(见图 7.16)。

5. 主要技术参数

(1)触头 S8472W2B 参数:

额定电压(U_e) ·· DC 110 V
约定发热电流(I_{th}) ·· DC 10 A
额定电流(I_e) ·· DC 1.0 A

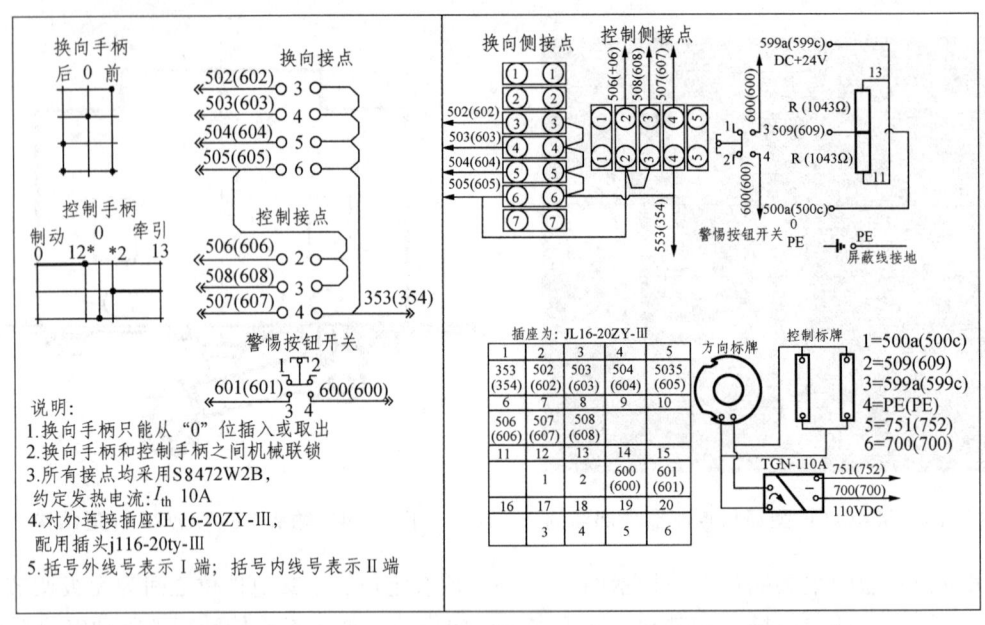

图 7.15　司机控制器闭合表　　图 7.16　司机控制器接线图

（2）电位器参数：

输出电位器采用德国 FSG 公司原装进口电位器 PW70：

电阻值 ·· 2×1 043 Ω

线性度 ·· 1%

功率 ··· 4 W（20 ℃）

使用环境温度 ··· −50～+80 ℃

绝缘电压 ·· 550 V AC　50 Hz

机械寿命 ·· 1×10^9 次

（3）手柄参数：

主手柄操作力 ··· 不大于 20 N

换向手柄操作力 ··· 不大于 20 N

（4）防护等级（污染等级 3）：

整机 ··· IP00

触头 S8472W2B ··· IP00（接线部分）

　　　　　　　　　　　　　　　　　　　　　　　　　　IP60（触点部分）

（5）逆变器输入电压： ··· 110 V DC

（6）寿命：

机械寿命 ·· ＞1×10^6 次

电寿命 ··· ＞1×10^5 次

（7）质量 ··· 约 10 kg

（8）接线方式：

① 触头（司控器内部） ·· M3 螺钉

② 司控器对外连接

司控器内部（20芯插座） ·· JL16-20ZY-Ⅲ

操纵台（20芯插头） ··· JL16-20ZY-Ⅲ

任务二　认知扳键开关

知识导入

扳键开关是司机控制机车的重要部件，每一个扳键对应一台电气设备，一般有主断路器、受电弓、压缩机和机车照明设备等。司机在机车运行过程中，通过操纵这些扳键开关"弹奏"着铁路安全的主旋律。

知识储备

扳键开关是司机操纵、控制机车的重要部件。按照机车的控制需要，由若干个扳钮开关组成扳钮开关组，安装在操纵台上。

认知扳键开关

一、SS_{4G}型电力机车扳键开关

为符合标准化司机室的要求，在国产电力机车中开始采用扳键开关来代替传统的琴键开关。在机车每端司机室的操作台上安装两组扳键开关组，分别为位于主司机前方的扳键开关组1和位于主司机右前方的扳键开关组2。

1. 结　构

1）扳键开关组1

扳键开关组1由12个单体扳键开关组组成，包括的开关组有启动类和照明类（见图7.17），其中启动类由7种开关组组成，分别是：主断、受电弓、劈相机、压缩机、通风机、制动风机和备用压缩机开关；另外还有一个司机钥匙开关，该开关是司机选择操纵端的依据，同时为启动类控制线路提供电源的总开关，司机钥匙与启动类开关还具有机械联锁的功能，能将开关组中的启动类开关的操作手柄锁住，这样，在没有操纵权时，这些开关就不能任意地进行开关动作，能有效地防止因误操作带来的安全隐患。

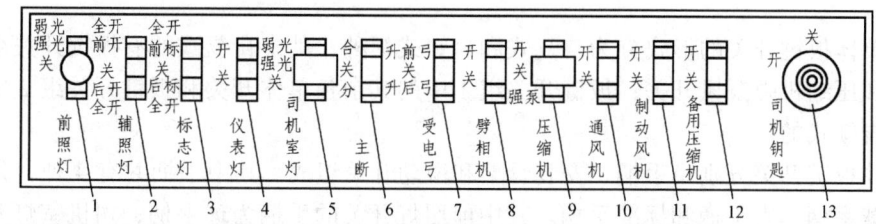

1—前照灯开关；2—辅照灯开关；3—标志灯开关；4—仪表灯开关；5—司机室灯开关；6—主断开关；
7—受电弓开关；8—劈相机开关；9—压缩机开关；10—通风机开关；
11—制动风机开关；12—备用压缩机开关；13—司机钥匙开关

图7.17　板件开关组1

各开关的位数根据需要设置有：两位置（仪表灯、劈相机、通风机、制动风机和备用开关）、三位置（前照灯、司机室灯、主断、受电弓和压缩机）和五位置（辅照灯、标志灯）3种。开关的形式有自复式（主断和压缩机强泵风）和自锁式（其余各开关）。

扳键开关组1对外的电气接口是通过两个20芯的插头插座来实现对外的电气连接，该接口插件位于扳键开关组下方。

2）扳键开关组2

扳键开关组2由3个照明类单体扳键开关组组成（见图7.18），分别是：各室灯开关、走廊灯开关和备用开关。该3种开关均为两位置，且均为自锁式。

扳键开关组2的电气接口通过一个10芯接插件完成对外电气连接。

3）单体扳键开关

组成扳键开关组的各单体扳键开关的结构如图7.19所示，其位数设置有3种，分别是两位、三位和五位。其中两位置的在扳键开关组1中有仪表灯、劈相机、通风机、制动风机和备用压缩机开关，在扳键开关组2中有备用、各室灯和走廊灯开关；三位置的在扳键开关组1中有前照灯、司机室灯、主断、受电弓和压缩机开关；五位置的在扳键开关组1中有辅照灯和标志灯开关。

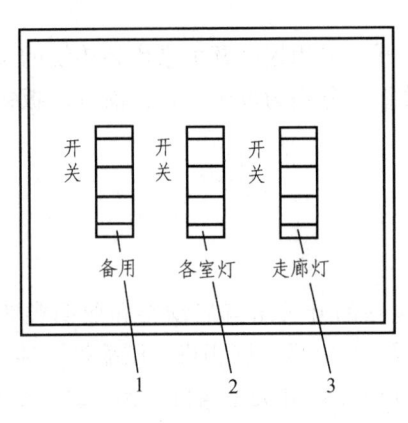

1—备用开关；2—各室开关；3—走廊灯开关。

图7.18 扳键开关组2

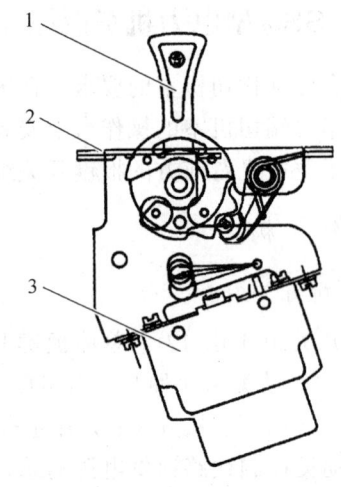

1—手柄；2—安装骨架；3—微动开关。

图7.19 单体扳键开关构成

各单体扳键开关的形式分为自复式和自锁式两种，其中自复式的有扳键开关组1中的主断开关和压缩机强泵风开关；扳键开关组1中的其余各单体开关和扳键开关组2中的所有开关均为自锁式的。

单体扳键开关分别由手柄、安装骨架和微动开关组成。其中手柄共有4种，分别是T形手柄、球手柄、直手柄和标准手柄。其中前照灯开关的手柄为球手柄；司机室灯开关和压缩机开关的手柄为T形手柄；标志灯开关、辅照灯开关和仪表灯开关的手柄为直手柄；其余的单体开关手柄均为标准手柄。

2. 主要技术参数

触点额定工作电压：··· DC 110 V
触点额定工作电流：
大容量触头扳钮开关 ··· 25 A（40 A）
小容量触点扳钮开关 ··· 1 A（2 A）
约定发热电流为 ··· 10 A（20 A）
最大可靠分断电流 ··· 2 A（4 A）
最小可靠接通负载 ··· 12 V DC、5 mA
（适合于接通及分断小电流信号）
机械寿命 ·· 不低于 20 万次

二、HXD₃ 型电力机车扳键开关

HXD₃ 型电力机车操纵台上安装有 S460W-B 型扳键开关组。

1. 结　构

S460W-B 型扳键开关组外形结构如图 7.20 所示，触头闭合表如图 7.21 所示。

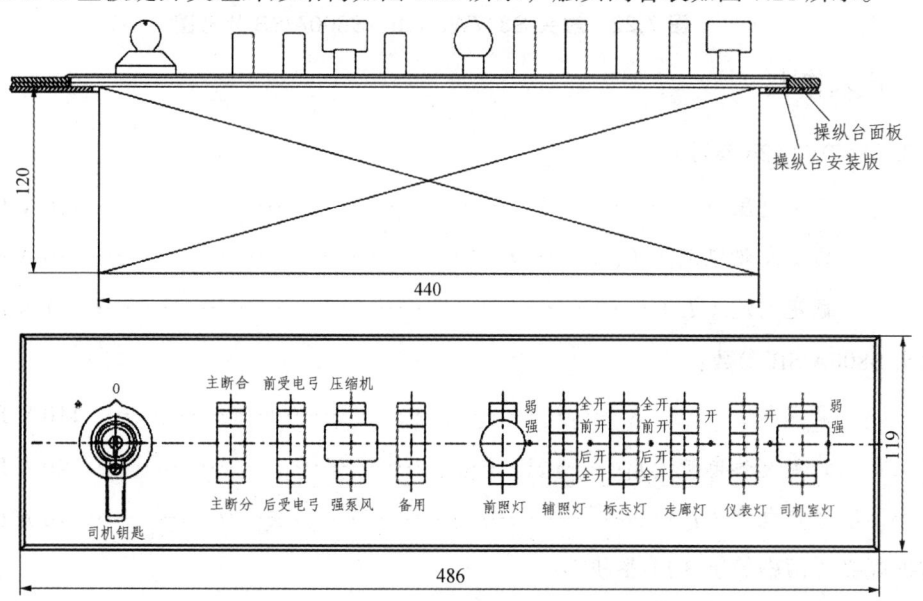

图 7.20　S460W-B 型扳键开关组外形和结构图

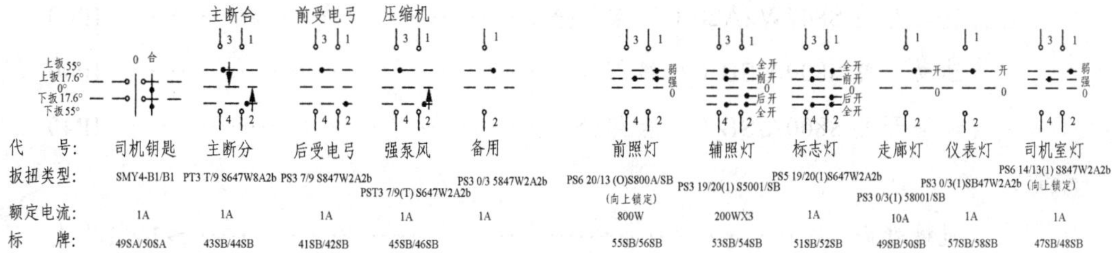

图 7.21　S460W-B 型扳键开关组闭合表

为了防止可能产生的误操作，S460W-B 型扳键开关组设置有机械联锁装置，具体联锁如下：

（1）当钥匙转换开关处于"0"位时，扳键开关均被锁定，不能进行操作。

（2）当钥匙转换开关处于"合"位时，扳键开关能够正常操作。

（3）当操作完毕后必须将扳键开关打至中立位，方能将钥匙转换开关"司机钥匙"锁闭。

触头 S847W2A2b、S800A/SB 外形图如图 7.22 所示。

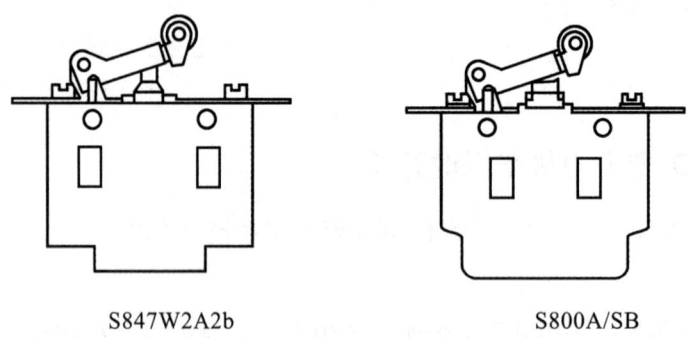

图 7.22　触头 S847W2A2b、S800A/SB 外形图

2. 技术参数

触头 S847W2A2b 参数：

　　额定电压 ·· 110 V DC
　　约定发热电流（I_{th}） ······································ 10 A DC
　　额定电流（I_e） ··· 1 A DC

触头 S800A/SB 参数：

　　额定电压 ·· 110 V DC
　　约定发热电流（I_{th}） ······································ 20 A DC
　　额定电流（I_e） ·· 10 A DC

防护等级（污染等级 3）（整机）：

　　速动开关 S847W2A2b（接线部分） ·························· IP00
　　速动开关 S847W2A2b（触点部分） ·························· IP60
　　速动开关 S800A/SB（接线部分） ···························· IP00
　　速动开关 S800A/SB（触点部分） ···························· IP40

寿命：

　　机械寿命 ·· $>1\times10^6$ 次
　　电寿命 ·· $>1\times10^5$ 次

任务三　认知传感器

知识导入

传感器模拟了人类五官的功能，能够感知并转化外界的刺激信号为可传递的信息，让物体有了触觉、味觉和嗅觉等感官，"活"了起来。机车配置了各种各样的传感器，例如位移传感器、速度传感器和压力传感器等，它们像司机"耳目"一样相互配合、协同工作，帮助司机判断当前机车的运行状态，辅助安全驾驶。

知识储备

一、概　述

1. 传感器的定义

传感器是借助于检测元件接收一种形式的信息，并按照一定规律将它转换成另一种信息的装置。传感器获取的信息可以为各种物理量、化学量和生物量，转换后的信息也可以有多种形式。目前的传感器大多为电信号，因此，从狭义上讲，传感器也可定义为把外界的输入信号转换成电信号的装置。

传感器是自动化系统中不可缺少的元件，它连接被测对象和测试系统，提供系统进行处理和决策所必需的原始信息。显然，一个自动化系统首先要检测到信息才能去进行自动控制，如果传感器不能获得信息，或者获得的信息不确切，或者不能把信息精确地转换成电信号，那么，要显示、处理这些信号就会非常困难，甚至没有意义。所以，传感器关系着一个测量系统或自动化系统的成败。

2. 传感器的分类

随着电子计算机、生产过程自动化、生物医学、环保、能源、海洋开发、遥感、遥测、宇航等科学技术的发展，从太空到海洋，从各种复杂的工程系统到日常生活的衣食住行，都广泛采用了各种传感器。由于应用的对象、测量的范围、周围的环境等不同，需要的传感器也不一样，因此，传感器的种类很多。目前，传感器常用的分类方法有以下两种：

1）按被测物理量分类

（1）位移传感器：用于长度、厚度、应变、振动、偏转角等参数的测量。

（2）速度传感器：用于线速度、振动、流量、动量、转速、角速度、角动量等参数的测量。

（3）加速度传感器：用于线加速度、振动、冲击、质量、应力、角加速度、角振动、力矩等参数的测量。

（4）力、压力传感器：用于力、压力、重量、力矩、应力等参数的测量。

2）按工作原理分类

（1）电阻式传感器：利用移动电位器触点改变电阻值或改变电阻丝或片的几何尺寸的原理制成，主要用于位移、力、压力、应变、力矩、气流流速和液体流量等参数的测量。

（2）电感式传感器：利用改变磁路几何尺寸、磁体位置来改变电感和互感的电感量或压磁效应原理制成，主要用于位移、力、压力、振动、加速度等参数的测量。

（3）电容式传感器：利用改变电容的几何尺寸或改变电容介质的性质和含量，从而改变电容量的原理制成，主要用于位移、压力、液体、厚度、含水量等参数的测量。

（4）谐振式传感器：利用改变机械的或电的固有参数来改变谐振频率的原理制成，主要用于测量压力。

（5）电势型传感器：利用热电效应、光电效应、霍尔效应、电磁感应等原理制成，主要用于温度、磁通、电流、电压、速度、光强、热辐射等参数的测量。

（6）电荷式传感器：利用压电效应原理制成，主要用于力、加速度的测量。

（7）光电传感器：利用光电效应和几何光学原理制成，主要用于光强、光通量、位移等参数的测量。

（8）半导体传感器：利用半导体的压阻效应、内光电效应、磁电效应，与气体接触产生性质变化等原理制成，多用于温度、压力、加速度、磁场、有害气体和气体泄漏的测量。

本任务介绍 SS_4G 型和 HXD_3 型电力机车上采用霍尔器件的磁场平衡式电流传感器、电压传感器和速度传感器以及压力传感器。

3. 磁平衡式霍尔电传感器

磁平衡式霍尔电传感器是采用霍尔器件并引进瑞士 LEM 公司的技术——磁平衡原理制成的电传感器。它适用于电力机车控制系统和其他控制系统的要求，是一种很有发展前途的控制元器件。

1）霍尔器件的工作原理

载流导体在磁场的作用下，两端会产生电位差 U_h，如图 7.23 所示。

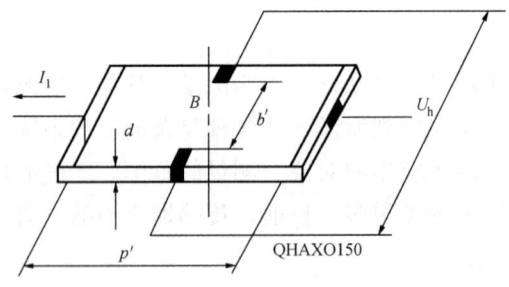

图 7.23 霍尔器件的工作原理

电位差 U_h 的计算公式为

$$U_h = \frac{R_h}{d} \times I_1 \times B \tag{7.1}$$

式中 $\dfrac{R_h}{d}$ ——常数，即霍尔系数，由霍尔器件的材料确定；

I_1——通过电流；

B——磁场；

U_h——霍尔电势。

利用霍尔电势的产生原理，现代科技已用半导体材料专门制成霍尔元件（又称霍尔芯片），用于检测磁通。一般的霍尔芯片均有4根引线，其中2根引线为外加电压，提供电流，另2根引线为输出的霍尔电势U_h。当外加电压恒定，电流I_1恒定时，输出的霍尔电势U_h与磁场有良好的线性关系。

2）LEM传感器的工作原理

LEM传感器是利用上述霍尔器件的工作原理，特别是输出霍尔电势与磁场的线性关系，并运用磁平衡技术制成，其工作原理如图7.24所示。

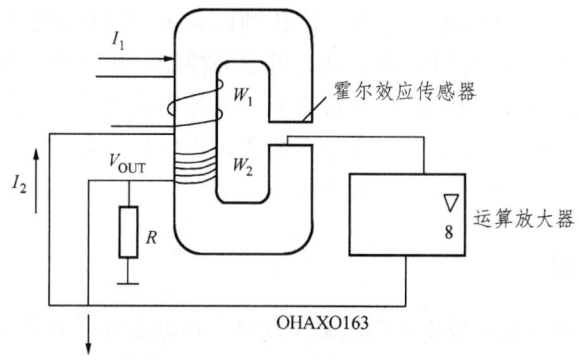

图7.24 LEM传感器的工作原理

图7.24中，I_1为一次侧主回路电流，I_2为二次侧电流，霍尔芯片置于聚磁铁芯的气隙中。一次侧主电流回路所产生的磁场与二次侧电流回路产生的磁场方向相反，互相抵消，使霍尔芯片处于检测零磁通的状态。当一次侧主电流回路产生的磁场导致聚磁环中的霍尔芯片产生霍尔电压时，霍尔电压使得电子放大器相应的功率管导通，并根据霍尔电压的数值提供相应的补偿电流；二次侧电流I_2产生的磁场抵消一次侧电流产生的磁场，直至霍尔电压为零，从而达到磁回路平衡，霍尔芯片又工作在零磁通状态。此时：

$$I_1 W_1 = I_2 W_2 \tag{7.2}$$

式中 W_1、W_2——一次侧、二次侧线圈匝数。

如在二次侧输出回路中加测量电阻R，则

$$U_{OUT} = RI_2 = R\frac{W_1}{W_2}I_1 \tag{7.3}$$

这里，平衡的建立是在瞬间完成的，且平衡后又会出现新的平衡，因此是一个瞬间的动态平衡过程。因磁路为零磁通，可以保证I_1与I_2是线性关系，测量I_2数值就可以得到主电流I_1。这种磁平衡霍尔电传感器的测量精度主要取决于以下几个方面：

（1）W_1、W_2的匝数比。这里，W_1通常为1匝，W_2补偿线圈的准确度成为测量精度的关键。而线圈绕制的精度，是可以控制的。

（2）电子放大器的失调电流，即当一次侧电流为零时的残余电流。

（3）霍尔芯片的残余电位。
（4）电子放大器随温度变化产生的漂移。
上述4个方面均可以控制在精度0.05%～0.01%以下。

3) LEM 传感器的特点

基于以上原理，磁平衡霍尔传感器有如下特点：

（1）可以测量任意波形的电流和电压。因工作在零磁通状态，已不受磁饱和的影响，可以真实地反应各种一次侧电流的波形。

（2）一次侧、二次侧电路隔离。

（3）精度高，对任意波形可做到优于1%的精度。

（4）线性精度好，一般可做到优于0.1%。

（5）过载能力强，当一次侧电流过载（即达到饱和），可自动保护。

所以，磁平衡霍尔传感器特别适应于电力机车的控制。机车电流通常为脉流，除直流分量外，有脉动交流成分。以前的电力机车只能采用磁补偿式直流互感器，在测量精度、线性度、失真度、过载能力等方面均落后；而磁平衡式霍尔电传感器的采用大大提高了电力机车控制水平，使机车能实现各种先进的控制方式。

二、电流传感器

电流传感器是一种通过霍尔发生器测磁来实现对各种电流进行测量的检测设备。它们串接在牵引电动机电路的电枢回路或励磁电路中，将相应电流反馈信号输入到电子控制柜的相应信号插件。TQG4A、TCS1型电流传感器原理基本一样，现以TQG4A型电流传感器为例介绍如下。

1. 结构及工作原理

TQG4A型电流传感器由一次侧电路、磁路部件、安装在磁路气隙中的霍尔发生器、二次侧线圈和电子电路所组成，全部器件均密封安装在由阻燃塑料压注成型的外壳之中，具有很好的电隔离性能和抗振动冲击性能。

TQG4A-1000A型电流传感器是采用霍尔器件的平衡式传感器，其原理如图7.25所示。

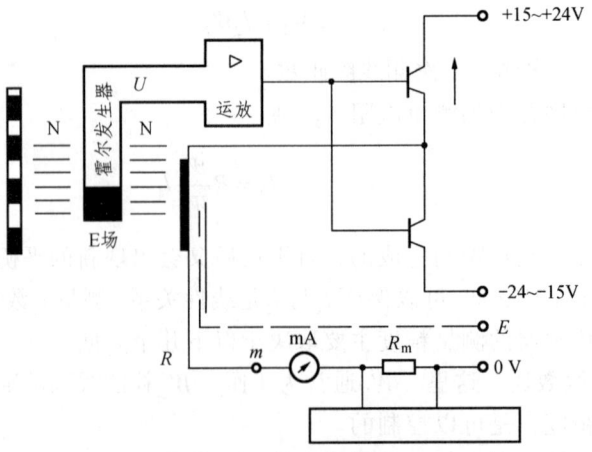

图7.25　TQG4A-1000A型电流传感器原理

霍尔发生器位于磁路的气隙之中,其控制电流 I_c 与磁场 H_c 方向垂直,会产生相应的霍尔电势 U_h,且为

$$U_h = KH_cI_c \tag{7.4}$$

式中 K——霍尔发生器灵敏度系数;

I_c——恒定值;

H_c——被测电流产生的磁场强度,且与该电流成正比,因此 U_h 与被测电流成正比。

这里,霍尔电势经运放差分放大转换成电流信号 I_s,并流经次边线圈,其产生的磁场与被测电流 I_p 产生的磁场大小相等而方向相反。因而使置于该磁场中的霍尔发生器工作在零磁通状态,即有

$$I_sN_s = I_pN_p \tag{7.5}$$

式中 N_p——一次侧匝数,为 1 匝;

N_s——二次侧匝数,为 5 000 匝。

故 $I_s = I_p/5\ 000$

2. 使用注意事项

(1)传感器接线。电流传感器接线如图 7.26 所示。当被测电流为直流,且方向与传感器上箭头标示方向一致时,则测量输出电流的方向是由 M 到 0,M 端为正;否则 M 端为负。

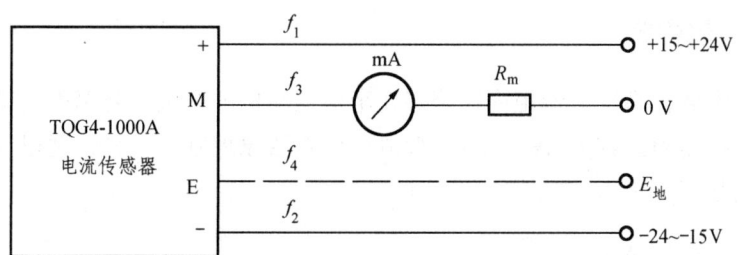

图 7.26　TQG4A-1000A 型电流传感器接线

(2)电流传感器在使用时必须先接通电源,然后再加上被测电流。当测量结束时必须先断开被测电流,然后再断开电源,否则将因剩磁而影响到测量精度。

3. 故障判断

电流传感器的故障,可以用检查无输入电压时偏移电流(失调电流)的方式判别。当一次侧无电流输入、二次侧加 ±24 V 电源、失调电流小于 0.4 mA 时,一般可以认为电流传感器正常。

4. 主要技术参数

各型号电流传感器的主要技术参数如表 7.1 所示。

表 7.1　各型号电流传感器的主要技术参数

型　号	TQG4A	TCS1	TQG6B
额定电流	1 000 A	1 500 A	500 A
过载能力	1 500 A-3 min/h	1 800 A-2 min/h	800 A-5 min/h
额定输出比例	200 mA/1 000 A	300 mA/1 500 A	100 mA/500 A
最大输出比例	360 mA/1 800 A	—	160 mA/800 A
准确度	±1%I_n	±1%I_n	±1%I_n
一次侧电路和二次侧输出电路之间耐压	6 kV/50 Hz（1 min）	6 kV/50 Hz（1 min）	6 kV/50 Hz（1 min）
电源	±15～±24 V	±24 V（1±5%）V	±24 V
电阻	40 Ω	55 Ω	80 Ω
电流消耗	60 mA+被测电流	50 mA+被测电流	(35±5) mA+被测电流
工作温度	-25～+70 ℃	-25～+70 ℃	-25～+70 ℃
外形尺寸	230 mm×132 mm×153.5 mm	230 mm×152 mm×152 mm	115 mm×74 mm×62 mm（穿心母线长240 mm）
质　量	3 kg	3 kg	1 kg

三、电压传感器

电压传感器安装在高压电器柜内，跨接在牵引电动机的两端，将牵引电动机端电压反馈信号输入到电子控制柜。TQG3A、TSV1 型电压传感器原理基本一样，现以 TQG3A 型电压传感器为例介绍如下：

1. 结构及工作原理

传感器除一次侧被测电压输入接线端子（+HT，-HT）、限流电阻连接片、二次侧测量输出端子和工作电源供给端子（"+""M""-"）外，所有电子器件均用绝缘材料固封于自熄式绝缘外壳内，结构紧凑、牢固。

TQG3A 型电压传感器是采用霍尔器件的平衡式传感器，其原理如图 7.27 所示。传感器由限流电阻 R_1、一次侧线圈 W_1、霍尔发生器、二次侧线圈 W_2 及放大电路等部分组成。当被测电压 U 经过限流电阻 R_1 和一次侧线圈 W_1，产生电流 I_p 时，该电流流经 W_1，产生磁场 H_p，使霍尔发生器有霍尔电势输出，该信号经放大电路放大，推动功率管，从电源获得补偿电流 I_s，I_s 流经 W_2 所产生的磁场 H_s 的方向和 H_p 相反，从而补偿了 H_p，直到 $I_p \times W_1 = I_s \times W_2$ 为止。根据 $I_p \times W_1 = I_s \times W_2$，可得出 $I_p = (W_1/W_2) \times I_s$，而被测电压 $U = I_p \times R'$（$R' = R_1$ + 一次线圈内阻），所以，测得 I_s 便可知被测电压 U 的值。

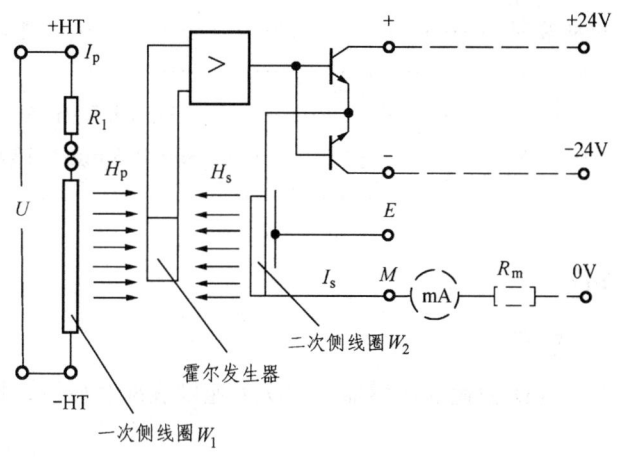

图 7.27　TQG3A 型电压传感器原理

2. 使用注意事项

（1）电压传感器接线。

图 7.27 中，+HT，−HT 端子接被测电压，+HT 接高电位，−HT 接低电位，测量电流方向如图 7.27 中 I_s 箭头所示。若被测电压为交流电时，I_s 方向跟随输入端电压方向改变而改变。

"+""−"端子接 ±24 V 电源，"M"端子经外接毫安表（也可不接），测量电阻 R_m 接到 ±24 V 电源中点（0 V）。

"E"端子为内部屏蔽端子，一般接机车地线或电源"−"端，也可空着不接。

（2）电压传感器在使用时必须先接通电源，然后再加上被测电压，当测量结束时，必须先断开被测电压，然后再断开电源，否则将因剩磁而影响到测量精度。

3. 故障判断

电压传感器的故障，通常用检查无限输入电压时偏移电流（失调电流）的方式判断。在原边无输入被测电压时，副边加上 ±24 V 电源，通过"M"点串接测量电阻 R_m 和毫安表（如电压传感器接线示意图 7.27 所示），当测量到偏移电流不大于 0.5 mA，且+HT 和−HT 的值在 500 kΩ 左右时，一般可以认为电压传感器正常。

4. 主要技术参数

电压传感器的主要技术参数：

额定测量电压 ·· 2 000 V
输入电阻 ··· 500 kΩ
二次侧输出测量电流 ·· 80 mA
二次侧线圈内阻 ·· 30 Ω
准确度 ·· ±1%U_e
无线输入电压时偏移电流 ·· ≤ ±0.5 mA
工作环境温度 ·· −25 ~ +70 °C
耐压：
一次侧电路和二次侧输出电路及屏蔽间 ·· 6 kV/50 Hz/1 min

二次侧输出电路和屏蔽间 ························· 1 kV/50 Hz/1 min
电源 ··· ±24(1±10%) V
电流消耗 ····································（35±5）mA + 输出测量电流
外形尺寸 ································· 196 mm×134 mm×105 mm
质量 ··· 2 kg

四、速度传感器

1. FD 型速度传感器

SS$_{4G}$ 型电力机车采用 FD 型速度传感器与 SD 型速度表配套使用，指示机车运行速度、行程里程和时间。

FD 型速度传感器采用 FD 型永磁单相测速电机，此传感器装在机车轴箱上，通过机车轮轴轴头，驱动测速电机旋转，产生单相交流电压，经速度表内的速度控制板中的整流电路整流、滤波后，变成平滑直流电压，送入广角度直流毫安表。利用电机转速与电压的线性关系，在广角度电表上显示机车运行速度、轮径磨耗。其误差可通过调节速度显示电路的电位器来消除。

1）测速原理

FD 型永磁单相测速电机是一只单相 16 级永磁测速机。它通过拨动动轴、传动簧使机车轮轴与电机轴软性连接，电机的转子由磁钢与一对极爪组成 16 个极，充磁方便，定子线圈有 3 挡抽头选择电机输出电压值，磁路中有可调的磁路分路装置，电机的输出电压可通过线圈抽头和磁分路来调节，所以，电机电压线性好、精度高、具有互换性。当机车的轮轴驱动电机旋转时，就会产生与电机转速呈线性关系的单相交流电压，供电测量仪表进行速度、转速显示与机车控制用。

2）里程显示原理

FD 型电机上装有由二级蜗轮、蜗杆减速，偏心轮装置和微动开关组成的里程减速机构。当机车轮轴走行 1 km 时，经蜗轮、蜗杆减速，偏心轮转动，顶动微动开关一次，里程开关信号进入 SD 型速度表内的里程计数器，累计机车走行公里。减速机构中，蜗轮的齿数根据机车轮径的大小决定，偏心轮装置保证机车无论前进、后退均能输出里程开关信号。

3）主要技术参数

速度传感器的主要技术参数：

测量范围 ·· 0～1 000 r/min
电压允许误差 ·····························（32±0.2）V AC（800 r/min）
电机的线性允许误差 ·································· ±0.3 V
电机旋转方向 ·· 任意
工作方式 ·· 连续
结构形式 ·· 封闭自冷
工作条件：
环境温度 ·· −20～+50 ℃

相对温度 ·· 不大于85%（+25 ℃）
电机寿命 ··· 5 000 h
质量 ··· 6 kg

4）使用、维护与检验

（1）速度表与FD型速度传感器需编号对应使用，传感器铭牌上的轮径数应与速度表铭牌上的轮径数相符，电表指针应调到机械零位，FD型速度传感器的电机传动轴必须灵活。

（2）速度表与机车控制电路的连线必须牢固，不得有断线、短路现象。FD型速度传感器的电机安装在机车轴箱上，传动轴通过传动机构与机车轮轴连接，其安装必须牢固可靠；电机接线盒内接线不得有断线、短路现象。

（3）测速发电机使用半年后，应检查各传动零件和电机的工作情况，如有磨损应予更换。更换后，组装时应清洗零件和重新润滑。电机电压的测定在速度表实验台上进行，采用阻抗不小于10 MΩ、精度不低于0.5级的数字交流电压表测定。电压不符合技术要求时必须进行调整。调整完毕应用锁片自锁，防止调节螺钉松动。

（4）速度表与传感器每使用3个月应在速度表校验台上进行一次速度和转速、速度取样点校验。速度表表头与传感器的校验工作在专用校验台上进行。校验时根据机车的实测轮径进行计算。

2. DF_{16}型速度传感器

HXD_3型电力机车采用DF_{16}型速度传感器。DF_{16}型传感器是上海得意达公司引进德国DEUTA公司全套技术和主要部件组装生产的光电式速度传感器。它有单、双、三及四通道可供选择。通过内外两轨道光栅盘扫描，传感器输出两种不同脉冲数的方波信号，内轨道每转80个脉冲，外轨道每转200个脉冲，输出可以是不同脉冲数的各种组合，各通道间彼此隔离，且带有极性保护、输出短路保护。

速度传感器可方便地安装于轴箱盖上，传动部分采用软性连接，能克服安装不同心及驱动间隙。DF_{16}型传感器具有坚固、密封、抗振、抗冲击、测速范围宽、温度适应范围宽、可靠性好、使用寿命长等特点。适用于国内外各种类型电力机车的速度、方向、空转及打滑等各项检测，如图7.28所示。

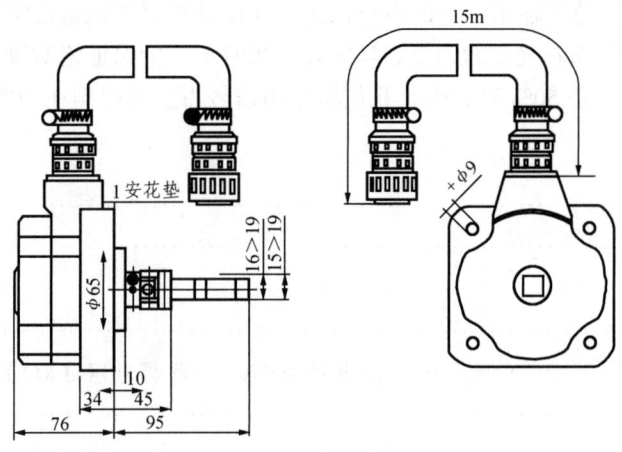

图7.28 DF_{16}速度传感器外形

1)对外接口

DF$_{16}$型传感器由光电模块、光栅、外壳、传动轴、软性连接器、14芯防水插头座和外附导线等组成。各模块彼此隔离,可安装于内或外轨道上,通道数为1~4。当机车运行时,传感器产生频率为$f = n \times p / 60$(n为转速,p为内或外轨道的每转脉冲数)的方波信号,供机车电子控制系统对机车速度、空转、方向、打滑等进行采样检测,如图7.29所示。

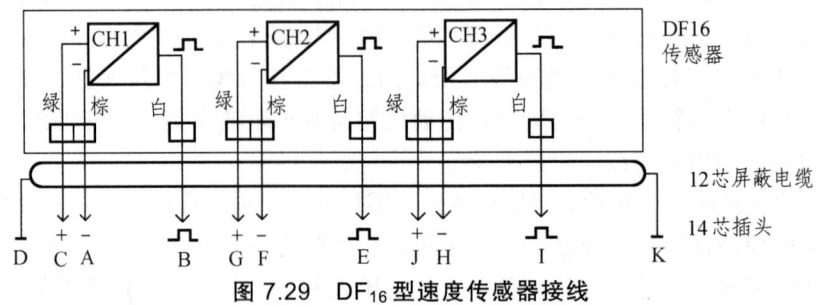

图7.29 DF$_{16}$型速度传感器接线

2)工作原理

测速传感器由电源稳压电路、放大电路、整流电路、光发射电路、光接收电路、短路保护电路、输出驱动电路、电源极性保护电路等组成,如图7.30所示。

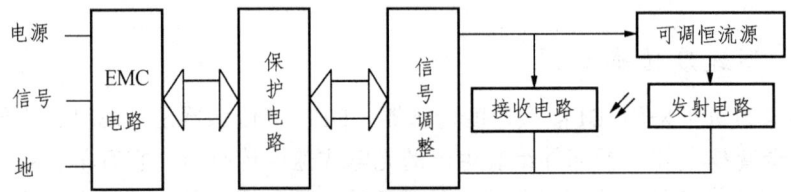

图7.30 速度传感器组成框图

通过传感器内部光电模块扫描与轮轴同步的光栅盘,传感器可输出和速度呈线性比例的方波信号,每转有200个脉冲或80个脉冲,各通道间彼此隔离,且带有极性保护、输出短路保护。传感器可方便地安装于轴箱盖上,传动部分采用软性连接,能克服安装不同心及驱动间隙。传感器输出的频率和轮轴转速的关系为$f = n \times p / 60$,其中n为每分钟转速,p为每转脉冲数。

从理论上来说,传感器输出信号的占空比应和光栅盘槽栅的机械占空比一样,由于光栅盘槽栅不可能绝对均匀分布在光栅轨道上,且安装光栅时不可能保证绝对没有偏心,所以输出信号占空比是变化的,不是50%对50%,我们将输出信号占空比控制在50%±20%范围内。

3)技术参数

测速范围 ··· 0~2 000 r/min
每转脉冲数 ··· 200 p
输出通道数 ··· 3
输出波形 ··· 方波
输出幅度 ··· 高电平≥9 V,(负载电阻3 kΩ),低电平≤2 V
脉冲占空比 ··· 50%±20%
脉冲相位差 ··· 90°±45°

（CH$_1$，CH$_2$，CH$_3$）出轴顺时针旋转，CH$_1$超前CH$_2$，CH$_3$超前CH$_2$。

工作电源 ································· 12～30 V DC
功耗电流 ································· ≤40 mA（每通道）
短路保护 ································· 具有输出短路保护功能
绝缘强度 ································· 1 500 V　50 Hz，1 min（通道对外壳）
　　　　　　　　　　　　　　　　　 500 V　50 Hz，1 min（各通道间）
工作温度 ································· －40～＋70 ℃
耐振性能 ································· 振动 30g，冲击 200g（DIN40046）
密封性能 ································· 能承受雨、雪、风、沙（IP65）
质量 ···································· 3 kg

五、压力传感器

SS$_{4G}$型电力机车采用CZY1型电阻应变或压力传感器来解决远程测试制动缸压力的问题，对机车辅助风缸和制动风缸的空气压力加以测量。

CZY1型压力传感器具有良好的线性度，滞后误差小、垂直性好、精度较高，适用于测量各种不结晶液介质的静态（或变化缓慢的）液气体压力。

1. 工作原理

CZY1型压力传感器采用直接固定平圆膜片作为弹性变形元件。在压力作用下膜片产生弹性变形，粘贴在膜片一面的箔式组合电阻应变计（具有4个工作桥臂的全桥应变计）亦感受该变形。在稳定桥压下，由应变计电阻变化而引起的电压输出变化，线性地正比于施加压力的大小，应变计的毫伏输出值经专门的电子线路放大为伏级输出值，可获得理想的测试效果。

2. 主要技术参数

CZY1型压力传感器的主要技术参数：

工作电压 ································· 24 V DC（波动范围 22～29 V）
环境温度 ································· －20～＋150 ℃
功耗电流 ································· 小于 40 mA
外形尺寸 ································· ϕ72 mm×105 mm
质量 ···································· 约 750 g
测量范围 ································· 0～1 MPa
耐机械力性能 ······························· 3g（80～120 次/min）
绝缘电阻 ································· 不小于 30 MΩ

3. 安装与使用注意事项

1）安　装

CZY1型压力传感器的安装方法如图7.31所示

当被测试介质是气体时，传感器可以在任意方向安装，但以垂直安装为最好；当被测试介质是液体时，必须以垂直安装，安装须稳定牢固，装卸时必须用工具操作。

2）使用注意事项

（1）CZY1 型压力传感器在机车上的接线方法如图 7.32 所示。

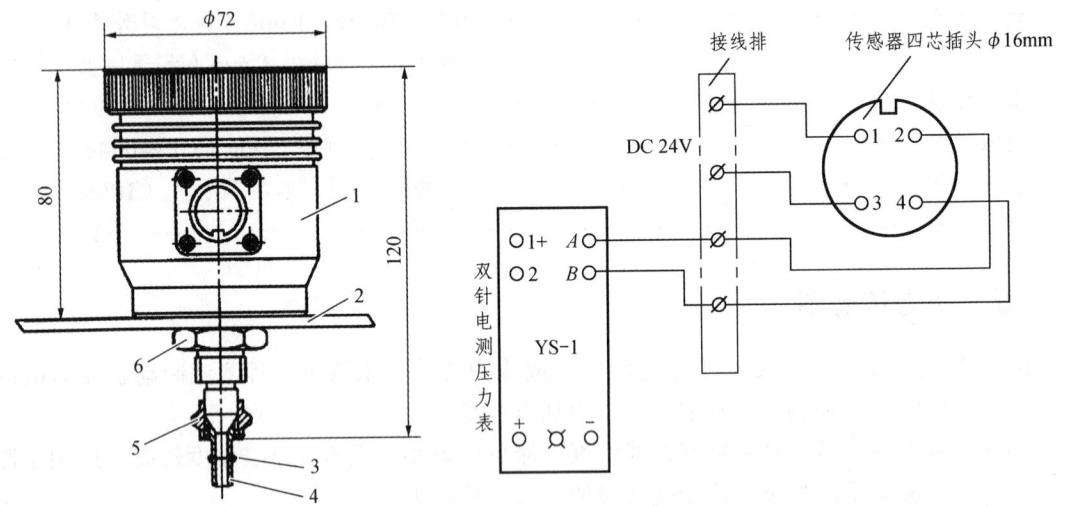

图 7.31　CZY1 型压力传感器安装方法　　图 7.32　CZY1 型压力传感器在机车上的接线方法

（2）引出线的插头插座配套提供，电源接通后传感器随即工作，1 h 后进入稳定工作状态。

（3）严禁输出线与电源线短路，接线时应仔细检查。

（4）CZY1 型压力传感器具有一定的抗腐蚀能力，但不能测量腐蚀性很强的酸、碱液体或气体。

（5）传感器有 110%FS 的过载能力，用户使用时，应不要超过铭牌上给定的量程值。

（6）该传感器应定期进行校准（约 3 个月）。

（7）注意传感器的防尘、防潮，不使用时应置于温度为 10～30 ℃，湿度为 30%～80% 的清洁环境中。

任务四　认知蓄电池

知识导入

生活中，小到电子手表、应急电源，大到电动汽车、太阳能电池板，都有蓄电池的身影。其实，蓄电池在铁路运输中也不可小觑，例如，机车升弓前或是因故障无法从接触网获取电能时，均由蓄电池组向机车控制电路供电。

知识储备

认知蓄电池

一、概 述

蓄电池是化学能与电能互相转换的装置,它能把电能转变为化学能储存起来,使用时再把化学能转变为电能,而且变换的过程是可逆的。以上两个过程前者叫作充电,后者叫作放电。

根据极板所用材料和电解液性质的不同,蓄电池一般可分为酸性(铅)蓄电池和碱性蓄电池两大类。碱性蓄电池按其极板活性物质的不同,又可分为铁镍蓄电池和镉镍蓄电池等系列。

二、GN-100 型镉镍碱性蓄电池组

1. 作 用

韶山型电力机车的蓄电池组是机车上直流电源的辅助电源,并兼做可控硅稳压电源的滤波元件。在升弓前及可控硅稳压电源发生故障时,由蓄电池组向机车控制电路供电。

2. 型号及含义

GN-100 型,其中 G——镉(负极板材料);N——镍(正极板材料);100——蓄电池容量(A·h)。

3. 结构组成

韶山系列电力机车均采用 GN-100 型镉镍碱性蓄电池组,它由 74 个蓄电池串联而成,每个蓄电池的标称电压为 1.25 V,容量为 100 A·h,蓄电池组的标称电压为 92.5 V。SS_{4G} 型电力机车蓄电池总电压不得低于 80 V。

蓄电池主要由两种不同金属组成的正、负极板和电解液和容纳极板及电解液的电槽组成,如图 7.33 所示。

蓄电池的正、负极板用穿孔钢带制成的匣子分别装入正、负活性物质(氧化镍、镉铁合金等)构成,带上的小孔用于排出充电时所形成的气体,便于电解液的流通。正、负极板分别焊在各自带有接线柱的汇流排上,组成极板组。安装时将正、负极板交错排列并采用硬橡胶棍隔离,再通过各自的引线端柱紧固于槽盖上。正极板与电槽直接相连,负极板与电槽绝缘,故负极板比正极板略窄,以防负极板与电槽相连,导致正、负极板间短路。由于正极板活性物质单位质量的电容量少于负极板的活性物质,故在镉镍蓄电池中,正极板比负极板多一片,即 6 片正极板,5 片负极板。

电槽用镀镍钢板制成,由于碱性蓄电池的电槽本身也是一个电极,所以必须注意各蓄电池之间及蓄电池与地之间的绝缘,以防短路。槽盖上有 3 个小孔,左、右两孔用于引出正负极柱,并在正极柱旁注明有"+"号

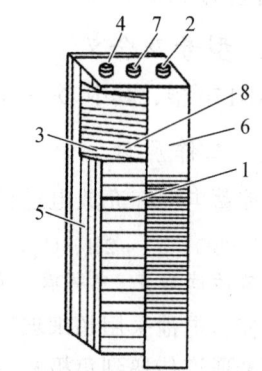

1—正极板;2—正极板引线端;3—负极板;
4—负极板引线端;5—硬橡胶棍;6—电槽;
7—带有开关作用的螺丝塞;8—电解液。

图 7.33 GN-100 型镉镍碱性
蓄电池结构

标志；中间一个为注液孔，孔内装有带开关作用的气塞。气塞有3个作用：一是可防止外部空气中二氧化碳侵入后产生碳酸盐，降低蓄电池容量；二是可防止蓄电池短时翻转时电解液外流；三是能使蓄电池内部的气体增加到一定量时通过气塞排出，以免蓄电池中气压过高。

电解液是根据使用蓄电池的环境温度配置的，使用合理，可以延长蓄电池的寿命，保证其额定容量。

4. 充电制

机车在运行一段时间以后，当蓄电池电压低于终止电压（一般规定终止电压为 1.1 V）时，蓄电池不适宜继续放电，应及时充电，并需补充蒸馏水或电解液。蓄电池以恒定的电流充电时，其充电制有初充电制、标准充电制和快速充电制3种。

对 GN-100 型镉镍碱性蓄电池，不同充电制时的充电电流和充电时间如下：

（1）初充电制：25 A 充 6 h，再用 12.5 A 充 6 h（放电时用 12.5 A 放 4 h）。

（2）标准充电制：25 A 充 7 h。

（3）快速充电制：50 A 充 2.5 h，再用 25 A 充 2 h。快速充电方法仅在特殊情况下使用，不能作为经常的充电制度。

（4）过充电制：25 A 充 9 h。

若充电电流及时间不定则称浮充电。可控硅稳压电源正常工作时蓄电池处于浮充电的工作状态。

5. 特　点

GN-100 型镉镍碱性蓄电池具有能承受大电流、耐振动、耐冲击；对过充电和欠充电不是很敏感，自放电极弱，寿命长等优点，且不散发有害气体。缺点是单个蓄电池的电压较低，内阻大，放电时电压变化较大。

三、DM-170 型阀控式密封铅酸蓄电池

HXD_3 型电力机车电源柜装有 49 块 DM-170 型阀控式密封铅酸蓄电池，单体额定电压为 2 V，容量为 170 A·h。

1. 型号及含义

DM-170 型，其中 D——电力机车用；M——密封式；170——10 h 率额定容量（A·h）

2. 工作原理

阀控蓄电池在充放电过程中产生以下化学反应

$$PbO_2 + 2H_2SO_4 + Pb = PbSO_4 + 2H_2O + PbSO_4$$
正极活性物质　电解液　负极活性物质　正极放电产物　水　负极放电产物

阀控蓄电池采用超细玻璃门（AGM）隔板，在正负极之间预留气体通道，使正极产生的氧气顺着通道传递到负极复合成水，达到无酸雾溢出，不需加水维护的效果，其反应式为

$$O_2 + 2Pb + 2H_2SO_4 \longrightarrow 2PbSO_4 + 2H_2O$$

3. 蓄电池的容量

蓄电池在一定放电条件下能给出的电量称为蓄电池的容量，以符号 C 表示。常用的单位

为安培小时,简称安时(A·h)。

蓄电池的容量分为额定容量和实际容量及其不同放电条件下的容量。实际容量是指蓄电池在一定放电条件下放电电流(A)与放电时间(h)的乘积,单位为A·h。

4. 蓄电池的容量及其影响因素

1)放电率对容量的影响

蓄电池的放电率常用时率和倍率表示,蓄电池放电倍率越高,即放电电流越大,放电时间越短,放出的相应容量越少。如:

$C10$—10 h 率额定容量(A·h);
$C5$—5 h 率额定容量(A·h);
$C1$—1 h 率额定容量(A·h)。

2)温度对容量的影响

图 7.34 为蓄电池放电容量与温度的关系曲线。蓄电池放电时如果环境温度不是 25℃,则需将实测容量按以下公式换算成 25℃ 基准温度时的实际容量 C_e。

$$C_e = \frac{C_t}{1+K(t-25)}$$

式中　C_t——环境温度 t 时的实测容量(A·h);
　　　t——放电时的实测温度(℃);
　　　K——温度系数。

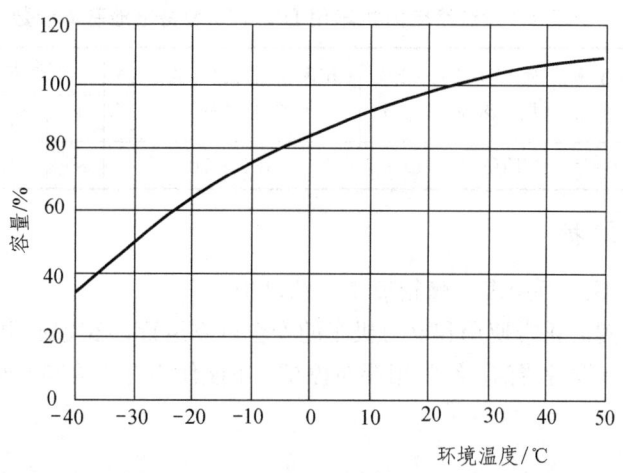

图 7.34　机车车辆用 DM-170 型蓄电池放电容量与温度的关系曲线

表 7.2 表示铁道机车车辆用 DM-170 型蓄电池在不同时率容量试验时的温度系数 K。

表 7.2　铁道机车车辆用 DM-170 型蓄电池在不同时率容量试验时的温度系数 K

型　号	温度系数 K		
	1 h 率放电时	5 h 率放电时	10 h 率放电时
DM-170	0.01	0.008	0.006

5. 均衡充电程序

阀控式密封铅酸蓄电池在下列情况下需对蓄电池组进行均衡充电。

（1）蓄电池系统安装完毕，对蓄电池组进行补充充电。

（2）蓄电池组浮充运行3个月后，有两只以上蓄电池电压低于2.18 V。

（3）蓄电池搁置停用时间超过3个月。

（4）蓄电池全浮充运行达3个月。

（5）均衡充电的方法推荐采用：以DC 2.3~2.4 V/单体充电24 h，蓄电池在不同温度下的均衡充电电压如表7.3所示。

表7.3 DM-170型蓄电池在不同温度下的均衡充电电压

环境温度/°C	均衡充电电压（$V\pm0.02$）V/只	整组电压/V
<20	2.40	115.2
25	2.35	112.8
30	2.30	110.4
35	2.25	108.0
>40	2.20	106.6

6. 基本参数

铁路电力机车用DM-170型蓄电池基本参数如表7.4所示。

表7.4 铁路电力机车用DM-170型蓄电池基本参数

型号规格	额定电压/V	10 h率容量C_{10}（A·h）（终止电压1.8 V/单格）	1 h率容量C_1（A·h）（终止电压/V）	外形尺寸$^{0}_{-2}$/mm				参考质量/kg
				长	宽	高	总高	
DM-170	2	170	102/1.70	85	173	353	365	12.5

7. 蓄电池的维护

维护时使用的工具：万用表、棘轮扳手、活动扳手。

为确保蓄电池装置的正常使用和电力机车的安全可靠运行，必须对蓄电池进行必要的维修与保养，保持蓄电池和设备清洁。经常用湿布擦拭，不能使用有机溶剂（如汽油等）清洗外部。

8. 注意事项

（1）蓄电池在检修期间，充电后放置3 h开路电压不得小于2.1 V/只，若开路电压小于2.1 V/只时，表明蓄电池没有充足电，如长期使用将严重影响蓄电池的性能。

（2）安装蓄电池时应使用带有绝缘材料护套的手柄，防止在安装中蓄电池短路。

（3）蓄电池安装完毕，测量每只电池的总电压，测量时应正确连接蓄电池的正负极。

（4）备用蓄电池应3个月进行一次容量检测（先采用均衡充电的方法充电，然后测试容量）。

（5）请勿在蓄电池组附近吸烟或使用明火。

（6）请勿使用异样蓄电池。

（7）所有的维护工作必须由专业人员进行。

四、HXD₃型电力机车蓄电池充电装置

1. 概　述

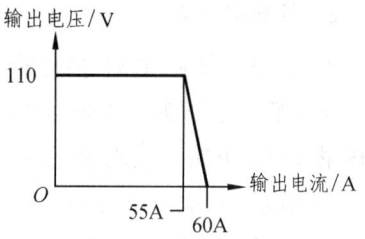

图 7.35　输出电压与输出电流的曲线

DC 110 V 电源装置也称蓄电池充电器（简称充电器），其中有两种完全相同的电源模块 Power Supply Unit（简称PSU），应用 IGBT 元件。通常情况只有一组处于工作状态，当其故障时，另外一组会启动，继续供电。DC 110 V 电源装置在自动模式下，其启停控制受控于机车控制系统 TCMS。

2. DC 110 V 电源装置电气系统构成

充电器输入电压 DC 750 V，功率 6.05 kW，采用自然冷却方式，输出特性曲线如图 7.35 所示。

装置电气组成可以划分为 4 大部分，依次为电源输入电路、预充电电路、DC 110 V 输出电路和控制电路，如图 7.36 所示。

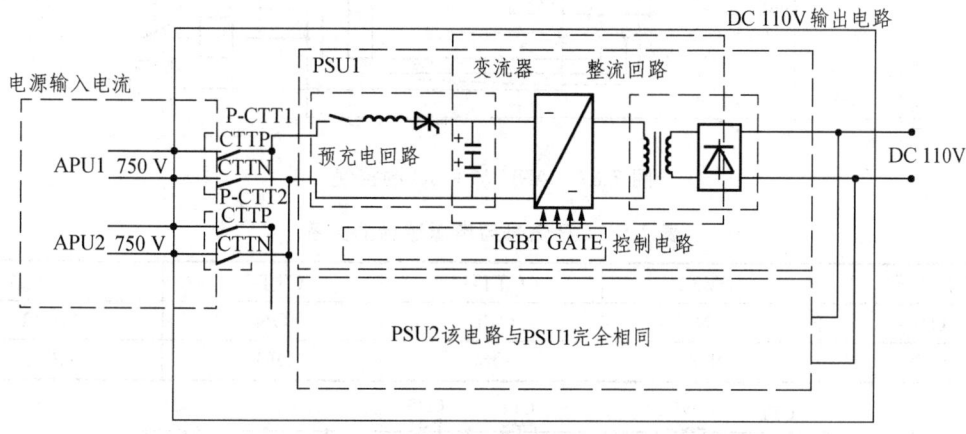

图 7.36　DC 110 V 电源装置电气系统框图

1）电源输入电路

装置的输入电源来自机车辅助逆变器 APU（Auxiliary Power Unit）的中间直流回路，采用双电源、双路供电方式。

图 7.37 中 A 部为电源输入线，输入电源的选择由 OP 信号（位于 APU2 中）进行控制，QA47 闭合 2.5 s 后，APU2 就送出 OP 信号（无故障时此信号为 110 V），通过继电器联锁控制 CTT 接触器，实现输入电源的选择。表 7.5 显示了 OP 信号与 RY3 继电器和 CTT 接触器的关系。

外部输入电源的双路冗余设计，确保在 APU2 故障时，电源装置仍能从 APU1 处获得电源。同时一路电源也可以给两个 PSU 供电，这样 4 种组合方式确保了机车电源的可靠性。

2）预充电回路

如图 7.38 所示，CTT 接触器主触头、充电电阻 CRH 和晶闸管 CHS 构成预充电回路 CTT 触头闭合后，通过限流电阻对中间电容 FC1、FC2 进行充电。在其电压达到一定值后，导通 CHS 将 CHR 短路，完成预充电过程。

中间电容和滤波电容 IVL1 一起构成滤波回路，其作用是防止电源单元在工作时所产生的 6 kHz 的脉动倒流回 APU 中。

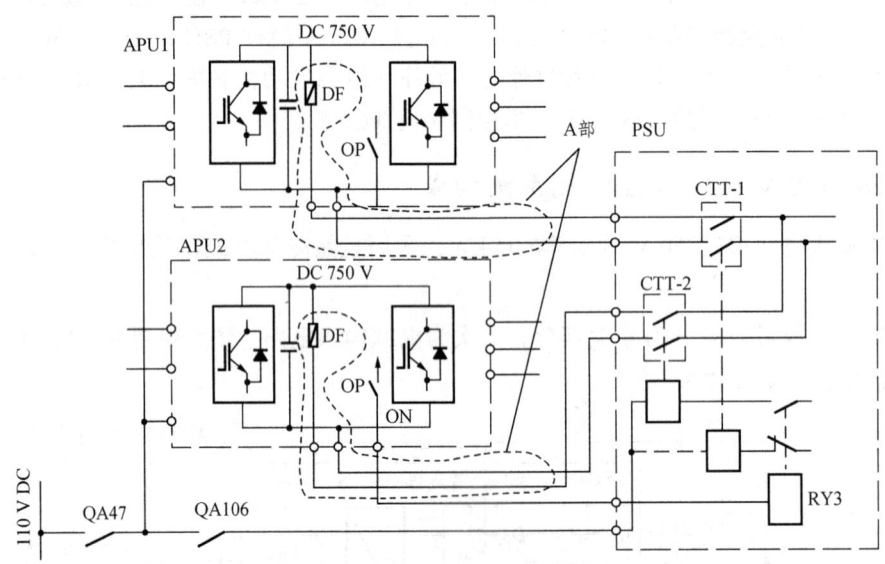

图 7.37 APU 与 PSU 的接线

表 7.5 OP 信号与电源选择的关系

OP 信号	RY3	CTT-1	CTT-2	电源来源
ON	ON	OFF	ON	APU2
OFF	OFF	ON	OFF	APU1

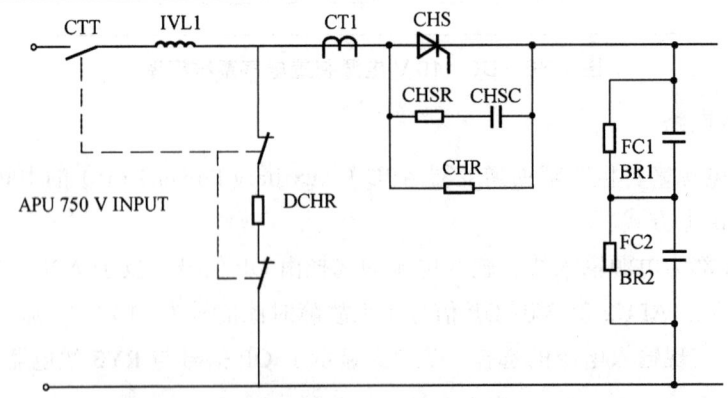

图 7.38 预充电回路、输入滤波回路和放电回路

当电源装置工作结束后，接触器主触头 CTT 断开，其常闭辅助触点闭合，残留在中间电容上的电压通过放电电阻 DCHR 进行放电。

3）DC 110 输出回路

IGBT、整流回路的绝缘变压器 IST1 和整流器 FR、平波回路的电抗器 DCL1 和平波电容 LC1 构成的 DC/DC 转换回路如图 7.39 所示。

微机系统以脉宽调制原理控制 IGBT 动作，将输出电压变为交流脉冲电压，输入变压器的一次侧（波形见图 7.40）。需要注意的是 IGBT 工作在高频段上，关断的瞬间会产生一个巨大的尖峰。这一尖峰对 IGBT 非常有害，所以在 IGBT 的回路中并联一个无感电容，用以消除尖峰，而且这个电容要与 IGBT 的两端直接相连，以防止线路中的杂散感抗进入回路中，从而影响电容对尖峰的吸收效果，失去对 IGBT 的保护作用。

DC/DC 回路中输出变压器 IST1 为中频变压器，变比为 750 V/150 V，二次侧输出电压经过整流器、平波电抗 DCL1 和平波电容 LC1 构成的滤波回路，输出 110 V 直流电源，如图 7.40 所示。

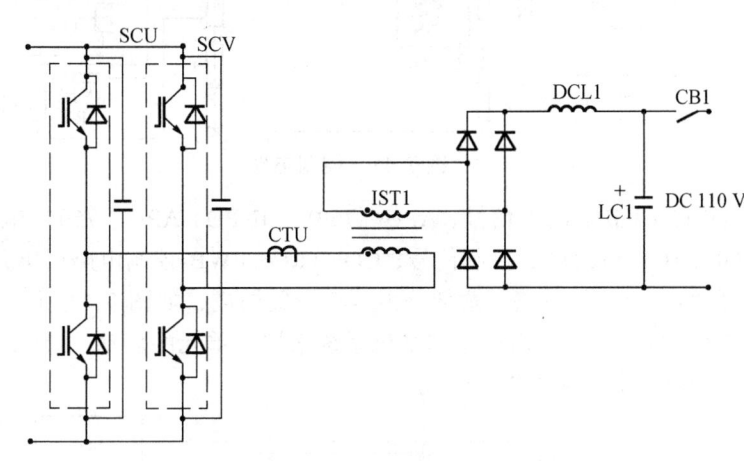

图 7.39　DC/DC 转换回路

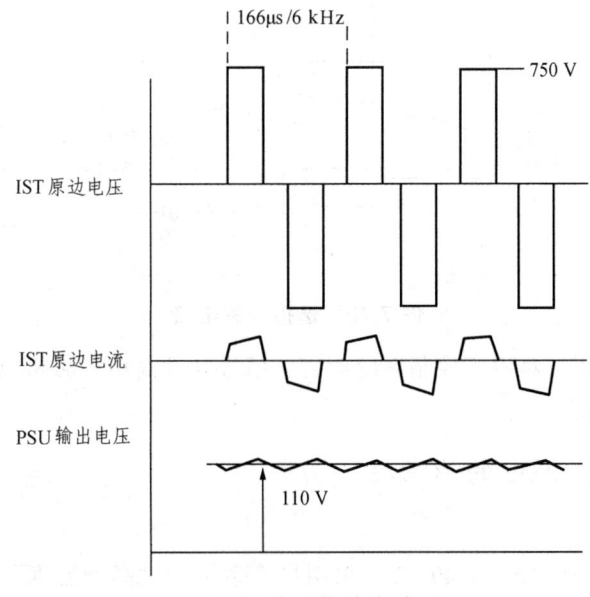

图 7.40　变流器输出波形

4）控制电路

控制电路是 PSU 的控制核心，如图 7.41 所示。中间部分是控制基本 PWB，它收集 PSU 内部各个器件的状态以及各个电压、电流的信号，并进行逻辑处理，然后控制继电器（CTT、RY1 等）动作，向 IGBT 发出指令。左侧部分是基板的电源供电电路经过一个小型的电源转换器（记作 PSU）后，向基板提供正常工作所需的电源。右侧为输入/输出信号，并预留了 RS-232C 串型接口，方便与电脑相连。

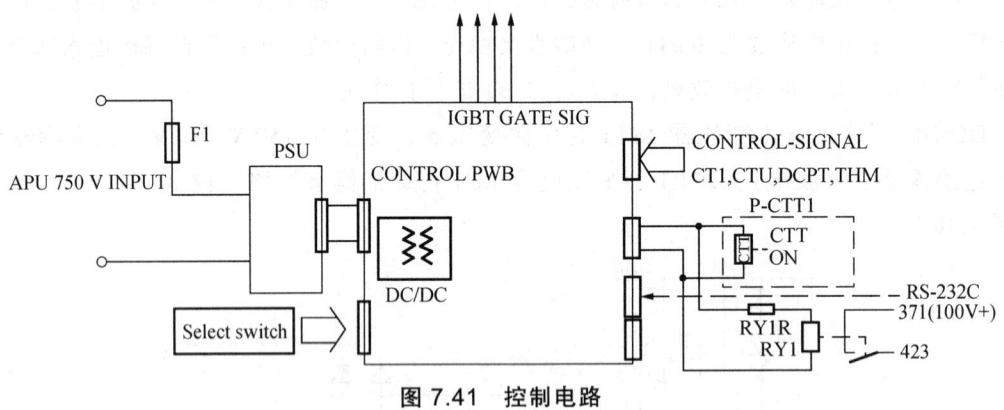

图 7.41　控制电路

IGBT GATE SIG-IGBT 门极信号；APU 750V INPUT-APU 750 V 输入；Selectswitch-选择开关；CONTROL-SIGNAL-控制信号；CONTROL PWB-控制电路板单元是否工作，则取决于开关左下角的选择开关电路。这部分由两个开关构成，如图 7.42 所示，SW1 为自动/手动选择开关，"TCMS"位表示由机车的微机系统来控制单元的启动；"MANUAL"位表示通过手动选择开关 SW2 来选择工作的单元。

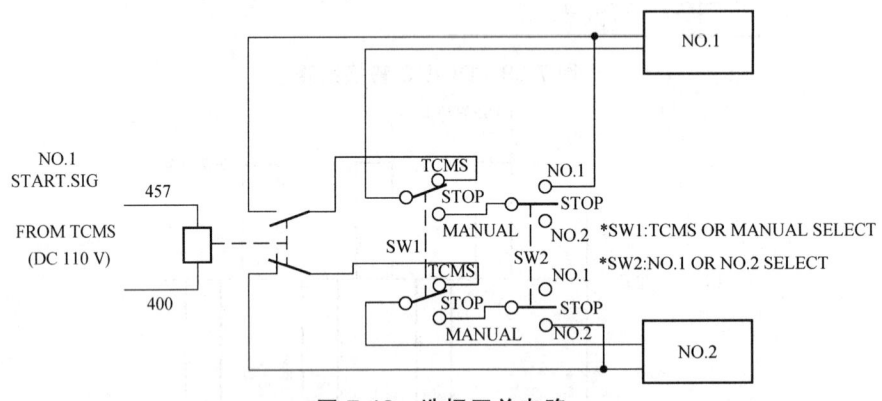

图 7.42　选择开关电路

采用这种控制电路，对机车控制系统而言，信号处理简单；微机只输出一个信号就可以选择所需要启动的 PSU。

3. 工作环境对 PSU 的影响

1）温　度

设计的环境温度为 −40 ~ +40 ℃，采用自冷系统，过高的温度可能增加元件的损耗，并有可能触发单元的超温保护。

2）输入电压

机车正常运用时,如前端输入电压出现异常,会导致 PSU 停止工作,同时 TCMS 上可能会显示 110 V 充电装置运转停止。

3）负　载

（1）直流加热:为电阻性负载投入时需要 25~30 A 电流,加之其他负载所需的额定电流,PSU 将会进行降压限流,并会使其工作在高频调整状态。

（2）负载接地:机车 110 V 负载中,某一个负载出现接地、短路情况,PSU 将会进行短路保护,并停止工作。

（3）蓄电池充电:目前为止,机车上蓄电池对充电器的影响主要体现在蓄电池亏电方面。蓄电池亏电会造成 PSU 输出电流过大,PSU 一直工作在限流区,加之机车上其他负载的不稳定变化,造成开关元件强制工作在高频调整阶段,大负荷运行使发热量大,尤其在夏季运用时,运行环境温度已经很高,致使器件在高温下损坏的概率增加。

4）自身电器元件故障

程序软件的误保护、电器元件的自身损坏也将直接影响 PSU 的正常工作。

4. PSU 运用中的注意事项

（1）不要频繁快速地开关主断开关。此情况多出现在主断不能正常工作,经解决后,有工作人员会多次快速地开关主断以查看维修效果是不是好,但这会对本电源的各种电气开关造成极大的伤害。

（2）在乘务员回段交车时,应先检查监控屏上辅助电源状态,如发现红色警告灯亮,应立刻通知维修人员检查维修。此点很重要,因为现在机车上的程序设置使得一旦切除蓄电池,微机重新启动,显示屏上的警告灯就会消除,造成故障警报不易被发现。所以乘务员交车及接车时应检查辅助电源,保证机车运用前 PSU 两组均工作正常。

（3）行车过程中,定期观察机车显示屏上显示的蓄电池电压,发现其电压值长时间（半小时）低于 108 V 时,应引起注意,查看 TCMS 显示屏上辅助电源状态是否指示充电装置故障,及时采取应急措施。

（4）在没有启动充电器充电的情况下长时间使用蓄电池工作,造成蓄电池亏电。

① 站内检修及扣车时,长时间使用直流用电设备,如照明（包括头灯等）、风扇、微机设备等时,直接使用车载蓄电池供电,而不是使用外接直流电源。

② 不必要的情况下启用直流加热设备。

③ 蓄电池出现过放电的情况后,没有进行均衡充电,将造成蓄电池的蓄电量下降,输出电压降低,内阻增大,热损耗增加。

在无弓网供电的情况下长时间使用蓄电池照明的时间总计不应超过 3 h,在有可能对机车进行长时间检修的情况下应外接库用电。

任务五　解析自动开关

知识导入

自动开关是一种配电保护电器,能分断较大的短路电流,有效保护与其串接的电气设备,具有对电路过载、短路的双重保护功能;也可低频率操作接通和断开电路,便于电器检查与故障处理。

知识储备

一、自动开关的定义和分类

解析自动开关

自动开关又称自动空气断路器,是一种结构较为复杂、动作性能较为完善的配电保护电器。它能自动切断短路、严重过载、电压过低等故障电路,有效地保护接在它后面的电器设备;同时亦可用它来手动非频繁地接通和分断正常电路。

与其他开关电器相比较,自动开关具有以下特点:

(1)能开断较大的短路电流,分断能力较强。
(2)具有对电路过载、短路的双重保护功能。
(3)允许操作频率低。
(4)动作值可调,动作后一般不需要更换零部件。

自动开关种类繁多,可按以下方式分类:

(1)按用途分:有保护配电线路用自动开关、保护电动机用自动开关、保护照明电路用自动开关和漏电保护用自动开关等。

(2)按结构形式分:有框架式(亦称万能式)自动开关和塑料外壳式(亦称装置式)自动开关。

框架式自动开关为敞开式结构,一般自动快速开关,特别是大容量自动开关多为此种结构。它主要用作配电网络的保护开关。

塑料外壳式自动开关的结构紧凑、体积小、质量轻,且具有安全保护的塑料外壳,使用安全可靠,适于单独安装,它除了可用作配电网络的保护开关外,还可用作电动机、照明电路以及电热器电路等的控制开关。

(3)按极数分:有单极自动开关、两极自动开关、三极自动开关和四极自动开关。
(4)按限流性能分:有一般不限流型自动开关和快速限流型自动开关。
(5)按操作方式分:有直接手柄操作式自动开关、杠杆操作式自动开关、电磁铁操作式自动开关和电动机操作式自动开关。

二、自动开关的基本结构

根据各类自动开关的共同功能,它们在结构上必然具备以下几个基本部分:

1. 触头系统

触头系统是自动开关的重要部件,主要承担电路的接通、分断任务。

对触头系统的一般要求是：能可靠地接通和分断一定次数的极限短路电流及额定电流以下的任何电流；具有一定的电寿命，不需要经常更换触头；有足够的热稳定性和电动稳定性，不会因长期使用后触头接触不良导致温升过高或不能经受极限短路电流的冲击而自动弹开。

因此，自动开关比接触器的触头结构和触头材料要求都要高得多。

2. 灭弧系统

灭弧系统主要有纵窄缝灭弧装置和去离子栅灭弧装置两种。

各类灭弧装置的灭弧方法可概括为长弧熄弧法（将电弧冷却、拉长）和短弧熄弧法（将电弧分割成串联短弧，利用直流电弧的极旁压降或交流电弧的近阴极效应来熄弧）。

对灭弧系统而言，一般应具备下列功能：短时间内应可靠熄弧，并保持良好的绝缘性能；喷出的电弧火花距离小，以免造成相间飞弧；有足够的热容量，使之在电弧高温作用下不致产生变形、碎裂或灭弧室及栅片严重烧伤；有足够的机械强度，保证在受高温、合闸或冲击振动及运输情况下不会碎裂、缺损。

3. 传动机构

传动机构用于操纵触头的闭合和断开。传动机构有手操纵直接传动式、手操纵弹簧传动式、电磁铁传动、电动机传动、压缩空气传动等几种。

4. 自由脱扣机构

自由脱扣机构是与触头系统和保护装置相联系的，通过自由脱扣机构的作用可使触头自动断开。"自由脱扣"是指人为操纵手柄处于闭合位置，当手还未离开手柄就发生短路、过载和欠电压等故障时，保护装置作用于自由脱扣机构，自动开关也能自动断开，起保护作用。

5. 脱扣器

脱扣器用于检测故障并作用于操作机构，使其脱扣，带动自动开关的触头断开。

自动开关通常采用电磁脱扣器和热脱扣器两种。

电磁脱扣器分为过电流脱扣器和欠电压脱扣器，它们实际上是一个小型电磁机构，若装以电压线圈即为欠电压脱扣器，装以电流线圈即为过电流脱扣器。

现以过电流脱扣器为例说明其动作原理。当被保护电路发生过载或短路故障，电流增加并达到整定值时，衔铁吸合，使脱扣杆钩子与主杠杆脱扣，自动开关断开，切除过载或短路故障电路，保护电气设备不受损坏。电磁脱扣器的动作电流值可根据需要调整反力弹簧来整定，它具有动作电流大，调节范围宽，动作时间短（一般为 10~40 ms）等特点，可用作短路保护。

热脱扣器是由热元件和双金属片等组成。电流通过热元件产生电阻损耗而发热，其温度升高，加热双金属片。双金属片是一个将热能转换为机械能的组件，如图 7.43 所示。它由两种不同膨胀系数的金属片焊接而成，其中，膨胀系数较大的金属片贴近热元件。双金属片一端固定，另一端处于自由状态。当热组件由于间接加热或直接通电流加热时，即将热能传递给双金属片，双金属片受热后温度升高。由于两种金属片膨胀系数不同，结合面的伸长要相同，迫使双金属片向着膨胀系数较小的一侧弯曲。双金属片弯曲时产生作用力作用于脱扣杆的钩子上，使之脱扣，自动开关断开，即可保护电气设备不因过载而损坏。由于双金属片是因受热而弯曲,所以双金属片弯曲时作用于脱扣机构的动作时间与过载电流大小有关。电流大动作时间短,电流小动作时间长,即动作时间与电流大小近似成反比。

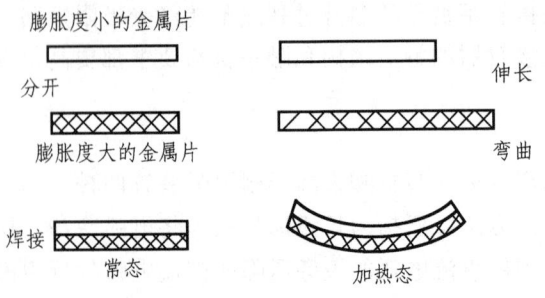

图 7.43 双金属片工作原理

三、自动开关的工作原理

自动开关的主触头靠操作机构(手动或电动)合闸,自由脱扣机构是一套连杆机构,当主触头闭合以后,将主触头锁在合闸位置,其工作原理如图 7.44 所示。

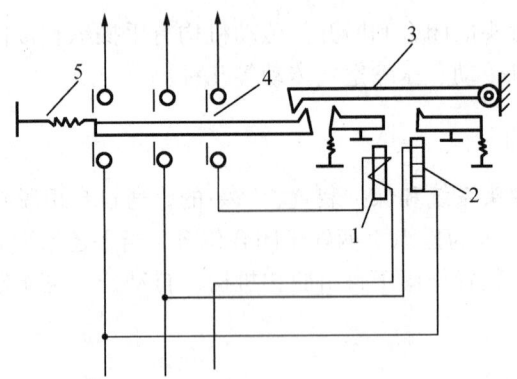

1—过电流脱扣器;2—失压脱扣器;3—自由脱扣机构的锁钩;4—主触头;5—开断弹簧。

图 7.44 自动开关工作原理

在正常工作情况下,自由脱扣机构的锁钩 3 扣住触头杆,使主触头 4 保持在合闸位置。过电流脱扣器 1 的电磁线圈与被保护电路串联,在正常电流下,脱扣器的弹簧力使衔铁释放;当过载或短路时,强大的电磁吸力使衔铁吸合,带动衔铁另一端的顶杆向上运动,顶开自由脱扣机构中的锁钩 3,在开断弹簧 5 的作用下,主触头 4 迅速开断,将故障电路分断。

失压脱扣器 2 的电磁线圈与被保护电路并联。在正常电压下,衔铁吸合,锁钩 3 不脱扣;当失压时,电磁吸力很小,在失压脱扣器弹簧力的作用下,衔铁释放,其顶杆顶开锁钩 3,主触头 4 在开断弹簧 5 的作用下迅速开断,切断电路。

四、自动开关在电力机车上的作用及应用

在电力机车上,为便于维修和检查故障,自动开关用于手动非频繁地切换正常电路,同时也对辅助电路和控制电路进行过载、短路保护。这里以 SS_{4G} 型电力机车和 HXD_3 型电力机车为代表,分别介绍两种车型上自动开关的使用情况。

1. SS$_{4G}$型电力机车的自动开关

SS$_{4G}$型电力机车上使用的自动开关如表 7.6 所示。

表 7.6 SS$_{4G}$型电力机车使用的自动开关一览表

序号	电路代号	型号	脱扣器额定电流/A	保护对象	数量	电路
1	229QA	TH-5SB	AC 220 V, 10	电炉	1	辅助电路
2	230QA	TH-5SB	AC 220 V, 20	空调	1	辅助电路
3	231QA	TH-5SB	AC 220 V, 20	备用	1	辅助电路
4	232QA	TH-5SB	AC 380 V, 10	窗加热	1	辅助电路
5	233QA	TH-5SB	AC 380 V, 20	取暖	1	辅助电路
6	623QA	TH-5SB	AC 380 V, 30	备用	1	辅助电路
7	600QA	TH-5SB	AC 380 V, 50	交流电源	1	辅助电路
8	601QA	TH-5SB	DC 110 V, 50	蓄电池	1	控制电路
9	602QA	TH-5SB	DC 110 V, 10	受电弓	1	控制电路
10	603QA	TH-5SB	DC 110 V, 10	主断路器	1	控制电路
11	604QA	TH-5SB	DC 110 V, 10	控制器	1	控制电路
12	605QA	TH-5SB	DC 110 V, 20	辅机控制	1	控制电路
13	606QA	TH-5SB	DC 110 V, 20	前照灯	1	控制电路
14	607QA	TH-5SB	DC 110 V, 10	副前照灯	1	控制电路
15	608QA	TH-5SB	DC 110 V, 10	车内照明	1	控制电路
16	609QA	TH-5SB	DC 110 V, 10	电子控制	1	控制电路
17	610QA	TH-5SB	DC 110 V, 10	电扇	1	控制电路
18	611QA	TH-5SB	DC 110 V, 10	自动信号	1	控制电路
19	612QA	TH-5SB	DC 110 V, 10	自动停车	1	控制电路
20	613QA	TH-5SB	DC 110 V, 10	无线电台	1	控制电路
21	614QA	TH-5SB	DC 110 V, 10	逆变电源	1	控制电路
22	615QA	TH-5SB	DC 110 V, 10	电空制动	1	控制电路
23	616QA	TH-5SB	DC 110 V, 6	接地保护	1	控制电路
24	617QA	TH-5SB	DC 110 V, 50	重联	1	控制电路
25	102QA	TH-5SB	DC 125 V, 10	高压互感器	1	主电路
26	215QA	TO-225BA	AC 380 V, 200	劈相机	1	辅助电路
27	217QA	TO-100BA	AC 380 V, 75	压缩机电动机	1	辅助电路
28	219QA	TO-100BA	AC 380 V, 75	牵引通风机电动机	2	辅助电路
	220QA					辅助电路
29	223QA	TO-100BA	AC 380 V, 75	制动风机电动机	2	辅助电路
	224QA					辅助电路
30	227QA	TO-100BA	AC 380 V, 30	变压器风机电动机	2	辅助电路
						辅助电路
31	228QA	TO-100BA	AC 380 V, 30	变压器油泵	1	辅助电路

1）TH-5SB 型自动开关

SS_{4G} 型电力机车采用 TH-5SB 型自动开关作为辅助电路单相负载的过载和短路保护。

TH-5SB 型塑壳式单极自动开关由手柄、操作机构、脱扣装置、灭弧装置及触头系统等组成。全部结构除接线处外均装于塑料外壳内，外壳上仅露出作为"分""合"闸的操作手柄。接触系统采用银镉触头，装有带灭弧铁栅片的灭弧室。操作机构采用四连杆机构，正常分闸和脱扣器跳闸时，其反作用力不作用在同一零件上，故能提高开关寿命。自动开关采用热双金属片式脱扣器，作为过载和短路保护执行机构。

TH-5SB 型单极自动开关的主要技术参数：

额定电压 ··· DC 110 V/AC 380 V
脱扣器类别 ··· 热双金属片式
脱扣器额定电流 ····················· 10 A，15 A，20 A，30 A，40 A，50 A
短路通断电流 ··· DC 125 V，1 000 A
　　　　　　　　　　　　　　　　　　　　　　　　AC 240 V，3 000 A

2）TO 系列自动开关

SS_{4G} 型电力机车采用 TO-100BA 型和 TO-225BA 型自动开关作为各辅助电路单相、堵转、短路等故障保护。

TO 系列自动开关由操作机构、脱扣装置、灭弧装置及触头系统等组成。3 个动触头通过支架固装于同一个绝缘方轴上，3 个动触头同时开断。每相都有一独立灭弧室，灭弧罩采用铁栅片式。采用热动电磁式脱扣器作为过载和短路保护的执行机构。

例如，TO-100BA 型自动开关在 SS_4 型电力机车辅助电路作辅助机组过电流保护时，自动开关的三相触头依次串接在电机的三相绕组中，当电机中出现相间短路或绕组匝间短路时，故障引起电机电流上升，延时数秒以后，自动开关中的热敏元件动作，使热动-电磁式脱扣器脱扣，其触头切断电机电源，达到保护电机、防止故障恶化的目的。

TO 系列三相自动开关主要技术参数如表 7.7 所示。

表 7.7　TO 系列三相自动开关的主要技术参数

型　号	TO-100BA	TO-225BA
额定电压	AC 600 V 以下，DC 250 V 以下	AC 600 V 以下，DC 250 V 以下
额定壳架电流/A	100	225
额定频率/Hz	50/60	50/60
脱扣器额定电流/A	15，20，30，40，50，60，75，100	125，150，175，200，225
脱扣器形式	热动-电磁式	热动-电磁式
短路分断能力	AC 380 V，50 Hz；18 kA $\cos\varphi=0.3$	AC 380 V，50 Hz；25 kA $\cos\varphi=0.25$

2. HXD_3 型电力机车的自动开关

HXD_3 型电力机车采用西门子 5SJ52 型自动开关作为配电线路、负载、照明等电器设备的过载及短路保护。

5SJ52 型自动开关外形如图 7.45 所示，其外壳采用热固性材料制成，具有很高的耐热性和抗冲击强度，绝缘强度高，体积小，质量轻。安装部件采用金属片和弹簧，可以安全牢固地卡装在标准导轨上。5SJ52 型自动开关由操作机构、脱扣装置、灭弧装置及触头系统等组成，内部结构如图 7.46 所示。其中，触头系统为银合金材料（银锡或银石墨），真正做到了无熔焊；动触头通过支架固装在绝缘方轴上，3 个动触头同时开断。采用热动电磁式脱扣器作为过载和短路保护的执行机构；灭弧装置由动触头锁定片、引弧导板、磁吹金属片和金属灭弧栅片等部件构成，灭弧室中有多达 13 片的金属栅片，可迅速将电弧熄灭，平均短路分断时间仅为 3.7 ms。

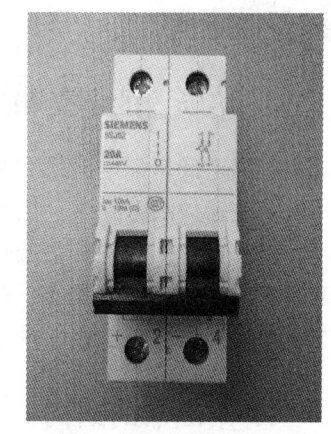

图 7.45　5SJ52 型自动开关外形

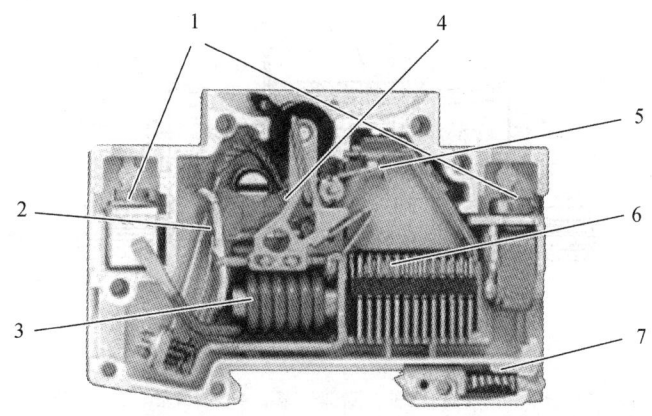

1—组合型接线端子；2—用于过载保护的热双金属片；3—用于短路保护的电磁脱扣器；
4—机械锁定和手柄装置；5—触头系统；6—快速灭弧系统；7—外壳和卡轨部件。

图 7.46　5SJ52 型自动开关结构

5SJ52 型双极自动开关主要技术参数：

额定绝缘电压 ·· 690 V
脱扣器类别 ·· 热双金属片式
脱扣器额定电流 ·· 63 A

任务六　探秘熔断器

知识导入

熔断器通常以金属导体作为熔体串联于电路中，当过载或短路电流通过熔体时，因温度过高而熔断，从而分断电路。熔断器结构简单，使用方便，常作为保护器件广泛用于电路中。

知识储备

一、熔断器的定义和用途

熔断器是低压配电网络和电力拖动系统中用作短路保护的电器。使用时金属导体作为熔体串联在被保护的电路中，当电路发生过载或短路故障时，通过熔断器的电流超过某一规定值后，以它自身产生的热量使熔体熔断，从而自动分断电路，起到保护作用。由于它具有结构简单、价格便宜、体积小、质量轻、使用维护方便等优点，因此得到了广泛应用。熔断器的主要缺点是只能一次性使用，更换熔断器需要一定的时间，恢复供电的时间较长。

二、熔断器的结构

熔断器一般由熔断体和底座组成。熔断体主要包括熔体、填料（有的没有填料）、熔管、触刀、盖板、熔断指示器等部件，结构图如图 7.47 所示。

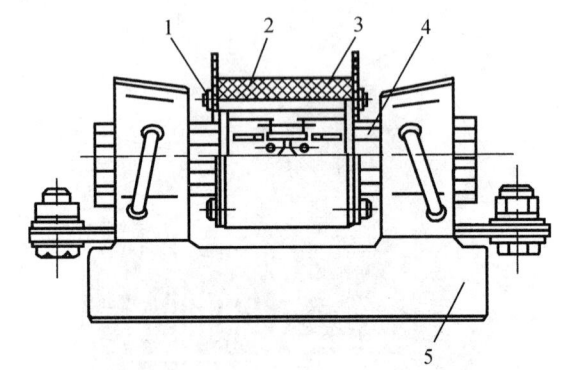

1—接线板；2—填料；3—熔断指示器；4—熔断管；5—底座。

图 7.47 有填料密闭管式熔断器结构

1. 熔　体

熔体是熔断器的主要组成部分，常被制成丝状、片状或栅状。熔体的材料通常有两种，一种由铅、铅锡合金或锌等低熔点材料制成，熔化所需热量小，故熔化因素小，有利于过载保护，但它们的电阻系数大，熔体截面面积较大，熔断时产生的金属蒸气较多，多用于小电流电路；另一种由银、铜等较高熔点的金属制成，这类材料制成的熔体与上述情况恰恰相反，它们导电性能好，熔体截面面积较小，有利于熄弧，故分断能力较强，多用于大电流电路。

为了弥补上述两种材料的缺点，还可以在高熔点材料的基础上局部焊上低熔点材料，形成所谓的"冶金效应"。例如，在铜熔体上焊上锡球或锡桥，当熔体温度上升到锡的熔点时，锡先熔化渗入铜，铜熔体局部成为合金，可以从原来的 1 083 ℃ 的熔点降低到 280～400 ℃ 时就熔断。这一方面对熔断器的分断能力影响不大，另一方面又减小了熔化因素，降低了最小熔断电流，兼具了两种材料的优点，可以有效地改善熔断器的保护特性，保证熔断器在正常电流下能正常工作，提高小过载时动作的可靠性。

2. 熔　管

熔管是熔体的保护外壳，用耐热绝缘材料制成，在熔体熔断时兼有灭弧作用。

3. 熔　座

熔座是熔断器的底座，作用是固定熔管和外接引线。

三、熔断器的原理及主要特性

为了保证被保护电路在正常工作时能可靠地通过电流，当电路为正常负载电流时，熔体温度较低，不会熔断；当电路中发生过载或短路故障时，通过熔体的电流达到固定值时，熔体的电阻损耗便使其温度上升到熔体金属的熔化温度，熔体自行熔断，分断故障电流，保护电路和电器设备。

上述熔断器断开电路的过程可分为 4 个阶段：

1. 熔体通过过载或短路电流使熔体达到熔化温度阶段

该阶段所需时间与通过熔体的故障电流值有关，电流越大，温度上升越快，该时间越短。通过大的过载电流或短路电流时，熔体能很快上升到熔化温度。

2. 熔体的熔化和蒸发阶段

熔体达到熔化温度后便熔化，并蒸发为金属蒸气。这一过程也与通过熔体的故障电流值有关，电流越大，时间越短。

3. 间隙击穿和电弧产生阶段

熔体熔化的最初瞬间，电路中出现了间隙，由于间隙中的金属蒸气未游离时是良好的绝缘体，故电流突然中断，但金属蒸气很快被游离而出现电弧，使电路重新接通，该时间极短。

4. 电弧燃烧和熄弧阶段

电弧发生后，如能量较小，可以因熔断间隙的扩大而自行熄灭。当能量较大时，必须依靠熔断器的熄弧措施。为了减小熄弧时间，提高分断能力，大容量的熔断器都具有完善的熄弧措施。熄弧能力越强，电弧熄灭越快，熔断器所能分断的短路电流值也越大。但熄灭电弧时不允许产生危害电气设备绝缘的过电压。

熔断器的熔断时间 t 与熔断电流 I 的关系曲线叫作熔断器的保护特性，又称"安-秒特性"，如图 7.48 所示。它是熔断器的主要技术参数之一，也是选用熔断器的重要依据之一。

熔断时间由熔断器断开电路的第 1、2 阶段构成，与通过熔体的故障电流值有关，其规律是熔断时间与熔断电流的平方成反比，即电流越大，熔断时间越短，电流越小，熔断时间越长。因为熔体在熔化和气化过程中所需热量是

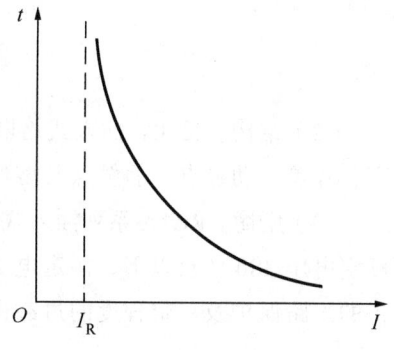

图 7.48　熔断器保护特性曲线

一定的，故保护特性是反时限特性曲线。

在图 7.48 中还可以看到，当电流为 I_R 时，熔断时间趋近于无穷大，与此对应的电流叫作最小熔断电流 I_R 或临界电流。即当通过熔体的电流为最小熔化电流时，熔体应能熔断；当通过熔体的电流小于最小熔化电流时，熔体就不会熔断。

根据对熔断器的要求，熔体在额定电流下绝不应熔断，所以，最小熔化电流必须大于被保护电路的额定电流 I_e。

最小熔化电流 I_R 与熔体的额定电流 I_e 之比，称为熔化因素，它决定了熔断器工作的可靠性和发热程度，一般取 1.5～2。

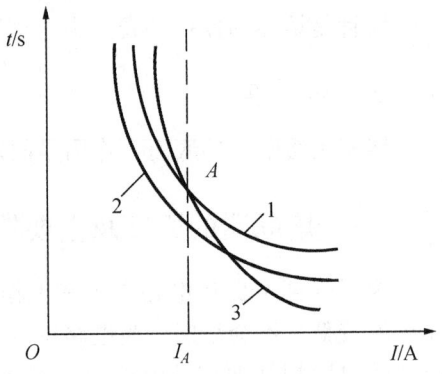

1—电气设备的允许过载特性；
2、3—熔断器的保护特性。

图 7.49　熔断器保护特性与电气设备热特性的配合

熔断器的保护特性必须处于被保护电气设备和允许过载特性之下才能起到可靠的保护作用。在图 7.49 中，曲线 1 为被保护电气设备的允许过载特性曲线，曲线 2 和曲线 3 分别为两种熔断器的保护特性曲线。曲线 2 的各点均处于曲线 1 之下，表示在任意过载电流下，还没有等到电气设备过热，熔断器就先行熔断，切断故障电路，可靠地保护了电气设备。曲线 3 和曲线 1 交于 A，设在交点处的电流为 I_A，在 I_A 的右侧，曲线 3 在曲线 1 之下，熔断器能可靠地保护电气设备。但在 I_A 的左侧，曲线 3 处于曲线 1 之上，在此区域内过载时，便会出现电气设备已过热烧损，而熔断器还没有熔断的现象，故不能保护电气设备。

四、常用的低压熔断器

熔断器按结构形式分为半封闭插入式、无填料封闭管式、有填料封闭管式和自复式 4 类。

1. RC1A 系列插入式熔断器（瓷插式熔断器）

（1）型号及含义。

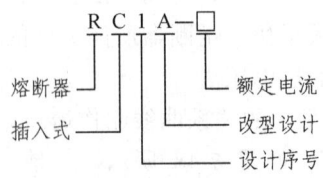

（2）结构。RC1A 插入式熔断器是将熔丝用螺丝固定在瓷盖上，然后插入底座，它由瓷座、瓷盖、动触点、静触点及熔丝等部分组成，其结构如图 7.50 所示。

（3）用途。RC1A 系列插入式熔断器结构简单，更换方便，价格低廉，一般在交流 50 Hz、额定电压 380 V 及以下、额定电流 200 A 及以下的低压线路末端或分支电路中，作为电气设备的短路保护及一定程度的过载保护。现在这种系列的熔断器已趋向淘汰。

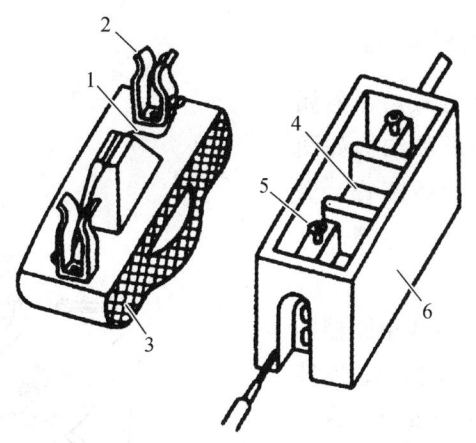

1—熔丝；2—动触点；3—瓷盖；4—空腔；5—静触点；6—瓷座。

图 7.50 RC1A 系列插入式熔断器结构

2. RM10 系列无填料封闭管式熔断器

（1）型号及含义。

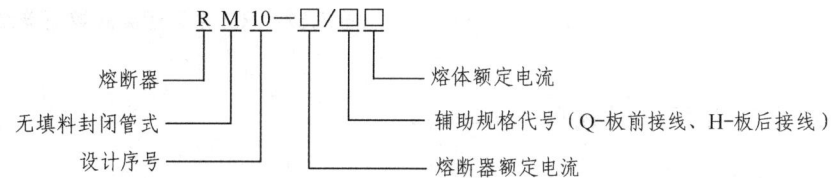

（2）结构。RM10 系列无填料封闭管式熔断器主要由纤维管、变截面的锌熔片、夹头及夹座等部分组成。RM10 型熔断器的外形与结构如图 7.51 所示。

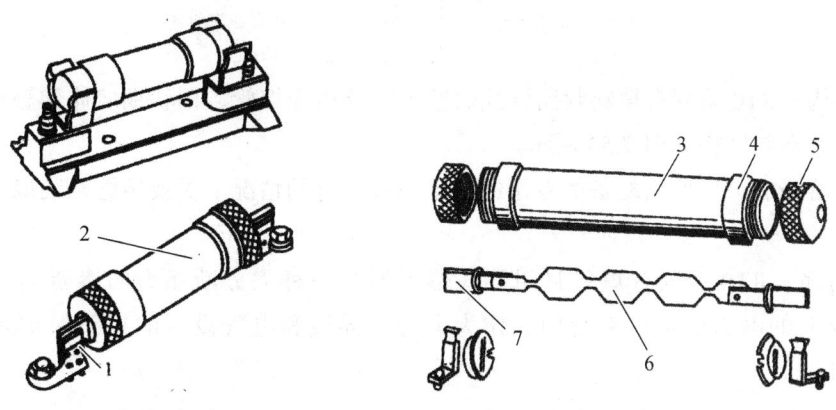

（a）外形　　　　　　　　（b）结构

1—夹座；2—熔断管；3—反白管；4—黄铜套管；5—黄铜帽；6—熔体；7—插刀。

图 7.51 RM10 系列无填料封闭管式熔断器

（3）用途。RM10 系列无填料封闭管式熔断器适用于交流 50 Hz、额定电压 380 V 或直流额定电压 440 V 及以下电压等级的动力网络和成套配电设备中，作为导线、电缆及较大容量电气设备的短路和连续过载保护。

3. RL1系列螺旋式熔断器

（1）结构。RL1系列螺旋式熔断器属于有填料封闭管式，其外形和结构如图7.52所示。它主要由瓷帽、熔断管、瓷套、上接线座、下接线座及瓷座等部分组成。

（2）用途。RL1系列螺旋式熔断器的分断能力较强，结构紧凑，体积小，安装面积小，更换熔体方便，工作安全可靠，并且熔丝熔断后有明显指示，因此广泛应用于控制箱、配电屏、机床设备及振动较大的场合，在交流额定电压500 V、额定电流200 A及以下的电路中，作为短路保护器件。

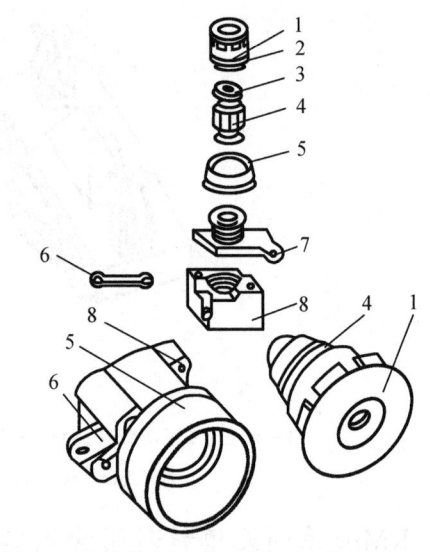

1—瓷帽；2—金属管；3—指示器；4—熔断管；5—瓷套；
6—下接线端；7—上接线端；8—瓷座。

图7.52　RL1系列螺旋式熔断器结构

4. RT0系列有填料封闭管式熔断器

（1）型号及含义。

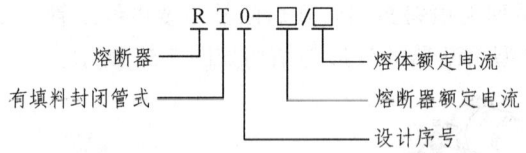

（2）结构。RT0系列有填料封闭管式熔断器主要由瓷熔管、栅状铜熔体和触点底座等部分组成，其外形与结构如图7.53所示。

当熔体熔断后，可使用配备的专用绝缘手柄在带电的情况下更换熔管，装取方便，安全可靠。

（3）用途。RT0系列有填料封闭管式熔断器是一种大分断能力的熔断器，广泛用于短路电流较大的电力输配电系统中，作为电缆、导线和电气设备的短路保护及导线、电缆的过载保护。

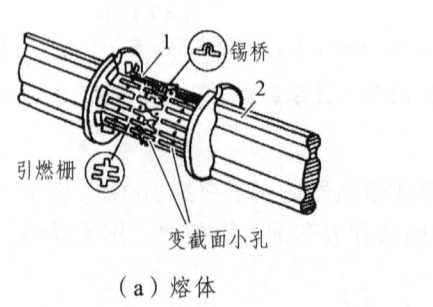
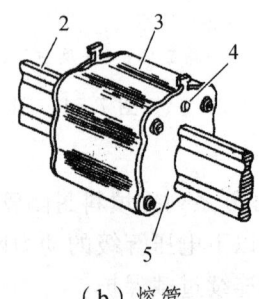

（a）熔体　　　　　　　　（b）熔管

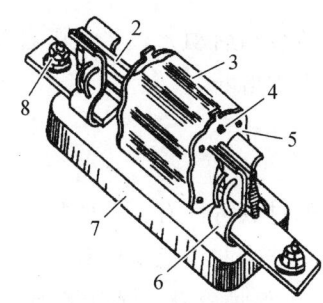
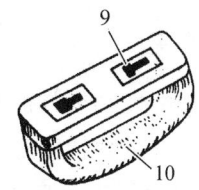

（c）熔断器　　　　　　（d）绝缘操作手柄

1—栅状铜熔体；2—触刀；3—瓷熔管；4—熔断指示器；5—端面盖板；6—弹性触座；
7—底座；8—接线端子；9—扣眼；10—绝缘拉手手柄。

图 7.53　RT0 系列有填料封闭管式熔断器

5. 快速熔断器

快速熔断器又叫半导体器件保护用熔断器，主要用于硅元件变流装置内部的短路保护。由于硅元件的过载能力差，因此要求短路保护元件应具有快速动作的特征。快速熔断器能满足这两个要求，且结构简单，使用方便，动作灵敏可靠，因而得到了广泛应用。

快速熔断器的典型结构如图 7.54 所示。

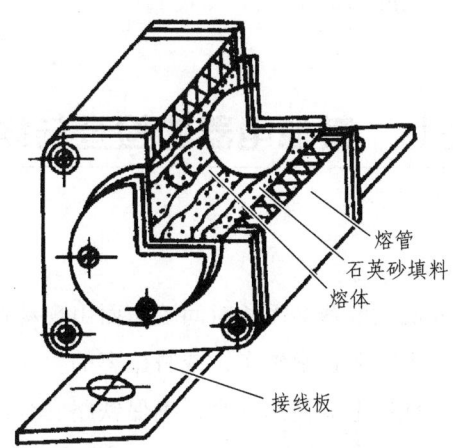

图 7.54　快速熔断器的典型结构

五、熔断器的选择

由于熔断器的额定电流与熔体的额定电流不同，某一额定电流等级的熔断器可以分别安装不同额定电流等级的熔体，所以，选择熔断器时，首先应根据被保护对象选择熔体的规格，然后再根据熔体来选定熔断器。

1. 熔体的选择

（1）对变压器、电炉、照明灯等熔体的额定电流应大于或等于实际负荷的电流。

（2）对于输配电线路，熔体的额定电流应小于或等于线路的安全电流。

（3）对于电动机，应考虑启动时电动机的负载和启动方式（全压启动或降压启动）对起动电流大小的影响，以免熔体在电动机启动过程中熔断。

2. 熔断器的选定

（1）熔断器的保护特性必须与被保护对象的过载特性有良好的配合，即保护特性必须处于被保护电气设备的允许过载特性之下，使其在整个曲线范围内获得可靠的保护。

（2）熔断器的极限分段电流应大于或等于被保护电路可能出现的短路冲击电流的有效值，才能得到可靠的短路保护。

（3）在配电系统中，为满足熔断器的选择性保护，应注意各级熔断器间的良好配合，一般要求前一级熔体比后一级熔体的额定电流大 2~3 倍，以免因越级动作而扩大故障范围。

（4）只有要求不高的电动机才采用熔断器作过载和短路保护，一般过载最宜用过流继电器或热继电器，而熔断器则只作短路保护。

（5）在选用快速熔断器保护可控硅元件或硅整流元件时，应注意单位的换算，因为快速熔断器熔体的额定电流是以工频正弦波的有效值来表示的，而它所保护的可控硅元件或硅整流元件的额定电流却是用平均值来表示的，换算的公式为快速熔断器熔体的额定电流等于可控硅元件或硅整流元件额定电流的 $\pi/2$ 倍。

任务七　其他电器的检查与维护

知识导入

随着设备投入使用，部分低压电器会因长时间工作而出现动作卡滞、部件磨损、接触不良等故障，这些故障可能诱发列车非正常停车，威胁旅客的生命及财产安全。而定期维护与精检细修是降低故障率，延长低压电器使用寿命，确保铁路安全的关键。

知识储备

一、司机控制器的检查与维护

1. SS_{4G} 型电力机车司机控制器的检查与维护

（1）一般检查。直观检查司机控制器的状态是否良好，各操纵手柄应操纵灵活，无过紧、卡滞或松旷现象。检查各紧固件是否有松动，外表面的镀层、油漆是否有脱落，绝缘件是否有裂纹等。检查主轴和换向轴凸轮的完整性，是否有裂纹、变形、脱落等。检查辅助触头盒是否烧损，接插件是否正常等。检查电位器上的联轴器是否松动。检查各连接线，接线应牢固，接线端子、线号齐全，标牌完整清晰，导线不得与其他机件碰磨，绝缘无破损。

（2）性能检查。机械性能检查：检查调速手轮和换向手柄是否能正常操作，对其机械联锁的可靠性和准确性进行检查。要求符合司机控制器的机械联锁要求。

电性能检查：检查在各个级位时，辅助触头的开闭状态是否与图纸所给的闭合表相符合。

电位器的检查：电位器接线图见图 7.8，电位器常态电阻总阻值：250 Ω±15%。将电位器的 1 端接直流 15 V，3 端接地，然后测量 2、3 端的电压 U_{23}。调速手柄在"0"位时，U_{23} 不大于 0.2 V。从 0 位到最大位时，电压应该是平滑变化，调速手柄在最大位时，U_{23} 不低于 14.6 V。

夜光照明部分检查：通过司机控制器插座给夜光照明电路板通以 24 V 直流电压，调速部分标牌字符应发出柔和绿光。换向部分标牌字符应发出柔和的绿光，同时手柄所在位置的字符为红光。转动换向手柄，随着手柄转到不同位置，其对应字符应由绿光变为红光。

绝缘性能检查按司机控制器技术条件进行。

（3）润滑。加油前必须先取出零部件上原有已污染的油脂。用润滑油脂对轴的转动接触处、定位凸轮的齿以及对应杠杆的滚轮、弹簧、轴联锁杆等需润滑的部分进行轻微润滑。

（4）检修。检修项目如表 7.8 所示。

表 7.8 SS$_{4G}$ 型电力机车司机控制器检修项目

序号	检修内容与要求	段修类别		
		辅修	小修	中修
1	各部件应齐全良好，不许有裂损，擦净灰尘及油污	√	√	√
2	检查速动开关内部触点状态、滚轮架及滚轮转动状态应灵活可靠，架与轮之间不许有摩擦现象并加润滑油		√	√
3	触头接触电阻小于 200 mΩ（触头闭合，流入 1 A 电流时的接触电阻）。如果电阻超标，可用感性负载，由触头分断 1 A 电流（时间常数为 20~50 ms）。由分断弧光清除触头表面氧化膜，如经清除后电阻仍超标应更换		√	√
4	检测速动开关动作力应≤2 N（力加在滚轮上）		√	√
5	检查弹片根部，不许有裂断现象		√	√
6	检查换向手柄与调速手柄间机械联锁性能应符合要求，手轮各位闭合应符合闭合表要求，并能转动灵活可靠，不许有卡滞现象		√	√
7	检测速动开关行程及转换位置 ① 开关未动初始距　　　　　　（20±0.5）mm ② 触头闭合时距　　　　　　　（16.6±0.25）mm ③ 触头压死不能再动距　　　　（13.2±0.5）mm（最终位） ④ 压力减小，触头释放点距　　（18.4±0.25）mm 如不能满足上述要求应调整相应动作机构并注入少许稀 6 号汽油机油，否则更换			√
8	绝缘电阻试验：用 500 V 兆欧表测量各触点对地绝缘电阻应大于 1.5 MΩ，用 250 V 兆欧表测电位器对地电阻应大于 1.5 MΩ			√
9	电位器滑动触头转动灵活，电阻由 0 升到 250 Ω，不许有跳变，电位器电阻磨损严重时应更换同型号电位器		√	√
10	20 芯［TL02J20ZY，（TY）］插座，插头不许有断裂，接触不良现象		√	√

(5)故障处理。

故障情况及处理如表 7.9 所示。

表 7.9 SS₄G 型电力机车司机控制器故障处理表

故障情况	原　因	处理方法
手柄不能推动	联锁机构卡住	去除杂质
手柄无定位感	定位簧片断裂	更换弹簧
闭合表不正常	凸轮块损坏	更换凸轮块
	辅助触头盒故障	更换触头盒
	连接插件松脱或连线断裂	重新连接
电位器输出电压不正常	联轴器松脱	重新紧固调整
	电位器故障	更换电位器

2. HXD₃ 型电力机车司机控制器的检查与维护

本司机控制器检查与维修时应注意以下内容：

（1）司机控制器的铭牌及标识符号应齐全、完整、清晰、正确。

（2）司机控制器各部件应清扫干净，绝缘性能良好，对外连接插座连接正确，零部件齐全完整。

（3）各紧固件齐全，紧固状态良好。

（4）控制手柄在各个挡位之间应转动灵活，无机械卡阻，相邻两挡位之间不应出现停滞现象。

（5）换向手柄在各个挡位之间应转动灵活，无机械卡阻，相邻两挡位之间不应出现停滞现象。且手柄在"0"位时，应顺利卸下。

（6）司机控制器控制、换向手柄之间的联锁关系应正确无误。

（7）司机控制器的闭合表和对外连接线相一致。

（8）司机控制器电位器输出应符合以下规定：

电位器管脚 10、11 与 13 串接端加电压（24±0.1）V DC（1 正、3 负），测量 10、12 输出电压：

① 控制手柄在"0"位时、输出电压≤0.1V DC。

② 控制手柄在"牵引"区"*"位和"制动"区"*"位时输出电压≤0.1V DC。

③ 控制手柄在"牵引"区"13"位和"制动"区"0"位时输出电压值≥23.6V DC，对称误差≤0.3 V。

④ 司机控制器电位器输出值整定完成后，在 6 个紧钉螺钉处加螺纹胶乐泰 243 紧固。

（9）因司机控制器安装螺钉不在司机控制器面板上，从操纵台上拆装司机控制器时，注意先将插头、换向手柄拔下，利用面板背后的螺柱将面板顶起，拿下面板，松开司机控制器安装板上的 4-M5 的安装螺钉，将司机控制器拆下。放置司机控制器时，注意保护司机控制器插座，防止司机控制器插座损坏。

（10）司机控制器发光装置应发光均匀，无闪烁或不发光现象。如确有发光不均匀或不发光者，应更换发光片组件（换向侧）或挡位支座组件（控制侧），更换时，按以下方法进行：

① 检测发光装置回路，判定故障原因。注意控制侧、换向侧发光片（3 片）并连在逆变器输出端，其中一片的短路会造成所有发光片均不发光。

② 去掉司机控制器换向手柄、面板。

③ 从并连的端子处或发光片底部拆除故障的发光片的连线。

④ 拆下发光装置组件。对挡位支座组件（控制侧）使用十字螺丝刀松开 2-M4 螺钉（其中一个螺钉需使用长螺丝刀）。发光片组件（换向侧）用螺丝刀从安装板背后顶起。

⑤ 换上新的发光片组件或挡位支座组件，注意严格按要求的接线方法接线。

（11）在司机控制器的各个转动部位加注 6 号汽油机油，在机械联锁处加润滑脂。

（12）司机控制器的绝缘应符合以下要求：

① 相互绝缘的带电部分之间及对地的绝缘电阻不小于 10 MΩ（用 500 V 兆欧表）。

② 检修后应进行绝缘介电强度试验。司控器的发光装置及电位器回路带电部分对地施以 50 Hz、500 V 的正弦波交流电 1 min，应无击穿、闪络现象。

司控器的其余带电部分对地及相互间施以 50 Hz、1 100 V 的正弦波交流电 1 min，应无击穿、闪络现象。

注意司机控制器耐压试验应单独进行，整车耐压试验时应将司机控制器插头拔下，避免电位器及发光装置的损坏。

（13）司机控制器触头的检修应符合以下要求：

① 司控器日常检修时，应注意检查触头内部及滚轮架（包括滚轮滚动）的动作是否灵活可靠。否则，应在触头滚轮轴芯及滚轮架轴芯部分加少许稀 6 号机油，以增加触头动作的灵活性。

② 司控器使用的触头 S8472W2B 为自净式速动开关元件，为免维修型。

如确有严重烧损和动作不灵活者，应更换该触头。更换时，注意触头型号和触头滚轮的安装方向。

③ 应定期检测触头 S8472W2B 的接触电阻，采用低电阻测试仪测量，测量电流不小于 1 A。触头的接触电阻应小于 500 mΩ，如果接触电阻较大，可按图 7.55 电路接线，分断 1 A 左右时间常数 τ 为 20～50 ms 的感性电流负载，用分断弧光清除表面氧化膜，减小接触电阻。

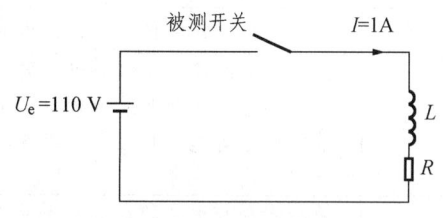

图 7.55　清除触头表面氧化膜电路

（14）若是由于机械原因造成的故障，需要对司机控制器进行拆卸时，请注意以下几点：

① 司机控制器的控制凸轮组件和换向凸轮组件有机械联锁关系，在拆装时，应注意做好标记，必须按照闭合表进行。

② 司机控制器控制手柄、换向手柄如出现卡阻现象，首先检测司机控制器圆齿轮与控制

凸轮组件配钻处的弹性圆柱销是否松动，如松动，予以更换。

③ 控制侧和换向侧的弹片组件安装的前后位置，可调整控制联锁板和换向联锁板之间的间隙。

调整司机控制器换向侧弹片组件前后位置，可调整联锁处间隙。如换向手柄已扳到位（如"前"位），控制手柄被锁住时，可通过此方法解决。

调整司机控制器控制侧弹片组件前后位置，可调整联锁处间隙。如控制手柄在"0"位，换向手柄被锁住时，可通过此方法解决。

控制侧弹片位置调整完成后，需重新整定电位器输出值。

④ 控制侧和换向侧的弹片组件安装的倾斜程度，可通过调整控制手柄和换向手柄的操作力大小来实现，在保证司机控制器动作可靠的情况下，两手柄操纵轻便、灵活即可。

⑤ 控制侧和换向侧的凸轮是产品出厂前整定好的组件，在拆装时请不要随意拆开。

⑥ 为保证发光片组件正常工作，在拆装时，应注意逆变器 TN-110A 的输入及输出，不能接反。

⑦ 为了保证司机控制器对外的连接无误，在检修、拆装时，应注意司机控制器对外连接：

司机控制器内部　　　　20 芯插座：　JL16-20ZY-Ⅲ

操纵台　　　　　　　　20 芯插头：　JL16-20TY-Ⅲ

二、扳键开关的检查与维护

1. SS_{4G} 型电力机车扳键开关的检查与维护

检修项目如表 7.10 所示。

表 7.10　SS_{4G} 型电力机车扳键开关检修项目

序号	检修内容与要求	段修类别		
		辅修	小修	中修
1	开关干净，动、静触头上下不许有异物、绝缘良好，不许有裂纹、放电、烧损现象；各零部件、紧固件齐全、完好，标牌清晰，定位销等安装牢固、不许有松动现象	√	√	√
2	扳把等运动件动作灵活，无卡滞。分断电路正常	√	√	√
3	板件开关的绝缘应符合以下要求： 带电部分之间及对地绝缘电阻（500 V 兆欧表）不小于 10 MΩ； 带电部分对地及相互间施以 50 Hz、1 000 V 的交流正弦波 1 min，无击穿、闪络现象		√	√
4	触头未动作时，滚轮与凸轮间隙不小于 0.5 mm；触头动作后，触头开距（6±0.8）mm，动、静触头表面磨耗深度应不大于 0.4 mm。超过磨耗限度，应更换		√	√
5	转动桥臂与引出螺栓圆弧接触面涂接点润滑油		√	√
6	触头上的簧托必须落在动接点凹槽内，簧托上的开槽应与触头侧边平行		√	√
7	5008 系列触头接线极性应符合"上正下负"			√

2. HXD₃型电力机车扳键开关的检查与维护

（1）扳键开关应保持干净，绝缘性能良好，安装牢固，零部件齐全完整。

（2）检查各紧固件是否齐全，紧固状态是否良好。

（3）按键头等运动件应动作灵活，无卡滞。

（4）安装时一定注意要均匀地拧紧两个顶紧螺钉。

（5）控制按键的绝缘应符合以下要求：

① 相互绝缘的带电部分之间及对地的绝缘电阻不小于 10 MΩ（用 500 V 的兆欧表）。

② 检查后应进行绝缘电强度实验。按键的带电部分对地及相互间施以工频实验电压 1 100 V（有效值）1 min，应无击穿、闪络现象。

（6）触头的检查应符合以下要求：

① 触头动作时，触头的超距≥0.5 mm。

② 触头未动时，触头的蘑菇头与按键顶帽的间隙≥0.3 mm。

（7）若是扳钮开关组出现故障，需要对扳钮开关组进行拆卸时，请按照以下顺序进行：

① 扳钮开关组件中的"前照灯"（球形手柄）"司机室"（T形手柄）及"空压机"（T形手柄）扳钮开关的形状编码手柄拆下。

② 将扳钮开关组面板拆下（注意可能先要将安装板背面安装柱上的 M5 螺母拆下）。

③ 将安装板四角的沉头螺钉拆下，即可取出扳钮开关组件。

④ 重新安装时，若扳钮开关组面板由于某种原因不平，可用垫圈及螺母将扳钮组件面板背面的安装柱拉紧即可。

⑤ 扳钮开关凸轮是按照闭合表要求进行组装的，日常仅需定期清扫，注意不要随意拆卸。

三、传感器的检查与维护

1. 电压传感器检修

TQG3A 型电压传感器的外形如图 7.56 所示。电压传感器辅修、小修只进行清扫，中修、大修作性能试验。若高压主电路发生故障，则必须作性能试验，性能试验不合格则必须更换。

（1）检修用材料。汽油、棉丝。

（2）检修用设备与工具。电器钳工常用工具、毛刷、专用测试仪。

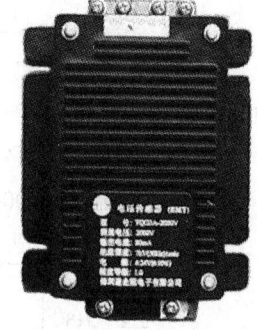

图 7.56　TQG3A 型电压传感器

（3）检修过程。电压传感器从高压柜内拆下，用毛刷清扫、并用汽油、棉丝擦拭干净。

（4）性能试验。电压传感器准确度测量按图 7.57 接线，当一次侧电压表 V 达到 2 000 V 时，从电流表 A 上读得读数 A_1 mA。则准确度：$W = (A_1 - 80)/80 \times 100\% \leqslant 5\%$

其中，E 为标准电压源；E_n 为晶体管直流稳压电源 ±24 V；A 为 0.1 级数字万用电表；V 为 0.2 级电压表；R_m 为精密电阻 ≤80 Ω。

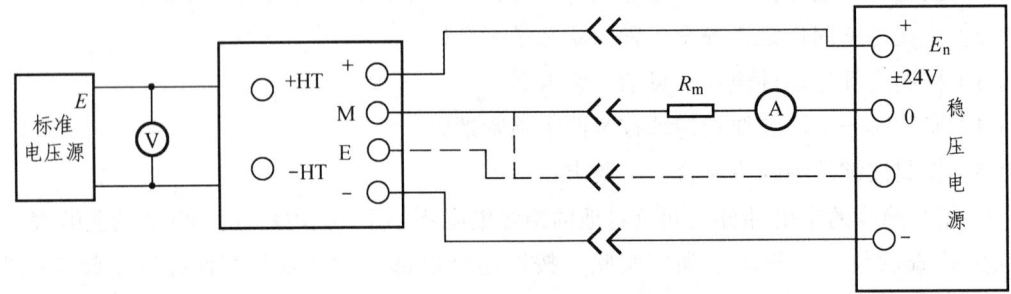

图 7.57 TQG3A 型电压传感器接线图

2. 电流传感器检修

TQG4A 型电流传感器的外形如图 7.58 所示。电流传感器辅修、小修只进行清扫，中修、大修作性能试验。若高压主电路发生故障，则必须作性能试验，性能试验不合格则必须更换。

（1）检修用材料。汽油、棉丝。

（2）检修用设备与工具。电器钳工常用工具、毛刷、专用测试仪。

（3）检修过程。电流传感器从高压柜内拆下，用毛刷清扫、并用汽油、棉丝擦拭干净。

（4）性能试验。电流传感器准确度测量：按图 7.59 接线。

图 7.58 TQG4A 型电流传感器

其中，E 为可调直流电源（0~1 000 A）；En 为晶体管稳压直流电源；11SC 为电流传感器；A 为数字万用电表（0.1 级）；R_m 为精密电阻 ≤18 Ω。

当一次侧电流 I = 1 000 A 时，输出准确度的计算：

$$W = \frac{D}{I_{som}} \times \frac{1\,000}{1\,000} \leq 25‰$$

式中，D——传感器在所测点的绝对误差值，即被测试传感器所测值与理论值之差（mA）；

I_{som}——传感器额定测量电流输出值。

当一次侧电流 I = 1 000 A，I_{som} = 200 mA。

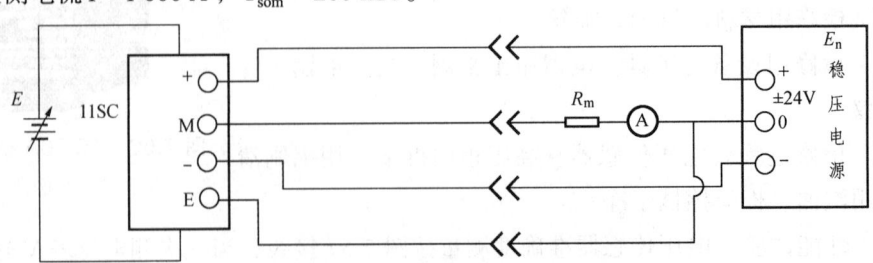

图 7.59 TQG4A 型电流传感器测试接线图

四、蓄电池的检查与维护

1. GN-100 型蓄电池的使用与检修

1）GN-100 型蓄电池的使用

（1）蓄电池使用时，最好采用正常的充放电制度，急用时方可采用快速充电。如遇过放电、反充电、小电流长期放电或间歇放电而造成容量损失，可用过充电制度充电恢复。充放电时，电解液要始终高于极板，低于极板时，应补充蒸馏水或电解液。每使用 10~15 次充放电循环，应检查并调整电解液密度。

（2）启用新的或短期（一年以内）存放的蓄电池组，注入电解液后应浸泡 2 h 以上，然后采用过充电制充电。长期（一年以上）存放的蓄电池，需经 2~3 次正常充放电循环，恢复到额定容量后，方可正常充电使用。

（3）电解液容易吸收空气中的二氧化碳，增加碳酸盐含量，当含量超过 50 g/L 时，蓄电池容量将显著降低。因此，一般使用一年左右或 50~100 次充放电循环应更新电解液。更新时应在放电状态下进行，必要时还需用水清洗电槽，然后注入新电解液。

（4）环境温度升高或降低，蓄电池组容量和寿命均会降低。因此根据环境温度选用合适的电解液。环境温度升高（+35 ℃ 以上）影响充电效率，除应及时补加蒸馏水，调整电解液密度和缩短更换电解液周期外，还应采取降温措施，在冷风、空调环境或在夜间通风良好的地方充电。

（5）蓄电池组在低温环境（−15 ℃ 以下）使用，应选用密度大的氢氧化钾，充电最好在常温下进行，充电后再在低温环境中使用。如确需在低温下充电，宜采用快速充电制或过充电制。

（6）蓄电池正极与外壳相接，所以在使用、带电保存和运输中，导电体不能同时接触蓄电池的正、负极或同时接触外壳与负极。

（7）对随时使用或短期存放的蓄电池组，充电后可带电解液在 25 ℃ 以下干燥通风的地方存放。对于长期存放的蓄电池组，应在放电状态下倒掉电解液，清理干净，并在导电金属零件上涂上凡士林，以防锈蚀。

2）GN-100 型蓄电池的检修

（1）日常维护。蓄电池使用中要经常维护，表面应清洁，气塞及绝缘件良好，无泄漏电解液现象，外壳耐碱绝缘的环氧瓷漆层良好。

定期检查液面高度，应在防护板 10~15 mm 以上，不够时应添加蒸馏水；调整电解液密度。定期检查每只蓄电池的容量，及时更换电压过低的元件。各连接铜板及接线应无烧痕、腐蚀现象。机车入库检修，需长时间使用控制电源时，应外接电源，用正常充电制充电。机车蓄电池在日常使用及维护保养中，应注意蓄电池组总电压不低于 96 V。

（2）定期检修。蓄电池按规定周期自车上拆下作较大范围的检修时，应逐个清扫元件，必要时可用 70~80 ℃ 热水整体冲洗。检查电槽有无裂纹、漏液现象，气塞、绝缘件及密封件状态是否良好。检查元件的绝缘电阻及容量，每个元件的电压低于 1 V 时应更新。

检查连接板有无烧损、老化现象，连接螺帽紧固。电槽的漆层及连接板镀层应良好。双次定修时，应全部分解元件，电槽重新涂刷耐碱的绝缘漆。

检查电解液面的高度及密度，进行充放电实验，每个元件的容量应达到额定容量的60%以上。

蓄电池充电后，应再次检查液面高度及密度，排气2h后拧紧气塞备用。

3）GN-100型常见故障及处理

蓄电池常见故障、故障原因及处理方法如表7.11所示。

表7.11 GN-100型蓄电池常见故障及处理

故障	原因	处理方法
容量降低	1. 电解液使用时间过长，碳酸盐含量太高	更换新电解液
	2. 采用电解液不当，密度偏小或偏大	更换适用的电解液
	3. 电解液量过少，露出部分极板	补充蒸馏水或比重低的电解液并调整密度，然后过充电
容量降低	4. 电解液中有害杂质过多	清洗后更换合格的电解液
	5. 充放电制度不当，如深度放电，或充电效率低，容量没有得到及时恢复	改用适当的充放电制度
容量降低	6. 蓄电池正、负极板物质脱落或掉进导电物质，形成内部短路	如为正、负物质脱落、沉淀，需更换电解液；如系其他原因，应拆开上盖或底盖酌情处理
	7. 使用仪表不当	矫正仪表
	8. 外部接触不良或短路	清扫处理
电压不正常	1. 蓄电池内部短路、断路或无电解液	更换电解液，或拆开上、下盖检查修理
	2. 接触点接触不良或断开	检查接触点及跨接板、导线的接触情况
外壳膨胀	1. 气塞上橡胶套管失效或气塞无气孔	更换新品、定期排气
	2. 充电后过早拧上气塞	充电应开口搁置2h以上
	3. 蓄电池内部短路，或电解液中有害杂质太多，产生大量气体气塞排气不及	清除短路故障，或更换新电解液
内部析出泡沫	电解液内含有机杂质	更换电解液
爬碱严重	1. 凡士林涂抹不良	及时清理、涂抹凡士林，并保持干燥
	2. 电解液面过高	保持规定高度
	3. 极柱、气塞密封不良	更换密封材料
	4. 流出电解液过多	经常擦拭并保持干燥
外壳漏电解液	壳体破裂或有砂眼	用一般塑料热补

2. DM-170型蓄电池及蓄电池充电器的维护与检修

（1）DM170型蓄电池的保养：

① 由于此蓄电池不需要补水，通常只要外观目视点检就可以。

② 电线松动要紧固，电池异常变形要更换。
③ 蓄电池达到规定的交换周期时，电池要换成新品。
④ 使用的工具，必须使用用塑料胶布等处理过的，注意不要发生短路事故。
⑤ 在检查时严禁烟火。

（2）DM170 型蓄电池充电器维护和检查周期：

运转检查 ·· 7 天
异常检查 ·· 4 个月
重要部位检查 ··· 4 年
整体检查 ·· 8 年
使用条件 ·· 装置内平均温度 45 ℃
主回路通电时间 ································· 13 小时 × 300 天 = 39 000 小时/年
辅助设备通电时间 ······························ 17 小时 × 300 天 = 51 000 小时/年

（3）DM170 型蓄电池充电器维护和检查项目如表 7.12 所示。

表 7.12　DM170 型蓄电池充电器维护和检查项目

器件名称	检查项目		检查方法	检查和处理内容	运转检查	异常检查	重要部位检查	整体检查
整体	外观		检视	对外观有异常的进行修复，不能修复时进行更换	√	√	√	√
	罩盖		检视	对外观有异常的进行修复，不能修复时进行更换		√	√	√
	绝缘电阻		试验	绝缘电阻不良时对不良处进行修复，不能修复时进行更换			√	√
装置内全部器件	外观		检视	对外观有异常的进行修复，不能修复时进行更换			√	√
	布线	电线	检视	对性能下降明显的和有损伤等异常的进行更换			√	√
		端子部	检视	对有变形的进行修复，有变色、裂纹等异常的进行更换			√	√
		端子板	检视	对有变色、裂纹等异常的进行更换			√	√
		端子螺栓	检视	对有松动的加以拧紧			√	√
	导体和导体部		检视	对有变形、变色、损伤等异常的进行更换			√	√
装置内全部器件	各种连接器		检视	对有变形、变色、损伤等异常的进行更换			√	√
	安装螺栓		检视	对有松动的加以拧紧			√	√
整流器装置	外观		检视	对外观有异常的进行修复，不能修复时进行更换			√	√
	门放大器		检视	对有焊料龟裂等质量下降和有异常的进行更换			√	√
滤波器电容	外观		检视	对外观有异常的进行修复，不能修复时进行更换			√	√
接地电容	外观		检视	对外观有异常的进行修复，不能修复时进行更换			√	√

续表

器件名称	检查项目	检查方法	检查和处理内容	运转检查	异常检查	重要部位检查	整体检查
电磁接触器	外观	检视	对外观有异常的进行修复,不能修复时进行更换			√	√
充电电阻器	外观	检视	对外观有异常的进行修复,不能修复时进行更换			√	√
电流检测仪	外观	检视	对外观有异常的进行修复,不能修复时进行更换			○	○
DCPT 盘	外观	检视	对外观有异常的进行修复,不能修复时进行更换			○	○
NFB 开关	外观	检视	对外观有异常的进行修复,不能修复时进行更换			○	○
交流滤波器电容	外观	检视	对外观有异常的进行修复,不能修复时进行更换			○	○
电热器盘	外观	检视	对外观有异常的进行修复,不能修复时进行更换			○	○

小 结

本项目介绍了机车上所用到的一些低压电器,主要用于机车电路的控制、检测与保护。

(1)司机控制器是对机车发出指令的电器。在了解司机控制器基本结构的基础上,需掌握其换向、调速控制,各工作位置的作用,机械联锁关系,熟悉司机控制器的维护方法。

(2)扳键开关是司机操纵、控制机车的重要部件。在了解扳键开关结构的基础上,掌握其类型及主要作用,熟悉扳键开关的检修方法。

(3)传感器是借助于检测元件接收一种形式的信息,并按照一定规律将它转换成另一种信息的装置。了解传感器基本工作原理,熟悉传感器在电力机车上的作用,熟悉传感器的维护方法及检修工艺。

(4)蓄电池是化学能与电能互相转换的装置。掌握蓄电池在电力机车上的作用及工作状态,熟悉蓄电池的维护方法,了解其常见故障。

(5)自动开关及熔断器是电力机车上常用的保护装置。熔断器使用金属导体作为熔体串联在被保护的电路中。熟悉自动开关及熔断器的工作原理以及在电力机车上的作用。

思考练习题

一、填空题

1. 司机用来操纵机车运行的主令电器是_____。
2. TKS14A 型司机控制器的换向手柄有_____、_____、_____、_____、_____、_____、_____ 7 个工作位置,调速手轮有_____、_____以及_____ 3 个工作位置。
3. TKS14A 型司机控制器换向手柄只能在_____位时,才能插入和取出。
4. TKS14A 型司机控制器的换向手柄在_____位时,调速手轮可在"制动"区域转动。
5. TKS14A 型司机控制器的调速手轮在_____位时,换向手柄可在"0""前""后""制"各位间任意转动。
6. TKS14A 型司机控制器的手轮调速主要是通过调节_____来实现的。
7. SS_{4G} 型电力机车_____控制器的调速手轮和主司机控制器的换向手柄共用。
8. 当主轴转动到凹缘对准辅助触头盒的杠杆时,该辅助触头盒的触点_____。
9. 推动 TKS14A 型司机控制器调速手轮时,调速电位器随之_____,使输出电流发生变化。
10. SS_{4G} 型电力机车的主司机控制器和辅助司机控制器在结构上都属于_____控制器。
11. TKS14A 型主司机控制器主轴用于_____。
12. TKS14A 型司机控制器的手柄在"前"或"后"位时,手轮可转向_____区域。
13. SS_{4G} 型电力机车各直流电量和速度信号采用_____检测,交流电量采用互感器检测,实现高压电路与低压控制系统的电隔离。
14. LEM 传感器利用_____的工作原理,并运用磁平衡技术制成。
15. SS_{4G} 型电力机车上蓄电池组作为直流控制电源的辅助电源兼作可控硅稳压电源的_____元件。
16. SS_{4G} 型电力机车上 110 V 控制电源由 110 V 电源柜及_____组成。
17. 蓄电池是能量互相转换的装置,使用时把_____转变为电能,而且变换的过程是可逆的。
18. 扳键开关组中的受电弓为_____位置开关,其手柄为_____。
19. SS_{4G} 型电力机车牵引电动机故障时的过流保护是通过_____主断路器分闸实现的。
20. 在 SS_{4G} 型电力机车上,蓄电池作为 110 V 直流控制电路的_____电源。
21. 标准化司机室的按键开关采用_____的单体开关_____开关。
22. 自动开关的过流保护方式有两种:一是电磁脱扣;二是_____。
23. 自动开关对电路_____、短路具有双重保护。
24. 熔断器是一种用作过载和_____保护的电器。

二、选择题

1. 电力机车通常采用（　　），串接在各牵引电动机电路中,将各电机电枢电流反馈信号输入到控制柜。
   A. 电流传感器　　　　　　B. 电流互感器　　　　　　C. 电压互感器

2. 在 SS_{4G} 型电力机车上,电压传感器安装在（　　）内。
   A. 低压电器柜　　　　　　B. 高压电器柜　　　　　　C. 控制柜

3. SS_{4G} 型电力机车控制电源工作时必须与蓄电池并联运行,以（　　）控制电源输出的脉动量。
   A. 增加　　　　　　　　　B. 减少　　　　　　　　　C. 消除

4. 蓄电池的容量表示蓄电池（　　）的能力。
   A. 存储电荷　　　　　　　B. 放电　　　　　　　　　C. 充电

5. 韶山系列电力机车蓄电池组由 74 节蓄电池串联组成,总电压为（　　）V。
   A. 96　　　　　　　　　　B. 92.5　　　　　　　　　C. 94

6. 标准化司机室内的按键开关为自锁开关,采用（　　）的单体开关。
   A. 琴键式　　　　　　　　B. 扳键式　　　　　　　　C. 按钮式

7. GN-100 型蓄电池液面高度应在防护板（　　）mm 以上。
   A. 5~10　　　　　　　　　B. 10~15　　　　　　　　C. 15~20

8. GN-100 型蓄电池的液面高度不够时,应添加（　　）。
   A. 电解液　　　　　　　　B. 蒸馏水　　　　　　　　C. 自来水

9. SS_{4G} 型电力机车控制电路由 110 V 直流稳压电源、（　　）、有关主令电器以及各种功能的低压电器和开关等组成。
   A. 硅整流装置　　　　　　B. 电路保护装置　　　　　C. 蓄电池组

10. SS_{4G} 型电力机车的蓄电池组总电压不得低于（　　）V。
    A. 60　　　　　　　　　　B. 70　　　　　　　　　　C. 80

11. SS_{4G} 型电力机车上,蓄电池组作为直流控制电源的辅助电源兼作可控硅稳压电源的（　　）元件,在升弓前及可控硅稳压电源发生故障时机车控制电路都要由它供电。
    A. 控制　　　　　　　　　B. 整流　　　　　　　　　C. 滤波

12. HXD_3 型电力机车上共设有（　　）个速度传感器。
    A. 6　　　　　　　　　　　B. 12　　　　　　　　　　C. 14

13. 主变压器油温达到（　　）℃时,油温继电器触点闭合。
    A. 75　　　　　　　　　　B. 90　　　　　　　　　　C. 100

14. 在主变压器油的循环量大约减至（　　）L/min 以下时,油流继电器触点闭合。
    A. 100　　　　　　　　　B. 200　　　　　　　　　C. 150

15. HXD_3 型电力机车充电电源模块的输出电压为（　　）V。
    A. 110　　　　　　　　　B. 220　　　　　　　　　C. 380

16. TO 系列自动开关的过流保护是通过（　　）的方式执行的。
　　A. 电磁脱扣　　　　　　B. 热脱扣　　　　　　C. 热动电磁脱扣
17. 快速熔断器的熔体采用（　　）的熔片。
　　A. 变截面　　　　　　　B. 方形截面　　　　　C. 圆形截面

三、判断题

1. TKS14A 型司机控制器手轮在"0"位时，手柄只能在"0""前""后""制"各位移动。（　　）

2. 辅助触头盒的安装能满足如下要求：当主轴转动到凹缘与辅助触头盒的杠杆同一位置时，辅助触头盒的触点闭合（不动作）。（　　）

3. TKS14A 型司机控制器的换向手柄在"0"位时，调速手轮可以任意动作。（　　）

4. TKS14A 型司机控制器的调速手轮在"牵引"区域时，换向手柄被锁在"前"位或"后"位。（　　）

5. TKS15A 型调车控制器在结构及原理上与 TKS14A 型司机控制器基本相似。所不同的是 TKS15A 型调车控制器的手轮只有 3 个位置。（　　）

6. TKS14A 型司机控制器手轮在"牵引"区域时，手柄只能在"前""Ⅰ""Ⅱ""Ⅲ"各位移动或被锁在后位。（　　）

7. TKS14A 型司机控制器手柄在"制"位时，手轮可转向"牵引"区域。（　　）

8. 传感器在使用时必须先接通电源，然后再加上被测电流或电压，当测量结束时，必须先断开被测电流或电压，然后再断开电源。（　　）

9. SS_{4G} 型电力机车速度传感器直接安装在机车轮轴上。（　　）

10. 蓄电池是机械能与电能互相转换的装置，它能把电能转变为机械能储蓄起来，使用时再把机械能转变为电能，而且变化的过程是可逆的。（　　）

11. 机车蓄电池通常是处于一种浮充电状态。（　　）

12. 扳键开关组中压缩机的强泵位开关为自锁式开关。（　　）

13. GN-100 型蓄电池在日常使用及维护保养中，应注意蓄电池组总电压不低于 96 V。（　　）

14. SS_{4G} 型电力机车控制电源柜由 110 V 电源柜和蓄电池组成，通常二者并联运行，为控制电路提供稳定的 110 V 直流电压。（　　）

15. 司机室主台按键开关组中的主断开关为非自复式开关。（　　）

16. HXD_3 型电力机车 DC 110 V 充电电源模块 PSU 输出电压为 DC［110（1±20%）］V。（　　）

17. HXD_3 型电力机车 DC 110 V 充电电源模块 PSU 含两组电源，通常只有一组电源工作，故障发生时另外一组电源自动启动，供给负载电源。（　　）

18. HXD_3 型电力机车操纵端一经设定，即使另一端的电钥匙状态为"ON"，其操作也会被判定为无效。（　　）

19. 自动开关的特点是能开断较大的短路电流；具有对电路过载、短路的双重保护；允许操作频率低。（　　）

20. 电力机车辅机过载保护采用自动开关作保护器械，各辅机三相支路中均接入相应的自动开关。（　　）

四、简答题

1. 司机控制器有什么作用？
2. 简述 TKS14A 型主司机控制器的组成。
3. 简述 TKS14A 型司机控制器的手轮与手柄之间的机械联锁关系。
4. 磁平衡式霍尔传感器有哪些特点？
5. 电力机车中蓄电池有何作用？
6. GN-100 型蓄电池由哪几部分组成？其正极板和负极板的材料是什么？
7. HXD_3 型电力机车主控制器换向手柄如何操作？
8. HXD_3 型电力机车主控制器调速手柄如何操作？
9. 试述 HXD_3 型电力机车 DC 110 V 电源装置的工作原理。
10. 自动开关由哪些部分组成？
11. SS_{4G} 型电力机车中使用哪种型号的熔断器？起何作用？

五、综合题

1. 电力机车上通常采用哪些传感器？各有什么作用？
2. GN-100 型蓄电池在使用时和检修中应该注意哪些问题？

第三篇　高压电器篇

机车高压电器是专门为电力机车设计、制造的结构复杂、作用重要的专用电器，主要包括受电弓、主断路器、高压隔离开关、高压接地开关、电空接触器、两位置转换开关等。

学习目标与要求：

（1）熟悉各高压电器的功能作用；
（2）掌握各高压电器的结构及工作原理；
（3）了解各高压电器的技术参数；
（4）熟悉各高压电器的维护方法以及检修工艺。

项目八　受电弓和主断路器

受电弓是电力机车、电动车辆从接触网上受取电能的一种受流装置，常见安装于车顶，其性能的优劣直接影响受流质量。

主断路器是电力机车电源的总开关和机车总保护，在主电路发生短路、接地等故障时，主断路器能够迅速断开，起到保护作用。这种保护能力对于防止电气事故，保护设备和人员安全至关重要。

本项目我们将学习受电弓和主断路器的作用、工作要求、分类、结构原理、主要技术参数、检查与维护等知识。通过本项目的学习，应达到以下学习目标：

知识目标

（1）掌握受电弓的作用、种类、结构组成、主要技术参数等相关理论知识；
（2）掌握受电弓的升、降弓过程及特点；
（3）掌握主断路器的作用、特点、结构组成、主要技术参数等相关理论知识；
（4）掌握主断路器的分、合闸工作过程。

能力目标

（1）具备对 TSG1-630/25 型受电弓及 DSA200 型受电弓的使用、参数调整及维护能力；
（2）具备对 TDZ1A-10/25 型空气断路器及 BVNC.N99 型真空主断路器的使用及维护能力；
（3）具备运用受电弓、主断路器的知识分析判断该类电器常见故障的能力。

素养目标

（1）加强职业意识教育，增强爱岗敬业精神；
（2）培养学生精益求精的工匠精神；
（3）牢固树立"安全重于泰山"的责任意识。

任务一 认知受电弓

知识导入

在电气化铁道中，接触网是指架设在轨道上方沿线向机车提供电能的电力传输网，受电弓是电力机车从接触网上获取电能的装置，它的重要性不言而喻。受电弓可以说是工程力学上的奇迹，其发展历经百年更迭，才有了今天的成果。让我们怀揣职业理想和报国情怀，共同领略受电弓的风采。

知识储备

由于电力机车属于非自给式机车，自身不带能源，所需能源来自机车外部的电能。受流器就是电力机车、电动车辆从接触网接触导线或导电轨受取电流的装置。根据受流器的形状及作用原理，可将受流器分为以下几种类型，如图 8.1 所示。

（1）集电杆式受流器（常用于城市无轨电车）。
（2）旁弓式受流器（常用于矿区内电力机车）。
（3）弓形式受流器（常用于城市有轨电车）。
（4）集电靴式受流器（常用于地下铁道的第三轨供电方式）。
（5）受电弓式受流器（用于铁路干线牵引列车的电力机车以及采用牵引网供电的地下铁道和轻轨车辆等）。

图 8.1 不同类型的受流器

一、受电弓的作用

电力机车利用车顶的受电弓从接触网获得电能，通过绝缘子安装在电力机车的车顶上，是一种铰接式的机械构件。当受电弓不用时处于折叠状态，运行时升起与接触网接触，将电流从接触网引入机车，供机车内的电气设备使用。

受电弓是电力机车与固定供电装置之间的连接环节，通过与固定导线的滑动接触而受流，因此，滑板的质量是影响受电弓受流质量的关键因素之一，优质滑板应满足以下要求：

（1）摩擦系数低，对接触导线及滑板自身的磨耗小。
（2）电阻率低，耐弧性强。
（3）力学性能好，能承受一定的冲击载荷。
（4）质量轻。

二、受电弓的基本要求

（1）滑板与接触导线接触可靠，其间应有一定的接触压力。
（2）升、降弓时不产生过分冲击，为此要求升降弓过程具有先快后慢的特点。即升弓时滑板离开底架要快，贴近接触导线要慢，以防弹跳（弹跳会产生弓网间的拉弧，从而造成弓网的烧损）；降弓时滑板脱离接触导线要快（以防拉弧造成烧损），落在底架上要慢（防止对底架有过分的机械冲击）。
（3）运行中受电弓动作轻巧、平稳、动态稳定性好。

三、受电弓的分类

电力机车上安装有两台受电弓，正常运行时一般只升后弓，前弓备用。按结构形式受电弓分为：双臂受电弓和单臂电弓。

（1）双臂受电弓：双臂受电弓结构对称，侧向稳定性好，但结构复杂，调整困难。

（2）单臂受电弓：单臂受电弓结构简单，尺寸小，质量轻，调整容易，具有良好的动特性，高速时动态跟随性及受流特性较好，故而被现代电力机车广泛采用。

目前，电力机车上采用有各种型号的单臂受电弓，一类属于弹簧式，如 SS_{4G} 型电力机车采用的 TSG1-630/25 型，SS_8 型电力机车上采用的 TSG3-630/25 型等；另一类属于气囊式，如 SS_9 型、HXD_3 型电力机车采用的 DSA200 型等。各类型号之间的受电弓局部部件虽有不同，但其基本结构有许多相似之处。

任务二 探秘 TSG1-630/25 型单臂受电弓

知识导入

单臂受电弓，亦可称为"之"(Z)(く)字形受电弓。这类受电弓噪声低，故障时不易扯断接触网，为较普遍的受电弓类型。受电弓在发展的洪流中替换更迭，几十年的风雨历程，数十载的坎坷艰辛，技术创新的发展之路凝结了无数攻坚克难的中国人的倾情付出，也是我国科学技术发展的缩影。

知识储备

一、TSG1 型单臂受电弓的基本结构

TSG1-630/25 型单臂受电弓主要由弓头部分、框架结构、传动机构和控制机构 4 部分组成，其基本结构如图 8.2 所示。

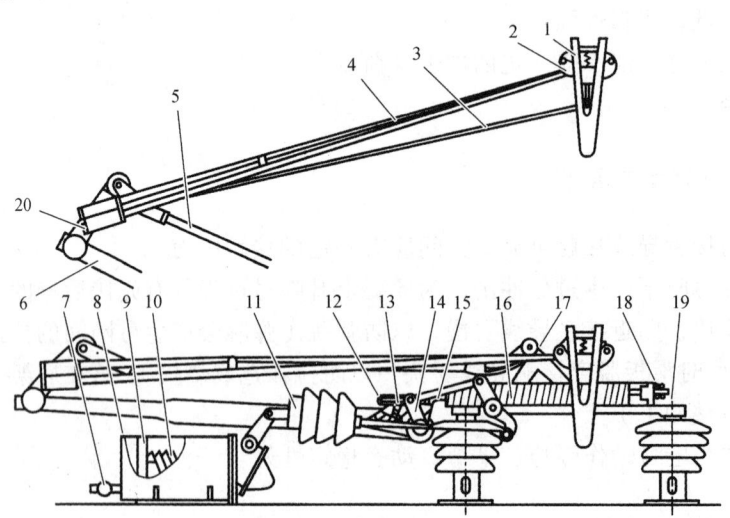

探秘 TSG1 型单臂受电弓

1—滑板弓头；2—弓头支撑装置；3—平衡杆；4—上框架；5—推杆；6—下部臂杆；7—缓冲阀；8—传动气缸；
9—活塞；10—降弓弹簧；11—拉杆绝缘子；12—滑环；13—扇形板；14—拐臂；
15—转轴；16—升弓弹簧；17—底架；18—升弓弹簧调整螺母；
19—支持绝缘子；20—铰链座。

图 8.2 TSG1 型单臂受电弓结构

1. 弓头部分

弓头部分由滑板和弓头支撑装置两部分组成。

（1）滑板。滑板是直接与接触导线接触受流的部件，也是受电弓故障率较高的部件之一，最常见的故障是磨耗到限和拉槽。目前采用的滑板主要有碳滑板、钢滑板、铝包碳滑板、粉末冶金滑板等。其中，碳滑板较软，自身磨耗较大，需经常更换，适用于铜接触导线；钢滑板较硬，对接触网磨耗较大，适用于钢铝接触导线；粉末冶金滑板的主要成分是铁、铜和润滑油，它有较好的自润滑性和一定的机械强度，电阻率也较小，与接触网导线接触受流性能良好，既能同时适用于铜接触导线和钢铝接触导线，又有助于减少因滑板损坏而造成的刮弓事故，是目前较为理想的滑板材料。

滑板的主体由铝板压制而成，在一定的强度下用铝可减轻整体质量，上面有两排宽 20 mm 接触板，用压板固定，如图 8.3 所示。滑板的直线长度为 1 200 mm 且两端处制成弯角形，这是为了防止在接触网分叉处接触网导线进入滑板底而造成刮弓事故。为了使接触板磨耗均匀，接触网导线与轨距中心线呈"之"字形布置。

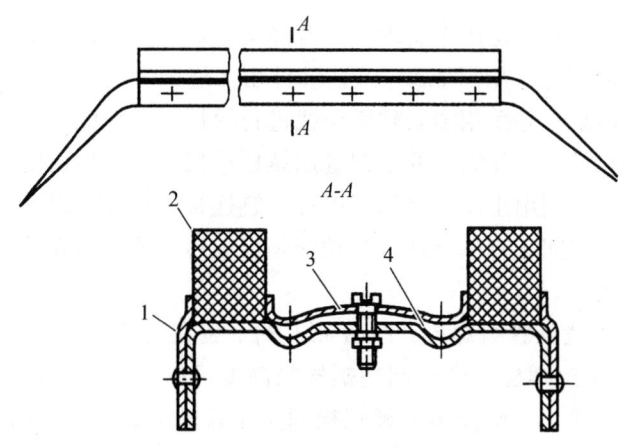

1—压板；2—接触板；3—铝滑板。

图 8.3 滑板

（2）弓头支撑装置。弓头支撑装置是受电弓与接触网导线间的第一系弹性系统，其好坏直接影响到受电弓的受流质量，结构如图 8.4 所示。弓头支撑装置由薄钢板支撑，内装有小型圆柱螺旋弹簧，使整个滑板在机车运行时能够根据接触网导线驰度的变化而作前后、上下的摆动，以改善受流状况。滑板通过弓头支撑装置装在上部框架上，弓头支撑装置与上框架转轴的连接用低强度的铝保险座，目的是在刮弓事故发生时使其先断，避免事故扩大。

2. 框架结构

整个框架由上部框架、下臂杆、平衡杆、推杆和底架组成，见图 8.2。

（1）底架部分。底架部分是整个受电弓的基座部分，通过 3 个绝缘子固定在机车顶盖上，受电弓的受流运动部件都装在底架上，因此整个受电弓应具有耐受一定电压的电气性能。为了使受电弓不发生变形而影响其性能，要求刚性底架有一定的机械强度。

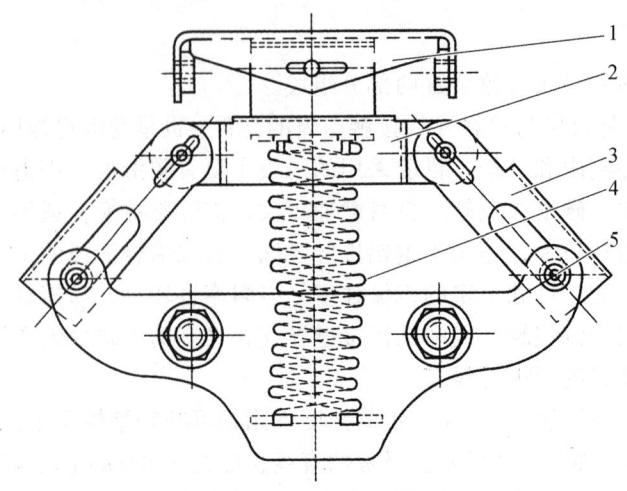

1—托架；2—横架；3—拉杆；4—弹簧；5—基架。
图 8.4 弓头支撑装置

（2）铰链机构。铰链机构是用来实现弓头升降运动的机构，包括下臂杆、上部框架、推杆、平衡杆、中间铰链座等，见图 8.2。这些部件由无缝钢管组焊而成，通过铰链座铰链，各铰链处都装有滚动轴承，并采用金属软编织线进行短接，防止电流对轴承的电腐蚀。

上部框架其一端与弓头支撑装置的上铰链用螺栓连接，另一端借助于压板用螺栓装在中间铰链座上。推杆两端分别用正反扣螺扣与推杆铰链连接，这样可以便于调整落弓位和最大升弓高度。推杆与弓头之间装有平衡杆，其功能是保证弓头滑板面在受电弓整个工作高度范围内，始终保持水平状态。

下臂杆的转轴用无缝钢管组焊成"T"字形构件，装在底架上。转轴上焊着两块扇形板，扇形板上各装有 4 个调整螺栓，通过调整螺栓的高度可以调整滑板在不同高度时的静态接触压力。升弓弹簧有两个，一端经扇形板螺栓固定于转轴上，另一端用螺杆固定于底架上。调整螺杆的长度，可以改变升弓弹簧张力的作用。下臂杆通过中间铰链座与上臂杆和推杆相连，中间铰链座为铸铁件。

3. 传动机构

传动机构是用来传递力矩，实现对受电弓升、降运动的控制，实现与受电弓之间的电绝缘。传动机构由传动气缸、拉杆绝缘子、滑环、拐臂等部件组成，见图 8.2。

传动气缸是受电弓的动力装置，安装在机车顶盖上，其缸体与水平面成 15° 仰角，通过拉杆绝缘子和滑环与下臂杆的转轴进行力的传递，进气时升弓，排气时降弓。

4. 控制机构

控制机构实现对受电弓升、降弓过程的控制。TSG1-630/25 型受电弓的控制机构由缓冲阀和升弓电空阀组成，安装在机车内部，以便在机车内部调整升、降弓时间。

缓冲阀是控制受电弓升弓、降弓速度的部件，连接在气源和传动气缸之间。它借助改变流通管路的截面大小来调节进入传动气缸的气流量，以满足受电弓升弓、降弓过程先快后慢的要求。

缓冲阀结构如图8.5所示。阀体与两个阀座配合形成中心通道，在两个阀座上各开有一个槽口，通道中间有一钢球。当由电空阀控制的压缩空气开始经缓冲阀中心通道进入传动气缸时，进入传动气缸的风量既大且快，在此气流推动下当钢球与对应阀座接触后，中心通道被堵塞，压缩空气只能经阀座的槽口进入传动气缸，受到了限制。排风时，由于钢球的运动，传动风缸内的压缩空气开始经中心通道大量排出，当钢球与对应的阀座接触后，又只能经槽口缓慢排出。改变进气阀座和排气阀座的豁口尺寸，即可调整升弓和降弓的时间。

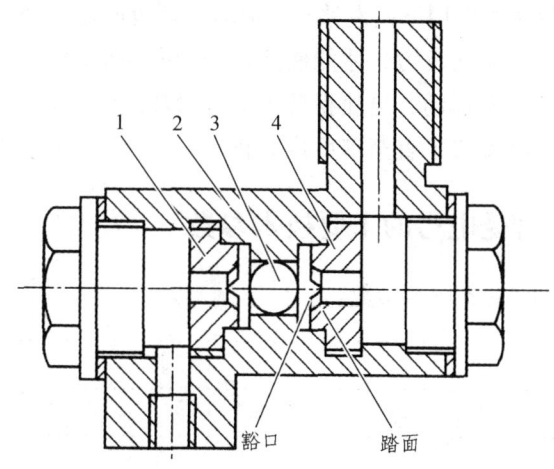

1—排气阀座；2—阀体；3—钢球；4—进气阀座。

图8.5 缓冲阀

二、TSG1型单臂受电弓的动作原理

单臂受电弓的连杆机构是由两个四连杆机构组成，如图8.6所示。上部四连杆机构由固定在铰链座上的上部框架4、推杆铰接的平衡杆3和支架2组成，其作用是使滑板在整个运动高度保持水平状态；下部四连杆机构由下臂杆6、铰链座5、推杆7及底架8组成，其作用是当φ角度变化时，使滑板上升和下降并保持其运动轨迹基本为一铅垂线。

1. 升弓过程

升弓时，司机操纵受电弓按键开关，控制受电弓的电空阀使气路导通。压缩空气经缓冲阀进入传动气

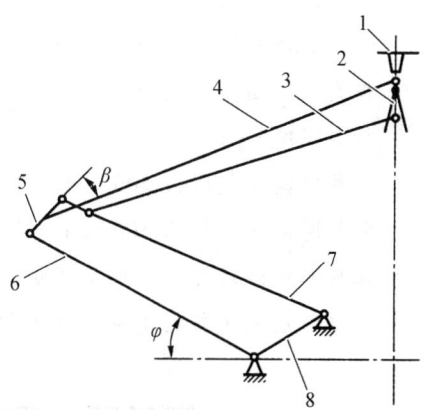

1—滑板；2—支架；3—平衡杆；4—上部框架；
5—铰链座；6—下臂杆；
7—推杆；8—底架。

图8.6 单臂受电弓连杆机构

缸，活塞克服降弓弹簧的压力向右移动，通过传动气缸盖上的杠杆支点，使拉杆绝缘子向左移动，同时通过杠杆支点的作用，使滑环右移，此时拐臂不受滑环的约束，下臂杆便在升弓弹簧的作用下，作顺时针转动。此时中间铰链座在推杆的推动下作逆时针转动，也即上框架作逆时针转动，整个受电弓弓头随即升起。

当传动气缸充气后，活塞处于右侧极限位置时，对应的滑环也处于右侧极限位置，这时传动气缸对受电弓没有力的作用。弓头滑板对接触网导线的压力完全取决于升弓弹簧的力的大小，而与传动气缸无关。

2. 降弓过程

降弓时，司机操纵受电弓按键开关，电空阀失电，传动气缸内的压缩空气经缓冲阀排向大气，此时活塞在降弓弹簧的作用下向左移动，带动滑环也向左移动。当滑环与拐臂接触后，则降弓弹簧必须克服升弓弹簧之反力，才能使活塞继续向左移动。

由于活塞和滑环继续向左运动，迫使拐臂跟随着滑环继续左移，强制转轴和下臂杆也沿逆时针方向转动，直至上框架降下直至落弓位为止。

三、TSG1 型单臂受电弓的主要技术参数

TSG1 型单臂受电弓的主要技术参数：

名称	单臂受电弓
额定工作电压	25 kV
额定工作电流	630 A
静态接触压力	（70±10）N
额定工作气压	500 kPa
最小工作气压	300 kPa
最大工作高度	1 900 mm
最小工作高度	400 mm
最大升弓高度	≥2 400 mm
折叠高度	411 mm
升弓时间（气压为 500 kPa，落弓位至最大工作高度）	≤8 s
降弓时间（气压为 500 kPa，最大工作高度至落弓位）	≤7 s
滑板单向运动（上升或下降）时，不同高度处静态接触压力差	≤15 N
受电弓质量（包括支持绝缘子和传动气缸）	≈256 kg

任务三　探秘 DSA200 型单臂受电弓

知识导入

DSA200 型单臂受电弓是大同电力机车有限公司于 2003 年从德国 STEMMAN（芬斯坦）公司通过技术引进、消化吸收、生产制造的国产化产品。设计速度为 200km/h，适用于相应速度等级的电力机车及动车组。

知识储备

一、DSA200型单臂受电弓的基本结构

探秘DSA200受电弓

DSA200型单臂受电弓主要由弓头部分、底架、升弓装置、铰链机构、阻尼装置、驱动装置和自动降弓装置等组成，基本结构如图8.7所示。

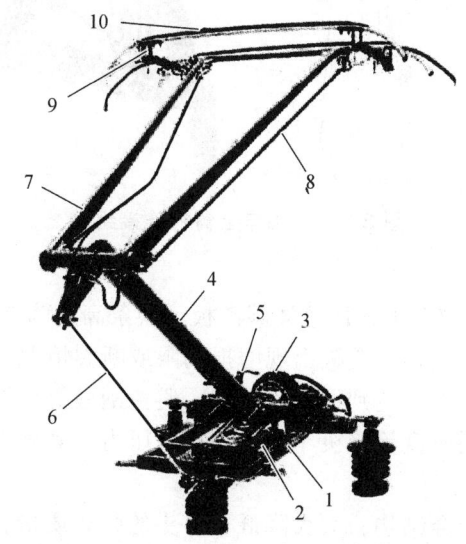

1—底板；2—阻尼器；3—升弓装置；4—下臂杆；5—弓装配；6—下导杆；
7—上臂杆；8—上导杆；9—集电头支撑；10—滑板。

图8.7 DSA200型单臂受电弓结构

1. 弓头部分

弓头安装在受电弓框架的顶端，直接与接触网接触，汇集导通电流。它主要由滑板座、滑板、4个拉伸弹簧、2个横向弹簧及其附属装置组成，结构如图8.8所示，弓头与上臂杆连接组装如图8.9所示。

弓头借助框架的伸缩可以实现上下移动。两个滑板座与两个滑板相连，组成相对坚固的弓头支架。弓头支架垂悬在4个拉簧下方，2个横向弹簧安装在弓头和上臂杆间，滑板安装在弓头支架上。这种结构能够使滑板在机车运行方向上灵活地移动，而且能缓冲来自各方向的冲击力，达到保护滑板的目的。

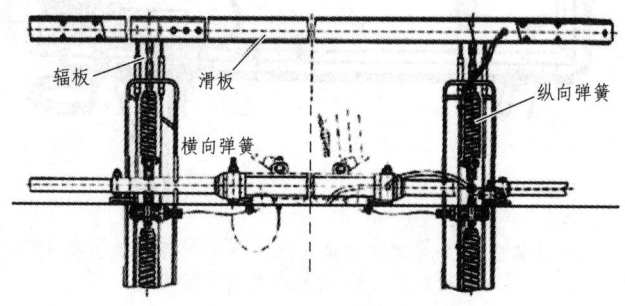

图8.8 弓头部分结构

弓头支架　　　　　　弓头翼片

图 8.9　弓头与上臂杆连接组装

DSA200 型单臂受电弓的滑板采用整体碳滑板，碳条高度为 22 mm，极限尺寸为 5 mm。滑板中有气腔，通有压缩空气，当滑板出现磨损到限或断裂情况时，自动降弓装置将发生作用，使受电弓迅速地自动降下，达到保护受电弓，避免刮弓等弓网事故发生的目的。

弓头翼片用来调节不同速度等级机车的动态接触压力，其确切安装位置和尺寸由空气动力学试验结果决定。

弓头部分大量采用铝合金结构，大大降低了弓头的归算质量，保证了良好的弓网动力学性能。

2．底　架

底架通过支持绝缘子和 3 个安装座将受电弓安装到车顶上，如图 8.10 所示。

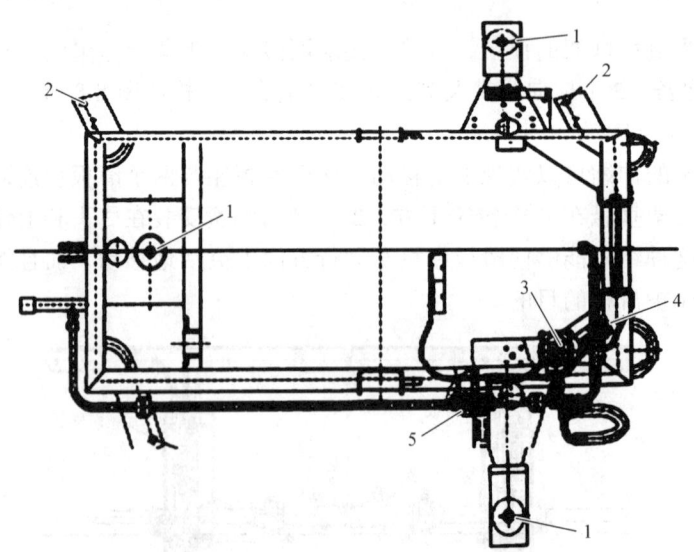

1—安装座；2—电源线连接点；3—自动降弓用快速排气阀；
4—试验阀；5—自动降弓用关闭阀。

图 8.10　底　架

底架上有 3 个电源引线连接点和升弓用气路，还装有自动降弓用快速排气阀、试验阀和自动降弓用关闭阀门。快速排气阀用于检测气路压力。当滑板发生破裂时，快速排气阀将排除受电弓升弓装置中的空气，实现自动降弓。试验阀可以人为检测自动降弓装置是否有效。当自动降弓装置自身发生故障时，可以通过自动降弓关闭阀停止该装置的运行。

3. 升弓装置

升弓装置是受电弓的动力装置，安装在底架上，由气囊式气缸和桁架组成，其桁架通过钢索连接在下臂杆钢索轨道上，结构如图 8.11 所示。进气时气囊胀大，推动桁架向其前方运动，桁架和轨道间拉紧的钢索带动下臂杆绕转轴向上部方向转动，使受电弓升起。排气时气囊式气缸回缩，使受电弓降弓。

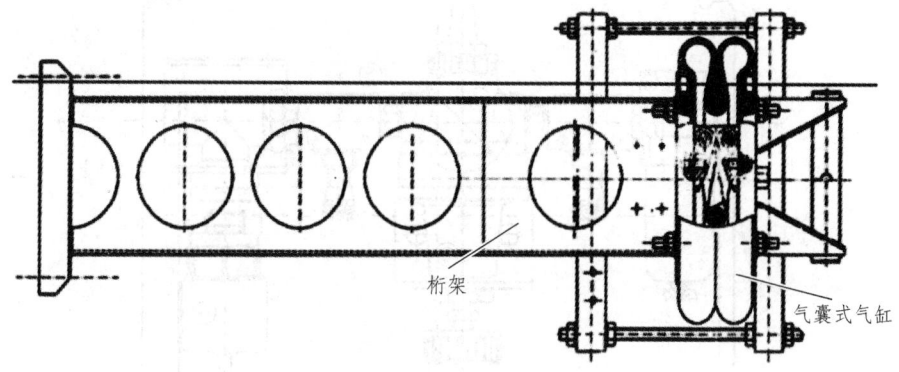

图 8.11 升弓装置

4. 铰链机构

铰链机构由两个四连杆机构组成。下部四连杆机构由下臂杆、上臂杆、下导杆和底架组成，其作用是当下臂转动角 φ 变化时，使弓头上升或下降并保持其运动轨迹基本上为一铅垂线。

上部四连杆机构由上臂框架部分、上导杆及弓头支架组成，其作用是使滑板在整个运动高度范围内均能保持水平状态。下臂杆为钢管，支撑受电弓重量，传递升降弓力矩，其长度决定了受电弓的工作高度。其一端固定在底架上，另一端通过铰链和上臂相连。其上设有钢索导轨，通过钢索和升弓装置相连。

升弓装置带动下臂杆绕轴转动，其内有空气管路，通过管接头和软管连接，作为自动降弓装置的气路，下导杆分别接在上臂杆一端和底架上，用于调整最大升弓高度和滑板运动轨迹。上臂杆为铝合金框架，用于支承弓头重量，传递向上压力，保证受电弓工作高度。导杆一端接在下臂杆上，另一端接在弓头支架的幅板下方，其作用是调整滑板在各运动高度均处于水平位置。

5. 阻尼装置和减振器

阻尼装置主要由阻尼器、防尘盖、保护套等组成，如图 8.12 所示。阻尼器装在底架和下臂杆之间，主要用

图 8.12 阻尼装置

于有效地吸收机车高速运行时产生的冲击和振动，保证滑板和接触导线接触可靠。安装时通过锁紧螺母可以调节并锁定阻尼器的长度。

在落弓位置，受电弓放在3个橡胶减振器上。3个橡胶减振器承载着受电弓上、下臂和弓头，且在落弓时有弓装配来防护弓头。

6. 驱动装置

驱动装置主要由空气过滤器、单向节流阀（升弓）、精密调压阀、压力表、单向节流阀（降弓）、安全阀等组成，如图8.13所示，用于调节受电弓升降弓时间，保证升降弓动作过程先快后慢。

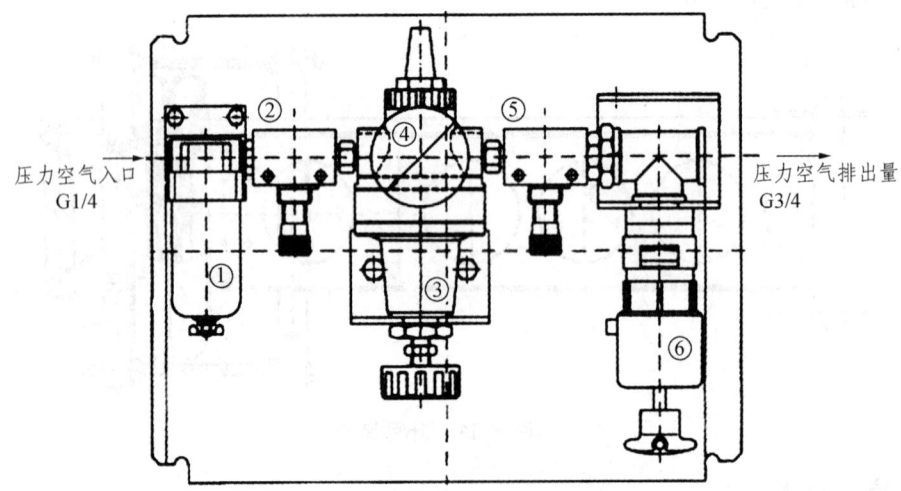

1—空气过滤器；2—可调节流阀（升弓）；3—调压阀；4—压力表；
5—可调节流阀（降弓）；6—排气阀。

图 8.13 升弓气源控制阀组

空气过滤器使进入气囊的压缩空气是清洁的。

单向节流阀是一个流量控制阀，它借助改变流通管路的截面大小来调节气流量。调整调节手轮，可以改变节流口的过流面积，从而对流经该阀的流量进行控制。升弓单向节流阀和降弓单向节流阀的结构是相同的，装配时分正反。

精密调压阀为受电弓提供压力恒定的压缩空气，其精度偏差为 ±0.002 MPa。精密调压阀用于调节接触压力，气压每变化 0.01 MPa，使接触压力变化 10 N。

压力表显示的数值仅起参考作用，应以实测接触压力为准。

如果精密调压阀出现故障，安全阀会起到保护气路的作用。

7. 自动降弓装置（ADD 气路保护装置）

自动降弓装置（ADD）如图8.14所示，主要由快速排气阀、自动降弓关闭阀、试验阀及相应气路组成。自动降弓装置的作用是为保证当滑板断裂或磨损到限时，与接触网接触的受电弓能自动下落,从而避免接触网和受电弓的损坏。

快速降弓(ADD)阀体内部分为两个腔体:一个腔体连接气囊,另一个腔体连接碳滑板。在正常的升弓、降弓操作工况下,ADD阀不工作。其中与碳滑板连接的腔体内部气压保持与碳滑板内部毛细气管一致。正常状态下,ADD内部通过一个节流阀控制不断给碳滑板内部毛细气管供气,保证其气压平衡,并防止小泄漏事故引起降弓动作的发生。

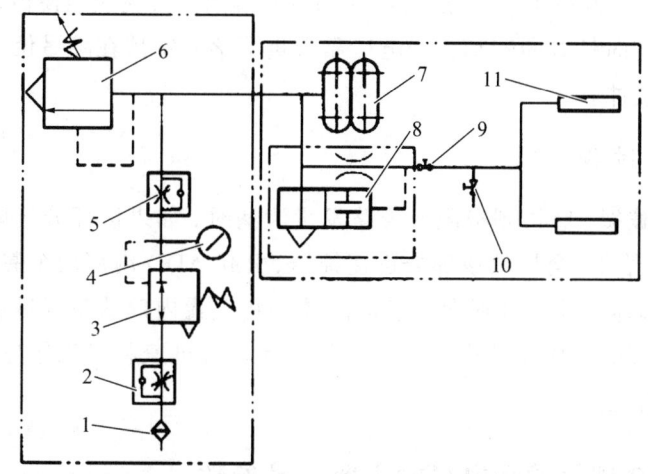

1—空气过滤器;2—单向调速阀(升弓);3—调压阀;4—气压表;5—单向调速阀(降弓);
6—稳压阀;7—气囊;8—气控快排阀;9—截止阀;
10—试验阀;11—碳滑板(2件)。

图8.14 DSA200受电弓升弓装置和气路装置原理

ADD试验阀在正常情况下处于闭合状态。该阀体的主要功能是在现场组装以及检修中,模拟碳滑板的泄漏情况,用来检查ADD阀是否工作正常和气管内部是否有堵塞现象发生。如果ADD系统工作正常,则一旦打开试验阀,将会引起受电弓迅速降弓。因此应特别建立安全的保护措施,用以保护检修人员的安全。

ADD关闭阀在正常情况下处于打开状态。该阀体的主要功能用是于切断受电弓的ADD保护功能。在现场运用中,经常有可能因非弓网事故引起受电弓ADD功能启动,受电弓升不上去,使得出车受到很大影响。例如ADD气路传输中毛细气管发生泄漏,ADD阀体工作不正常或仍然可以继续使用的碳滑板受到磨损或崩裂发生泄漏等情况,此时可通过该阀体关闭ADD功能,保证正常出车。

二、DSA200型单臂受电弓的动作原理

1. 升弓过程

升弓时电空阀得电,气路打开,压缩空气通过空气过滤器、单向节流阀(升弓)、精密调压阀、气压表、单向节流阀(降弓)、安全阀,进入气囊,气囊扩张使桁架向左移动,通过钢丝绳带动下臂绕轴顺时针方向旋转,此时上臂杆在推杆的作用下逆时针转动,使受电弓弓头

升起，同时压缩空气通过管路经快速降弓阀向具有气腔的受电弓碳滑板供气。

通过调节节流阀可以调整升弓时间；通过调节调压阀可以调整滑板对接触网的压力。

2. 降弓过程

当受电弓正常降弓时，压缩空气从气囊经安全阀、单向节流阀（降弓）、气压表、精密调压阀、单向节流阀（升弓）、空气过滤器和电空阀排出，气囊收缩使桁架向右移动，通过钢丝绳带动下臂做逆时针方向转动，受电弓靠自重下落并维持在降弓位。降弓时，在降弓位允许弹跳，以作缓冲。

3. 自动降弓过程

当受电弓滑板破裂、磨损到极限或管路发生泄漏时，如果该部分气体的泄漏量远大于 ADD 阀体内部的补给量，会导致该部分迅速掉压，引起 ADD 内部两个腔体的气压不平衡，其结果就是 ADD 阀体迅速打开通向气囊的腔体，将气囊内部的空气迅速排向大气。该过程将会发出非常刺耳的气体排放声音，并伴随着受电弓迅速脱离工作高度范围而砸下来，整个过程在 2 s 左右完成。

三、DSA200 型单臂受电弓的主要技术参数

DSA200 型单臂受电弓的主要技术参数：

额定运行速度 ·· 200 km/h
最大运行速度 ·· 220 km/h
额定工作电压 ·· 25 kV
额定工作电流 ·· 1 000 A
静态接触压力（不带阻尼器） ································ （70±10）N（可调）
落弓位保持力 ·· ≥120 N
输入空气压力 ·· 0.4～1 MPa
额定工作气压 ·· ≈0.36 MPa
升高到 2 m 的升弓时间（自绝缘子底面） ···················· ≤5.4 s（可调）
从 2 m 高度落下的降弓时间（至绝缘子底面） ················ ≤4 s（可调）
升弓驱动方式 ·· 气囊装置
最低工作高度（包括绝缘子） ································ 88 mm
最高工作高度（包括绝缘子） ································ 2 800 mm
最大升弓高度（包括绝缘子） ································ 3 000 mm
折叠高度（包括绝缘子） ······································ 588 mm
弓头总长度 ··· 1 950 mm
弓头宽度 ··· 580 mm
滑板总长度 ··· 1 576 mm
滑板工作部分长度 ·· 1 250 mm
接触压力为 70 N 时空气压力 ·································· 约 0.36～0.38 MPa

任务四　受电弓的检查与维护

知识导入

如何确保列车在高速运行条件下有良好的受流质量,除了弓网结构、弓网关系等因素外,对受电弓的检查与维护保养也尤为重要。通过对受电弓结构、特性的学习,帮助我们更好地完成受电弓检查和维护工作。

知识储备

受电弓的检查与维护

一、受电弓的特性

1. 静态接触压力与静特性

在静止状态下,受电弓滑板在工作高度范围内对接触网导线的压力称为受电弓的静态接触压力,该值的大小直接影响受电弓受流的质量。静态接触压力偏小,则接触电阻增大,功率损耗增加,机车运行时易产生离线和电弧,从而导致接触导线和滑板的电磨损增加;压力偏大,则机械磨损增加,甚至造成滑板局部拉槽,进而造成接触导线弹跳拉弧,以致刮弓。因此,要求受电弓在其工作高度范围内有一个较为合适的、基本不变的接触压力,这个接触压力由受电弓机械结构和各部分参数决定。适当的静态接触压力可以使受电弓与接触网导线正常接触,减少离线,克服风和高速气流及轮轨传来的机械振动的影响,保证良好的受流特性。

受电弓的静态接触压力与工作高度之间的关系称为受电弓的静特性,它可以用受电弓的静态特性曲线来表示,如图 8.15 所示。试验证明:静态接触压力值 70 N 是最佳值,并规定了压力值的允许偏差为 ± 10 N。

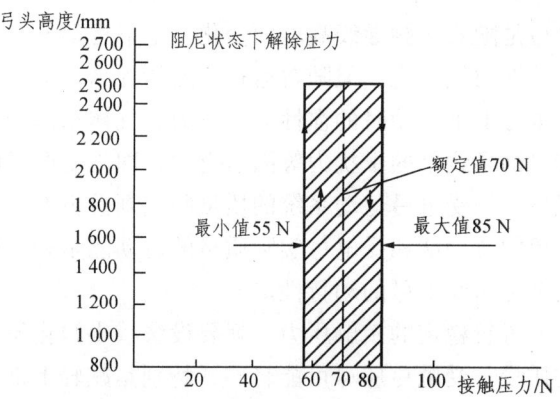

图 8.15　受电弓的静态特性曲线

由图 8.15 可以看出以下 3 点:

(1) 在工作高度范围内,受电弓的静态接触压力变化不大。这是因为产生接触压力的升弓弹簧在升弓高度变化时变形不大和弧形调整板的作用所致。

(2) 受电弓上升过程与下降过程的静态特性曲线不重合,其原因是受电弓活动关节存在着摩擦力。由于该摩擦力始终与运动方向相反，因此，升、降弓过程的静态特性曲线之间的接触压力相差约为两倍的摩擦力。当接触网导线向下倾斜而要求弓头滑板跟随下降时，该摩擦力使接触压力增加；同理，当接触网导线向上倾斜而要求弓头滑板跟随上升时，该摩擦力使接触压力减小。所以，为了减小摩擦力，在受电弓的各铰接部分均装有滚动轴承。

（3）调整弧形调整板的倾角，可以改变受电弓静态接触压力的大小。倾角减小，静态特性曲线的下端左移，反之右移。

2. 工作高度

工作高度是指在此高度范围内，弓头滑板对接触网导线的静态接触压力为额定值，也即在此高度范围内，可以保证正常受流。该值的确定主要取决于接触网导线的机车的高度。根据《电力机车通用技术条件》（GB/T 3317—2006）规定受电弓工作高度应在距轨面高度 5 200 ~ 6 500 mm 之间。这个高度减去机车落弓位时的高度，便是受电弓实际工作高度区域，同时应考虑到机车高度值的偏差和受电弓工作区的裕度。因此 DSA200 型受电弓工作高度为 888 ~ 2 800 mm。

3. 弓头运动轨迹

弓头在工作高度范围内应该始终处于机车转向架的回转中心上，这样当机车在弯道运行时，弓头相对于轨道中心的偏移量最小，以避免弓头滑板偏离接触网，造成失流或刮弓等不良后果。因此要求弓头垂直运动轨迹在工作高度范围内是一直线。对于单臂受电弓，由于结构因素，规定了允许偏差值，在设计时已考虑了受电弓上升过程与下降过程的静特性存在着差异。当受电弓下降时此摩擦力使接触压力增加，而当受电弓上升时此摩擦力使接触压力减小。为使同高压力差尽可能小，就必须设法减小摩擦力。

4. 动特性

机车运行时，受电弓是随着接触导线高度的变化而上下运动的。当运动速度不大时，接触压力可视为基本按静特性曲线变化，但随着运行速度的提高，接触压力不仅与受电弓的静特性有关，而且还与受电弓上下运动时的惯性力、风力、气体动态分力、列车运动产生的干扰力及受电弓运行于接触网导线下的干扰力等因素有关，即与受电弓的运动特性有关。

在动能相等的情况下，把受电弓运动系统的质量归化到滑板上，该质量称为归化质量。也就是说归化质量所求得的总动能和受电弓实际质量的总动能是相等的。受电弓的归化质量与受电弓提升高度的关系称为受电弓的动特性。

为了在动态情况下取得较稳定的接触压力，就要设法减小归化质量。要想减小归化质量可减轻受电弓各部分的质量，受电弓应尽可能轻些，特别是减轻上部结构质量，如 DSA200 型受电弓的上框架和弓头部分采用较轻的铝合金材料。

二、受电弓的维护与调整

1. 注意事项

在任何情况下，必须采取必要的安全和防护措施：

（1）车顶工作时，必须切断接触网线供电电源。

（2）受电弓升弓时，应确保压缩空气供应无意外故障发生。因为一旦压缩空气供应发生故障，受电弓就会下降，可能造成站在受电弓臂下检查人员的人身伤害。

（3）维修时，需用约 0.9 m 长的木棒支撑在底架和上交叉管间。

注意：不能把木棒放在气囊或升弓装置的某些部件上。

（4）当调节受电弓的接触压力时，为防止受电弓意外下降（如自动降弓装置出现故障时），应使自动降弓装置关闭阀处于关闭状态。

（5）当受电弓的空气管路出现故障后，在重新运行前应清理干净渗入其中的水或杂质。

（6）发生过自动降弓的受电弓须经全面调试后，才能重新使用。

2. 受电弓的维护

（1）日常维护检查。在降弓位置检查钢丝绳的松紧程度，两边的张紧程度应一致。清理阀板上的过滤器，拧开过滤器的外罩，清理尘和水。

目测整个受电弓。若存在损坏的绝缘子，破损的软连接线，损坏的滑动轴承和变形的部件都应更换。若磨损部件超过其磨损极限，也应当更换。

清洁车顶与受电弓之间的绝缘子，用干棉纱擦拭，可用中性清洁剂，不得使用带油棉纱，防止灰尘吸附，导致一次短路。

目测软连接线，用卡尺测量滑板厚度，若磨损到限则应更换。

检查螺栓，尤其是整个弓头弹性系统的零部件。如果需要拧紧螺母，应注意保证相应的扭矩。M8 螺栓扭矩为（12±2）N·m。

润滑轴承，滑动轴承可自润滑，对于下导杆两端的关节轴承以及升弓装置销轴处的润滑，可用注油枪向润滑油杯内注 SHELL ALVANIA R3 型润滑脂。注完后用油杯帽密封。下臂上的 6 个滚动轴承的润滑，需拆下下臂，从有弹性挡圈一端将轴拆下，衬套内注 SHELL ALVANIA R3 型润滑脂后，装上下臂。

（2）更换滑板。出现下列情况时，必须更换滑板：

① 碳条磨耗后高度小于 5 mm 或滑板总高度 ≤22 mm。

② 因电弧原因，滑板发生变形或产生缺陷。

如果仅需更换一个滑板，新滑板与另一个旧滑板的高度差应不超过 3 mm，且应注意滑板 ADD 接口安装的正确位置。

（3）调试更换阻尼器。阻尼器在安装受电弓前必须经过调试。如果受电弓实际动作特性与额定值之间有较大差别，有必要检查阻尼器的安装情况。磨损、动作不灵活、漏油时，须更换阻尼器。具体操作如下：

先把阻尼器拉伸、压缩 5 次，如图 8.16 所示，长度 $l=54$ mm，落弓位置的安装长度 $L=$（480±1.5）mm。

（4）检查升弓装置。建议每 4~6 周在落弓位置检查一次钢丝绳的松紧。如需要，则把钢丝绳拉紧，但两螺母拧紧量要相同，避免升弓装置松弛（落弓位置）。

（5）检查自动降弓装置。

注意：在操纵台上转动旋钮开关至升弓位后，降弓范围内不许有人。

根据调试结果，自动降弓装置应有如下性能：

① 如果自动降弓装置关闭阀在"开"的位置，试验阀在"工作状态"位置，网线与滑板接触力良好，则气囊工作正常。

② 如试验阀处于"试验状态"位置，快速降弓阀排气，则受电弓快速下降。

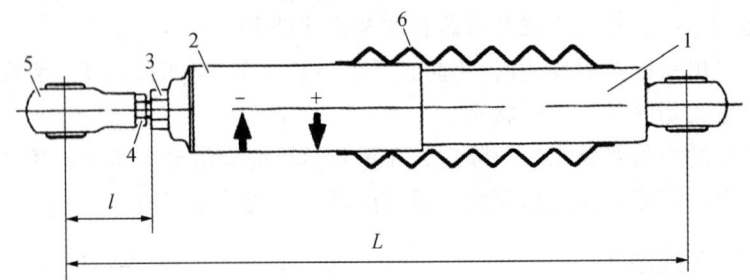

1—阻尼器；2—防尘盖；3—锁紧螺母（气缸）；4—锁紧螺母（接头）；5—接头；6—保护套；
$l = 54$ mm；$L = (480 \pm 1.5)$ mm。

图 8.16　阻尼器调试说明

检查自动降弓装置后重新启动受电弓。如果受电弓运行中由于滑板磨损或断裂而导致自动降弓装置作用，受电弓在重新使用前应由专门技术人员检查，要检查静态接触压力和升弓、降弓时间。降弓时，在离落弓位置 1 m 高处要注意降低下降速度。发生过自动降弓的受电弓须经全面调试，才能重新使用。

3. 受电弓的调整

1）静态接触压力的调整

（1）TSG1 型单臂受电弓。

调整时，传动风缸接压缩空气，使受电弓和传动风缸之间无力的作用，整个调整过程是在弓头匀速上升或下降状态下进行。调整方法是调整两个升弓弹簧拉伸长度和调节扇形板上的螺钉高度，这样就调节了升弓转矩大小，使受电弓在工作高度内静态接触压力在规定范围内。

（2）DSA200 型单臂受电弓。

一般调整静态接触压力的方法为：在车内使电空阀得电，升起受电弓；把弹簧秤和受电弓的上交叉管相连，如果需要的话，在上交叉管上套上绳子。调整精密调压阀使受电弓慢慢上升，在高出车顶 1.6 m 处用弹簧秤均匀阻止受电弓的上升。弹簧秤显示为 70 N 时调节好精密调压阀。拧紧精密调压阀手轮的防松螺母，固定调整的最终压力。

精确调整静态接触压力的方法：先通过弹簧秤使受电弓以 0.05 m/s 的速度匀速朝下运动，然后再使受电弓以相同速度匀速向上运动（上升和下降运动均是在大约 1.6 m 的高度上进行，并且每次向上或向下移动的距离为 0.5 m），从弹簧秤上读出所测得的力，相加并平均，最终结果即平均接触压力［其值一般应为（70±10）N］。

（3）注意事项。

在受电弓向下运动时，力的最大值不超过（80±5）N，向上运动时，力的最小值不低于（60±5）N。在同一升弓高度，两个值之差都不应超过 20 N。由于滑板的磨损（重量减轻），接触压力最大可以增加 10 N，这时不必再调整压力，因为一旦安装上新的滑板时又恢复到以前接触压力值，精密调压阀上的压力表的示值只能用于粗略检查，而不能用于调整校正目的。

2）升、降弓时间的调整

（1）对 TSG1 型单臂受电弓。

升降弓时间是通过调整缓冲阀进气或排气阀座的豁口大小来达到的。当升弓太快时，将进气阀和钢球拆下，将钢球对准豁口适当压紧，使豁口变小。升弓太慢时，则将进气阀的豁口锉大些。

降弓时间的调整也类似，只要改变排气阀座的豁口大小，便可调整降弓时间。

（2）对 DSA200 型单臂受电弓。

静态接触压力调好后，通过单相节流阀（升弓）和单相节流阀（降弓）调整受电弓从降弓位到工作位置（即从降弓位升高到约 2 m）的升弓和降弓时间。

升降弓时间是指静态接触压力及气囊压缩空气均为正常时，滑板自落弓位上升至 2 000 mm 高度（自绝缘子下平面）或自 2 000 mm 高度（自绝缘子下平面）降至落弓位所需时间。升弓时从弓头动作开始计时，升至 2 000 mm 停止计时。降弓时从弓头动作开始计时，降至落弓位停止计时。

升、降弓时间应满足以下要求：升弓时间不大于 5.4 s，降弓时间不大于 4 s。

调整过程中升弓时不允许受电弓有任何回调，降弓时不允许跌落到橡胶止挡上。如果实际操作值与规定值有偏差，那么首先应该重新调试节流阀。

3）弓头的调整

（1）对 TSG1 型单臂受电弓。

弓头的调整包括弓头平衡的调整和弹簧盒的调整。检查弓头在工作范围内任一高度的前后摆动量，若不为水平对称，则应调整平衡杆，通过改变平衡杆的长度，保持弓头滑板面的水平。弓头弹簧盒内装有弹簧盒杆和弓头弹簧。弹簧盒杆应上下活动自如，无阻滞现象，否则应对弓头进行详细的检查，找出影响盒杆运动的原因。因为弓头受到来自接触网上硬点的冲击，常伴随有弓头的变形，所以此项调整较为复杂。若为盒杆内弹簧的原因，则应更换弹簧。

（2）对 DSA200 型单臂受电弓。

弓头的调整包括弓头平衡的调整、弓头悬挂装置和橡胶弹簧元件的调整。检查弓头在工作范围内任一高度时平衡杆中止挡杆的前后摆动量，若水平不对称，则应调整平衡杆。通过改变平衡杆的长度，保持弓头滑板面的水平。弓头悬挂应转动自如，无阻滞现象，否则应对弓头进行详细检查，找出影响弓头悬挂运动的原因。若为橡胶弹簧元件的原因，则应更换橡胶弹簧元件。

三、受电弓的检修

当发生弓网故障，造成受电弓滑板、弓头、上臂等零部件变形或损坏，应将受电弓从车顶拆下，进行全面调修或更换零部件，检修完成后在专用试验台上对受电弓进行例行试验（包括动作试验、弓头自由度测量、气密性试验、静态压力特性试验、ADD 性能试验等），试验合格后方可重新装车投入使用。对于较轻的刮弓，可在车顶调试升降弓时间、静态压力特性试验、ADD 性能试验等。

1. TSG1 型单臂受电弓的检修

1）TSG1 型单臂受电弓的解体步骤

（1）解体时，接通气源，使受电弓呈升起状态，连杆开口销取下，取下挡圈，旋下拉杆绝缘子。继而松开升弓弹簧紧固螺母，逆时针旋转螺杆以消除弹簧张力。然后拆下所有关节部位的软编织导线，拆下推杆下部铰链、推杆上部铰链、平衡杆上部铰链及平衡杆下部铰链，取下轴套，压出滚动轴承。

（2）拆下滑板及滑板支架。用弯扳手拆下轴承盖，取下套筒、轴承体及滑板下部的水平轴。采取加压方法由轴承体中压出滚动轴承。

（3）拆下上部框架。用拔轴器拔出转轴，取下左右两侧滚动轴承，卸上框架。拆下连接杆、滑板及拐臂部分。

（4）拆下下臂杆。将下臂杆转轴左右垫上枕木，拆下左右两侧轴承体应安装螺栓，取下下臂杆及轴承座，进而拆下转臂，并从轴承座中压出滚动轴承。

（5）最后拆下升弓弹簧、缓冲阀及传动气缸。传动气缸可进一步解体，取出活塞杆及降弓弹簧等。

2）TSG1 型单臂受电弓的检修

（1）受电弓解体后的零部件，一般均用汽油清洗、除垢，对于转动部分的轴、轴套、轴销、轴承座及轴承等洗后，尚需使用洁净的白布擦拭干净。

（2）支持绝缘子和连杆绝缘子擦拭除垢后，检查表面状态，缺损面积在 3 cm^2 以内，可涂快干绝缘漆处理；大于 3 cm^2 时，涂漆后尚需作 75 kV 耐压试验；缺损面积大于 100 cm^2 时应更换新品。

（3）平衡杆部分：外观检查各紧固零件完好、无锈蚀，平衡杆无变形，轴承配合不松旷，滚珠无异常磨损，转动灵活。

（4）推杆部分：检查轴承状态，更换羊毛毡油封，新油封与轴承盖及轴承体配合应紧密。推杆无变形、无裂损。其他部件完好。

（5）滑板下部的铝保安座及水平轴，应平直，无裂损变形，轴键配合紧密，不松旷。检查滚动轴承状态，应无锈蚀，转动灵活。

（6）上框架部分：转轴平直，无过量磨耗；检查轴承状态，无卡滞、锈蚀，转动灵活。

（7）连接杆，滑环及拐臂部分：连接杆连接轴销无过量磨耗，连接杆及滑环应无变形和裂纹；检查轴套，应无过量磨耗，轴缝无变形、松旷。

（8）下臂杆及底架部分：应无裂损、变形，轴键安装状态良好，滚动轴承安装正确，转动灵活。

（9）检查升弓弹簧应无永久变形，自由高度不大于 430 mm，弯曲度不大于 5 mm。检查升弓弹簧之间的均衡梁状态，均衡梁应无裂损，均衡梁支撑轴销与套配合间隙均不大于 0.2 mm。

（10）传动气缸部分：应测量各轴销直径、转轴直径及轴套内外径，各部件均无过度磨耗，配合间隙均不大于 0.2 mm。测量降弓弹簧自由高度，外簧不小于 400 mm，内簧不小于 415 mm。更换活塞皮碗及羊毛毡油封。检查气缸盖、插销、连杆及键槽等状态，组装时，气缸内壁、内外簧及传动轴等应涂适量润滑脂。

3）TSG1 型受电弓的组装

受电弓的总体组装是在各部件组装之后进行。凡有滚动轴承部分，一般均采用紫铜棒将轴承压入轴承体内，并全部更新转动部分所用的羊毛毡油封。由于受电弓长期裸露在大气中工作，腐蚀严重，所以全部紧固零件以及全部短接用软编织导线一律更新。滑板包括滑板条在内也一律更新，支架可视其腐蚀情况决定是否继续使用。受电弓所有转动关节及转动轴部分，都应充分涂油润滑。

受电弓组装顺序为：底架→下臂杆→上框架→推杆→平衡杆→均衡梁→拐臂→滑环→升弓弹簧→滑板部分→软编织导线→注油堵→传动气缸装置。

组装过程中，各转轴采用专用压轴工具装入各轴套内，各轴套盖缺口应对准各加油孔。上框架铰链座转轴上的销孔要与铰链座体上的孔取直。均衡梁与底架间隙应为 3～5 mm，滑板两端高度偏差不大于 5 mm。弓头支架前后摆动的极限位置与垂直线相比不小于 ±20°。受电弓落下状态，从支持绝缘子底面至滑板顶部的尺寸应为 598^{+5}_{-10} mm，滑板与水平面成 30° 倾斜角度。

4）TSG1 型单臂受电弓检修后的调整试验

（1）最大升弓高度：在气压 500 kPa 下，受电弓应顺利地升至最高处，最大高度为（2 400 ± 20）mm。如高度不足，应调整推杆长度及升弓弹簧张力。

（2）最低动作气压：将气压调至 400 kPa，受电弓应能顺利升至最高处，升弓途中无抖动现象。如有困难，应调整升弓弹簧张力，并检查各铰链处是否有卡劲。

（3）调整接触压力：在 500 kPa 气压下，在受电弓弓头正中处挂上 70 N 砝码，受电弓能顺利升至 400～1 900 mm 高度，如不足，应增大升弓弹簧张力。如欲改变受电弓在某一高度的接触压力，可调整扇形板调整螺栓高度。

（4）测量升降弓时间：在 500 kPa 气压下，从按钮给电起，受电弓高度由 0 升至 1 900 mm 的升弓时间不大于 8 s；从按钮断电起，受电弓高度由 1 900 mm 降至 0 的降弓时间不大于 7 s。必要时可通过调整缓冲阀进气、排气阀座的豁口大小来改变升降弓时间。

（5）受电弓升降状态：在 500 kPa 气压下，受电弓动作初始阶段要迅速，动作终了时要缓慢。受电弓升降时如不能满足这一先快后慢的要求，则可通过改变缓冲阀进气、排气阀座的豁口大小及扇形板调整螺栓高度进行调整，必要时还要适当调整推杆长度。

2. DSA200型单臂受电弓的检修

1）DSA200型单臂受电弓的解体检修

（1）解体受电弓。清扫检查底架，活动关节，风管及接头。

（2）各软连接编织导线状态良好，断股应更换。擦拭检查绝缘子。表面光洁，安装牢固，不允许有裂纹，如表面缺损面积大于 3 cm² 时需经 75 kV 耐压试验，缺损面积大于 30 cm² 时应更换。

（3）调整阻尼器。当受电弓实际运行值与额定值间有差别，应检查调整阻尼器，如图8.16所示。

具体操作如下：卸下保护套；松开调整螺栓的锁紧螺母；将防尘盖拧到上接头；标好位置，向左拧紧，旋转的圈数与调整的圈数相对应；向右旋转所需的圈数，同时数好该圈数。将缓冲器拉长 10 mm，将防尘盖拧到原先的位置，固定好，装上防尘套，注意保护套的排水口须在底部。

缓冲器磨损、运行不佳、漏油时，必须更换缓冲器。更换缓冲器操作步骤如下：将新缓冲器固定在垂直位置；拉出缓冲器，压 5 次；使长度 $l = 54$ mm，落弓位置的安装长度 $L = (480 \pm 1.5)$ mm，如图8.16所示；如受电弓上的实际长度大于 481.5mm，可在下臂和螺栓之间装入 $\phi 8.4$ 垫圈，或最多拉出接头 5 mm，并用螺母固定。如在受电弓上的实际长度小于 478.5 mm，可将上接头最多拧入 3 mm，并用螺母固定。

（4）解体清洗阀板上的过滤器，拧开外罩，清理灰尘、水。

（5）更换升高装置：卸下主通气管，然后提取出气囊装置；卸开固定钢丝绳的螺栓，拆下钢丝绳；卸下开口销、销轴，提出升高装置；更新升弓装置后，在受电弓垂直运动几次后，重新绷紧钢丝绳，把气囊装置的可动部分固定在钢丝绳中间。

（6）更新滑板条，更新牵引钢丝绳。

（7）对整台受电弓外露铁质零件除锈、涂漆。

2）DSA200型单臂受电弓的组装

（1）下导杆（左旋螺纹端）安装在底架上。在关节轴承处使用油杯润滑，油杯帽要安装可靠，防止灰尘和水的进入，在油杯内润滑脂进行润滑。

（2）组装下臂和底架。在底架下臂支撑放置垫圈；软连接线两边的连接突出大约 30° 角；在软连接线和底架之间不须放置垫圈。由于接触不充分（如螺栓未拧紧）而引起电弧时则必须重新安装。必要的话，应使用备用连接点或连接线进行连接。

（3）下臂和升弓装置的组装。用木棒支撑下臂，安装升弓装置上的钢丝绳，把升弓装置安装在底架上，插上销轴和开口销，轻轻放下下臂，确保钢丝绳的两端张紧程度一样。在下限位置，升弓装置的桁架装配不能从底架底部突出超过 20 mm，钢丝绳不得绷紧，待组装完后应重新调节它的张紧状态，同时进行润滑。

（4）阻尼器在装配前，在竖直方向上完整的拉伸和压缩阻尼器 5 次，无卡死现象；在落弓位置按尺寸 $l = 54$ mm，尺寸 $L = 480$ mm 进行安装，如图 8.16 所示。

（5）在落弓位置组装上臂、安装下导杆（右旋螺纹端），安装过程中下导杆两端关节轴承应在同一面上；用紧固件安装下臂和上臂之间的软连接线。

（6）带有弓头翼片的弓头组装。把管轴插入上臂、柱头、传力柱头中，把左支撑装配和右支撑装配伸入轴里并用 M8×60 螺丝钉固定拧紧；把弓角插入支架并用 M6×35 螺栓固定；装配拉簧和其他部件；调整上导杆，使弓头在运行时处于水平位置（在升弓约 1.6 m 高处调节）。

（7）自动降弓装置的组装。安装关闭阀、快速降弓阀和 ADD 试验阀；调整受电弓的总高度 3 000 mm（包括绝缘子）。

（8）受电弓装配检查项目。

各轴的机械连接：调整上导杆的长度，使弓头在 1.6 m 高处保持水平；空气管路：ADD 管路、快速降弓阀、断主断系统，各管路密封，无泄漏；升弓装置：钢丝绳张紧适中，落弓位置无凹陷无扭曲；上臂：张紧绳应绷紧；弓头和软连接线：软连接线组装时不应扭曲，任何位置下软连接线不应突出滑板；在最终位置上无死弯，所有的接线端子应紧固；检查自动降弓装置。

3）DSA200 型单臂受电弓检修后的调整试验

（1）受电弓调整试验应在受电弓安装后进行。并在调试工作前，做几次（至少 2～3 次）升弓和降弓试验。

（2）静态压力特性调整：接入压缩空气管并打开精密调压阀，首先初调受电弓静态接触压力，将精密调压阀完全转到"－"位置，打开升弓电空阀。在受电弓顶管上挂弹簧秤，再调精密调压阀，直到受电弓慢慢上升为止。然后，在弓头升高 1.6 m 时，人力阻止受电弓上升，使弓头能在这一高度处停留。弹簧秤应显示为 70 N。

再精调静态接触压力：用弹簧秤使受电弓缓慢地朝下运动，而后，再向上缓慢运动。（上升和下降运动均是在大约 1.6 m 的高度上进行，且每次上、下移动距离为 0.5 m），取平均值为 70 N。受电弓向下运动时，力的最大值不超过（80±5）N，向上运动时，力的最小值不小于（60±5）N。在同一高度两个值之差都不应大于 20 N。由于滑板的磨损（重量的损耗），接触压力最大可以增加 10 N。此时不必调节压力，因为一旦安装上新的滑板时，又恢复到以前接触压力值。调压阀上的压力表只能做粗略检查，不能做校正依据。拧紧精密调压阀手轮防松螺母，固定调压阀的最终调整压力。

（3）调整试验要求。

① 额定静态接触压力：在静止状态下，弓头滑板在工作高度范围内对网线的压力。要求

压力值（70±10）N。

② 同高压力差：受电弓在同一高度下，上升和下降静态接触压力差。要求不大于 20 N。

③ 同向压力差：工作高度范围内，受电弓上升或下降时的最大静态接触压力差，要求不大于 10 N。

（4）升降弓时间调整。调整要求：调整过程应在 0.36～0.38 MPa 额定气压下进行。通过阀板上的两个节流阀调整。静态接触力调整好后，从受电弓的落弓位置到工作位置，即受电弓从落弓位置上升 2 m 高（包括绝缘子）的升弓时间和降弓时间。升弓时间：$t \leqslant 5.4$ s，降弓时间：$t \leqslant 4$ s。

升弓时，受电弓不允许有任何回跳。降弓时，受电弓必须有缓冲，并落在两个橡胶减振器上，允许降弓时在降弓位弹跳。调整方法：调整调节阀控制受电弓的运动速度，使其满足升、降弓时间的要求。

（5）橡胶减振器位置检测。受电弓在落弓位，受电弓应放在 3 个橡胶减振器上。3 个橡胶减振器承载着受电弓的上、下臂和弓头，且由弓架防护弓头。受电弓安装后应检查受电弓是否由橡胶减振器支撑着，并通过调整橡胶减振器的高度来保证。通过调整弓架使弓架与弓头间留有 8～10 mm 间隙。要确保上臂组装的上交叉管由两个橡胶减振器均匀支撑。支撑下臂的橡胶减振器位置应稍低于落弓位置。

（6）自动降弓装置 ADD 的调试。

① 自动降弓装置试验。试验前"自动降弓装置"必须进行一次全面的检查，确认无误后方可通电、通气试验。试验可在库内或库外有电区进行，首先关闭"自动降弓装置"，反复升降弓 3 次，确认受电弓升降弓正常后，开启"自动降弓装置"反复升降弓 3 次，确认受电弓升降弓正常后，再进行模拟"自动降弓"试验。试验步骤如下：

- 合主断路器。
- 在车内持续按住电气控制箱的"试验按钮"。此时"自动降弓装置"将迅速反应：主断路器断开、快速自动降弓、电气控制箱报警灯亮、内置报警器发出声响。如果装置与机车语音箱连接，将会同时发出语音提示："Ⅰ位端自动降弓动作"或"Ⅱ位端自动降弓动作"。
- 模拟降弓试验完成后，松开"试验按钮"。受电弓恢复正常。

② 试验阀、关闭阀调试。

- 将自动降弓装置的关闭阀置于"开 ON"位、试验阀置于"关闭 OFF"位。气囊工作正常。受电弓升起。
- 将试验阀于"工作 OPERATION"位。快速降弓阀排气，受电弓快速下降。
- 关闭阀放置于"关闭 NO"位，可重新启动受电弓。
- 试验后打开关闭阀、关闭试验阀，恢复受电弓正常工作状态。

任务五　认知主断路器

知识导入

大家都接触过电路，电路由电源、负载及中间环节组成。在电源与负载之间，通常通过开关来实现电路的连通与切断。

我们可以把电力机车与牵引供电系统的关系形象地比喻为一个电路，那么电力机车电源的接通与切断也需要由一个专门的电器来实现，这个专门的电器就是本任务中要登场的主断路器。

知识储备

也许有人会认为，可以通过受电弓的升、降来实现电力机车电源的供给与切断。考虑一下：首先，受电弓的升、降是需要时间的，这不能满足机车工作的灵敏度要求；其次，受电弓升、降过程中会有电弧产生，如果较多地进行升、降弓操作会带来弓、网的过多烧损。因此，需要在机车上配置专用电器以实现机车电源的供给与切断。

机车上实现此功能的专用电器称为主断路器，如图 8.17 所示。

图 8.17　主断路器实现机车电源的供给与切断

一、主断路器的作用

主断路器是电力机车的一个重要组成部件，连接在受电弓与主变压器一次侧绕组之间，安装在机车车顶中部，是电力机车电源的总开关和机车的总保护。当主断路器闭合时，机车通过受电弓从接触网导线上获得电源，投入工作；若机车主电路和辅助电路发生短路、超载、接地等故障，故障信号通过相关控制电路使主断路器自动开断，切断机车总电源，防止故障范围扩大。

二、主断路器的分类及应用

主断路器是高压断路器的一种，按其灭弧介质不同可分为油断路器、空气断路器、六氟化硫断路器和真空断路器等。空气断路器在电力机车上已经得到了普遍的应用。由于电力机车的特殊使用环境和一些恶劣工作条件的限制，真空断路器于20世纪80年代开始运用到电力机车上。近年来，随着科学技术的进步，真空断路器在电力机车上已普遍采用。

目前，在 SS_4 型、SS_{4G}、SS_{7C} 型、SS_{7D} 型、SS_8 型等电力机车上采用的是 TDZ1A-10/25 型空气断路器［T——铁路机车用；D——断路器；Z——主；1A——设计序号；10——额定分断电流（kA）；25——额定电压（kV）］；在 HXD_3 型电力机车上采用的是 BVAC.N99 型真空断路器。

任务六　TDZ1A-10/25 型空气断路器

知识导入

机车中存储有大量的压缩空气，它们不但是制动系统的动力源，也是许多辅助设备所依赖的动力源泉。让我们跟随机车储风缸中的压缩空气，看看空气断路器如何以柔克刚，一场精彩绝伦的分断电路表演已拉开序幕。

知识储备

与其他类型的断路器相比，空气断路器具有下列优点：

（1）压缩空气具有可压缩性，对灭弧室各零部件所产生的机械应力较小。

TDZ1A-1025 型空气断路器

（2）开断能力大，燃弧时间短，动作快。

（3）防爆，使用安全可靠。

（4）适用于温度变化较大的工作环境。

它的不足之处主要是：

（1）操作时噪声较大。

（2）分断能力受电压恢复速度的影响较大。

（3）在气压和分断能力一定的情况下，在分断小电感电流时，常因灭弧能力过大而产生截流过电压。

（4）结构复杂，制造工艺要求较高。

上述不足之处在采取了若干措施后，可以得到改善，加之在电力机车上有现成的压缩空气气源，因此，在韶山系列电力机车上广泛采用了空气断路器。

一、TDZ1A-10/25 型空气断路器的基本结构

TDZ1A-10/25 型空气断路器结构如图 8.18 所示，它以安装在机车车顶盖上铸铝制成的底板为界，分上、下两大部分。露在车顶上的为高压部分，主要有灭弧室、非线性电阻瓷瓶、支持瓷瓶、隔离开关和转动瓷瓶等部件。装在底板下部的为低压部分，主要有储风缸、主阀、延时阀、传动气缸、起动阀、辅助开关等部件。

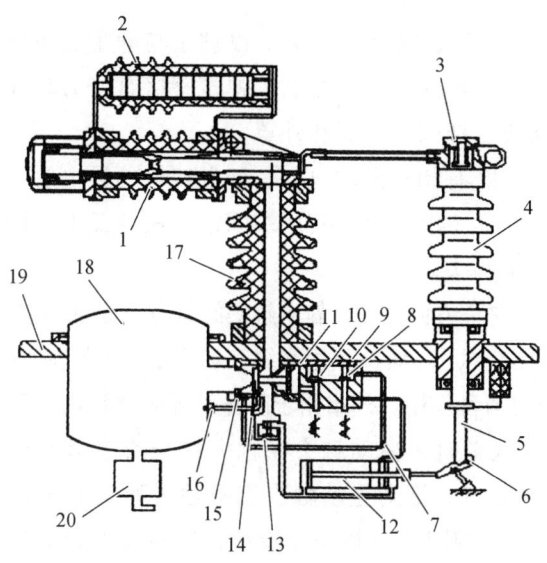

1—灭弧室；2—非线性电阻；3—隔离开关；4—转动瓷瓶；5—控制轴；6—传动杠杆；7—气管；8—合闸阀杆；
9—起动阀；10—分闸阀杆；11—活塞；12—传动气缸；13—延时阀；14—主阀阀门；15—主阀；
16—通风塞门；17—支持瓷瓶；18—储风缸；19—底板；20—辅风缸。

图 8.18　TDZ1A-10/25 型空气断路器结构

1．高压部分

1）灭弧室

灭弧室的结构如图 8.19 所示，它是主断路器安装主触头、熄灭电弧的重要部件。其主体为空心瓷瓶，一端装风道接头，通过支持瓷瓶的中心空腔与主阀的气路相连；另一端装法兰盘，由此将高压电引入主断路器。

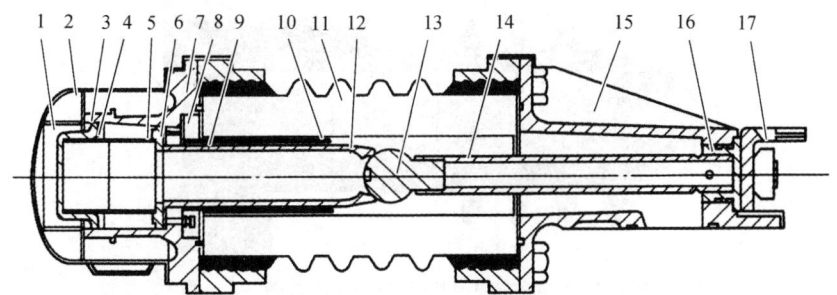

1—网罩；2—外罩；3—挡圈；4—缓冲垫；5—触头弹簧；6—弹簧座；7—法兰盘；8—固定圈；9—导电管；
10—弹簧；11—灭弧室瓷瓶；12—动触头；13—静触头；14—静触头杆；15—风道接头；
16—套筒；17—隔离开关静触头。

图 8.19　灭弧室结构

主触头装于灭弧瓷瓶内，静触头的头部为球状，端部镶着耐电弧的钼块，以提高耐弧性能。它固定在风道接头上，通过套筒与隔离开关的静触头相连。动触头呈管状，其一端为工作端，工作端的管内壁作成弧形，成一"喷口"，以利于与静主触头球面有良好接触及产生良好的吹弧作用；另一端与一圆环形弹簧座相贴，弹簧座接有张力较大的触头弹簧。弹簧座后顺次接有触头弹簧、缓冲垫、挡圈、网罩和外罩。

主触头的外面装有与它既有相对滑动也有良好电接触的导电管。导电管由铜管铣成多瓣形，通过弹簧弹性地套装在动主触头上，其尾端固定在法兰盘上。因此，从法兰盘引入的高压电源通过导电管传至动主触头。

触头弹簧的张力较大，它一方面使动、静主触头间具有一定的接触压力，另一方面使动、静主触头开断后能自行恢复闭合状态。缓冲垫用来缓和动主触头开断时触头弹簧对挡圈的撞击。网罩在动主触头开断过程中起消音作用。外罩用于防止外界脏物沾污主触头，其下部有排气孔。

当主断路器处于闭合状态时，主动触头在触头弹簧的作用下与静触头闭合。当分闸阀得电时，压缩空气进入灭弧室，推动主动触头克服触头弹簧的压力向左移动，动、静触头间产生的电弧进入主动触头"喷口"，拉长、冷却，进而强迫熄灭。废气通过网罩由外罩下方排气孔排入大气。主断路器分闸完成，压缩空气停止进入灭弧室，动主触头在触头弹簧的作用下与静主触头重新闭合。

2）非线性电阻

非线性电阻的结构如图 8.20 所示。在非线性电阻瓷瓶内，装了 10 个串联的非线性电阻片和干燥剂等主要部件，并联在动、静主触头两端，用以防止主断路器分闸时的过电压。非线性电阻片采用碳化硅和结合剂烧结而成，其电阻值随外加电压的升高而下降，置于空心瓷瓶内。内部还装有干燥剂，用以防潮。为了保证非线性电阻片之间及与外部连接之间的接触压力，减小接触电阻，在其一端装设了弹簧。

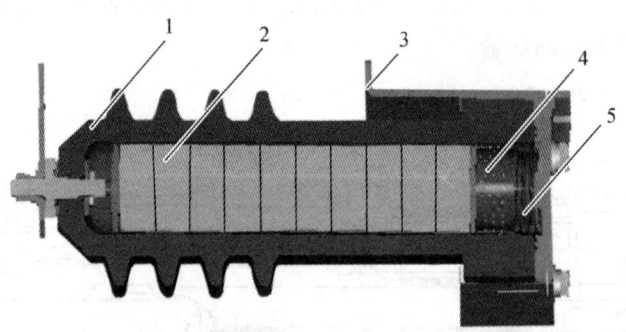

1—瓷瓶；2—电阻片；3—连接板；4—干燥器；5—弹簧。

图 8.20 非线性电阻结构

主断路器分闸时，动、静主触头间产生电弧，在熄弧过程中，触头间的电压将急剧增加。当电压增加到一定值时，非线性电阻值迅速下降，主触头上的电流迅速转移到非线性电阻上，既可限制过电压，减小电压恢复速度，又有利于主触头上电弧的熄灭，减少触头电磨损。随着非线性电阻两端电压的降低，其阻值又迅速增大，以减小残余电流，保证隔离开关几乎在无电流下断开，提高断路器的分断可靠性。

3）隔离开关

隔离开关结构如图 8.21 所示。它由静触头（见图 8.19 中的 17）、动触指、弹簧装置、隔离开关闸刀（动触杆）、法兰盘（下转动座）、铜滚珠、连接件（上转动座）及弹簧装置等组成。

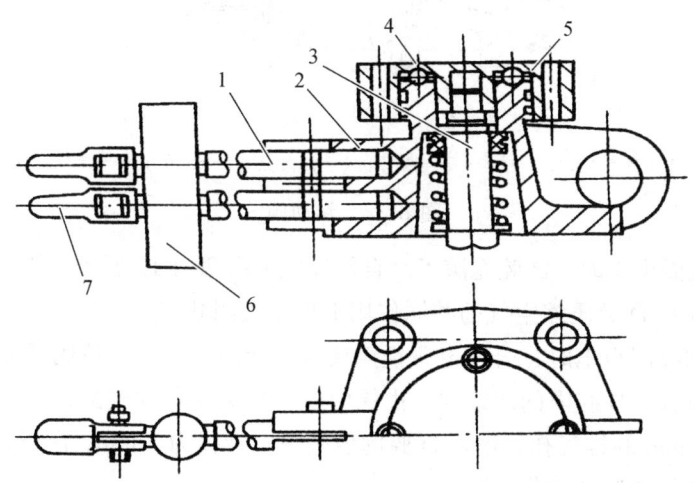

1—隔离开关闸刀；2—法兰盘；3—弹簧装置；4—铜滚珠；5—连接件；6—弹簧装置；7—动触指。

图 8.21　隔离开关结构

隔离开关静触头固定在弯接头上，它与灭弧室内的静主触头相连。其接触面有沟槽，以便与动触指有良好的接触。动触杆紧固在下转动座上。动触指套装在动触杆上，并用螺钉紧固，便于在动触指磨耗到限时拆下更换，或反过面来继续使用。弹簧装置设在动触杆上，用来保证动触指能夹紧隔离开关静触头，并保持一定的接触压力。下转动座、转动瓷瓶与操纵轴用螺钉固为一体。上转动座通过铜滚珠、轴承及弹簧固定在下转动座上。上、下转动座之间的铜滚珠用来减小摩擦，同时又用作上、下转动座之间的电连接。在主断路器动作过程中，连接件不转动，与变压器原边绕组相连接。

隔离开关自身不带灭弧装置，不具有分断大电流的能力，它与主触头协调动作，完成主断路器的分、合闸动作。主断路器分闸时的动作顺序是：灭弧室主触头先分断电路并在灭弧室内熄灭主动、静触头之间的电弧，隔离开关稍后延时打开隔离闸刀，之后灭弧室主触头重新闭合。此时，隔离开关保持在打开位置，从而保持主断路器处于分闸状态。即主断路器分闸时，隔离开关比主触头延时动作，待主触头断开并熄弧后再无电断开，主断路器合闸时，主触头不再动作，仅需操纵隔离开关闸刀闭合即可。

2. 低压部分

1）起动阀

起动阀由左边的分闸阀和右边的合闸阀两部分组成，呈对称分布，如图 8.22 所示。两阀有各自的阀杆 3、弹簧 5 和密封垫 4，由各自的电磁铁控制，共用阀体 2、密封垫 1 和盖板 6。D、E、F 3 个空腔分别与储风缸、主阀 C 腔、传动风缸相通。

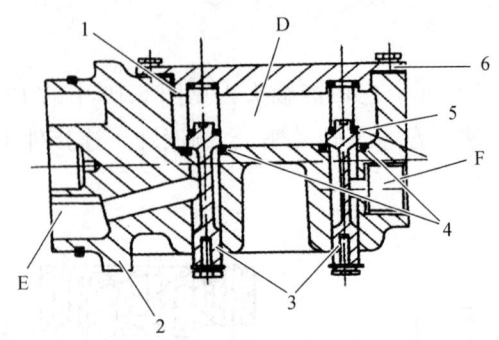

1—密封垫；2—阀体；3—阀杆；4—密封垫；5—弹簧；6—盖板。

图 8.22 起动阀

当分、合闸线圈失电时，D腔充满了来自储风缸（由塞门19通入）的压缩空气，分闸阀和合闸阀在弹簧5和D腔压缩空气的共同作用下处于关闭状态。

当合闸电磁铁线圈得电时，合闸电磁铁撞块撞击合闸阀阀杆，使阀杆克服弹簧5的作用向上移动，阀门打开，D腔内的压缩空气由阀门经F腔进入传动气缸，带动主断路器闭合。F腔内有直径为2 mm的排气孔，进入D腔的压缩空气管径为8 mm，所以，F腔仍能保持相当高的气压使传动气缸装置动作。

当分闸电磁铁线圈得电时，分闸电磁铁撞块撞击分闸阀阀杆，使阀杆克服弹簧5的作用向上移动，阀门打开，D腔内的压缩空气由阀门经E腔送往主阀的C腔，主阀动作，带动主断路器分闸。

2）主　阀

主阀采用气动差动式结构，如图8.23所示。它由阀体1、活塞2、阀杆3、阀盘5、弹簧6等部件组成。主阀共有5条气路：A腔与储风缸相连，B腔经支持瓷瓶通向灭弧室，C腔与起动阀的E腔相连，下方与延时阀进气孔相通，另有一条小气路将储风缸内少量的压缩空气由通风塞门（见图8.18中的16）经主阀送入支持瓷瓶和灭弧室，保证灭弧室内始终有一个对外的正压力，防止外界潮湿空气进入灭弧室。

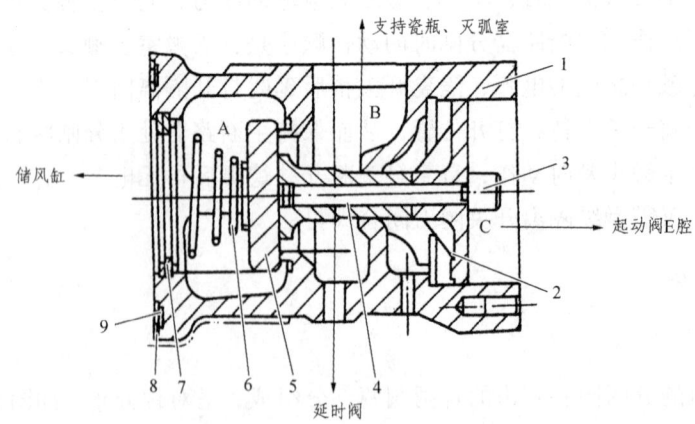

1—阀体；2—活塞；3—阀杆；4—滑块；5—阀盘；6—弹簧；7—垫圈；8—挡圈；9—密封圈。

图 8.23 主阀结构

当分闸电磁铁线圈失电时，在 A 腔压缩空气和弹簧 6 的共同作用下，主阀处于关闭状态。

当分闸电磁铁线圈得电时，分闸阀动作，起动阀 D 腔内的压缩空气由阀门经 E 腔送往主阀的 C 腔，虽然主阀阀盘 5 和活塞 2 两端都受到压缩空气的作用，但活塞 2 的直径大于阀盘 5 的直径，使阀杆 3 带动阀盘 5 和活塞 2 左移，主阀打开，储风缸内大量的压缩空气向上经主阀、支持瓷瓶进入灭弧室，带动主触头动作；向下送入延时阀的进气孔。

3）延时阀

延时阀的作用是使传动风缸较灭弧室滞后一定时间得到储风缸的压缩空气，确保隔离开关比主触头延时动作，无电弧开断。

延时阀的结构如图 8.24 所示。它由阀座 1、膜片 3、阀杆 4、阀体 5、阀门 6、弹簧 7、阀盖 8、调节螺钉 9 等部件组成。调节螺钉 9 用于调整进入膜片 3 下部空腔的气路大小，改变延时时间。

当延时阀进气孔无压缩空气送入时，延时阀阀门 6 在弹簧 7 的作用下处于关闭状态。

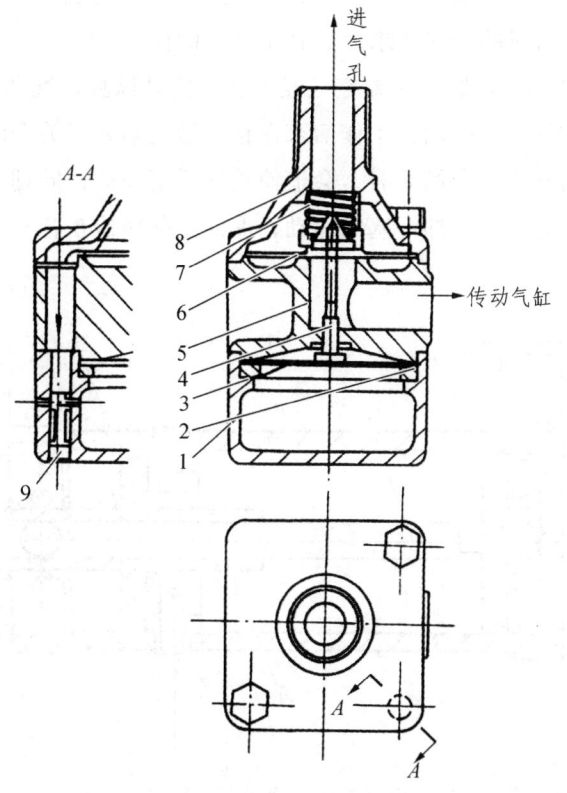

1—阀座；2—密封环；3—膜片；4—阀杆；5—阀体；6—阀门；7—弹簧；8—阀盖；9—调节螺钉。

图 8.24　延时阀结构

当主阀打开时，压缩空气经延时阀进气孔、阀盖 8 上的进气管路、阀体 5 上的通道、调节螺钉 9 与阀座 1 之间的间隙，进入膜片 3 下部的空腔。因为管路截面小，膜片 3 的面积大于阀门 6 的面积，膜片下部的气压经过一定时间延时达到一定压力后，足以克服弹簧 7 的作用，推动阀杆 4 向上移动，阀门 6 打开，大量的压缩空气进入传动气缸的进气孔。

4）传动气缸

传动气缸以隔板 5 为界，分为左边的工作腔和右边的缓冲腔两大部分，如图 8.25 所示，活塞杆 3 上装有工作活塞 2、缓冲活塞 7 和套筒 1、8，连杆销 9 与图 8.18 中的传动杠杆 6、控制轴 5 相连。

由于隔离开关和转动瓷瓶均具有一定的质量。在隔离开关动作过程中，要使其瞬间制停到位，必然会产生很大的惯性冲击，容易发生控制轴、隔离开关刀杆或转动瓷瓶断裂。为此，在传动风缸的隔板 5 上设有一排气孔，隔板 5 和缓冲气缸体 6 上各设有一个逆止阀。

在分闸过程中，经主阀、延时阀的压缩空气一路从传动风缸进气孔 1 进入工作活塞左侧，推动工作活塞右移，带动控制轴使转动瓷瓶转动，隔离开关分闸。与此同时，另一路压缩空气从传动风缸进气孔 2 进入缓冲活塞右侧，当工作活塞向右运动，碰到套筒 1 时，迫使套筒 1、缓冲活塞 7 也随之右移，而缓冲活塞右侧的压缩空气将阻碍它们的运动，这就保证了主断路器在分闸过程中先快后慢的动作要求，起到了缓冲的作用。

在合闸过程中，起动阀 D 腔的压缩空气经 F 腔、传动风缸进气孔 3，分别进入工作活塞的右侧和缓冲活塞的左侧。一方面，工作活塞左移，带动隔离开关合闸；另一方面，当工作活塞左移，带动连杆销 9 碰到套筒 8 时，会迫使缓冲活塞左移，同理，缓冲活塞左侧的压缩空气将阻碍工作活塞、套筒和缓冲活塞的运动，保证主断路器在合闸过程中也具有先快后慢的特点。

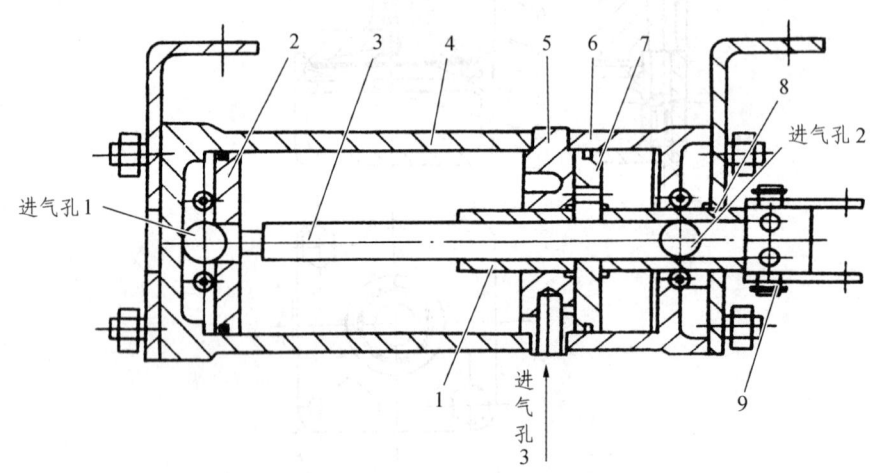

1、8—套筒；2—工作活塞；3—活塞杆；4—工作气缸体；5—隔板；
6—缓冲气缸体；7—缓冲活塞；9—连杆销。

图 8.25 传动气缸

5）辅助开关

辅助开关由万能转换开关承担，其引出线通过插销或插座同机车有关电路相连。

辅助开关的作用：一是接受机车控制电路的电信号，控制分、合闸电磁铁的动作；二是作分、合闸之间的电气联锁，即分闸完成后切断分闸线圈电路，接通合闸线圈电路，为下一步合闸动作做好准备，保证下一步只能是合闸动作而非分闸动作，反之亦然；三是与信号控制电路相连，显示主断路器所处的状态，分闸状态时信号灯亮，合闸状态时信号灯灭。

二、TDZ1A-10/25 型空气断路器动作原理

1．准备工作

储风缸充满足够的压缩空气；起动阀的 D 腔充满压缩空气；另有少量的压缩空气经通风塞门、主阀、支持瓷瓶进入灭弧室，使灭弧室内保持一定的正压力，防止外部潮湿空气的侵入。

2．分闸过程

司机按下主断路器分闸按键开关，分闸线圈得电，分闸阀阀杆上移，起动阀 D 腔的压缩空气经起动阀 E 腔进入主阀的 C 腔，主阀左移，储风缸内大量的压缩空气经支持瓷瓶进入灭弧室，推动主动触头左移，电弧被吹入空心的动触头，冷却、拉长、进而熄灭。

进入延时阀的压缩空气经一定时间延时后，推动延时阀阀杆上移，压缩空气进入传动风缸工作活塞的左侧，推动工作活塞右移，驱动传动杠杆带动控制轴、转动瓷瓶转动，隔离开关分闸。

与控制轴同步动作的辅助开关同时完成如下 3 项工作：一是切断分闸线圈电路，分闸线圈失电，分闸阀关闭，D 腔的压缩空气不再进入 E 腔和 C 腔，主阀关闭，压缩空气停止进入灭弧室，主触头在反力弹簧的作用下重新闭合，分闸过程完成；二是接通信号控制电路，使主断路器信号灯亮，显示主断路器处于断开状态；三是接通合闸线圈电路，为下一次合闸做好准备。

3．合闸过程

司机按下主断路器合闸按键开关，合闸线圈得电，合闸阀阀杆上移，起动阀 D 腔的压缩空气经起动阀 F 腔进入传动风缸工作活塞的右侧，推动工作活塞左移，驱动传动杠杆带动控制轴、转动瓷瓶转动，隔离开关合闸。

同理，与控制轴同步动作的辅助开关：一是切断合闸线圈电路，合闸线圈失电，合闸阀关闭，压缩空气停止进入传动风缸，合闸过程完成；二是切断信号控制电路，使主断路器信号灯灭，显示主断路器处于闭合状态；三是接通分闸线圈电路，为下一次分闸做好准备。

三、TDZ1A-10/25 型空气断路器主要技术参数

TDZ1A-10/25 型空气断路器的主要技术参数：

额定电压 ………………………………………………………… 25 kV

额定电流 ………………………………………………………… 400 A

额定频率 ·· 50 Hz
额定分断电流 ·· 10 kA
额定分断容量 ··· 250 MV·A
额定工作气压 ·· 700 ~ 900 kPa
固有分闸时间 ·· ≤30 ms
延时时间 ··· 35 ~ 55 ms
合闸时间 ··· ≤0.1 s
额定控制电压 ·· DC 110 V
总质量 ··· 150 kg

任务七　BVAC.N99 型真空主断路器

知识导入

1968 年，英国通用电器公司（GEC）首次研制出用于电力机车的真空断路器，并装车试运成功。以真空断路器取代空气断路器实现机车主电路电源的接近和切断及其短路保护。真空主断路器技术进步体现在大容量、低过电压、智能化和小型化。而这一进步又是发展及采用新工艺、新材料及新技术的结果。我们要秉承初心，砥砺前行，让领跑世界的中国铁路唱响中国发展的最强音。

知识储备

HXD₃ 型电力机车采用 BVAC.N99 真空主断路器，其外形如图 8.26 所示。该电器设备是单断点交流断路器，采用真空管及电空控制，具有如下特点：

（1）绝缘性高。
（2）采用真空灭弧，环境稳定性好。
（3）结构简单。
（4）开断容量大。
（5）机械寿命长。
（6）维护保养简单。
（7）与空气断路器有互换性。

图 8.26　BVAC.N99 交流真空主断路器外形

BVAC.N99 型真空主断路器

一、BVAC.N99 型真空主断路器的基本结构

BVAC.N99 交流真空主断路器的结构如图 8.27 所示，有 3 个主要的组成部分：上面是高压部分；中间是与地隔离的绝缘部分；下面是电空机械装置和低压部分。

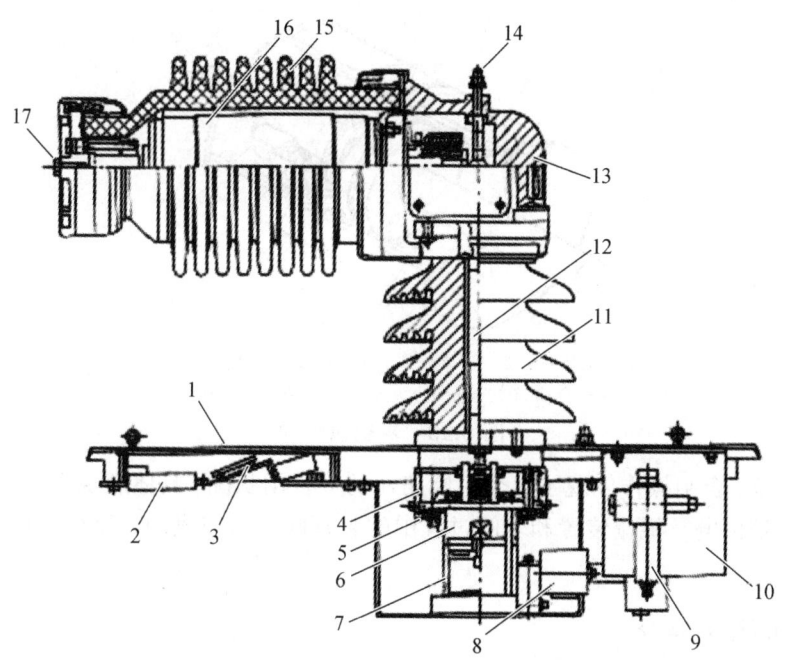

1—底板；2—插座连接器；3—110 V 控制单元；4—辅助触头；5—肘节机构；6—保持线圈；7—压力风缸；
8—电磁阀；9—调压阀；10—储风缸；11—垂直绝缘子；12—绝缘操纵杆；13—传动头组装；
14—高压连接端（HV1）；15—水平绝缘子；16—真空开关管组装；
17—高压连接端（HV2）。

图 8.27　BVAC.N99 交流真空主断路器结构

1. 高压部分

高压部分结构如图 8.28 所示，包括水平绝缘子、真空包组装和传动轴头组装等。由图可以看出，真空包组装安装于水平绝缘子内部，构成机车顶上的高压回路。真空包通过密封与大气隔离，真空包的结构如图 8.29 所示，包括动触头、静触头和瓷质外罩等。金属波纹管的设置既可保持密封，又可使动触头在一定范围内移动，保证动、静触头在一定的真空度下断开。真空度是真空包最重要的参数之一，和真空包的开断能力成一定关系。

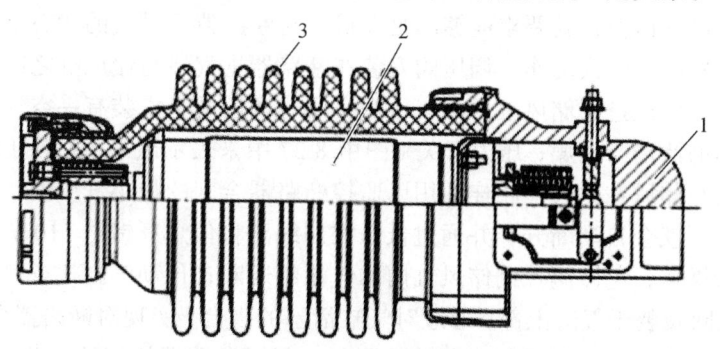

1—传动轴头组装；2—真空包组装；3—水平绝缘子。

图 8.28　高压部分结构

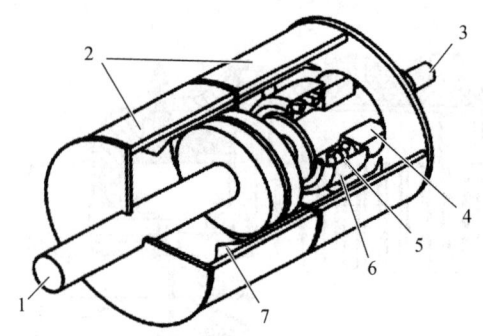

1—静触头；2—瓷质外罩；3—动触头；4—导套；
5—金属波纹管；6—波纹管罩；7—金属罩。

图 8.29 真空包结构

真空包的分、合闸操作体现了整个主断路器的分合闸状况，具体表现为对动触头的操作。动触头的操作是由电空机械装置和合闸过程中的装置同时来完成的，这样就可以保证动触头的轴向运动。

2. 中间绝缘部分

中间绝缘部分包括图 8.27 所示垂直绝缘子和底板以及安装于车顶与断路器之间的 O 形密封圈。

垂直绝缘子安装在底板上用以提供 30 kV 的绝缘电压的要求，同时绝缘操纵杆通过垂直绝缘子的轴向中心孔，连接电空机械装置和真空包的动触头。底板安装于车顶，O 形密封圈用以保证断路器与车顶之间的密封。

3. 电空机械装置

电空机械装置安装在机车内部的底板上，用于操作动触头。该装置包括储风缸、调压阀、压力开关、电磁阀、压力气缸、保持线圈、肘节机构、110 V 控制单元等操纵控制部件，结构见图 8.27。

1）合闸装置

电空机械装置带有空气管路，在动触头快速合闸过程中提供必需的压力。储风缸是实现断路器气动控制的气压源，其要求能够满足在机车对断路器不供气的状态下，其残存压缩空气至少能使断路器完成一次动作；调压阀安装在断路器进气口与储风缸之间，通过对其气压值进行整定，用以保证进入储风缸内的气压值；同时调压阀上安装有一空气过滤阀，以保证进入储风缸气体的清洁与干燥；压力开关（图中 8.27 中未表示出来）安装于储风缸上与调压阀相对一侧，其与储风缸内气体相连，用以监控断路器合闸的最小气压值，当储风缸内气压低于其整定值时，就会自动断开，并通过低压控制线路将信息反馈给 110 V 控制单元，以使断路器拒绝进行操作；电磁阀控制储风缸内的气流的通断；传动气缸把空气压力转化为机械作用力；保持线圈安装于气缸上部，通过对气缸活塞的吸合，实现对断路器合闸状态的保持；肘节机构用以实现真空断路器分闸时的快速脱扣，保证断路器快速地分断；110 V 控制单元安装在真空断路器底板下部，通过其对断路器的动作进行整体控制。

主断路器合闸状态通过保持线圈来维持，在这种情况下，允许高压气体由传动风缸泄放。

该系统满足快速脱扣和分断主断路器的要求。

2）分闸装置

当保持线圈电流切断（控制电源失电）断路器，断路器分闸，快速脱扣通过恢复弹簧接触压力弹簧来实现。通过此系统，在失电和停气时保证主断路器的开断。

为了限制脱扣装置的振动，通过冲程结束时空气的压缩来实现缓冲。

二、BVAC.N99 型真空主断路器的动作原理

BVAC.N99 交流真空主断路器结构如图 8.30 所示。

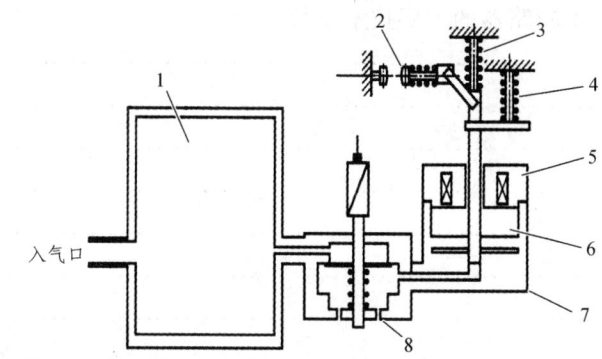

1—储风缸；2—高压主触头；3—恢复弹簧；4—肘节机构；5—保持线圈；
6—活塞；7—压力气缸；8—电磁阀。

图 8.30　BVAC.N99 交流真空主断路器结构

BVAC.N99 交流真空主断路器操作包括分闸与合闸操作。

1. 准备工作

只有满足如下条件，断路器才能闭合：

（1）主断路器必须是断开的。

（2）必须有充足的气压。

2. 合闸操作

（1）按"开/关"键。

（2）电磁阀得电，气路打开。

（3）压缩空气由储风缸通过电磁阀流入压力气缸，推动活塞向上运动。

（4）主动触头随着活塞的移动而运动。

（5）恢复弹簧压缩。

（6）主触头闭合。

（7）触头压力弹簧压缩。

（8）活塞到达行程末端。

（9）保持线圈在保持位置得电。

（10）电磁阀失电。

（11）压力气缸内的空气排出。

3. 分闸操作

（1）按"开/关键"。
（2）保持线圈失电。
（3）活塞在弹簧力作用下（恢复弹簧、肘节机构等）移动。
（4）主触头打开，真空开关管灭弧。
（5）行程结束，活塞缓冲。

三、BVAC.N99型真空主断路器的主要技术参数

BVAC.N99型真空主断路器的主要技术参数：

额定电压 …………………………………………………………… 30 kV
额定电流 …………………………………………………………… 750 A
额定频率 …………………………………………………………… 50～60 Hz
额定分断容量 ……………………………………………………… 600 MV·A
额定分断电流 ……………………………………………………… 20 kA
固有分闸时间 ……………………………………………………… 25～60 ms
合闸时间 …………………………………………………………… ≤60 ms
额定工作气压 ……………………………………………………… 450～1 000 kPa
额定控制电压 ……………………………………………………… 110 V DC
机械寿命 …………………………………………………………… 250 000

任务八　主断路器的维护与检修

知识导入

在电力机车高压系统中，当系统正常运行时，可用主断路器接通或切断正常工作的负荷电流。而当系统故障时，又可在相关控制电路的配合下迅速、准确地切断故障电流，防止事故范围扩大。因此，对主断路器的可靠性和技术性能要求极高，一定要精检细修，提高质量标准，保障机车运行安全。

知识储备

一、空气主断路器的维护与检修

1. 空气主断路器的使用与维护

为了使空气主断路器处于良好的工作状态，必须加强维护管理。主要应做到：

1）保持气路洁净

压缩空气潮湿或不洁，管道不干净，可能造成以下后果：

（1）在电弧作用下分解成氢、氧等混合气体，破坏主触头分断后断口间的绝缘，使熄弧困难或电弧重燃，严重时会造成灭弧室炸裂。

（2）使支持瓷瓶和灭弧室内腔绝缘强度降低，造成沿面放电。

（3）管道中的漆皮、锈渣等异物可能堵塞气口，使主断路器动作失灵，发生卡位现象。

（4）异物若进入灭弧室，可能会造成主触头接触不良，使非线性电阻长期通电而烧损，严重时会造成非线性电阻瓷瓶炸裂。

因此，在主断路器储风缸的进气管上装有油水分离器，下部有放水阀，使用维护时应定期排水，保持气路洁净。

2）定期更换橡胶件

主断路器是一种结构复杂的气动电器，各部件对密封性能要求较高，为保证良好的密封性能，应定期更换橡胶件。

3）定期检查各主要部件，保持各部件良好的技术状态

（1）灭弧室。定期检测主触头超程和动触头复原弹簧的状态。动、静触头由于分、合频繁，会因相互摩擦而磨损，从而造成超程减小，接触压力减小。当超程减小到一定程度时，要更换动、静触头。动触头复原弹簧变形超过一定限度时，必须及时更换。

（2）非线性电阻。保持非线性电阻瓷瓶内腔清洁，密封良好。定期更换非线性电阻瓷瓶中的干燥剂，检测非线性电阻片的阻值。阻值变化超过一定限度时，必须及时更换。

（3）主阀。定期检查活塞与阀体间的配合尺寸，尺寸不符合要求应及时更换。

（4）传动气缸。适当调节好传动气缸的缓冲，保证隔离开关动作良好。定期检查活塞与缸体之间的配合精度，通过修整或更换零部件，保证其良好的动作性能。

（5）通风塞门。必须定期更换塞门中的填料，检测塞门的通风量，将其调整至允许范围之内。

2．空气主断路器的检修

1）空气主断路器的小修

主断路器是电力机车的总开关，必须经常保持良好的技术状态，因此主断路器的检修制度和其他部件相比稍有不同。单次小修为不下车检修，双次小修则为备品互换检修制，在车下检修后作为互换部件备用。机车小修时，主要检修内容及要求如下：

（1）绝缘子。清扫、擦拭各绝缘子，表面应光洁。绝缘子表面缺损面积小于 3 cm^2 时，还须经 75 kV 耐压检查。缺损面积大于 100 cm^2 时应更换新品。

（2）隔离开关。隔离开关动作灵活，触头接触良好，应无松旷、变形。动静触头接触长度不小于 15 mm，接触压力不小于 78.4 N，动、静触头间隙不小于 2 mm。

（3）灭弧室。检查灭弧室内壁应清洁，触头无严重烧痕，触头接触周长不小于 80%。静

主触头焊接牢固，端部钼块不松动，触头同期凹痕深度不大于 0.75 mm。动主触头动作灵活，导电管及弹簧完好。静主触头烧损超限时，一般应更换新品。

（4）辅助开关及传动齿轮。检查辅助开关及传动齿轮作用良好，插座及接线无松动现象。

（5）分、合闸电磁铁。检查分、合闸电磁铁线圈的安装及接线，绝缘状态良好，衔铁的动作灵活。

在双次小修中，主断路器在车下增加非线性电阻检查项目，电阻片无烧痕，片间接触良好，绝缘子内壁清洁，干燥剂正常。双次小修时，主断路器的解体检修范围较中修时小，起动阀、延时阀及分、合闸电磁铁装置、隔离开关静触头及静主触头均作检修，按规定应解体检修的部件，其检修工艺过程和中修时基本相同。

2）空气主断路器的中修

（1）灭弧室。

灭弧室端头：按小修检验的顺序解体灭弧室端头；更换复原弹簧、缓冲垫、垫圈、密封圈（法兰与瓷瓶连接处）；检查法兰盘，看其内表面是否有损伤；如果有可能会影响到滑动配合的严重损伤，则法兰盘必须更换；损伤轻微者可以忽略或者修复。

注意：法兰的滑动配合面标称尺寸为 $\phi 80$ mm，磨损修复后的最大尺寸不能超过 $\phi 80.1$ mm，否则必须更换法兰盘。检查接触管与动触头接触的表面是否有损伤，损伤严重者必须更换，轻微者忽略或修复；同时更换箍紧弹簧；检查并更换相应的零件后，在动触头、动触头座、接触管以及法兰盘的滑动表面涂少量石墨润滑脂，然后按拆卸的相反顺序将灭弧室端头装好。

静触头部分：松开灭弧室瓷瓶与风道接头连接处螺栓，移开瓷瓶；松开静触头与风道接头连接处螺栓，退出静触头；取下挡圈，并退出套圈；打出弹性销，把静触头引弧端头取下来；更换密封件（静触头座与风道接头连接处、风道接头与灭弧室瓷瓶连接处、风道接头与支持瓷瓶连接处），引弧端头，弹性销；按小修相关条款清洁检查瓷瓶。按拆卸的相反顺序将静触头、风道接头、灭弧室瓷瓶组装起来。

组装：按小修相关条款将灭弧室端头与室体部分组装起来，组装时注意确保动、静触头对中良好。

（2）非线性电阻。解体时依次拆下外罩、盖板、弹簧及干燥剂盒等，外观检查各部件应无裂损、变形，弹簧弹性良好，自由高为（40±2）mm。更新干燥剂及密封圈。检查接触片及非线性电阻片，应无烧痕及损坏，片间接触良好。擦拭绝缘子，检查连接件及前后支架。

非线性电阻组装时，干燥剂盒距绝缘子端面距离应保证不大于 15 mm。组装后密封状态良好，用 100 V 兆欧表测量非线性电阻的绝缘阻值，应在 5~100 MΩ 之间。

（3）隔离开关。松开螺栓，将隔离开关组装从转动瓷瓶上取下来，隔离开关结构如图 8.31 所示；更换隔离开关与转动瓷瓶连接处的橡胶垫；检查两触指之间的距离 y，如果 $y \geqslant 8.8$ mm，则两触指必须分别换边后再使用；若换边后仍不能满足尺寸要求，则两触指必须更换。

松开螺栓，解体隔离开关组装；更换弹簧盒；检查法兰与连接件上的滚珠孔表面是否有损伤,轻微损伤可以修复,不能修复者必须更换;检查滚珠,不能有任何损伤及凹凸不平痕迹,否则必须更换;在更换和检查各零件后,在滚珠及相应的滚珠孔上涂少量的石墨润滑脂,然后按拆卸相反的顺序将隔离开关组装起来。

(4)底座机械部分。解体底座组装,更换底板与车顶连接处、底板与储风缸连接处、底板与支持瓷瓶连接处、底板与轴承支架连接处、主阀与储风缸连接处、风管与主阀连接处的密封圈;更换控制轴与法兰盘连接处轴销;更换控制轴与杠杆组装连接处锥销;更换杠杆上铜套和环氧布板齿轮。

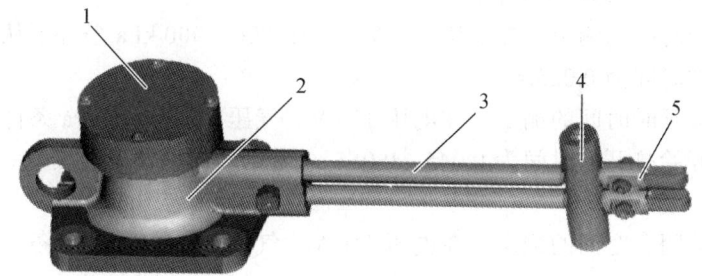

1—连接件;2—法兰盘;3—闸刀杆;4—弹簧盒;5—触指。

图 8.31　隔离开关结构

对控制轴进行探伤,不合格者必须更换;检查杠杆组装,如果其轴销有弯曲变形现象,则杠杆组装必须更换。

(5)主阀。主阀解体时依次取下衬套、阀门(主阀块)及止挡等,进行外观检查。接触表面要光洁,橡胶体应完整,塔形弹簧面平整,自由高度为(42.5±0.5)mm。检查活塞及缸壁,活塞密闭封圈完好,缸壁光滑,无拉伤。组装时,各滑动面涂适量润滑脂润滑,活塞与阀杆往复运动应无卡滞现象,行程大于 10 mm。

(6)延时阀检修时应保证弹簧压力正常,由自由高度 39.5 mm 压缩至 14 mm 时,压力为 7.84 N。阀杆与阀体接触面光洁,膜片无裂损,密封环更新。组装时注意阀体与储气缸气口相通,阀与主阀排气口方向一致。阀杆间隙、膜片间隙均为 0.2 mm,阀杆行程不小于 3 mm。

(7)传动气缸。传动气缸拆下连接气管后,解体十字头装置及支持板,检查套筒表面及气缸体内壁应光滑,无拉伤。用游标卡尺测量气缸椭圆度不大于 0.3 mm,气缸内壁磨耗量不大于 0.5 mm。外观检查活塞环弹性良好,活塞环合口间隙不大于 0.5 mm。活塞表面光洁,无裂损,拉伤痕迹。活塞杆无拉伤、变形。组装时活塞与缸体内给适量透平油,工作气缸与缓冲气缸通气口在同一平面。组装套筒时,套筒与壁及活塞杆间隙均不大于 0.3 mm。组装后活塞往复运动应无卡滞现象,活塞行程为(126±1)mm。

(8)起动阀。起动阀是控制主断路器动作的第一道阀,起动阀的开闭是由电磁铁来控制。起动阀由顶部螺母开始解体,逐一取出弹簧、阀杆、密封圈等。然后清扫阀体及通风孔道,检查弹簧状态,阀杆与阀体的接触面,更新石棉垫及密封圈。组装时要求阀杆与阀体接触良好,不漏气,阀杆各摩擦部位应涂润滑脂,阀杆运动无卡滞现象,阀杆行程不小于 4 mm。

(9)通风塞门。检查通风塞门的气流速度,是否满足在 900 kPa 条件下,每 3 min 流过气体为（125±15）mL；如果气流速度不符合此值，则必须重填填料或更换通风塞门。

（10）辅助联锁。用棉签蘸酒精清洁各触点，检查各触点是否有烧熔及凹凸不平现象，如果不保证可靠接触，则须更换整个辅助联锁。

3）空气主断路的调整试验

无论是小修还是中修，在空气主断路器检修完成并整体组装好之后，必须进行调整试验。空气主断路器在专用试验台上进行调整试验。试验前接通电源（直流 77~110 V 可调）和气源（400~900 kPa）。调试项目如下：

（1）固有分闸时间的测定。在电压 110 V、气压 700~900 kPa 条件下从开断信号发出到主触头开始打开的时间为 0.025 s。

（2）隔离开关延时时间的测定。在电压 110 V、气压 700~900 kPa 条件下，主触头开始打开至隔离开关开始打开的时间为 0.045~0.055 s。若延时时间不符合要求，调节延时阀调节螺钉即可。

（3）隔离开关闭合时间的测定。在电压 110 V、气压 700~900 kPa 条件下，合闸时间不大于 0.1 s。

（4）动作性能试验。

① 最低动作气压：在电压 110 V、气压 400 kPa 条件下，主断路器能正常闭合和断开；

② 最低动作电压：在电压 77 V、气压 900 kPa 条件下，重复前述（1）、（2）、（3）项试验，分、合闸正常；

③ 缓冲作用：隔离开关打开和闭合时，缓冲作用良好，无过分冲击现象。若缓冲效果不良，可调节隔板上的调节螺钉。

（5）动主、静触头接触线。试验后拆下动主触头，接触线不小于周长的 80%。

二、真空主断路器的维护与检修

主断路器上所有检查和维修的执行必须断开电源，降弓和断路器接地的情况下操作。定期检查与维修如表 8.1 所示。

表 8.1　定期检查和维修计划表

序号	检查和维修	间隔时间
1	外观检查、清扫和润滑：绝缘子和密封件的外观；整体外观；BTE 高压接地开关的外观	3 个月
2	检查扭紧力矩：高压连接器；接地连接；BVAC 固定螺栓	3 个月
3	气路检查：调压阀；排空 BVAC 储风缸；检查是否漏气。每年冬季前必须检查	3 个月
4	小修：检查真空管的真空度	1 年（或若特殊情况，如，不明电流短路，不正常机械振动，无浪涌避雷器下雷击等）
5	中修：真空开关的主触头磨损的检查	5 年

1. 外观检查

如图 8.32 所示，进行断路器的外观检查和绝缘子检查（A）(裂纹或瓷釉损害)，进行 BTE 接地开关连接装置的检查（B）。用软制品或布把空气断路器外部清理干净，绝缘子的外部可以用硅树脂油脂进行清洗。裂纹或绝缘子的瓷釉和密封件的损坏、接地绝缘子的连接件的损坏需更换。

用力矩扳手检查高压连接部分、接地连接部分、断路器固定螺栓的扭紧力矩。

2. 气路检查

为了保证气路元件的正常工作，必须对机车管路中容易积水的器件定期排水。容易积水的部位一般为调节阀内、BVAC 储气缸的底部。

（1）压力调节阀的排水。在有气压的空气管路，拧开翼形螺钉（PA）充分排放积水；当气流停止，重新拧紧翼形螺钉（PA）并检查是否漏气。

（2）BVAC 储气缸排水（RE）。

① 装有排水阀的储气缸：当储气缸处于有压力时打开排水阀，排光积水（注意泄漏）；储气缸排水完毕关掉排水阀；检查是否漏气，如有必要，清理排放管路。

② 没有排水阀的储气缸：关闭隔离阀，慢慢拧开位于储气缸下面的塞门（PB）和释放压缩空气；一旦压力完全下降，须完全打开塞门；关断主气路的隔离阀；拧紧塞门；检查是否泄漏。

注意：应在冬季之前排放气路，以免积水冻结造成气动元件误动作。

3. 真空管真空度的检查

检查必须在库内进行但是不需要拆开断路器。在检查前必须擦干断路器上的污渍。在降弓和机车接地后，检查真空开关管。

利用真空试验器进行耐压试验以证实真空泡里的真空状态，如图 8.33 所示。在进行试验的时候拆开机车的高压连接端，把真空试验器接在真空主断路器两端，重复施加峰值电压 40 kV 的电压。具体步骤如下：

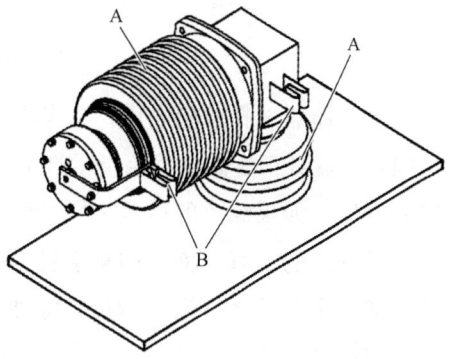

图 8.32 BVAC 断路器的视图

拆开机车高压连接端，用鳄鱼夹把高压连接端和真空主断路器终端连接起来（HV1 & HV2）。把真空主断路器接地装置接地。检查并确定真空主断路器是处于开断状态（主触头处于开断），保证主开关（11）在设备上打在"0"位置，然后连接各主要电缆。把试验设备的主开关（11）打到"1"位置，绿色指示灯亮。

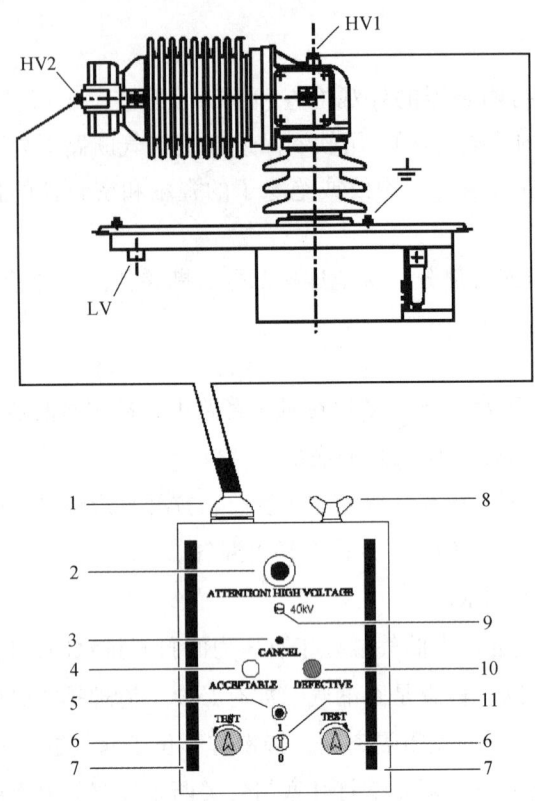

1—输出电缆；2—高压警示灯；3—取消指示灯；4—合格指示灯；5—开关指示灯；6—旋转测试钮；
7—检测器外壳；8—接地端子；9—电压选择器；10—不合格指示灯；11—主开关。

图 8.33　真空开关管的绝缘检测

用选择器选择试验电压，参考电压 40 kV。在 10 s 内通过旋转钮进行耐压试验。此时红灯闪烁，黄灯灭。如果黄色指示灯（3）亮，那么必须重新试验，因为达不到试验设备的额定试验电压。如果绿色的指示字样 ACCEPTABLE 在整个试验过程中一直保持发亮，那么试验结果是正确的，真空泡中的真空度是合格的。如果红色的指示字样 DEFECTIVE（10）是亮的，那么表明了真空泡里的真空度过低，真空泡应该更换。

当试验完成的时候，实验设备上的主开关要打到"off"的位置，为了取下连接到断路器终端的鳄鱼夹，需要等 30 s。考虑到安全因素，取下的鳄鱼夹必须连接在一起，以释放分布电容的电荷，把连接线放入试验箱。

如果真空管里的真空度是合格的，但是电寿命和机械寿命已经超出，那也应该更换真空管或更换整个真空断路器。

三、主断路器维修安全警告

（1）高压能造成电弧燃烧和人身事故，必须在断开电源后才能允许维护。真空主断路器用于高压电路开关。在检查和维护时，为避免电危害，连接断路器的所有电、气源必须隔离。

在某种情况下，即使电源断开也会有危险电压存在。为避免人员伤亡，在接触断路器时应该切断电源，进行接地，而且断开外部电源。

（2）主断路器上所有检查和维修的执行必须断开电源，降弓和在主断路器接地的情况下操作。不能进行断路器内部维护，除非有专业技术人员在场。

（3）操作人员禁止拆开防护罩。部件的更换和内部调整必须由专业技术人员进行操作。

（4）禁止替换主断路器的部件或改进主断路器，否则有可能增加更大的危害。禁止安装替换部件或执行任何对本装置无授权的改动。

（5）主断路器出现损坏和故障，必须由经过培训的专业技术人员维修。

小　结

电力机车作为非自给式机车，需要通过受电弓从接触网上获得电能，因此，受电弓性能的优劣直接影响着电力机车的受流质量。主断路器是电力机车电源的总开关和机车总保护，当机车发生故障时自动分闸，防止故障进一步扩大。通过学习受电弓和主断路器，要求：

（1）在了解受电弓结构的基础上，掌握受电弓的升、降弓过程及其特点。

（2）了解主断路器结构中各部件的名称及工作原理，从而掌握主断路器的分、合闸工作过程。

（3）掌握受电弓各参数的调整方法。

（4）熟悉受电弓、主断路器的维护方法及检修工艺。

思考练习题

一、填空题

1. 受电弓是一种_____器，属于上部_____。
2. 受电弓的升降过程具有_____的特点。
3. 受电弓按其结构形式可分为_____和_____两种。
4. TSG1-600/25型受电弓主要由_____、_____和_____3部分组成。
5. 在静止的状态下，受电弓弓头滑板在工作高度范围内对接触网导线的压力称为_____。
6. 受电弓的静特性是指受电弓的静态接触压力与_____的关系。
7. 电力机车电源的总开关和机车的总保护电器是_____。
8. 非线性电阻用于限制_____，减小电压恢复速度。
9. 空气主断路器的起动阀由_____和_____两部分组成。

10. 空气主断路器灭弧室的静触头的头部为球状，端部镶着耐电弧的_____，以提高耐弧性能。

11. 空气主断路器的隔离开关自身不带_____装置，不具有分断大电流的能力。

12. 空气主断路器的传动气缸以隔板为界，分为左边的_____和右边的_____两大部分。

13. 真空断路器是以_____作为绝缘介质和灭弧介质进行灭弧的。

14. 真空断路器的动触头、静触头被瓷质外罩封闭于_____中。

15. 为保证气路工作正常，对容易积水的部位如_____、_____应经常排水。

16. 真空包的分、合闸体现了_____。

二、选择题

1. 下述不属于下部四连杆机构的是（　　）。
   A. 上臂杆　　　　　　　　B. 支架　　　　　　　　C. 铰链座

2. 调整受电弓的滑板在各运动高度均处于水平位置的部件是（　　）。
   A. 下臂杆　　　　　　　　B. 上部框架　　　　　　C. 平衡杆

3. 调整TSG1型单臂受电弓升降弓时间，可采取（　　）措施。
   A. 调节扇形板上的螺钉高度　　B. 调整缓冲阀豁口大小
   C. 调整升弓弹簧的拉伸长度

4. 国内电力机车受电弓滑板不使用的材料是（　　）。
   A. 钢滑板　　　　　　　　B. 碳滑板　　　　　　　C. 粉末冶金滑板

5. 空气主断路器的传动气缸，其气缸体由（　　）分成左右两部分。
   A. 主活塞　　　　　　　　B. 工作腔　　　　　　　C. 隔板

6. （　　）的作用是使传动气缸较灭弧室滞后一定时间得到储气缸的压缩空气，确保隔离开关比主触头延时动作，无电弧开断。
   A. 延时阀　　　　　　　　B. 主阀　　　　　　　　C. 起动阀

7. 空气主断路器的主阀有（　　）条气路。
   A. 1　　　　　　　　　　B. 3　　　　　　　　　　C. 5

8. （　　）阀用于保持储风缸内空气压力的恒定。
   A. 节流阀　　　　　　　　B. 过滤　　　　　　　　C. 调压

三、判断题

1. 受电弓的支架是用来支撑滑板，且使整个滑板在机车运行时随接触网导线弛度的变化而作前后、上下的摆动，以改善受流状况。（　　）

2. 受电弓的接触压力由传动气缸中的压缩空气产生的压力决定。（　　）

3. 集电头翼片是用来调节不同速度等级机车的静态接触压力的。（　　）

4. 延时阀可以使隔离开关的分离时间滞后于主触头分断时间。（　　）

5. 传动气缸工作活塞动作时具有缓冲作用。（　　）

6. 分、合闸电磁铁可以长期得电工作。（　　）

7. 主断路器设置非线性电阻的目的之一是抑制截流过电压。（　　）

8. 主断路器的分、合闸都具有先慢后快的特点。（　　）
9. 真空断路器工作时需要压缩空气参与。（　　）
10. 主断路器工作前，只要储气缸有压缩空气即可。（　　）

四、简答题

1. 简述调整受电弓升降时间的方法。
2. 为什么受电弓的工作特点是先快后慢？
3. 简述 TSG1 型受电弓的基本组成。
4. 简述 DSA200 型单臂受电弓的动作原理。
5. 简述空气主断路器的组成。
6. 简述 TDZ1A 型主断路器延时阀的作用。
7. 简述 BVAC.N99 型交流真空主断路器的动作原理。
8. 简述真空断路器的检查和维护程序。

五、综合题

说明空气主断路器的分合闸动作过程。

项目九 高压隔离开关和高压接地开关

高压隔离开关是电力机车供电系统中的关键设备，可用于隔离电源、保护设备、提高操作安全性、对电力机车供电系统的运行进行控制等。

高压接地开关与主断路器配合使用，实现机车高压安全保护。

本项目我们将学习高压隔离开关和高压接地开关的作用、结构、动作原理、主要技术参数及维护保养等内容。通过本项目的学习，应达到以下学习目标：

知识目标

（1）了解高压隔离开关的作用、结构及动作原理；
（2）了解高压接地开关的作用、结构及动作原理。

能力目标

（1）具备高压隔离开关、高压接地开关常见故障判断和分析的能力；
（2）具备高压隔离开关、高压接地开关检查与维护的能力。

素养目标

（1）培养学生勤奋好学、一丝不苟的学习态度；
（2）加强职业意识教育，增强爱岗敬业精神；
（3）培养学生严谨务实、诚实守信的职业志向。

任务一　认知高压隔离开关

知识导入

高压隔离开关是一种结构比较简单的保护装置，其主要作用是优化配置 25 kV 电路内高压设备及运行工况，以及在发生故障时切断故障机车设备，维持运行。在高压隔离开关的发展历程中，我们坚持自主创新、自力更生，高压隔离开关的发展历程也是我国电力机车技术进步的缩影。

知识储备

一、概　述

认知高压隔离开关

HXD_3 型电力机车采用两台 BT25.04 型高压隔离开关，该开关是采用电空控制方式进行转换的。机车运行时，高压隔离开关1、2均属于闭合位，接通机车两架受电弓的车顶高压线路，从而可用机车上的任意一架受电弓、主断路器控制机车。如果机车的某一架受电弓发生故障，可以通过转换开关断开相应的高压隔离开关，切除故障受电弓，减少机破，提高机车运用可靠性。

高压隔离开关属于保护装置，它的作用主要包括以下几个方面：

（1）机车重联运行时，机车的高压隔离开关都闭合，接通机车的车顶高压线路，从而可用机车一端的受电弓、主断路器控制机车或重联机车的受流。

（2）如果某一端机车的车顶高压部分发生故障时，可以通过断开故障侧的高压隔离开关，切断故障机车，维持运行。

二、高压隔离开关的结构

BT25.04型高压隔离开关外形结构如图9.1所示，结构示意图如图9.2所示。

图9.1 BT25.04型高压隔离开关外形

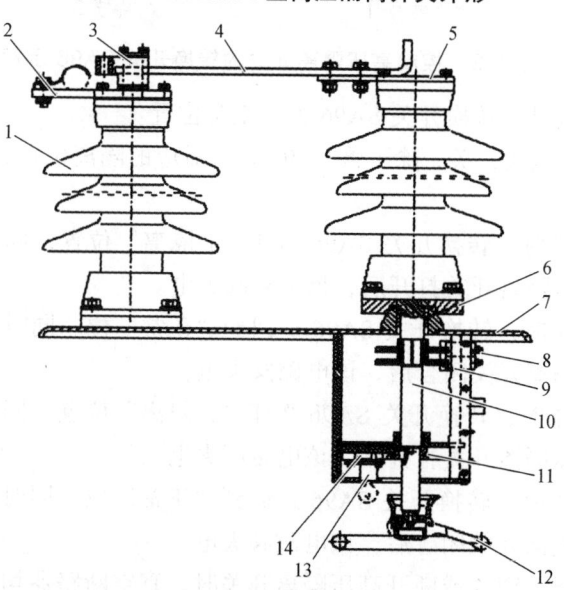

1—瓷瓶；2—连接板；3—刀夹；4—闸刀；5—连接板；6—轴套；7—底板；8—联锁触头；
9—凸轮；10—轴；11—固位盘；12—手轮；13—锁；14—锁块。

图9.2 高压隔离开关结构

BT25.04 型高压隔离开关安装在机车车顶盖上，以底板为界，分为上下两部分。底板上端主要有绝缘子、接触闸刀和簧片，压力气缸和控制单元板安装在底板下面。控制单元板用于电磁阀和连接凸轮开关电源的输入，底板上一个 M8 的螺钉用于连接到机车的接地系统。

三、高压隔离开关的控制方法

1. 工作条件

（1）高压隔离开关的动作频率要尽可能少。
（2）不需要和主断控制器联动。
（3）受电弓发生故障时，司机控制打开对应高压隔离开关，从而断开故障的受电弓。
（4）必须在真空断路器断开的时候，才能开闭高压隔离开关。
（5）在没有电源和气源的情况下，高压隔离开关维持原状态（原来开则保持开的状态，原来闭则保持闭的状态）。

2. 控制电路

（1）机械室电器柜内设置 1 个控制高压隔离开关的转换开关 SA96，如图 9.3 所示。

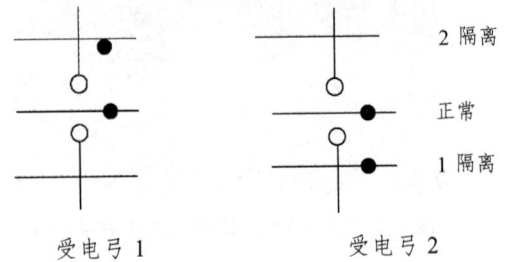

图 9.3 控制高压隔离开关的转换开关 SA96 示意图

（2）受电弓均正常时，转换开关 SA96 置于正常位置。
（3）若想切断高压隔离开关，除了将 SA96 转至对应的隔离位置，送出相应的控制信号，还需提供响应的气源。
（4）受电弓 1 异常时，转换开关 SA96 置于"1 隔离"位置，同时对应高压隔离开关的断开电磁阀得电，高压隔离开关打开后，该电磁阀失电。
（5）受电弓 1 复位时，转换开关 SA96 返回到"正常"位。同时对应高压隔离开关的闭合电磁阀得电，高压隔离开关闭合后，该电磁阀失电。
（6）受电弓 2 异常时，转换开关 SA96 置于"2 隔离"位置，同时对应高压隔离开关的断开电磁阀得电，高压隔离开关打开后，该电磁阀失电。
（7）受电弓 2 复位时，转换开关 SA96 返回到"正常"位。同时对应高压隔离开关的闭合电磁阀得电，高压隔离开关闭合后，该电磁阀失电。
（8）无论哪种情况，闭合或断开高压隔离开关时，真空断路器均会自动打开，需要通过手动操作再接通。因为高压隔离开关不带灭弧装置，不具有开断电流的能力，因此，它的所有动作都必须在主断路器处于分断状态时进行。

四、高压隔离开关的主要技术参数

BT25.04 高压隔离开关的主要技术参数：

型号	BT25.04
结构	单极隔离开关
安装位置	车顶
动作方式	空气操作式（机车内设置 4 个电磁阀）
标称电压	25 kV
额定电压	29 kV
额定电流	400 A
标称电流	400 A
额定频率	50 Hz
冲击电压	170 kV（1.2/50 μs）
控制电压	110 V DC
最小动作电压	77V DC
额定工作气压	400～1 000 kPa
最小动作气压	350 kPa
耐受电流试验	20 kA/8 kA（1 s）
工频耐压	5（50 Hz/min）kV
机械寿命	20 000 次
硅橡胶外表面爬距	≥1 000 mm

任务二　高压隔离开关的维护保养

知识导入

为了提高隔离开关的运行质量，减少故障，提高电力机车高压系统的安全性和稳定性，让我们秉承严谨的工作态度做好高压隔离开关的维护与保养工作。

知识储备

一、维修注意事项

（1）降下的受电弓也可能被加载了高压，所以高空作业特别是车顶上作业时要注意作业人员是否会遇到危险。

（2）长时间不动作的机构，可能有不能转动的情况发生，需要定期地让它们动作。

二、维护保养

1. 小 修

每个月进行一次小修,检查隔离开关闸刀与刀夹的接触性能是否良好。将隔离闸刀打开,检测刀夹在自由状态下两弹簧片间的距离≤7.5 mm,闸刀接触部分厚度≥9 mm;绝缘子应保持整洁干净,表面无裂纹或碰痕;检查各风管接头是否漏水;润滑各滑动配合面积连杆销。

2. 中 修

每6个月要进行一次中修。用酒精清洗各联锁触头的触点,检查各联锁触头接触状况是否良好,接触不良者必须更换;同时检查隔离闸刀和接触簧片的状况是否良好,旋转结构能否灵活转动;传动气缸和电磁阀是否正常动作,有损坏零部件必须更换。

3. 大 修

每3年要进行1次大修。主要检查的部件为接触闸刀和簧片,并检查所有部件能否正常动作。更换损坏零部件和报废部件。需要清洗和润滑的部件必须进行单独的维护,特别是要对辅助开关触头和凸轮进行润滑。

(1)簧片的检查。图 9.4 为簧片示意图。其接触压力为 50～70 N;接触间距为 10 mm。

(2)辅助联锁的检查。图 9.5 为凸轮与辅助联锁示意图。其接触压力为 3 N;接触宽度为 3.2 mm。

如果触头磨损至 1.5 mm 或更少,必须更换开关。在辊子接顶部位置(需要最小 0.25 mm 的间隙)上的凸轮的地方,无论如何不允许出现触头的磨损,触头必须安装防尘罩。

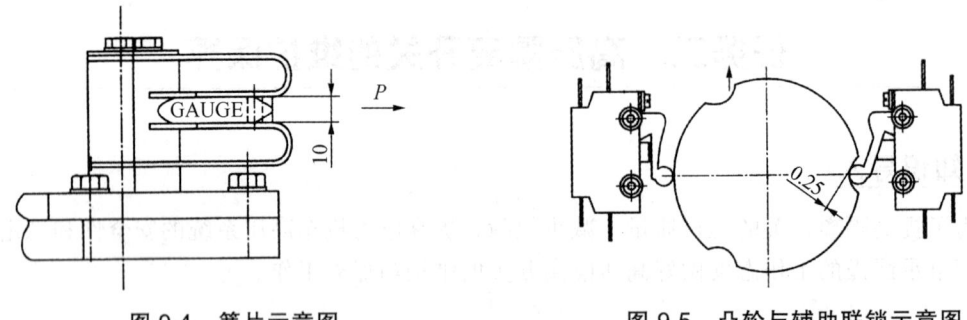

图 9.4　簧片示意图　　　　　　图 9.5　凸轮与辅助联锁示意图

(3)润滑。在大修期间,要清洁接触闸刀和隔离开关的连接处并紧固,同时要涂一些油膜。这些操作应在机车与电网断开并且整个回路接地的安全前提下进行。

用硅脂来润滑滑动套筒,用润滑油来润滑簧片。

所有检修完成后必须进行性能测试,各技术参数及动作性能都必须满足试验大纲的要求。

任务三　高压接地开关

知识导入

高压接地开关代替携带型地线，在高压设备和线路检修时将设备接地，保护人身安全；接地开关配置在断路器两侧隔离开关旁边，起到断路器检修时两侧接地的作用。电力机车高压系统一旦发生问题极可能酿成重大安全事故，因此，我们要牢固树立安全意识，安全责任重于泰山。

知识储备

认知高压接地开关

一、概　述

高压接地开关的主要功能是在受电弓降下、主断路器断开状态下，将主断路器两侧的车顶高压设备回路和主变压器原边接地，与主断路器配套使用。接地开关保证了机车的安全操作，当工作人员进行机车检查或维护时，消除故障或进行修理时，保证工作人员的人身安全。

二、高压接地开关的结构

HXD_3 型电力机车采用 1 台 BTE25040L1A2B02 型高压接地开关，其结构如图 9.6 所示。

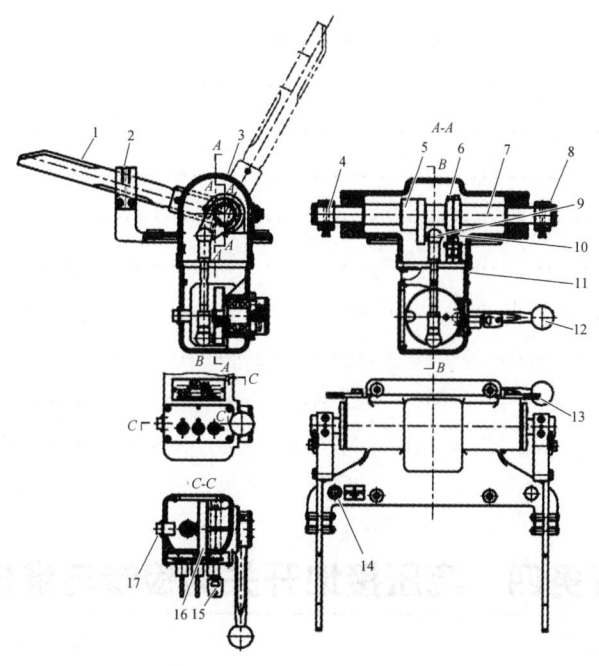

1—闸刀；2—触头弹簧片；3—上罩；4—左支架；5—曲柄组装；6—凸轮块；7—轴；8—右支架；
9—连杆件组装；10—辅助联锁；11—下罩；12—操纵杆组装；13—软连线；
14—接地螺栓；15—锁组装（1A+2B）；16—转盘组装；17—插座。

图 9.6　高压接地开关结构

高压接地开关主要分车外部分和车内部分。车外部分主要包括：上罩、闸刀、触头弹簧片，以及在上罩内的轴等传动机构；车内部分主要包括：下罩、操纵杆组装、锁组装，以及在下罩内的传动机构。

三、高压接地开关的动作原理

闸刀通过支架安装在轴上，而轴、曲柄组装、连接杆组装以及操纵杆组装则组成一个传动机构。转动操纵杆，使整个传动机构进行传动，进而使得轴带动闸刀旋转一定角度：在操纵杆从一端旋转180°到另一端时，闸刀也相应从"工作位"旋转102°到"接地位"或者从"接地位"旋转102°到"工作位"。

锁组装控制传动机构能否转动，共设3个锁，其中一个供蓝色钥匙使用，两个供黄色钥匙使用。仅在蓝色锁被蓝色钥匙打开后，操纵杆才能从"操作"位置旋转到"接地"位置。一旦旋转到"接地"位置，联锁机构就被带有黄色钥匙的锁锁定在此位置，然后可把黄色钥匙从锁中拔下。

四、高压接地开关的主要技术参数

BTE25040L1A2B02型高压接地开关的主要技术参数：

标称电压 ·· 25 kV
额定电压 ·· 30 kV
额定电流 ·· 400 A
峰值耐受电流 ··· 20 kA
短时耐受电流 ··· 8 kA（1 s）
闸刀转换角度 ··· 102^{0}_{-2}
触头弹簧片距离 ························· 6～7 mm，偏差1～1.5 mm
闸刀与触头弹簧片接触长度 ································· ≥20 mm
操纵力 ··· ≤105 N
机械寿命 ··· 20 000 次
质量 ·· 22 kg

任务四　高压接地开关的检修与维护

知识导入

高压接地开关既保证机车的安全操作，又在工作人员进行机车检查或维护时，确保人身安全。因此，对高压接地开关的可靠性和技术性能的检修与维护工作非常重要。

知识储备

一、高压接地开关的安装

接地开关应安装在牵引机车车顶上（用4个M10螺栓），邻近于主断路器。安装时，闸刀应刚好滑入主断路器触头弹簧片内。当接地开关处于"接地"位置时，在未完成检查和维护之前，任何情况下都不能把闸刀从触头弹簧片内拉出来。在接地开关和车顶之间安装O形圈以避免有水渗入机车内部。为保证可靠接地，应在接地开关上罩接地线端与牵引机车骨架之间进行适当的电气连接。

二、高压接地开关的操作

接地开关有3个锁，其中的两个用于黄色钥匙，一个用于蓝色钥匙。

1. 接　地

（1）旋转用于受电弓锁闭的蓝色钥匙至"受电弓降下"位，拔出钥匙并插入接地开关的蓝色锁内。

（2）旋转蓝色钥匙，拉出操纵杆并旋转至"接地"位。

（3）旋转并拔出黄色钥匙，可以打开高压室的门锁或车顶天窗。

2. 操　作

（1）旋转拔出"黄色"钥匙（在已使用的地方），并插入接地开关的黄色锁内。

（2）旋转黄色钥匙，拉出接地开关操纵杆并旋转置"操作"位。

（3）旋转并拔出蓝色钥匙，插入受电弓开关锁内，并旋转到"受电弓上升"位置。

三、高压接地开关的检修与维护

1. 高压接地开关的检修

（1）小修。直接在机车上进行，每3个月1次。检查闸刀和触头弹簧片的外观、磨损程度和清洁度。若发现闸刀和触头弹簧片之间有污物，必须彻底清理并涂润滑脂。

（2）中修。直接在机车上进行，每年1次。检查闸刀和触头弹簧片的磨损和清洁状况，以及传动机构的动作情况；检查闸刀能否准确滑入主断路器的触头弹簧片内；检查锁组装的联锁情况。若发现闸刀和触头弹簧片之间有污物，必须彻底清理并涂润滑脂。

（3）大修。应在接触网可以断电并且整个系统能可靠接地的机务段内进行，每3年1次。检查之前，应彻底清洗整个接地开关。进行中修所有检查操作，并检查零部件的机械状况和功能。更换受损或磨损的部件。对闸刀和触头弹簧片加润滑脂。

2. 高压接地开关的维护

维护应在接触网可以断电并且整个系统能可靠接地的机务段内进行。定期内（取决于牵引机车的运行小时数）对闸刀和触头弹簧片进行彻底清理，并涂少许润滑脂，维护所用润滑脂为美孚SHC100。

四、故障判断及排除

不能把闸刀从"操作"位置推向"接地"位置的常见原因是:闸刀受损、触头弹簧片变形或断裂。为了消除此故障,应更换触头弹簧片或闸刀。

其他部件的机械受损补救措施取决于所涉及部件的受损种类和程度。

小 结

高压隔离开关和高压接地开关是新采用的机车电器。高压隔离开关主要用来断开发生故障的受电弓,采用电空控制方式进行转换;高压接地开关与主断路器配合使用,实现机车高压安全保护。通过学习高压隔离开关和高压接地开关,要求:

(1)了解高压隔离开关的作用及工作原理。
(2)了解高压接地开关的作用及工作原理。
(3)熟悉高压隔离开关和高压接地开关的维护方法及检修工艺。

思考练习题

一、填空题

1. HXD_3型电力机车上有_____台高压隔离开关,型号为_____。
2. 高压隔离开关安装在机车的_____位置。
3. 高压隔离开关属于_____装置。
4. HXD_3型电力机车上有_____台高压接地开关,与_____配合使用。

二、选择题

1. 高压隔离开关采用(　　)控制方式进行转换。
   A. 电空　　　　　　　　B. 电磁　　　　　　　　C. 液压
2. HXD_3型电力机车上高压接地开关有(　　)把蓝色钥匙,有(　　)把黄色钥匙。
   A. 1,2　　　　　　　　B. 2,1　　　　　　　　C. 2,3

三、判断题

1. 机车重联运行时,机车上的高压隔离开关都是闭合的。(　　)
2. 在真空断路器断开的情况下高压隔离开关才能进行开闭动作。(　　)
3. 高压接地开关上的蓝色钥匙用于打开机械室天窗或高压电器柜门。(　　)

四、简答题

简述高压接地开关的操作过程。

项目十 电空接触器和两位置转换开关

电空接触器在机车上用于接通或分断与牵引电动机励磁绕组并联的磁场削弱电阻的电路。两位置转换开关主要用于改变机车的运行方向以及实现机车牵引、制动工况的转换。

本项目我们将学习电空接触器和两位置转换开关的作用、结构、动作原理、主要技术参数、检修与维护等知识。通过本项目的学习，应达到以下学习目标：

知识目标

（1）掌握电空接触器的型号、作用；
（2）理解电空接触器的结构特点，掌握其工作原理；
（3）了解两位置转换开关的作用及基本结构；
（4）掌握两位置转换开关的工作原理。

能力目标

（1）具备电空接触器和两位置转换开关使用与维护的能力；
（2）具备识别两位置转换开关转鼓展开图的能力。

素养目标

（1）养成勤奋好学、一丝不苟的学习态度；
（2）强化爱岗敬业、遵章守纪的职业道德。

任务一 认知电空接触器

知识导入

接触器的控制对象非常广泛，涉及工业、农业、交通运输、商业等各方面。近年来，我国接触器产量一直以较大幅度增长。与电磁接触器相比，电空接触器具有较大的开断能力，被用于电力机车的主电路中。

知识储备

一、概述

认知电空接触器

在电力机车上，因为有现成的压缩空气源，同时，由于电空传动的电器具有体积小、质量轻、传动力大、开断能力较大等优点,主要用在直流传动电力机车的主电路里。

图 10.1 为电空接触器的工作原理示意图。电空接触器一般由触头装置、灭弧装置、传动装置组成。当电空阀线圈得电时,其控制的压缩空气进入传动气缸,推动活塞,压缩开断弹簧而向上运动,使动静触头闭合。当电空阀线圈失电时,其控制的压缩空气排向大气,在开断弹簧的作用下,推动活塞带动活塞杆和动触头下移,动静触头打开,同时灭弧。在主触头动作的同时,联锁触头也相应动作。

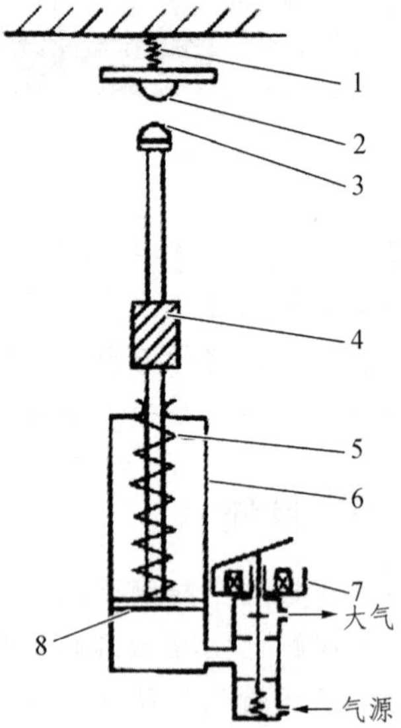

二、TCK1-400/1500 型电空接触器

1. 型号及含义

TCK1-400/1500 型,其中,T——铁路用;C——接触器;K——压缩空气控制;1——设计序号;400——主触头额定电流(A);1500——开断电压(V)。

2. 作 用

在 SS_4 型和 SS_{4G} 型电力机车上,用于接通或分断与牵引电动机励磁绕组并联的磁场削弱电阻电路。

3. 结 构

TCK1-400/1500 型电空接触器结构如图 10.2 所示。由于磁场削弱电阻上的电压降很低,且又是电阻性负载,主触头在分合过程中不产生电弧,故不带灭弧装置,主要由触头装置和传动装置组成。

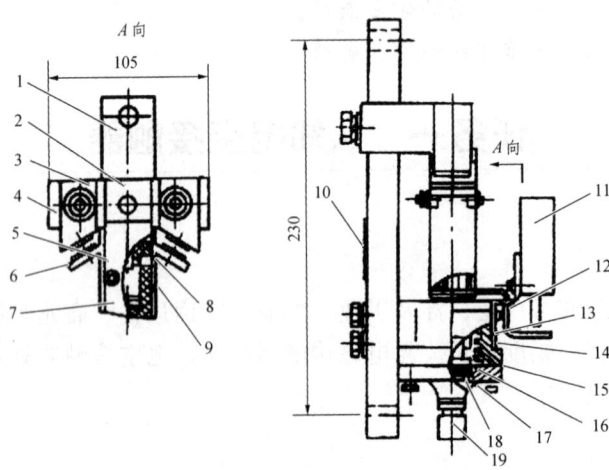

1—缓冲弹簧;2—静主触头;3—动主触头;4—绝缘块及活塞杆;5—开断弹簧;6—缸体;7—电空阀;8—活塞。

图 10.1 电空接触器工作原理

1—支柱;2—静触头座;3—静主触头;4—连接片;5—绝缘块;6—动主触头;7—绝缘杆;8—动主触头桥;9—弹簧;10—铭牌;11—联锁触头;12—联锁板;13—气缸座;14—铜套;15—反力弹簧;16—活塞;17—皮碗;18—气缸盖;19—管接头。

图 10.2 TCK1-400/1500 型电空接触器结构

（1）触头装置。主触头为直动桥式双断点，触头表面成120°夹角，其材质为紫铜，其上焊有银片，且动静触头之间为面接触，有较好的导电性能。触头的分合属上下直动式，结构比较简单，维修也比较方便。联锁触头采用通用件，为一行程开关。

（2）传动装置。采用的是薄膜传动装置，它主要由气缸、活塞、皮碗和复原弹簧等组成，本身不带电空阀。

4. 动作原理

当电空阀线圈得电时，压缩空气通过管接头进入传动气缸，鼓动皮碗推动活塞克服复原弹簧的反作用力，使活塞杆、绝缘杆上移，动静触头闭合，联锁触头相应动作。当电空阀失电时，气缸内的压缩空气通过管接头及电空阀排向大气，在复原弹簧作用下，使活塞杆、绝缘杆下移，带动主触头打开。

三、TCK7-600/1500型电空接触器

1. 型号及含义

TCK7—600/1500型，其中各字母和数字含义同TCKl型电空接触器。

2. 作　用

该型接触器主要控制机车主电路的有关励磁电流回路和牵引电机回路。

3. 结　构

TCK7-600/1500型电空接触器结构如图10.3所示，主要由触头装置、灭弧装置和传动装置等组成。

（1）触头装置。主要由主触头和联锁触头组成，主触头为L形，采用线接触形式。它以紫铜触头为基座，表面镶有银-碳化钨粉末冶金触片，保证触头具有较好的抗熔焊、耐电弧、耐机械磨损和电磨损性能，很好的导电、导热性能以及较高的负载能力。联锁触头为KY1型盒式桥式双断点触头，材质为银，二常开、二常闭。

（2）灭弧装置。主要由灭弧罩（短弧灭弧和长弧灭弧原理）、灭弧角（由2 mm厚黄铜板压制成）、灭弧线圈及铁芯（磁吹装置）等组成。灭弧罩由13块Π形石棉水泥制成的灭弧板和两块同样材料制成的盖板叠装而成，通过下固定板和挂钩将灭弧罩与接触器本体连接在一起。在每块Π形灭弧板上，间隔装有H形和U形的分弧角。

（3）传动装置。由电空阀、传动气缸、绝缘杆等组成。电空阀采用电力机车上通用的TFKlB-110型闭式电空阀。传动气缸竖放，缸内有活塞及连杆等，绝缘杆保证动触头与传动气缸间的绝缘。

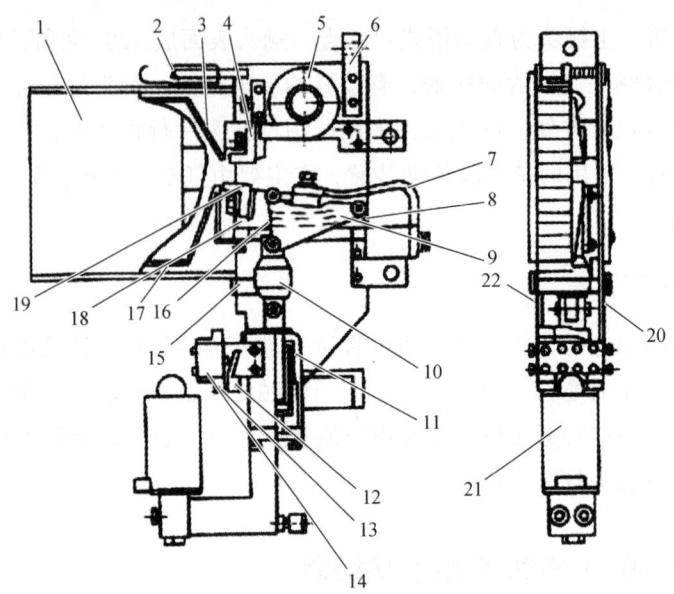

1—灭弧罩；2—挂钩；3—静触头弧角；4—静触头；5—磁吹线圈；6—安装杆；7—软连接；8—杠杆出线座；
9—杠杆支架；10—绝缘杆；11—传动气缸；12—联锁板；13—联锁触头；14—联锁支架；
15—灭弧室支板；16—动触头弹簧；17—动触头弧角；18—动触头座；
19—动触头；20—右侧板；21—电空阀；22—左侧板。

图 10.3　TCK7-600/1500 型电空接触器结构

4. 动作原理

当电空阀线圈得电时，压缩空气经电空阀进入传动气缸，推动活塞克服反力弹簧的作用力带动绝缘杆上移，并通过杠杆支架带动动触头与静触头闭合；当电空阀失电时，传动气缸内的压缩空气经电空阀排向大气，使活塞在反力弹簧作用下复位，带动绝缘杆、杠杆支架及动触头下移，与静触头分离，切断电路；触头带电分断时产生的电弧，在磁吹线圈的作用下，沿分弧角进入灭弧罩，被分割、拉长、冷却进而熄灭；主触头动作的同时，活塞杆通过联锁支架带动联锁触头作相应的分合转换。

5. 主要参数

TCK7 的派生产品很多，结构基本相同，如 TCK7B 没有灭弧装置，TCK7C 仅多了两对常闭联锁触头，TCK7D 取消了灭弧线圈中的铁芯。

TCK7 型电空接触器系列产品使用情况如表 10.1 所示，主要技术参数如表 10.2 所示。

表 10.1　TCK7 型电空接触器使用情况

型号项目	使用情况示例	灭弧方式	联锁触头数
TCK7	SS_3、SS_{3B} 机车用于牵引电动机 6 条支路中接通或分断牵引电机电路，称线路接触器	有灭弧罩	2 开 2 闭
TCK7B	SS_{3B} 机车用于磁场削弱电路中，称磁场削弱电空接触器	无灭弧罩	2 开 2 闭
TCK7C	SS_{3B} 机车用于制动工况牵引电机作发电机运行时的励磁电路中，称励磁接触器	有灭弧罩	2 开 4 闭

表 10.2 电空接触器主要技术参数

型号		TCK1	TCK7/TCK7D	TCK7C	TCK7B
主触头对地电压/V		1 500	1 500	1 500	1 500
主触头间额定电压/V		20	1 500	1 500	35
主触头额定电流/A		400	600	600	600
主触头	型式	桥式双断点	单断点	单断点	单断点
	开距/mm	单边 5±0.5	大于 18	大于 18	大于 18
	超程/mm	2±1	4~6	4~6	4~6
	滚动距离/mm	—	大于 8	大于 8	大于 8
	滑动距离/mm	—	0.5~1.5	0.5~1.5	0.5~1.5
	初压力/N	47.088	58.84~83.36	58.84~83.36	58.84~83.36
	终压力/N	61.803	156.91~196.13	156.91~196.13	156.91~196.13
联锁触头	数量	1常开1常闭	2常开2常闭	2常开4常闭	2常开2常闭
	额定电压/V	110	110	110	110
	额定电流/A	15	10	10	10
	终压力/N	—	3.138	3.138	3.138
额定工作气压/kPa		490	490	490	490
气缸直径/mm		45	45	45	45
活塞行程/mm		29~30	22~24	22~24	22~24
额定控制电压/V DC		110	110	110	110

四、电空接触器的检修

TCK7F-1000/1500 型电空接触器检修分为辅修、小修、中修。辅修为一般性检查、清扫；小修、中修按下面程序进行。

1. 检修用材料

检修常用材料包括：汽油、白布、砂布、绝缘漆、机油、轴承润滑脂、环氧树脂等。

2. 检修用设备与工具

检修常用设备与工具包括：压缩空气装置、可调直流电源、测力计、电器钳工常用工具、什锦锉、兆欧表、毛刷等。

3. 检修过程

（1）解体前检查。先取下灭弧罩进行外观检查，然后进行动作性能实验。

（2）解体。按工艺要求顺序解体电空阀、联锁支架、拉杆与活塞穿销，风缸下盖取出皮碗、活塞、弹簧，拆下导弧角、动触头、灭弧室支板，最后拆下左、右侧板。

（3）检修。

① 先用汽油清洗，再用清洁棉布（禁用棉纱、纱布）擦拭风缸、活塞、弹簧，更换老化、损坏、疲劳及发生放电痕迹部件。

② 清洗、打磨、调整联锁触头，保证其接触良好，无卡滞、裂纹或打不开现象。

③ 主触头检修按触头检修方法进行。

④ 清扫、整修灭弧室，灭弧罩有轻微灼伤时，可用碳化的部分或金属层用砂纸清理干净，有局部破损可考虑用环氧树脂粘补，灭弧室内灭弧栅被电路烧损需打磨，有严重烧伤应更换。

⑤ 灭弧线圈包扎绝缘状态良好，匝间距离不小于 0.5 mm，表面绝缘脱落时应涂漆，严重时应更换。

⑥ 清洗各零件表面，有被电弧烧损时应将碳化层清理干净，并涂绝缘漆，编织线折损面积大于 10% 时应更换。

4. 组　装

组装过程是解体过程的反过程，组装时气缸内注入适量的蓖麻油，各联锁片与联锁触头接触元件滚子之间相对偏移应不大于 1 mm，动、静触头与座的齿纹应啮合，各螺栓紧固。

5. 检查试验

（1）绝缘电阻测定：用 2 500 V 兆欧表测量主触头对地绝缘电阻不低于 5 MΩ。

（2）动作性能及气密性检查试验。

① 接通电源、风源，做性能动作实验，手控动作 10~20 次，检查风缸及其传动部件的运动状态，并测量活塞行程介于 22~24 mm 间，触头接触偏差不大于 2 mm，接触线长度不小于 80%，触头滚动距离不小于 8 mm，触头开距、超程、初压力及终压力必须符合规定的技术要求。

② 用肥皂液在最大风压下做泄漏试验，以肥皂泡 5 s 不破为合格；相互绝缘的带电部分之间及对地做 5 750 V 工频耐压实验 1 min，应无击穿、闪络现象。

任务二　探秘两位置转换开关

知识导入

电力机车的运行具有一定的灵活性。对于观察者而言，操作人员既可以在一端司机室驾驶机车向前运行，也可以在另一端司机室驾驶机车向后运行；由于电力机车配备有电气制动系统，因此操作人员既可以让机车运行于牵引工况，也可以根据实际情况让机车运行于制动工况。这些"转变"都是通过两位置转换开关实现的。

探秘两位置转换开关

知识储备

机车在不同的运行状态工作时，机车主电路的线路形式是不同的，而实现这些不同运行状态之间变换的，就是电力机车上的专用电器——两位置转换开关。在运用现场，两位置转换开关通常也称为"转换开关""两位置"或"二位置"。安装于电力机车上的转换开关如图10.4所示。

一、概述

在韶山系列电力机车上，SS_1型、SS_3型、SS_{3B}型电力机车采用的是TKH3-500/1500型转换开关，SS_{4G}型电力机车采用的是TKH4-840/1000型转换开关，SS_8型电力机车采用的是TKH4A-970/1000型转换开关，SS_9型电力机车采用的是TKH10-840/1020型转换开关。

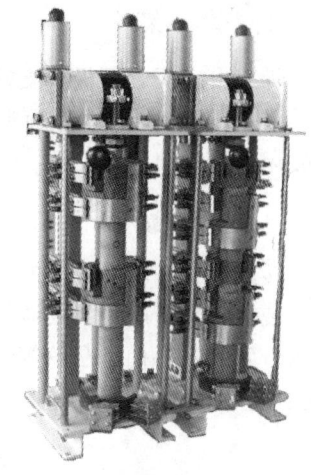

图10.4 安装于电力机车上的转换开关

各型转换开关的工作原理都是相同的，即用来转换接通主电路：一是改变牵引电动机励磁绕组中电流的方向，也即改变机车的运行方向；二是实现机车牵引工况和电阻制动工况之间的转换。每台转换开关控制两台（或3台）牵引电机，它们都是由两个转鼓组成，即反向鼓和牵引制动鼓。每个转鼓各有两个工作位置，"向前"和"向后"位，"牵引"和"制动"位，故亦称该开关为两位置转换开关。

二、TKH4-840/1000型转换开关的结构

TKH4型转换开关安装于机车高压电器柜的下部，由骨架、转鼓、触指杆、传动气缸、联锁触头等组成，外形结构如图10.5所示。

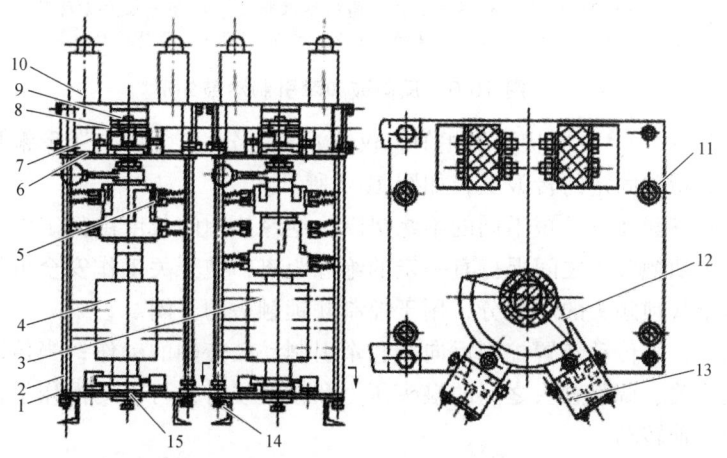

1—底板；2—支柱；3—牵引制动鼓；4—反向鼓；5—触指杆；6—面板；7—传动气缸；8—拨叉；9—销；10—电空阀；11—环氧玻璃布管；12—凸轮；13—联锁触头；14—槽钢；15—尼龙轴套。

图10.5 TKH4型转换开关外形结构

1. 骨　架

骨架由底板、面板、支柱及套在支柱上的环氧玻璃布管等组成。底板和面板上都焊有角钢，用来安装触指杆（静触头组），尼龙轴套用来安装反向鼓及牵引制动鼓。反向鼓及牵引制动鼓用连接板组合在一起。

2. 转　鼓

转鼓又称作转换开关的动触头组，分为反向鼓和牵引制动鼓，它们的结构形式基本相同，仅组装在转轴上触片的安装排列位置及绝缘垫圈长度不同，如图10.6所示。它由转轴、绝缘垫圈、触片、手柄、凸轮等组成。转轴由方钢制成，在其下端有一挡圈，通过定位销固定在转轴上。动触片、绝缘垫圈、凸轮与转轴的动作同步。

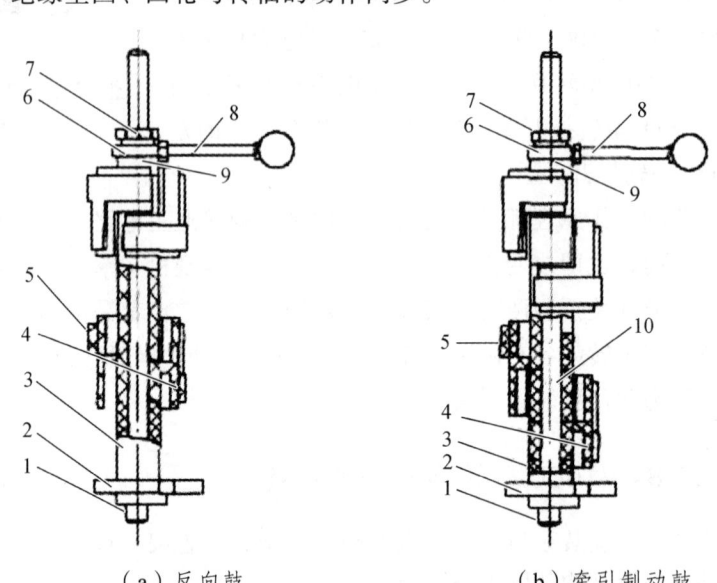

（a）反向鼓　　　　　　　（b）牵引制动鼓

1—转轴；2—凸轮；3、9—长短不同的绝缘垫圈；4、5—触片（动触头）；
6—手柄座；7—压紧螺母；8—手柄；10—转动鼓绝缘。

图10.6　反向鼓和牵引制动鼓外形

触片（动触头）4、5形状基本相似，仅有左右之分，它由"T"形铜片做成弧形，用沉头螺钉安装在与转轴固定的转鼓上，如图10.7所示。

动触片间间隔套装有长短不同的绝缘垫圈。绝缘垫圈的长度由额定电压等级所决定，其作用是使触片（动触头）之间保持有一定的绝缘距离，使开关工作安全可靠。

凸轮2属于联锁触头的一部分，用于控制联锁触头的开闭。

正常情况下，由传动装置控制反向鼓和牵引制动鼓转轴的动作；当传动装置发生故障、手动检查转换开关、调整触头之间的触头压力和接触线时，可手动操作手柄8，使反向鼓和牵引制动鼓的转轴转动。

3. 触指杆（静触头组）

触指杆即转换开关的静触头组，由一块环氧玻璃布板和若干组触指杆装配而成，如图10.8所示。

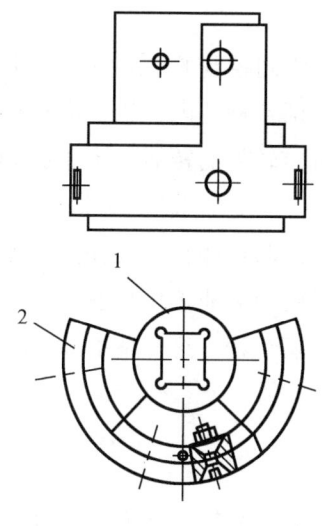

1—胶木座；2—触片。

图 10.7 触头（动触头）组装

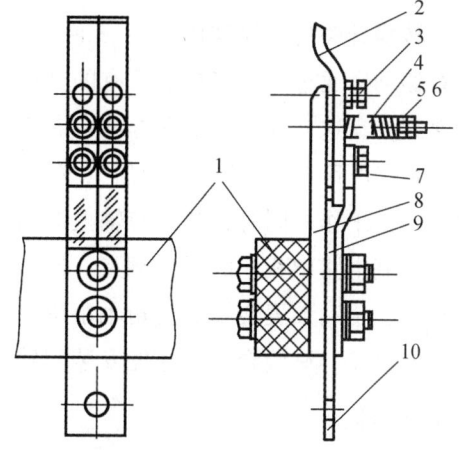

1—环氧玻璃布板；2—触指；3—调整螺栓；4—弹簧；
5—螺杆；6—螺母；7—螺栓；8—触指座；
9—软连接；10—接线板。

图 10.8 触指杆

触指杆（静触头组）有左右之分，安装于骨架的面板和底板的角钢上。每组静触头由两个触指并联工作，其上装有触指弹簧，借以获得一定的触头超程和终压力，保证与动触片间有良好的电接触。螺母用于调节转换开关的静触指与转鼓上动触片之间的接触压力，压力调整好后，用双螺母锁紧，使压力保持不变。调整螺栓用来调节触指的超程。接线板用于对外与主电路相连接。

4. 传动装置

两位置转换开关采用双活塞气缸传动装置传动，它由电空阀、传动气缸、转轴、转鼓等组成。传动气缸结构如图 10.9 所示。

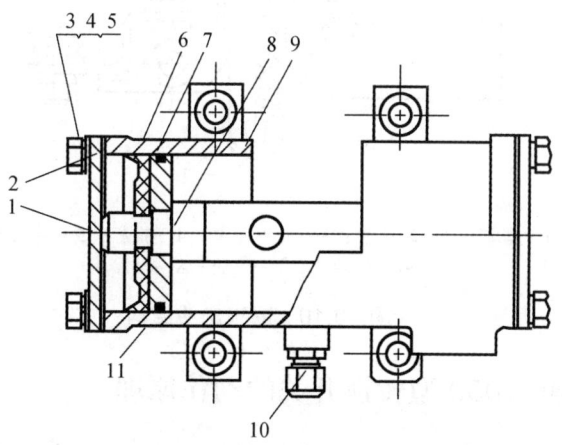

1—气缸盖；2—密封垫；3—螺栓；4—螺母；5—垫圈；6—皮碗；7—活塞；
8—活塞杆；9—气缸体；10—管接头；11—毛毡。

图 10.9 传动气缸结构

两位置转换开关传动原理用图 10.5 说明。由 TFK1B 型电空阀控制的压缩空气推动气缸内活塞左右移动，通过在活塞杆上开有的槽和孔，使销 9 插入活塞杆孔内，装于转轴上端的拨叉 8 卡住销 9，这样气缸中活塞杆的左右运动就转变为转轴、转鼓的转动，并带动动触片动作，使反向鼓得到"向前"和"向后"，牵引制动鼓得到"牵引"和"制动"两个工作位置。在开关完成转换工作的同时，装于转轴上的凸轮及装于底板上的联锁触头 13 也进行着转换，开断和闭合控制电路中相应的联锁触点，使转换开关不会自动转换为非工作状态。

双活塞气缸传动装置转轴的转角大小决定于传动气缸的活塞行程。这一系统必须进行气缸的气密性能试验，试验合格后才能安装到转换开关上去。

5. 联锁触头

联锁触头用于控制有关联锁电路，安装在转换开关的底板上（见图 10.5 右图）。TKH4A-970/1000 型转换开关采用 TKY1 型盒式联锁触头，如图 10.10 所示。它为单件滚轮推杆双断点桥式结构，由有机玻璃外壳、推杆 4、滚轮 7、反力弹簧 3 及封闭在外壳内的桥式触头组成，具有联锁灵活，防污性好，接触可靠等优点。通过透明的有机玻璃外壳，可以方便地观察触头的开闭情况。

联锁触头的开闭由凸轮控制。当凸轮的凸出部分推动滚轮时，推杆压缩反力弹簧，使触桥与静触头断开；反之，触头闭合。

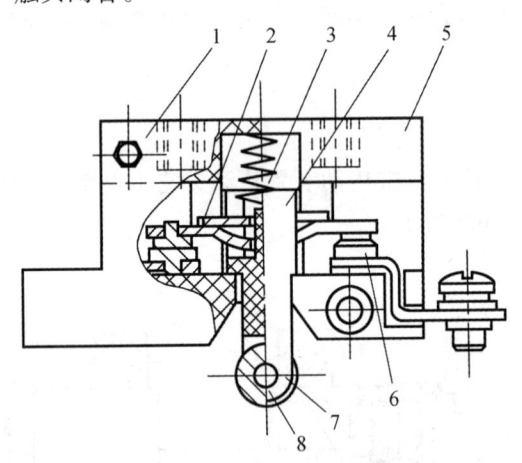

1—盖板；2—动触桥；3—反力弹簧；4—推杆；5—触头座；
6—静触头；7—滚轮；8—轴。

图 10.10 联锁触头结构

三、TKH4-840/1000 型转换开关的动作原理

转换开关借助电空阀控制压缩空气，带动转轴、动触片动作，利用动触片在不同的位置与静触指构成不同电路，改变机车主电路。

1. 换向原理

机车的正反向运行是通过改变牵引电动机励磁绕组中的电流方向来达到的,如图 10.11 所示。在向前位时,图(b)中的静触指 1 与 2、3 与 4 分别在动触片 A、B 上,即 1 与 2、3 与 4 分别沿触片 A、B 的垂直方向接通,图(a)中的常闭触头闭合,此时,牵引电动机电枢绕组与励磁绕组电流同向,机车向前运行。转轴带动动触片转动到向后位时,图(b)中的静触指 2 与 4、1 与 3 分别在动触片 A、B 上,即 2 与 4、1 与 3 分别沿动触片 A、B 的水平方向接通,图(a)中的常开触头闭合,常闭触头断开,这就在牵引电动机电枢绕组电流方向不变的情况下改变了牵引电动机励磁绕组中的电流方向,牵引电动机反转,机车向后运行。

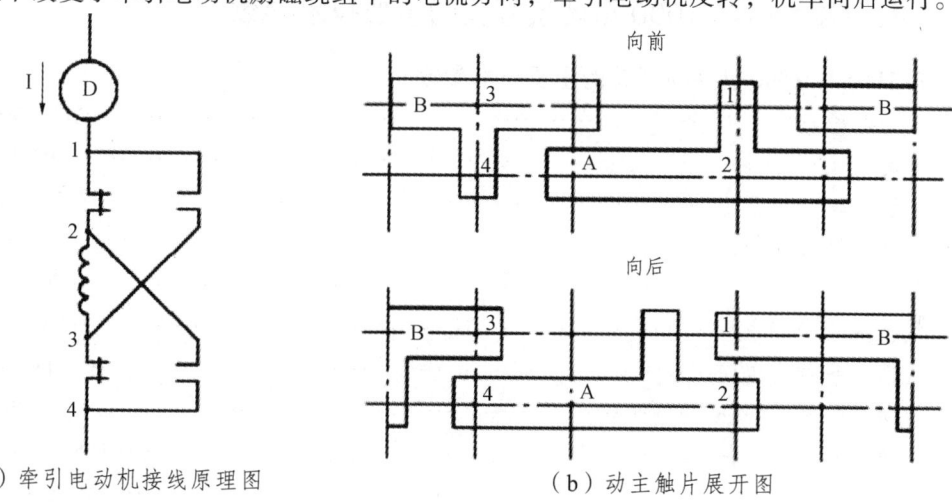

(a)牵引电动机接线原理图　　　　(b)动主触片展开图

1、2、3、4—静主触头；A、B—动主触片。

图 10.11　换向原理

2. 牵引制动转换原理

机车的牵引制动工况转换是通过改变牵引电动机励磁绕组接线方式来实现的,如图 10.12 所示。

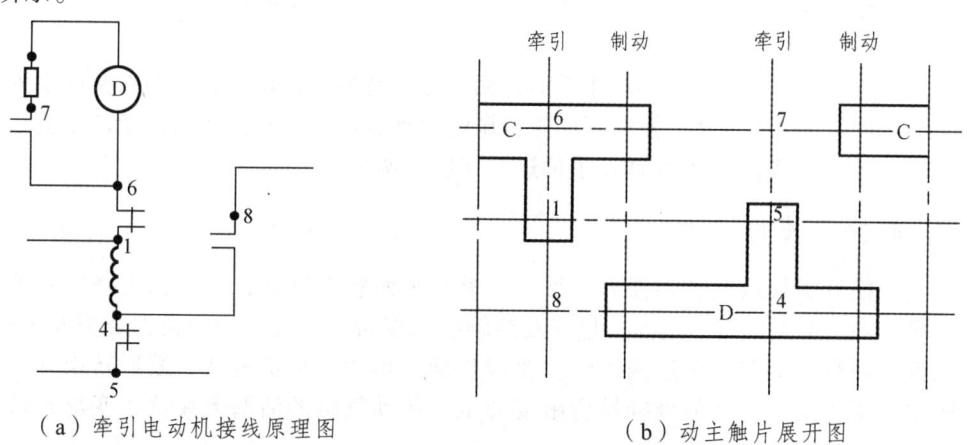

(a)牵引电动机接线原理图　　　　(b)动主触片展开图

1、4、5、6、7、8—静主触头；C、D—动主触片。

图 10.12　牵引制动转换原理

机车在牵引状态时，图（b）中的静触指 6 与 1、5 与 4 分别在动触片 C、D 上，即 6 与 1、5 与 4 分别沿动触片 C、D 的垂直方向接通，图（a）中的常闭触头闭合，此时，牵引电动机电枢绕组与励磁绕组串联，作电动机（串励）运行。转轴带动动触片转动到制动位时，图（b）中的静触指 6 与 7、8 与 4 分别在动触片 C、D 上，即 6 与 7、8 与 4 分别沿动触片 C、D 的水平方向接通，图（a）中的常开触头闭合，常闭触头断开，此时，牵引电动机电枢绕组与制动电阻串联，励磁绕组与其他牵引电动机的励磁绕组串联，构成独立的励磁回路，牵引电动机作发电机（他励）运行，机车由牵引工况转换为电阻制动工况。

四、TKH4-840/1000 型转换开关的主要技术参数

TKH4-840/1000 型转换开关的主要技术参数：

额定电压 ·· DC 1 000 V
额定电流 ·· DC 840 A
主触指单个终压力 ···································· 39 ~ 49 N
主触指接触线长度 ···································· ≥14 mm
主触指超程 ··· 2 ~ 3 mm
联锁触头额定电压 ···································· DC 110 V
联锁触头额定电流 ···································· DC 10 A
传动气缸额定风压 ···································· 490 kPa
传动气缸工作风压 ···································· 375 ~ 650 kPa
气缸活塞行程 ·· （44±1）mm

五、TKH4-840/1000 型转换开关的使用与维护

1. 转换开关的使用

TKH4 型转换开关接在主电路中，自身不带灭弧装置，所以只能在机车无电状态下进行转换，否则会造成转换开关的严重烧损、牵引电机环火，严重时还会烧损牵引电动机，擦伤机车轮缘。

因此，换向操作时，应先将调速手柄拉回零位，待机车停稳后，再操作换向手柄，进行"前""后"转换；牵引制动转换时，应先将调速手柄拉回零位，其次操作换向手柄进行"牵引""制动"转换，然后再操作调速手柄进行速度的调节。

2. 转换开关的维护

（1）转换开关转鼓及转轴保养、维护。触头表面状态良好；清除触头烧痕；动静触头接触位置正确；触头厚度、压力、超程及接触线长度符合规定。绝缘板无烧损及过热变质；编织线折损面积不得超过原形的 10%。接线正确、牢固、标记清洗、鼓形转换开关的动触片及胶木座不得松动，转鼓外径符合限度规定。传动气缸的活塞无裂纹、变形及拉伤，皮碗无裂损、老化及永久变形。

（2）辅助联锁保养、维护要求。联锁触头无烧痕、无松动，接触良好，超程符合规定。安装板及绝缘件无裂损，联锁推杆动作灵活。

3. 转换开关维护注意事项

（1）在转换开关组装试验完成后，转鼓上必须涂适量工业凡士林，以保护触片不受氧化和腐蚀。

（2）转换开关若起了电弧痕，可以用细砂纸将触片和触指打磨平后继续使用。

（3）定期检查触片的压力，压力不足时可调节触指杆上的螺母，以保证转换开关的导流能力。

（4）气缸在定修时，清洗完后，应换上新的润滑脂。

（5）转换开关维修重新装配后的试验应符合例行试验要求，应检查主触头触片厚度不小于 5 mm，主触头接触长度不小于 10 mm。

六、两位置转换开关的检修

位置转换开关检修分为辅修、小修、中修。辅修为一般性检查，清扫；小修、中修按下面程序进行。

1. 检修用材料

检修常用材料包括：汽油、棉布、砂布、凡士林、轴承润滑油脂、白铅油、机油。

2. 检修用设备与工具

检修用设备与工具包括：毛刷、兆欧表、测力计、紫铜棒、可调直流电源、压缩空气装置、塞尺、电器钳工常用工具、接触电阻测试仪。

3. 检修过程

（1）解体前检查。

① 整体试验。在 0.4 MPa 风压下，检查转鼓动作情况。在 0.6 MPa 风压下，检查风管接头、风缸、电空阀密封情况。

② 检查转轴旷动量。检查底座与盖板上的尼龙轴套与转轴的旷动量不大于 1 mm。否则应更新尼龙轴套。

③ 检查主触头。检查牵制鼓在牵引位，反向鼓在向前位时，触指与触片的相对位置。

④ 检查风缸行程。按动电空阀，检查风缸活塞往返移动的距离。

（2）解体。

① 拆除连接母线、电空阀、盖板及底座上的连接板的各固定螺栓，使牵制鼓部分与反向鼓部分各自独立。将电空阀按相关工艺检修。

② 拆除固定螺栓，取下联锁盒及传动风缸。松开拨叉螺钉，拆卸时不得损伤螺纹。用紫铜棒敲出圆锥销，拔出夹叉。

③ 松开触指件下安装螺栓，取出触指件。拆下转鼓。

④ 检查盖板与底座上尼龙套与转轴配合，其旷动量不大于 1 mm，过大时应更新尼龙轴套。拆除 4 根支柱下端螺母，将盖板与支柱一起取下，再拆除 4 根支柱、尼龙轴套，然后拆下转鼓。

（3）检查修理和部件组装。

① 传动气缸的检修。用 14 mm 开口扳手拧下气缸盖螺栓，取下两端气缸盖，更新密封垫。清洗气缸，冲出一端活塞，取下皮碗，从另一端将活塞一同取出，用汽油清洗，清洁度符合要求。皮碗、毡圈更新。拆除风管接头，检查螺纹应完好。检查气缸，缸壁不许有拉伤，活塞杆、圆柱销不许有裂损。

组装时，气缸内壁涂适量轴承润滑脂。气缸盖密封圈和风管接头密封圈两面涂白铅油。活塞毛毡圈装上后，用机油湿润。

调整气缸行程，用调整密封圈厚度来调整气缸行程为：(44 ± 0.8) mm。

试验，装上电空阀，在 0.65 MPa 风压下试验，要求活塞动作灵活，不许有卡滞现象，管路不得泄漏。

② 触指组件的检修。用汽油、毛刷清洗触指组件，清洁度符合有关规定。检查软连线，其折损截面不大于原形的 1/10，否则应更新。检查弹簧，不许有变形、疲劳、裂损，否则应更新。检查触头弹簧螺杆及止钉，不许有开焊，止钉铆接牢固，不许有松动。锉修打磨触指烧痕，更换烧损严重及到限的触指。触指厚度要求不小于 6 mm，接触良好。每组两触指位置应与安装板垂直，相互间不应有卡滞与不平行现象。

③ 转鼓的检修与组装。取下手柄后用汽油清洗，清洁度符合要求。外观检查挡圈、圆柱销、胶木座、辅助凸轮、玻璃布板、垫圈等，不许有弯曲、裂损，与挡圈配合良好。触片检修。锉修打触片烧痕，更换烧损严重及到限的触指。触片厚度要求不小于 5 mm，触片接触面应光洁。检查沉头螺钉埋入触片量不小于 1 mm。用钢片塞紧胶木座与转轴之间的间隙，要求各胶木座与转轴间不得松动。

解体后的转鼓组装方法：辅助凸轮、触片组件、手柄座的"0"位标记应在一个方向，并均应向上或在上方。转鼓的组装，轴向尺寸应符合图纸要求，组装后锪削外圆并倒角，转鼓外径不小于 ϕ113 mm（中修限度）。允许用电工钢纸板或青壳纸调整轴向尺寸。检查外圈跳动量，表面跳动量不大于 0.5 mm。

④ 盖板检修。用汽油清洗盖板底座及支柱。根据解体前的检查，更新磨耗过量的尼龙轴套，检查支柱绝缘套管，不许有裂损、烧痕。

⑤ 低压控制部分的检修。用汽油清洗各部。打磨触点烧痕，触点表面应光洁。更换烧损严重的触点。检查安装板、推杆滑块，不许有裂纹、损伤。

测量辅助联锁超程应为 1~2 mm。检查联锁动作应灵活不许有卡滞及与外罩不得相碰。

⑥ 总组装。按解体相反顺序组装，组装时注意。

转鼓轴与轴套配合处涂适量润滑油。保证转鼓转动灵活，不许有阻滞现象。保持触指与触片相对高度一致。给主触头接触面涂凡士林。板后接线按图纸要求进行。主轴转动位置正确（可通过调整风缸行程达到）。

（4）检查试验。

① 检查并调整触头触指用测力计（弹簧秤）测量并调整单个主触头压力应为 39~49 N。用塞尺检查并调整主触头触指超程，应为 2~3 mm。检查并调整主触头接线长度，单个主触头接触线长度应不小于 14 mm。必要时进行单个主触头接触电阻测量应不大于 200 μΩ（参考值）。

② 动作性能试验。在 77~137 V 电压、368~637 kPa 风压下进行动作性能试验，检查转鼓应转动灵活，不许有卡滞；主轴转动位置正确。

③ 泄漏试验。在 0.6 MPa 风压下，检查风缸、电空阀、风管路均不得有泄漏。

④ 绝缘电阻测定。用 2 500 V 兆欧表测量各导体间及对地绝缘电阻值应不小于 6 MΩ。

⑤ 工频耐受电压试验。主电路不同极间及对地能承受 4 500 V、1 min 的耐电压试验，以及控制回路各极间对地能承受 1 500 V、1 min 的耐电压试验，而绝缘不许有击穿或闪络现象。

（5）位置转换开关限度表（见表 10.3）。

表 10.3 位置转换开关限度表

序号	名 称	原 形	中修限度	禁 用
1	主触指厚度/mm	7.1	≥6	≤4
2	主触片厚度/mm	6	≥5	≤4
3	转鼓外径/mm	116±0.5	≥113	
4	主触头压力（单个）/N	39～49	39～49	
5	主触头触指超程/mm	2～3	2～3	
6	辅助联锁超程/mm	2～3	2～3	
7	触头单个接触线长/mm	14	≥5	
8	触头接触电阻/μΩ		≤200	

小 结

电空接触器和两位置转换开关主要用在韶山系列电力机车的主电路中。电空接触器主要用于控制磁场削弱电阻以及机车主电路的有关励磁回路和牵引电机回路。两位置转换开关主要用于改变机车的运行方向以及实现机车牵引、制动工况的转换。通过本项目内容的学习：

（1）掌握电空接触器的型号、作用。

（2）理解电空接触器的结构特点及其工作原理。

（3）了解两位置转换开关的作用及基本结构。

（4）能看懂两位置转换开关的转鼓展开图。

（5）熟悉电空接触器和两位置转换开关的维护方法及检修工艺。

思考练习题

一、填空题

1. TCK1 型电空接触器的结构主要由_____和_____两部分组成。

2. TCK7-600/1500 型电空接触器的功能是_____。

3. 两位置转换开关有_____和_____两个转换鼓。

4. 在转换开关组装试验完成后，转鼓上必须涂适量_____，以保护触片不受氧化和腐蚀。

5. 电力机车的每台转换开关控制_____台牵引电机。

6. 转换开关的换向鼓有_____和_____两个工作位；牵引制动鼓有_____和_____两个工作位。

7. 转换开关采用_____装置传动。

二、选择题

1. TCK1-400/1500 型电空接触器的主触头额定电流为（　　）。
   A. 400 A　　　　　B. 1 500 A　　　　C. 110 A

2. TCK7-600/1500 型电空接触器的开断电压是（　　）。
   A. 600 A　　　　　B. 1 500 A　　　　C. 110 A

3. TCK1-400/1500 型电空接触器的联锁触头采用通用件，为一（　　）。
   A. 常开触点　　　B. 常闭触点　　　C. 行程开关

4. 机车的正反向运行是通过改变牵引电机（　　）的方向来达到的。
   A. 励磁电流　　　B. 电枢电流　　　C. 励磁和电枢电流

5. 调整螺栓用来调节触指的（　　）。
   A. 接触压力　　　B. 开距　　　　　C. 超程

6. 转换开关每组有（　　）个触指。
   A. 单　　　　　　B. 两　　　　　　C. 三

三、判断题

1. TCK1-400/1500 型电空接触器的作用是控制主电路。（　　）
2. TCK1-400/1500 型电空接触器的主触头为直动桥式双断点，触头表面成 120° 夹角。（　　）
3. TCK7-600/1500 型电空接触器的作用主要是控制机车主电路的有关励磁电流回路和牵引电机回路。（　　）
4. 转换开关允许带电转换。（　　）
5. 转换开关动作是靠气缸内的活塞推动的。（　　）
6. 转换开关主触头间的接触压力是通过压缩空气的压力来调整的。（　　）
7. 转换开关动触片间隔套装有长短不同的绝缘垫圈。（　　）

四、简答题

1. 简述电空接触器的工作原理。
2. 简述 TCK1-400/1500 型电空接触器的动作原理。
3. 简述 TCK7-600/1500 型电空接触器的组成及功能。
4. 简述两位置转换开关的作用和结构组成。
5. 简述两位置转换开关的换向原理。

项目十一　其他高压电器

互感器用于将高电压、大电流变换成低电压、小电流，再供给测量仪表及继电器线圈使用。

高压连接器用于两节机车连挂时，自动连接两节机车车顶的高压电路。

支持绝缘子用于支撑和固定载流导体及通电设备，实现其与车体的电气绝缘。

避雷器用于机车一次侧高压回路，使之免受大气过电压和操作过电压的损害。

本项目我们将学习互感器、高压连接器、支持绝缘子和避雷器的作用、主要型号、结构、动作原理等知识。通过本项目的学习，应达到以下学习目标：

知识目标

（1）掌握电力机车中互感器、高压连接器、支持绝缘子和避雷器的主要型号及作用（以 SS_{4G} 型电力机车和 HXD_3 型电力机车为例）；

（2）掌握互感器、高压连接器、支持绝缘子和避雷器的结构及工作原理；

（3）了解互感器、高压连接器、支持绝缘子和避雷器的技术参数，在电力机车上的使用情况及注意事项。

能力目标

（1）具备仪表测量的能力；

（2）具备互感器、高压连接器、支持绝缘子和避雷器常见故障判断的能力；

（3）具备互感器、高压连接器、支持绝缘子和避雷器维护与检修的能力。

素养目标

（1）了解专业发展方向，树立职业理想；

（2）诚实守信、爱岗敬业，具备高尚的社会公德和职业道德；

（3）养成求真务实和精益求精的工作态度和职业素养。

任务一　认知互感器

知识导入

自 19 世纪 80 年代变压器问世以来，历经更迭，电磁式变压器类输变电设备得到了充分发展。互感器作为电力系统中主要的保护和监控设备之一，以干式、油浸式和气体绝缘式等多种结构适应了电力建设的发展需求。然而，随着电力传输容量的不断增长和电网电压的提高，对电压、电流的测量要求也在不断提高。

知识储备

认知互感器

一、概述

在电力系统中，高电压和大电流是不能直接测量的，一般只能借助于类似变压器的电压互感器或电流互感器，把高电压、大电流变换成低电压、小电流，再供给测量仪表及继电器线圈使用。这样，就可以使测量仪表与高压电路绝缘，保证工作人员的人身安全，扩大仪表量程。

互感器和变压器原理几乎完全一样，如图11.1所示。电流互感器匝数少的一次绕组与待测电路串联，匝数多的二次绕组与电流表相连。当铁芯未饱和时，互感器的电流比和电压比可以用式（11.1）和式（11.2）来计算：

$$K_I = \frac{I_1}{I_2} \approx \frac{W_2}{W_1} \quad (\text{一般电流互感器的} I_2 = 5\text{ A}) \tag{11.1}$$

$$K_U = \frac{U_1}{U_2} \approx \frac{W_1}{W_2} \quad (\text{一般电压互感器的} U_2 = 100\text{ V}) \tag{11.2}$$

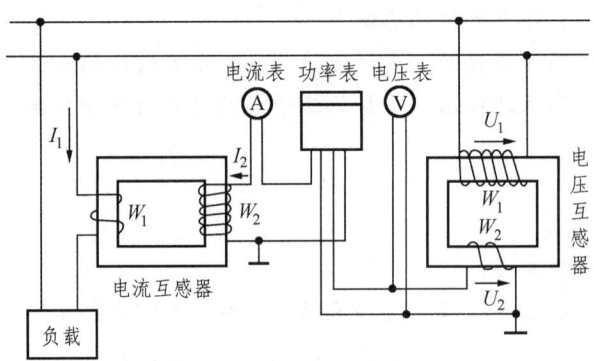

图 11.1 互感器作用原理示意图

由此可见，我们只需要一只放大 K_I 或 K_U 倍值刻度的电流表或电压表同一个专用的电流互感器或电压互感器配套使用，即可直接读出大电流或高电压值，即

$$I_1 = K_I I_2 \tag{11.3}$$

$$U_1 = K_U U_2 \tag{11.4}$$

互感器虽与变压器相似，但从两者的用途来看，变压器除了用来变压和有时变相外，主要用于传输电能，而互感器则是把一次侧电路的电压、电流准确地反映给二次侧电路。所以，电力机车上的互感器在结构和要求上都与电力变压器有所区别。其主要特点如下：

（1）电流互感器的一次侧绕组同主电路串联，通过一次侧的电流就是主电路的负载电流 I_1，与二次侧电流 I_2 无关；而电力变压器的一次侧电流却是随二次侧电流的改变而改变的。

（2）由于串接在电流互感器二次侧的测量仪表或继电器电流线圈的阻抗都很小，所以，电流互感器的正常工作状态接近于短路状态，这也与电力变压器不同。

电流互感器一次侧额定电流 I_{1e} 与二次侧额定电流 I_{2e}（一般均为 5 A）之比称为互感器的额定电流比，即

$$K_e = \frac{I_{1e}}{I_{2e}} \approx \frac{W_2}{W_1} \quad (11.5)$$

式中　K_e——额定电流比，注明在铭牌上；

　　　W_1、W_2——一、二次绕组匝数。

电流互感器在运行中由于励磁和铁芯损耗，需要很小一部分励磁电流，因而实测的一次侧、二次侧电流比 K 就不能在各种负载下都等于额定电流比 K_e。如果实测的二次侧电流为 I_2，一次侧电流仍用 $K_e I_2$ 来计算，则计算结果与实际的一次侧电流 I_1 间就会存在误差，这个误差通常用百分比表示为

$$f_i = \frac{K_e I_2 - I_1}{I_1} \times 100\% = \frac{K_e - K}{K} \times 100\% \quad (11.6)$$

式中　$K = \dfrac{I_1}{I_2}$——实际电流比；

　　　f_i——比差。

除了比差外，励磁电流还会引起一次侧、二次侧电流的角差。角差是指实测的一次侧电流相量与反转 180° 后的二次侧电流相量间的夹角，用"分"来表示。

作为测量用的电流互感器，其比差和角差直接影响到测量结果的正确程度，因此，比差和角差是这种互感器的最主要特性。比差和角差不但随一次侧电流的变化而略有改变，而且还随二次侧电路的负载阻抗 Z_2 的增大而增加。因此，同一电流互感器可能以几种不同的准确度级工作。为了限制误差范围，对每一个电流互感器都规定了一个额定的负载，并标注在铭牌上。所谓额定负载是指电流互感器误差不超过某一范围的二次侧最大负载，以"Ω"表示。

用于短路保护的电流互感器，由于短路时一次绕组中流过的电流大大超过额定电流，致使磁路饱和，误差大大增加。所以，这种用途的互感器的主要特性是饱和倍数，而不是角差。所谓饱和倍数，就是当一次侧电流超过额定值并继续增加到使比差恰等于负的 10% 的一次侧电流同额定电流之比，用额定一次侧电流的倍数来表示。

如果由于某种原因，电流互感器的二次侧未接入仪表或继电器，必须将互感器二次绕组短接，也就是说，电流互感器在使用时，其二次侧只能短路而不能开路。因为在正常运行时，电流互感器的励磁安匝仅为一次侧安匝的很小部分，其绝大部分用于与二次侧的安匝平衡。如果二次侧开路，则抵消一次侧线圈的安匝 $I_2 W_2$ 为零，此时，一次侧安匝全部用于激磁，使磁通增加，便会造成以下后果：

（1）铁芯因强烈磁化而产生剩磁，增加测量误差。

（2）二次绕组出现很高的尖峰电压，危及工作人员的安全和测量仪表的绝缘。

（3）使铁芯的铁耗猛增而过热，甚至烧坏互感器。

为保证工作人员安全，还必须将电流互感器的外壳和二次绕组的一端可靠接地，以防一、

二次绕组间绝缘一旦损坏,一次侧的高压窜入低压的二次侧,引起触电和仪表损坏。

电流互感器有以下几种分类方式:

(1) 按一次绕组所用电流种类分,有交流电流互感器和直流电流互感器。

(2) 按一次绕组电压等级分,有高压电流互感器和低压电流互感器。

(3) 按用途分,有保护级电流互感器和测量级电流互感器。

二、SS$_{4G}$型电力机车用互感器

SS$_{4G}$型电力机车上互感器的使用情况如表 11.1 所示,现分别介绍如下:

表 11.1 互感器在 SS$_{4G}$型电力机车上的使用情况

序号	电路代号	名 称	型 号	规 格	数量
1	6TV	高压电压互感器	TBY1-25	25 000 V/100 V	1
2	7TA	高压电流互感器	TBL1-25	200 A/5 A	1
3	9TA	低压电流互感器	LQG-0.5	300 A/5 A	1
4	100TV	PFC 用电压互感器		100 V/10 V	1
5	109TV	PFC 主变压器一次侧电流测量用电压互感器	LMZJ-0.5（Y）	300 A/2 V	1
6	118TA、128TA 158TA、168TA	PFC 过流保护用电压互感器	LMZJ-0.5（Y）	800 A/2 V	4
7	176TA、177TA 186TA、187TA	主变压器二次侧短路保护用电流互感器	LMZJ-0.5（Y）	3 000 A/10 V	4

1. TBL1-25 型高压电流互感器

1) 作 用

TBL1-25 型高压电流互感器与 JL14-20J 型交流电流继电器配合,用作机车主电路一次侧短路保护。它是一种穿墙式电流互感器,位于机车车顶,处于主变压器一次绕组的进线端。其原绕组(一次线圈)与主变压器一次绕组串联,将车外高压电引入车内,副绕组(二次线圈)接 JL14-20J 型交流继电器线圈。TBL1-25 型高压电流互感器属保护级电流互感器,要求它具有良好的过电流工作特性和较大的饱和倍数。

2) 型号及含义

TBL1-25 型高压电流互感器型号含义为:T——铁路机车用;B——"变"压器类;L——电"流"互感器;1——设计序号;25——一次绕组额定电压(单位:kV)。

3) 结 构

TBL1-25 型高压电流互感器的结构如图 11.2 所示。它的一次线圈就是穿过瓷套管 1 的导

电杆 7（单匝），用 ϕ16 mm 铜棒制成；导电杆 7 的两端有螺纹，可装螺母，用来连接载流导线；其户外端接主断路器，户内端接主变压器原边绕组，将高压电从车顶外引入车内。二次线圈有 40 匝，用 ϕ2.1 mm 双玻璃丝包圆铜线均匀地绕在环形铁芯 5 的圆周上。铁芯 5 用 0.35 mm 厚的 QD151-35 冷轧钢片卷绕而成。二次线圈和铁芯同装在由两个铝制半法兰 3 拼成的法兰盘中。两个半法兰是接地的，它们用螺栓连成一体，下部再用薄钢板制成的护罩 6 盖紧，使二次线圈在高电场下得到屏蔽。二次线圈与法兰盘、护罩间用绝缘纸圈来绝缘。在法兰盘内径与穿墙套管 1 的中部浇注了环氧树脂 2，使成一体，然后再在瓷套浇注部位的外侧用铜丝加绕了一个短路匝，短路匝的两端固定在半法兰上，用以保证瓷瓶的浇注部分接地良好。最后，整个互感器通过法兰盘固定在主变压器上方的机车顶盖上。

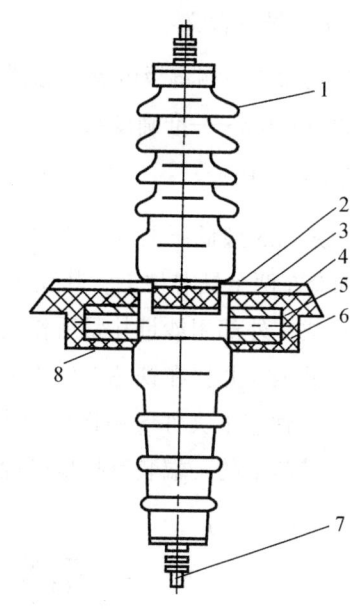

1—瓷套；2—环氧树脂；3—半法兰；4—二次线圈；5—环形铁芯；6—护罩；7—导电杆（一次线圈，单匝）；8—接线座。

图 11.2　TBL1-25 型高压电流互感器

4）主要技术参数

TBL1-25 型高压电流互感器的主要技术参数：

额定电流比 ··· 200/5
额定电压 ··· 25 000 V
额定负载（$\cos\varphi=0.8$） ······························· 1.6 Ω
准确级次 ············10 级（即一次侧电流为额定值的 50%～120%，比差为 ±10%）
饱和倍数 ··· 6
瓷套管型号 ··· CWB-35/400
冷却方式 ··· 空气自冷
质量 ··· 约 95 kg

2．LQG-0.5 型低压电流互感器

1）作　用

LQG-0.5 型低压电流互感器与电度表配合，用于测量机车所消耗的电量。它的一次线圈与主变压器原边绕组的接地端 X 端子串联后接地，即该互感器一次侧流过的电流为网侧绕组的电流；副二次绕组接电度表。

2）型号及含义

LQG-0.5 是测量级电流互感器，其型号含义为：L——电流互感器；Q——线圈式；G——改进设计；0.5——准确度级。

3）结 构

LQG-0.5 型低压电流互感器的结构如图 11.3 所示。铁芯 4 由条形硅钢片叠成。二次线圈 2 分别套在两个铁芯柱上，其线头接于胶木接线座上，出线端标记为 K_1、K_2。一次线圈 1 由铜带绕成，外部用纱带扎紧后作浸漆处理，它布置在一个铁芯柱的二次线圈以外，在其外侧有几片硅钢片并接在铁芯上作为磁分路 6，用以防止磁路饱和，补偿误差，其首末端标号为 L_1、L_2。铁芯下夹件 5 用钢板冲成，并作为安装底座，其上备有安装孔。上夹件中有一根稍长，在其凸出的一端装有接地螺栓 3，另一夹件上装有接线座。

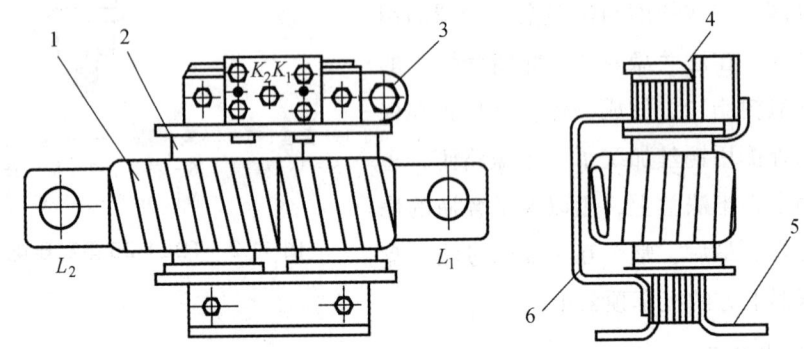

1——次线圈；2——二次线圈；3——接地螺栓；4——铁芯；5——铁芯下夹件；6——磁分路。

图 11.3 LQG-0.5 型低压电流互感器结构

4）主要技术参数

LQG-0.5 型低压电流互感器的主要技术参数：

额定电流比 ·· 300/5

额定负载（$\cos\varphi=0.8$）································ 0.4 Ω

准确级次 ·· 0.5

原边电流为额定电流的 100%～200% 时：

比差 ·· ±0.5%

角差 ·· ±40′

质量 ·· 约 1.7 kg

3. LMZJ 系列电流互感器

SS_{4G} 型电力机车中使用的 LMZJ-0.5（Y）型电流互感器作为 PFC 装置的测量及保护元件和主变压器次边短路保护元件。它是在 LMZJ-0.5 型电流互感器的基础上加以改进而派生的，主要是将互感器的二次侧电流信号改为电压信号输出。技术参数如表 11.2 所示。

表 11.2　LMZJ 系列电流互感器主要技术参数

型　号	LMZJ-0.5	LMZJ-0.5（Y）		
规　格	3 000 A/1 A	3 000 A/10 V	800 A/2 V	300 A/2 V
一次侧额定电流/A	3 000	3 000	800	300
二次侧额定电压/V		10	2	2
准确级次	0.5	0.5	0.5	0.5
额定二次负荷	10 Ω	10 V·A	10 V·A	10 V·A
饱和倍数	6	6	6	6

4．TBY1-25/100 型高压电压互感器

1）作　用

TBY1-25/100 型互感器是一种电力机车专用的高压电压互感器，在第三代以后的韶山系列机车上安装，用于监测电力机车行驶过程中接触网电压，安装于车顶部，为户外式产品。由线圈和铁芯组成互感器的器身，线圈和铁芯套装后经干燥处理，吊入油箱内，其主要部件包括：绕组、铁芯、油箱、瓷套、出线装置等，在设计上充分考虑了耐振性，保养、检修简单，能够常年发挥稳定的性能。

2）型号及含义

TBY1-25/100 型高压电压互感器型号含义：T——铁路机车用；B——"变"压器类；Y——电"压"互感器；1——设计序号；25——一次绕组额定电压（单位：kV）；100——输出电压。

3）结　构

TBY1-25/100 型互感器的整体结构如图 11.4 所示。其一次绕组连接在车顶 25 kV 高压线路上，X 端子接地（轨道电路），二次绕组外部接有测量仪表、保护继电器等设备，为低压部分。电压互感器的一、二次绕组之间有足够的绝缘，从而保证所有低压回路与车顶高压线路的高电压相隔离。

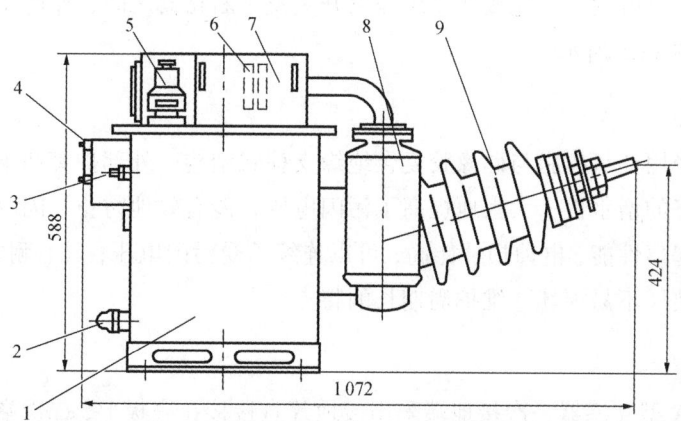

1—油箱；2—接地螺栓；3—油样活门；4—观察窗；5—二次侧套管；6—一次侧低压端套管；7—铭牌；8—压力释放阀；9—箱盖；10—油位表；11—吊钩；12—呼吸管；13—25 kV 套管。

图 11.4　TBY1-25/100 型高压电压互感器结构

4）主要技术参数

TBY1-25/100 型电压互感器的主要技术参数：

额定一次电压 ··· 25 kV
额定二次电压 ··· 100 V
额定电压比 ··· 250
准确级次 ··· 0.5 级
额定输出（$\cos\varphi = 0.8$）······································· 20 V·A
误差极限：比值差 ··· ±0.5%
角差 ··· ±20′
相数 ··· 单相
频率 ··· 50 Hz
冷却方式 ··· 油浸自冷
绝缘等级 ··· A 级
功率因数 ··· 0.8（滞后）
质量 ··· 145 kg

三、HXD_3 型电力机车用互感器

HXD_3 型电力机车上使用的互感器主要有 JDZXW2-25A 型电压互感器和 LMZBK-25 型电流互感器。

1．JDZXW2-25A 型电压互感器

1）作　用

JDZXW2-25A 型互感器为全封闭式电压互感器，适用于户外交流 50～60 Hz，额定电压为 25 kV 的电力机车电网中，连接在高压隔离开关及主断路器之间，作电压测量和继电保护使用。其外形如图 11.5 所示。

2）结　构

该型互感器采用环氧树脂与硅橡胶复合绝缘支柱式结构，外部护套和伞裙采用高温硅橡胶材料，具有良好的憎水性，大大地提高了污闪电压，能有效地防止污闪故障的发生；具有抗老化和耐漏电起痕性能，电蚀损性能高，可以连续承受污闪电压；具有耐机械冲击能力强、质量轻、便于安装、不易损坏、维护周期长的特点。

3）接线方式

JDZXW2-25A 型互感器一次接地端采用接地片直接接在底板上，二次端采用聚碳酸酯防护盖板，便于观察接线情况及检修工作。接线连接图如图 11.6 所示。

图 11.5 JDZXW2-25A 型电压互感器外形图

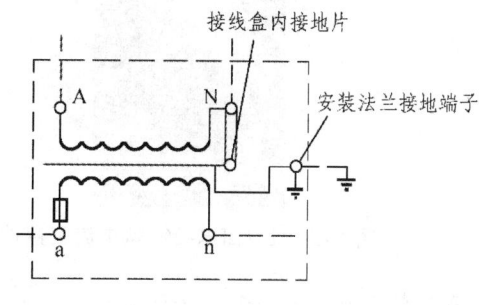
图 11.6 接线原理图

4）主要技术参数

JDZXW2-25A 型电压互感器的主要技术参数：

额定电压 ··· 25 kV
额定电压比 ··· 25 000/100 V
相数 ·· 单相
额定频率 ··· 50 Hz
准确级次 ··· 1 级
额定输出（$\cos\varphi=0.8$ 滞后）······································ 30 V·A
极限输出 ··· 400 V·A
额定电压因数 ·· 1.5（30 s）
功率因数 ·· $\cos\varphi=0.8$（滞后）
爬距 ··· 1 100 mm
质量 ··· 59 kg

2. LMZBK-25 型电流互感器

1）作用及结构

LMZBK-25 型互感器为电力机车电网专用电流互感器，采用复合绝缘穿心对接式结构，适用于交流 50 Hz 或 60 Hz，额定电压为 25 kV 的电力机车内作计量或继电保护使用。其外形如图 11.7 所示。

2）接线方式

接线原理图如图 11.8 所示。

3）主要技术参数

LMZBK-25 型电流互感器的主要技术参数：

型号 ··· LMZBK-25
额定电压 ··· 25 kV
额定二次电流 ·· 5 A
相数 ·· 单相

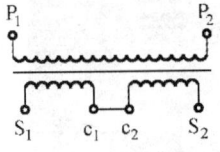

图 11.7　LMZBK-25 型电流互感器　　　图 11.8　接线原理图

额定频率 ·· 50 Hz
准确级次 ·· 3 级
额定输出（$\cos\varphi=0.8$ 滞后）······································ 25 V·A
功率因数 ·· $\cos\varphi=0.8$（滞后）
质量 ·· 35 kg

任务二　认知高压连接器

知识导入

在机车重联运行过程中，高压连接器承担着连接两节或多节机车的高压电路，从而实现电能的传输和分配。它不但要具备优异的导电性能、稳定的机械连接以及良好的防护性能，还要具备耐振动、耐冲击、耐高温、耐腐蚀等通过本任务的实施，让我们一起来了解这个多面手。

知识储备

认知高压连接器

一、概　述

高压连接器的主要功能是在两节机车进行连挂时，自动连接两节机车车顶的 25 kV 高压电路。它安装在每节车尾部的车顶上，依靠机车连接车钩的力量，与车钩同时对接，分离时也随机车的车钩脱开而自动分离。SS$_{4G}$ 型机车采用的是 TLG1-400/25 型高压连接器，外形如图 11.9 所示。

图 11.9　TSG1-400/25 型高压连接器外形图

二、基本结构

单台 TLG1-400/25 型高压连接器的结构如图 11.10 所示，主要由机械传动机构和电气连接机构两部分组成。

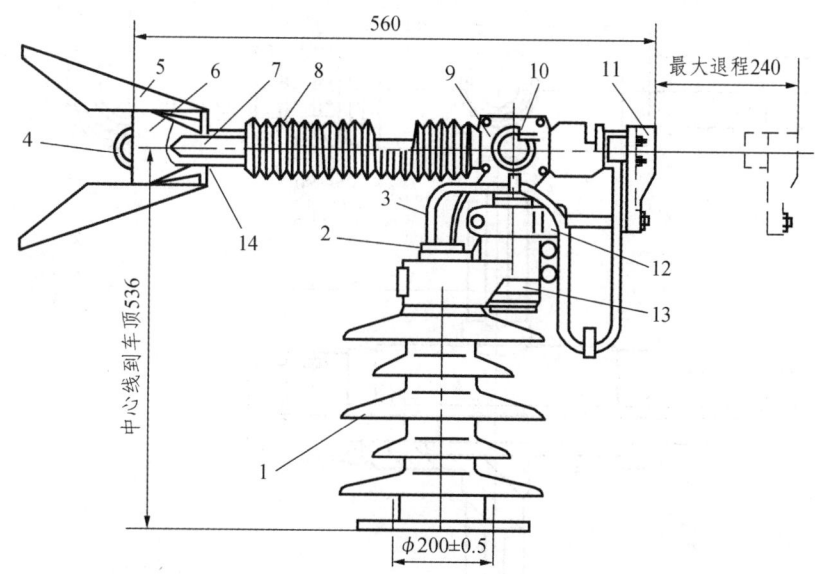

1—支持绝缘子；2—导电极；3—软连接线；4—半环；5—导向羊角件；6—喇叭形头部；7—导电杆；
8—橡胶波纹管；9—挡板；10—十字轴支承；11—止动器；12—球面止挡；
13—支承缸体；14—伸张弹簧。

图 11.10　TLG1-400/25 型高压连接器结构

1. 机械传动机构

高压连接器的机械传动机构由伸张弹簧、橡胶波纹管、十字轴支承装置、止动器、球面止挡、支承缸体及支持绝缘子等组成。支持绝缘子将连接器的主体固定在车顶，并与车顶电气隔离。支承缸体安装在支持绝缘子上，由缸体定位销定位。

伸张弹簧安装在橡胶波纹管内。当连接器头部不受压缩力时，连接器处于最大伸张状态，为对接做好准备；对接时，两台连接器相互压缩，当压缩到一定量时，连接器头部的半环与叉形连接机构动作，相互扣紧，连接过程完成。当两台连接器之间的距离随机车变化时，两台连接器的伸张弹簧保证其头部的电气连接机构一直处于扣紧状态，导电半环与叉形件的接触压力保持不变，因而具有优良的导电性能。TLG1 型高压连接器允许的运动距离是 160 mm。

十字轴支承体包括十字接头安装和十字轴支承装置。十字接头安装由十字接头和轴套组成，如图 11.11 所示。十字接头通过 3 个沉头螺钉与轴套固定连接。轴套由黄铜管加工而成，开有一长方形键槽孔。

十字轴支承装置如图 11.12 所示。在单节机车运行时，单台连接器处于自由状态，其连接电杆伸出机车端墙，处于悬臂状。为了保证在此状态下运行的稳定性，设有十字轴支承装置和止动杆。十字轴支承装置用于使处于自由状态的单台连接器处于平衡状态，止动器用于保证伸张弹簧有一定的初始压力。止动器下部的止动杆与球面止挡形成一对自复位机构，当连接器头部作上下左右摆动时，自复位机构能使连接器回到中心位置，保持在车顶的稳定位置。

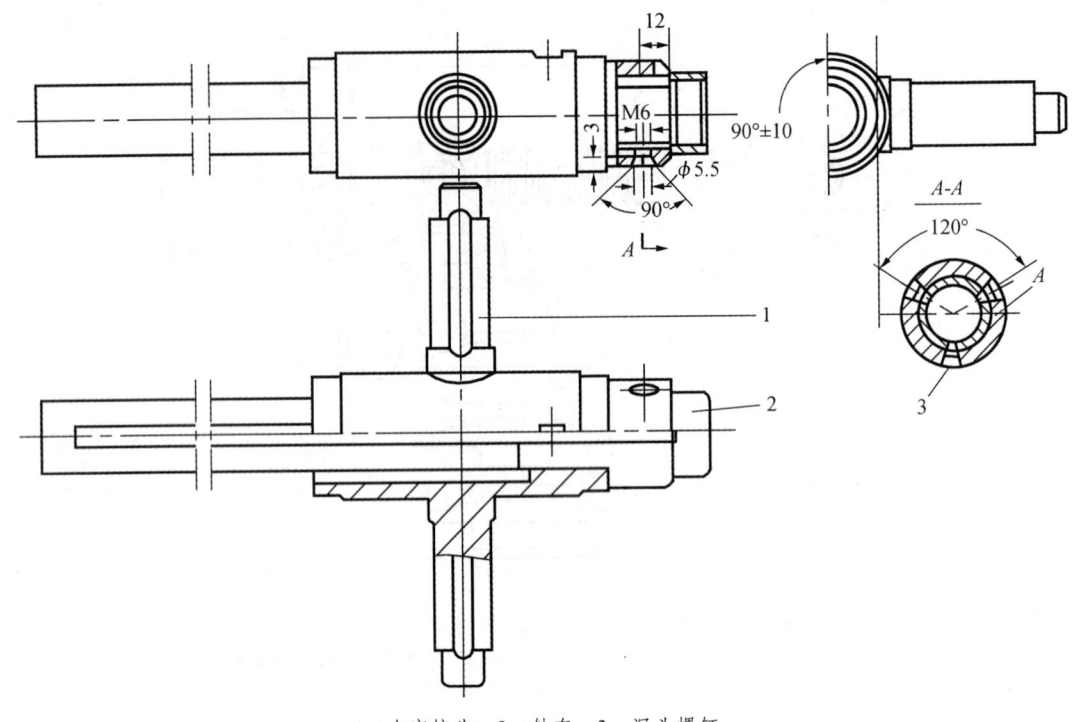

1—十字接头；2—轴套；3—沉头螺钉。

图 11.11　十字接头安装

考虑到机车在弯道、坡道和轮缘磨耗等状态下对接和运行的可靠性，要求高压连接器具有较宽的上下、左右导向和偏摆裕度。

高压连接器头部的上下摆动是由图 11.12 中的板簧及蜗卷簧来控制平衡的。

板簧用螺钉固定在转动板上，再将左右十字头承座体用 3 个螺钉固定在转动板的内侧，起支承十字接头安装的作用。蜗卷簧由弹簧钢带绕制而成，套装在十字头安装横向轴两端，再装于左右十字头支承座内。静止时，板簧力及头部重力形成的力矩与蜗卷簧的力矩相等，从而使导电杆保持水平。当受外力作用使头部上下摆动时，由蜗卷簧及板簧的作用使之回到静止平衡状态。由于蜗卷簧的张力可以通过调整螺钉进行调节，因而可以容易地使连接器在静止时使导电杆达到水平状态。此外，在不同轮毂磨耗情况的机车对接时，可预先调整连接器的安装高度，使前后两台连接器基本处于同一水平面上。

连接器头部的左右摆动是由支承缸体中的弹簧控制。支承缸体由缸体和转轴安装等组成，如图 11.13 所示。轴承安装由转轴、轴承座、上传动块、扭簧、下传动块和轴承等组成。转轴由轴与钢板焊接后加工而成，轴承套于转轴上。扭簧由弹簧钢丝右旋绕制，套于转轴上。扭簧上端用上传动块与开口销扭住，下端用下传动块与开口销扭住。转轴安装完毕后，装入缸体内，在转轴上装入轴承后，用螺栓将盖板固定在缸体上。缸体中的这对扭簧通过其定位螺钉的调整，使连接器处于对中状态。当连接器头部左右摆动时,可在扭簧的作用下自动回位。

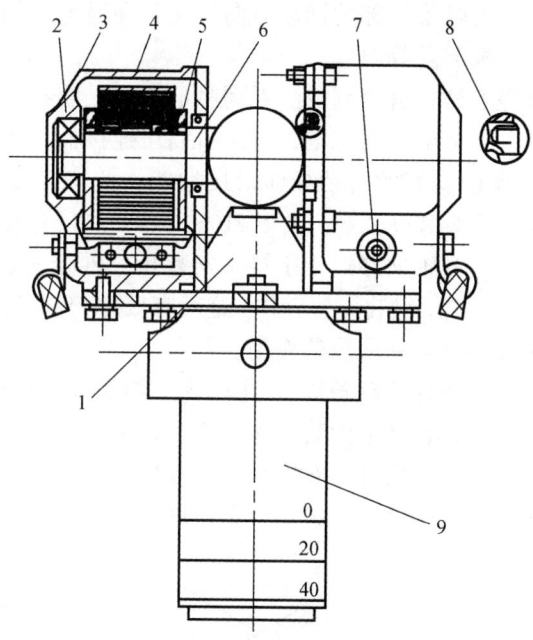

1—板簧;2—轴承;3—左右十字头支承座;4—蜗卷簧;5—止动板;6—十字头安装;
7—调整螺钉;8—密封圈;9—缸体。

图 11.12 十字轴支承装置

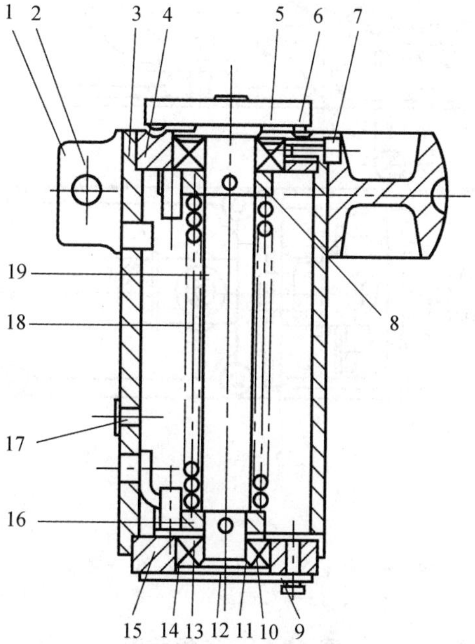

1—球面止档;2、7、9—螺栓;4、15—密封圈;5—轴承安装;6—套环;8—上传动块;
10—轴承;11—盖板;12—开口销;13—调整垫;14—垫圈;16—下传动块;
17—定位销;18—扭簧;19—转轴。

图 11.13 支承缸体

2. 电气连接部分

电气连接部分既决定了喇叭形头部的摆动方向，又起导通电流的作用。它由图 11.10 中的喇叭形头部、导电杆、盖板装配等组成。

喇叭形头部的主体由轻质铸铝合金制成。在喇叭形头部上装有羊角、半环及叉形件。羊角在水平及垂直方向都具有较宽的导向范围，当两台高压连接器对接时，即使水平位置或垂直位置存在误差，也可以保证良好的自动导向对接性能。此特性保证机车在最小曲率半径 125 m 及前后两节车轮箍磨耗（单边）差不大于 30 mm 时，高压连接器能可靠地进行摘挂。

导电杆如图 11.10 所示。其轴向穿过十字接头安装孔，再通过导电杆上的键槽与十字接头的轴套上的长方形键槽孔配合，组装成一整体。这就有效地控制了高压连接器的退程范围，起到了导通电流、机械连接、滑动和限位的作用。

盖板装配主要由盖板、叉形件（动触头）、半圆环（静触头）和拉簧等组成，如图 11.14 所示。盖板为薄形铸铝合金板，在其上面装有叉形件（动触头）、半圆环（静触头）和拉簧。盖板紧固在喇叭形头部上，喇叭形头部、双连线再与顶杆紧固连接成整体。上述 3 种部件是高压连接器中难度大而结构复杂的薄壁形铸铝合金组件。

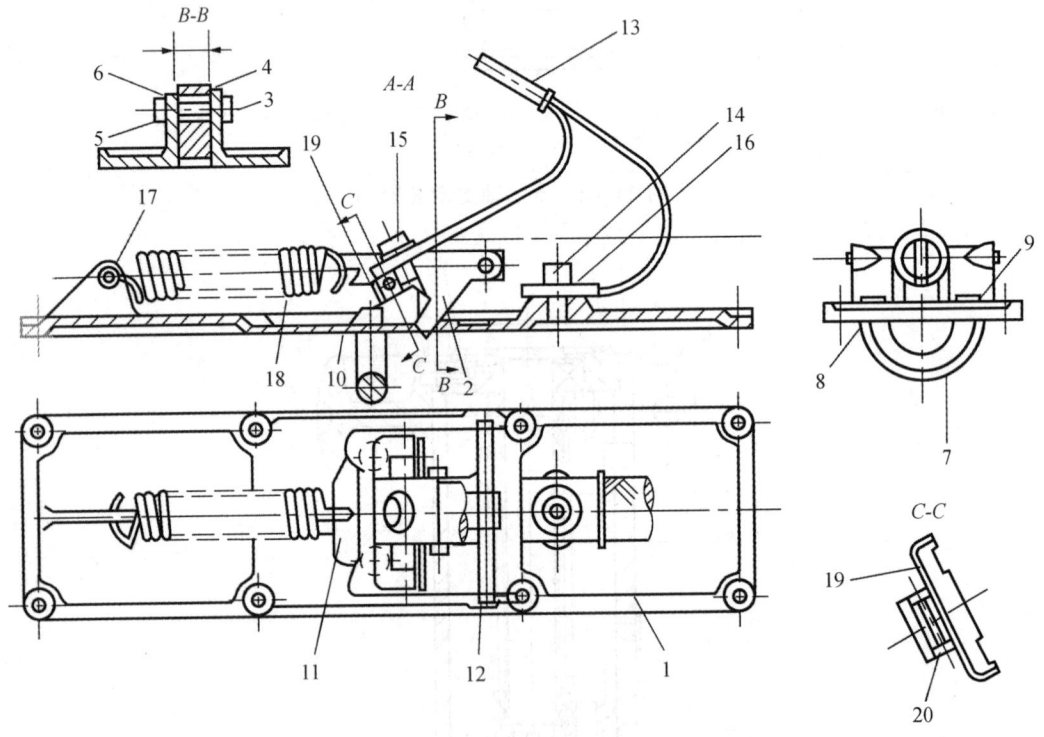

1—盖板；2—叉形件；3、12—销；4—环；5、9、14、15、20—螺栓；6、10、16—垫圈；7—半圆环；8—双金属片；11—卡箍；13—双连线；17—套环；18—拉簧；19—罩。

图 11.14 盖板装配

高压连接器的叉形件（动触头）和半圆环（静触头）为铜质镀银材料，采用线接触方式，具有工作可靠、接触电阻小和散热较好的优点。连接动作时，两台高压连接器的叉形件插入彼此的半圆环中，同时由叉形件上的拉簧提供接触压力。

三、高压连接器的动作原理

1. 对 接

当高压连接器被固定在车顶后，它依靠机车车钩连挂时的力量自动对接。当两台连接器靠近时，在羊角的导向作用下，喇叭形头部对接，同时伸张弹簧也开始受力压缩。当压缩到一定量时，一台连接器的半圆环和另一台连接器的叉形件在外力作用下互相扣紧，对接过程完毕。

高压连接器接合状态下的电流路径是：从一节车的高压回路到导电极，再经软连接线到导电杆，然后通过喇叭形头部内的软连接线、半环及叉形件到另一台连接器的叉形件、半环、导电杆母线等，再到另一节车的车顶母线。

2. 分 离

当两节机车车钩脱开后，高压连接器随之自动分离。当两台连接器分离时，连接器由压缩状态至自由状态，再由自由状态至拉伸状态，同时伸张弹簧也开始受力拉伸。当拉伸到一定量时，一台连接器的半圆环和另一台连接器的叉形件在外力作用下脱扣分离，分离过程完毕。

四、主要技术参数

高压连接器的主要技术参数：

额定电压	25 kV
额定电流	400 A
接触电阻阻值（连接状态）	≤650 μΩ
导电杆中心线至车顶高	586 mm
导电杆上下摆动角	≥8°30′
导电杆左右摆动角	≥34°
导电杆最大回程	≥240 mm
导电杆最小回程（$\alpha=34°$ 时）	≥210 mm

五、高压连接器的主要特点

（1）高压连接器自身不带操作机构，其连接与分离时的操作力均来源于机车车钩连挂或分离时的牵引力，随机车车钩的连接或分离同时完成，不必单独操作、非常方便。

（2）在连接状态下，触头的接触压力只与触头弹簧有关，不受机车运行状态的影响，故触头的接触压力基本上恒定不变，避免了触头的磨耗和电蚀。

（3）导电触头为叉环结构，是典型的线接触方式，工作状态稳定可靠，接触电阻小，散热性能好。

（4）连接器不带灭弧装置，因而必须在无电状态下进行连接或分离操作。

（5）高压连接器必须成对使用。从产品的通用性和互换性上来考虑，每台高压连接器的结构完全相同，具有良好的互换性，没有前后之分。为了满足不同的运行要求，可以进行任意组合。

任务三　认知支持绝缘子

知识导入

目前，输电等级已经发展到超高压和特高压，从而涌现出了各种绝缘等级的绝缘子。为了符合世界输电技术的发展水平及人们现代化生活的需求，绝缘子技术仍然在不断的发展与创新。

知识储备

一、概　述

支持绝缘子俗称支持瓷瓶，是用来支持和固定载流导体及通电设备的绝缘体。在电力机车车顶，支持绝缘子是用来支持受电弓及母线并使其绝缘的部件，它在运行中不仅承受导体垂直方向的荷重和水平方向的拉力，还经受着日晒、雨淋、气候变化及化学物质的腐蚀。因此，绝缘子既要有良好的电气性能，又要有足够的机械强度。HXD_3 型机车车顶上的受电弓支持绝缘子和母线支持绝缘子全部采用复合绝缘子，如图 11.15 所示。

图 11.15　支持绝缘子

二、结构及技术要求

1. 结　构

电力机车车顶复合绝缘子主体由环氧玻璃纤维芯棒与硅橡胶伞裙复合组成，上、下安装座为金属件。由于采用环氧玻璃纤维芯棒与硅橡胶复合材料，因而具有尺寸小、质量轻、机械强度高等优点。伞棱薄，伞伸出长，具有较长的爬电距离。抗污闪和湿闪的能力强，可用于严重污秽地区。

电力机车车顶复合绝缘子的整体参数、结构和伞形设计符合 TB/T 3077—2003《电力机车车顶绝缘子技术条件》附录 A 的有关规定。考虑到电力机车运行的特点，绝缘子具有良好的自洁性。

电力机车车顶复合绝缘子环氧玻璃纤维芯棒与硅橡胶伞裙所使用的材料，其相比漏电起痕指数（CTI）符合 TB/T 1333.1—2002 中 8.2.6.3 的规定，其他技术指标应符合有关的国家或行业标准。绝缘子的上、下安装座为耐腐蚀的金属材料。当上、下安装座采用黑色金属制造时，其表面应有防腐蚀镀层。

2. 技术要求

支持绝缘子的主要技术参数：

标称电压 ………………………………………………… AC 25 kV
最高工作电压 …………………………………………… ≥AC 31 kV
爬电距离 ………………………………………………… ≥1 000 mm
标准雷电全波冲击耐受电压 …………………………… ≥170 kV（1.2/50 μs）
工频 1 min 湿耐受电压 ………………………………… ≥75 kV

绝缘子试验地点在海拔不高于 1 000 m 处时，上述绝缘子的额定耐受电压值应按照《绝缘配合第 1 部分：定义、原则和规则》（GB 311.1—2012）公式进行修正。

进行绝缘子机械性能试验时，机车受电弓支持绝缘子应能承受不小于 8 kN 的弯曲破坏载荷。机车母线支持绝缘子应能承受不小于 4 kN 的弯曲破坏载荷。

绝缘子能承受《交流系统用高压绝缘子的人工污秽试验》（GB 4585—2004）规定的盐密/灰密大于 0.15(mg/cm^2)/1.0(mg/cm^2)的固体涂层法人工污秽试验，工频耐受电压不小于 30 kV。

任务四　认知避雷器

知识导入

大家是否注意过高楼上耸入云霄的"尖针"，它是一种用来保护建筑物避免雷击的装置，称之为避雷针。在雷电天气下，雷电可能通过接触网或其他途径击中火车，对火车的电气系统和设备造成破坏，引发故障或事故。因此，机车上也安装有此类设备，称之为避雷器。它是一种用于保护电气设备免受雷击等高瞬态过电压危害并限制续流时间及续流幅值的电器。

知识储备

一、概　述

认知避雷器

避雷器安装于机车顶部，是专用的过电压防护装置，主要用于机车一次侧高压电气设备的绝缘，使之免受大气过电压和操作过电压的损害。其通常由火花间隙和非线性电阻组成，基本工作原理如图 11.16 所示。它与被保护物并联，当出现的过电压危及被保护物时，避雷器放电，使高压冲击电流泄入大地，尔后，它仍能恢复原工作状态，截止伴随而来的正常工频电流，使电路与大地绝缘。过电压越高，火花间隙击穿越快，从而限制了加于被保护物上的过电压。

击穿电压的幅值同击穿时间的关系称为伏-秒特性。为了使避雷器能可靠地保护被保护物，避雷器的伏-秒特性至少应比被保护物绝缘的伏-秒特性低 20%～25%，如图 11.17 所示；另外，避雷器在放电时，应能承受耐热以及机械应力等变化而本身结构不致损坏。

避雷器的主要类型有保护间隙、管形避雷器、阀形避雷器和氧化锌避雷器等。SS$_{4G}$型电力机车采用Y10W-42/105TD型氧化锌避雷器，HXD$_3$型电力机车采用RVLQB-38.5LY型无间隙氧化锌避雷器。

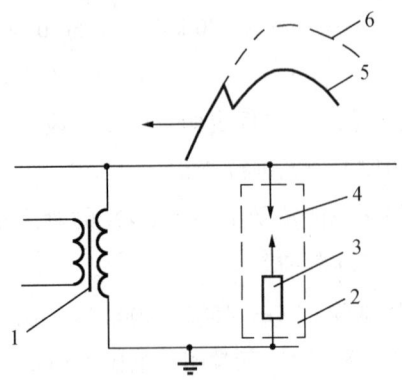
1—被保护变压器；2—避雷器；3—非线性电阻；
4—火花间隙；5—被限制的过电压波；
6—未被限制的过电压波。

图11.16 避雷器的工作原理

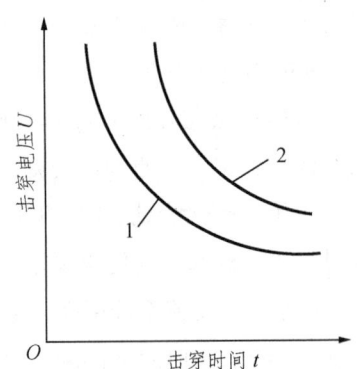
1—避雷器的伏-秒特性；2—被保护物绝缘的伏-秒特性。

图11.17 避雷器的伏-秒特性

二、Y10W-42/105TD 氧化锌避雷器

1. 工作原理

Y10W-42/105TD氧化锌避雷器的主要元件是氧化锌阀片，它以氧化锌为主要成分，并附以多种精选过的、能产生非线性特性的金属氧化物添加剂，用高温烧结而成。它具有相当理想的伏-安特性（相当于稳压二极管的反向特性），其非线性系数约为0.025左右。

该避雷器优异的伏-安特性可使其在正常工作电压下呈现高电阻，流过的电流非常小，可视为绝缘体，从而实现无间隙。而当系统上出现超过某一电压动作值的电压时，则呈低电阻，电流急剧增加，使避雷器残压被限制在允许值下，并将冲击电流迅速泄入大地，从而保护了与其并联的电力机车电气设备的绝缘。待电压恢复到正常工作范围时，电流又非常小，避雷器又呈绝缘状态。因此该避雷器不存在工频续流，也不影响系统的正常工作。无间隙、无续流正是其技术先进性的体现。

2. 产品结构及特点

Y10W-42/150TD型氧化锌避雷器结构如图11.18所示，它主要由盖板组装、避雷器单元、瓷套及底板等组成。避雷器单元由硅橡胶复合外套内的氧化锌阀片、压紧弹簧组成，氧化锌阀片与外套封灌密封。

Y10W-42/150TD型氧化锌避雷器具有以下特点：

（1）理想的全天候避雷器。与放电间隙相比，不存在间隙放电电压随气候变化而变化的问题。

（2）防污性能好，适用范围广。因为设计了防污型瓷套，保证了足够的爬电距离，故污秽不影响间隙电压，所以，在重污秽地区比传统避雷器有很大的优越性。

（3）防振性能好。对氧化锌阀片采取了防振及加固措施，减少了各部件之间的相对位移，使其固地固定在瓷套内，适应了机车运行中振动频繁的要求。

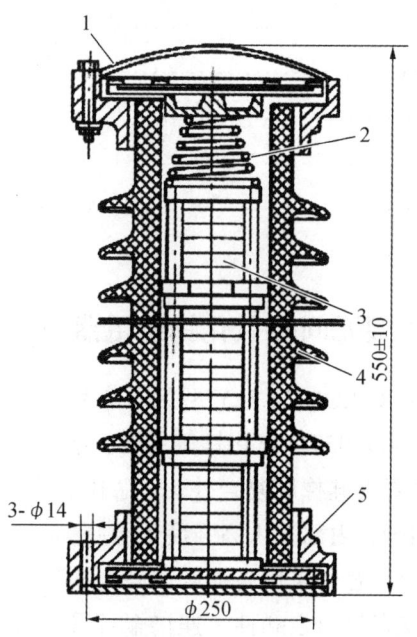

1—盖板组装（包括密封件等）；2—弹簧体；3—氧化锌阀片；
4—瓷套；5—底板组装。

图 11.18　Y10W-42/105TD 型氧化锌避雷器结构

（4）防爆性能好。使用了压力释放装置，在法兰侧面开一缺口，使气体定向释放。当避雷器在超负载动作或意外损坏时，瓷套内部压力剧增，使得压力释放装置动作，排出气体，从而保护瓷套不致爆炸，确保即使出现意外情况，车顶设备仍然完好，并能可靠运行。

（5）非线性系数好，阀片电荷率高，保护性能优越，它不但能抑制雷电过电压，而且对操作过电压也有良好的抑制作用。

（6）无续流，不存在灭弧问题，使地面变电站因机车引起的不明跳闸故障大为减少。

（7）体积小，质量轻，通流容量大，抗老化能力强，运行寿命长。

3．安　装

避雷器的安装应自下而上进行，在安装过程中，首先安装连接过渡板，要确保气体释放方向朝向机车外侧未安装电气设备的空旷区。高压端用软连接带与车顶母线连接，地线接在接地连接片上。避雷器退出运行时，其拆卸方向与安装方向逆向进行。

4．主要技术参数

Y10W-42/105TD 氧化锌避雷器的主要技术参数：

额定电压 …………………………………………………… 42 kV
　　标称放电电流 ……………………………………………… 10 kA
　　系统标称电压 ……………………………………………… 27.5 kV
　　系统最大持续运行电压 …………………………………… 30 kV
　　直流参考电压（1mA 下）………………………………… ≥58 kV
　　工频参考电压（阻性 1mA 下）…………………………… ≥56 kV
　　持续运行电流（阻性）…………………………………… ≤300 μA
　　残压（10 kA，8/20 μs）………………………………… ≤105 kV
　　总高 ………………………………………………………（550±10）mm
　　质量 ………………………………………………………… 42 kg

三、RVLQB-38.5LY 型无间隙氧化锌避雷器

　　HXD$_3$ 型电力机车采用的 RVLQB-38.5LY 型无间隙氧化锌避雷器，其原理同 Y10W-42/105TD 氧化锌避雷器，外形如图 11.19 所示。该产品主要由硅橡胶复合外套、芯棒、连接金具、连接底板等部分组成。内部充入高强度绝缘胶，使避雷器形成全密封固体绝缘。芯棒采用高强度、高电气性能的绝缘材料，且和硅橡胶有强力亲和性，连接金具采用不锈钢，以保证表面耐蚀性和美观。

图 11.19　RVLQB-38.5LY 型无间隙氧化锌避雷器

　　RVLQB-38.5LY 型无间隙氧化锌避雷器的主要技术参数：

　　系统电压 …………………………… 27.5 kV
　　额定电压 …………………………… 42 kV
　　系统最大持续运行电压 …………………………………… 31.5 kV
　　标称放电电流 ……………………………………………… 10 kA
　　直流参考电压（1 mA 下）………………………………… ≥58 kV
　　工频参考电压（阻性 1 mA 下）…………………………… ≥56 kV
　　持续运行电流（阻性）…………………………………… ≤300 μA
　　雷电冲击残压（10 kA，8/20 μs）………………………… ≤105 kV
　　操作冲击残压（0.5 kA，30/60 μs）……………………… ≤89 kV
　　陡坡冲击残压（10 kA，1/10 μs）………………………… ≤118 kV
　　2 ms 方波电流耐受 ………………………………………… 400 A/18 次

任务五　检查与维护

知识导入

在铁路交通中，设备故障、操作失误、气候环境影响等都是引发事故的重要因素。机车各电器设备是否具备良好的性能更是重中之重。为了提高机车各电器部件的运行质量，减少故障，提高系统的稳定性和安全性，需切实做好机车各设备检修工作。

知识储备

一、互感器的检查与维护

1. 电压互感器的检查与维护

（1）检修要求。各部分清洁、外观完好，接线紧固、正确，标记清晰，铁芯及安装螺栓不得有松动；瓷瓶表面光洁、无裂纹，安装牢固，如表面缺损应进行绝缘处理，缺损面积大于 3 cm^2 时，必须经 75 kV 耐压试验；缺损面积大于 30 cm^2 时应更换；线圈不许有短路、断路，外部绝缘不得有裂损及过热现象；线圈相互间及对地绝缘电阻值符合限度规定。

（2）日常检修。检查各紧固件应无松动、绝缘子表面有无破损和裂纹、油位显示是否在正常范围内、油箱各处有无渗油。

（3）辅修。完成日常检修项目外，检查干燥剂（硅胶）是否因吸湿后由蓝色变红（如 2/3 硅胶变红则应更换或干燥处理）。如果高压电压互感器的工作一直正常，则不用解体；如果有异常情况，则需解体发生异常的部件。

（4）小修。完成辅修项目外，分别用 2 500 V 兆欧表测量一、二次线圈对地绝缘，一次线圈：≤1 000 MΩ，二次线圈：≤500 MΩ。化验变压器油。

（5）中修。清扫检查绝缘子有无破损、裂纹、闪络和烧损痕迹。测量各绕组冷态直流电阻值，测量各绕组对地及各绕组之间的绝缘电阻值。检查各瓷瓶、管路、接头、阀、油箱的安装状态及密封情况；更换所有橡胶件；检查互感器的安装状态；对变压器油进行耐压试验和化学分析。

器身检查：检查线圈绝缘状态；检查各连线绝缘、紧固状态、绝缘距离、焊接质量和有无损伤；检查各夹件、紧固件状态；检查铁芯接地装置；检查器身安装状态。

箱盖箱体、检查：检查各密封橡胶件的状态及各端子下瓷套和各绕组抽头下端的连接状态；清洗箱体内部，组装时按规程进行干燥处理；检查吸湿器状态，更新硅胶；组装后进行误差试验。

2. 电流互感器的检查与维护

（1）外观检查。外观检查瓷瓶表面是否光洁，无裂纹，如表面缺损应进行绝缘处理，缺损面积大于 3 cm^2 时，必须经 75 kV 耐压试验；缺损面积大于 30 cm^2 时应更换；若表面完好可用洁净水或普通洗洁剂清洁表面并擦拭干净,达到表面清洁、无积尘或污垢。切不可用尖锐物体刮擦硅橡胶表面,也不得用强酸强碱等腐蚀剂擦拭。

(2)二次侧引线连接件检查。检查紧固二次侧引线连接件是否有松动及表面氧化接触不良现象,必要时清除氧化层,涂抹导电膏,达到接线端子无氧化层,保证连接可靠。

(3)检查紧固夹件及安装接线盒的螺钉是否有松动现象,加以紧固;瓷瓶半法兰盘及瓷瓶顶盖密封良好,不得漏雨。

二、高压连接器的检查与维护

检修要求:各种弹簧不许有断裂及疲劳现象。瓷瓶表面光洁,无裂纹,安装牢固,如表面缺损应进行绝缘处理,缺损面积大于 3 cm² 时,必须经 75 kV 耐压试验;缺损面积大于 30 cm² 时应更换;各部件清洁、完好,顶杆不许有裂损;软连线不许有过热,其折损面积不得超过原形的 1/10;组装后动作灵活、可靠、接触良好,不许有烧损。

1. 日常检查

检查各紧固件应无松动;绝缘子表面应无破损和裂纹;检查波纹管是否破损。

2. 辅 修

辅修时,完成日常检查项目外,如果高压连接感器的工作一直正常,则不用解体;如果有异常情况,则需解体发生异常的部件。

3. 小 修

检查各紧固件应无松动;用洁瓷剂清洁瓷瓶表面,然后用清水清洗,最后用干净毛巾将其擦干;仔细检查瓷瓶表面,是否有可见裂纹和缺损,有裂纹者更换,缺损面积≥3 cm²,需做耐压试验;缺损面积大于 30 cm² 时必须更换;检查波纹管是否破损;用润滑脂润滑各转动和滑动配合面。

4. 中 修

清扫检查羊角、喇叭形头部、左右十字头支承座、锁止器、连线及分流线,更新波纹管;解体检修盖板装置、十字接头、支承座体及卷簧组装并清洗;检查各轴、销、套、杆及轴承,更新弹簧,擦拭检查瓷瓶;按规定对高压连接器进行对接试验,检查高低差及电阻值。两台高压连接器对接后电阻值及高低差须符合限度要求。

高压连接器上所有检查和维修,必须在断开电源、降下受电弓和车顶电气接地的前提下进行操作;禁止非专业人员进行高压连接器的维护。由于高压连接器用于 25 kV 高压回路,为了使其保持良好的工作状态,必须注意以下几点:

(1)保证在无电状态下进行连接或分离操作。在进行连接操作前,注意观察喇叭形头部是否清洁,头部盖板内的叉形件是否有弹回的情况,如已经弹回,则需用钩形工具将其拉开成开启状态,然后才能进行连接操作。

(2)经常观察绝缘子表面是否清洁干燥,有无裂纹或损伤,否则应及时清扫或更换。

（3）经常检查橡胶波纹管，如有破损要及时更换，以免雨水、灰尘进入喇叭形头部和十字轴支承体内，造成零件锈蚀，影响动作性能。

（4）定期对各转动部分进行润滑处理，使之能上下左右按规定摆动并复位。如单节连接器的喇叭形头部不能保持水平时，可以由十字支承件上的调整螺钉进行调整，顺时针方向调高，逆时针方向调低。

（5）通过观察连接器上下左右摆动情况及前后伸缩情况，了解卷簧、扭簧和弹簧的机械性能。如果出现不能自由摆动、伸缩或不能自行复位的情况，应及时进行检查。

（6）更换波纹管时，应将喇叭形头部盖板拆下，松开与顶杆连接的螺栓，松开卡箍后方能进行。

（7）调整喇叭形头部高低时，用支承座上的调节螺钉进行调整，顺时针调为高，逆时针调为低。

（8）高压连接器长期存放后，使用前须进行 75 kV（1 min）耐压试验，合格后方能装车。

三、支持绝缘子的检查与维护

（1）运行中的支持绝缘子应保持清洁无脏污，瓷质部分应无破损和裂纹现象。对绝缘子应每年定期清扫 2～4 次，采用中性洗洁净兑水擦拭干净。在多灰尘和有害气体地区，应对绝缘子加强清扫和制订防污措施，消灭和减少污染源一般的防污措施有：采用防污性能好的绝缘子、在绝缘子的表面涂有机硅脂、硅油、地蜡等防污涂料；合理布置绝缘子。

（2）检验上、下金属安装座是否有松动、滑脱。绝缘伞套是否有变形、撕裂、老化、憎水性失效。并检查瓷质部分有无闪络痕迹，金属部分有无生锈、损坏、缺少开口销的现象。

（3）复合绝缘子不需要维修，如果损坏，应进行更换。

四、避雷器的检查与维护

（1）在避雷器使用过程中，要始终保持瓷套表面干燥、光洁、无裂纹，应避免激烈碰撞及尖锐物体划伤外壳，周围不得存在强酸、强碱等腐蚀性气体。每次回库定修时，需用干净软布擦拭瓷套，清除污垢。如瓷套表面污物无法清除干净，则用集流环屏蔽。

（2）每次回库定修时需检查喷口，不允许有开裂或缺口。

（3）每次回库定修时需检查导线和编织线，导线需连接紧固，编织线折损面积不得超过原截面的 10%。

（4）运行过程中，原有刷漆部分每隔 1～2 年补漆 1 次。

（5）预防性试验。

因氧化锌阀片在长期运行的电压作用下存在老化问题，装配时或运行中因密封不良可能受潮，因此，在运行中需加强对避雷器的监测，并应定期对其进行预防性试验。另外，在每年的雷雨季节前，也应有选择性地进行试验。

预防性试验一般分为测量直流参考电压、测量直流泄漏电流、测量绝缘电阻、测量交流参考电压和测量持续运行电流等 5 类试验。直流参考电压和直流泄漏电流的测量是必做的试验，对有条件的用户，建议进行绝缘电阻测量、交流参考电压测量和持续运行电流测量这 3 项试验。具体项目为：

① 绝缘电阻测试。用 1 000 V 兆欧表测量避雷器的绝缘电阻。应不低于 1 000 MΩ。

② 直流参考电压 U_{1mA} 测试。避雷器两端施加直流电压，直流电压的脉动不大于 ±1.5%，待流过避雷器的电流稳定为 1 mA 时读取电压值，其值应大于 58 kV。

③ 直流泄漏电流测试。在避雷器两端施加 $0.75U_{1mA}$，读取流过避雷器的泄漏电流，其值不得超过 50 A。

④ 交流参考电压测试。用 LCD-4 型电阻性电流仪，对避雷器施加 50 Hz 工频电压，当流过避雷器的阻性电流为 1 mA 时，读取电压的峰值，其值不得小于 56 kV。

小　结

本项目所介绍的其他高压电器主要包括互感器、高压连接器、支持绝缘子和避雷器。互感器用来将高电压、大电流变换成低电压、小电流，再供给测量仪表及继电器的线圈使用。高压连接器主要用于两节机车连挂时，自动连接两节机车车顶的高压电路。支持绝缘子主要用来支持和固定载流导体及通电设备，实现与车体的电气绝缘。避雷器主要用于机车一次侧高压电气设备的绝缘，使之免受大气过电压和操作过电压的损害。通过本项目学习：

（1）掌握互感器、高压连接器、支持绝缘子和避雷器的主要型号及在电力机车上的作用（主要以 SS_{4G} 型和 HXD_3 型电力机车为例）。

（2）理解各高压电器的结构、工作原理。

（3）了解各高压电器的主要技术参数，在电力机车上的使用情况及注意事项。

（4）熟悉各电器的维护与检修工艺。

思考练习题

一、填空题

1. 交流互感器是一种测量用设备，是按照_____原理来工作的，用于测量各交流支路电量。

2. 使用高压电压互感器时，电压互感器的原边应与被测负载_____连接。

3. 高压连接器的结构主要由_____和_____组成。

4. 考虑到机车在弯道、坡道和轮缘磨耗等状态下对接和运行可靠性，要求高压连接器具有_____和_____。

5. TLG1型高压连接器允许的运动距离是_____mm。
6. TLG1型高压连接器的电气连接部分既决定了_____，又起导通电流的作用。
7. 高压连接器用于接通两节车_____侧高压电路。
8. 支持绝缘子是用来_____的绝缘体。
9. 支持绝缘子在运行中不仅承受_____和_____，还经受着日晒、雨淋、气候变化及化学物质的腐蚀。
10. 电力机车车顶的复合绝缘子采用环氧玻璃纤维芯棒与硅橡胶复合材料，具有_____、_____、_____等优点。
11. 电力机车车顶高压电路接有避雷器，用以抑制_____过电压及雷击过电压。
12. 避雷器是专用的过电压防护装置，安装于机车_____。

二、选择题

1. SS_{4G}型电力机车电气设备中电流互感器的代号为（　　）。
　　A. TA　　　　B. TV　　　　C. TM
2. 机车单相电度表的电流测量取自于网侧电路中的（　　）交流互感器。
　　A. TBL1型　　B. LQG型　　C. TBY1型
3. 电压互感器的副边绕组绝对不允许（　　）。
　　A. 短路　　　B. 开路
　　C. 与二次侧所有测量仪表的电压线圈并联
4. TLG1型高压连接器头部的左右摆动由（　　）控制。
　　A. 支承缸体中的弹簧　　B. 板簧　　C. 蜗卷簧
5. TLG1型高压连接器，当连接器头部不受压缩力时，连接器处于（　　）状态，为对接做好准备。
　　A. 最大压缩　　B. 一定伸张　　C. 最大伸张
6. 避雷器使用时，应与被保护物（　　）。
　　A. 并联　　　B. 串联　　　C. 串并联
7. 对氧化锌避雷器中阀片的伏-安特性叙述不正确的是（　　）。
　　A. 高压小电阻　　B. 低压大电阻　　C. 常压小电阻

三、判断题

1. 网侧出现短路时，通过网侧电流互感器及原边过流继电器，使主断路器动作。（　　）
2. 高压电压互感器用于检测机车正常运行时的接触网工作电压。（　　）
3. 互感器只能起测量作用，而不能对电路进行保护。（　　）
4. 每台高压连接器的结构完全相同，没有前后之分，可根据需要组合。（　　）
5. 高压连接器的安装高度是可预先调整的。（　　）
6. 高压连接器安装在每节车头部的车顶上。（　　）
7. 高压连接器的连接与分离随机车车钩的连接或分离同时完成。（　　）
8. 高压连接器可以在带电状态下进行连接或分离操作。（　　）

9. 当网侧出现过电压，金属氧化物避雷器或放电间隙放电后，相当于电网对地短路。
（　　）

10. 氧化锌避雷器的瓷套表面出现裂纹不影响其正常使用。（　　）

四、简答题

1. TBL1型高压电流互感器的结构有哪些特点？
2. 简述支持绝缘子的检修方法。
3. 简述高压连接器的中修步骤和检修方法。
4. 简述高压电压互感器的检修方法。
5. 高压电流互感器的检修要求有哪些？
6. 如何进行避雷器预防性试验？
7. 高压连接器的主要作用是什么？
8. 如何调整连接器喇叭形头部，使之成水平状态？
9. 如何进行高压连接器头部的上下摆动控制？
10. 如何进行支持绝缘子的检修和维护？
11. 说明避雷器的工作原理。
12. 简述支持绝缘子的检修方法。

五、综合题

1. 电力机车上通常采用哪些互感器？各有什么作用？
2. Y10W-42/105TD型氧化锌避雷器结构由哪些部分组成？有何特点？

第四篇　实验篇

实验一　电磁、电空接触器实验

一、实验目的

（1）熟悉 CZT20 型电磁接触器和 TCK7-600/1500 型电空接触器的结构和动作原理。
（2）掌握电磁接触器的动作电压值以及动作时间的测试。
（3）掌握电空接触器触头参数的测定方法及动作性能的测试。

二、实验设备

机车电器综合实训台、CZT20 型电磁接触器、TCK7-600/1500 型电空接触器、空气压缩机 1 台、内卡钳。

三、实验步骤及方法

1. 电磁接触器性能实验

（1）动作值实验步骤（以线圈额定电压 110 V 为例）。
① 按照要求接好测试连线：将持续输出上的端子接在需要试验的接触器的线圈端子上，红色端子为正极，灰（黑）色端子为输出的负极。
② 将试件的触头接到触头（1~8）输入的端子上。
③ 按照要求连接好需要测试的电磁接触器，并检查无误。
④ 打开试验台电源，调节电压调节电位器到 110 V。

⑤ 操作输出开关，使电压输出至线圈，接触器应动作；同时连接的触点指示灯亮；反复操作几次，试件应能正常动作。

⑥ 将电压调节至 88 V，测试试件的最低吸合电压；操作输出开关，接触器应动作。

实验原理图如实图 0-1 所示。

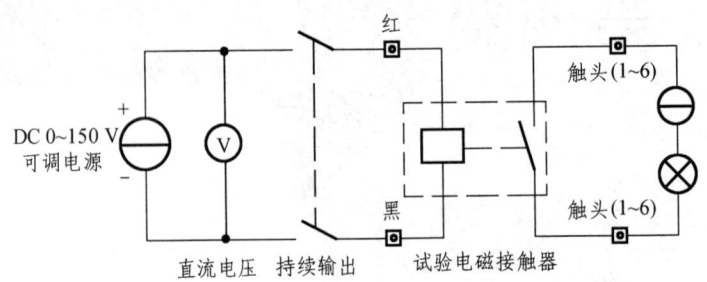

实图 0-1　电磁接触器性能实验原理图

（2）吸合时间实验步骤（以线圈额定电压 110 V 为例）。

① 按照要求接好测试连线：持续输出上的端子接在需要试验的接触器的线圈端子上，红色端子为正极，灰（黑）色端子为输出的负极，并将正极电源引入 50～150 V 端口，负极电源引入 COM 端口；试件的开点接入接口板端子的常开端。

② 检查测试连线的连接无误。

③ 打开试验台电源，调节电压调节电位器，使电源输出电压为 110 V。

④ 按清零按钮对动作时间表进行清零。

⑤ 操作输出开关，使电压输出至线圈，试件动作后从动作时间仪表里读出动作时间值。

⑥ 操作清零开关，对动作时间仪表清零。

实验原理图如实图 0-2 所示。

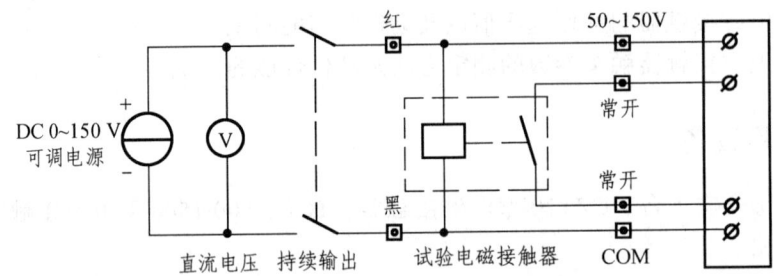

实图 0-2　吸合时间测试实验原理图

2. 电空接触器性能实验

（1）主触头开距的测定步骤。当主触头处于断开位置时，用内卡钳量出触头开距（标准为 18～22 mm）。

（2）主触头研距测量步骤。

① 将持续输出上的端子接在需要试验的电空阀的线圈端子上，红色端子为正极，灰（黑）色端子为输出的负极。

② 将试件的触头接到触头（1～8）输入的端子上。

③ 按照要求连接好需要测试连线与试验气路。

④ 打开试验台电源,调节电压调节电位器,使电源输出电压为 110 V,调节气压到 0.6 MPa。

⑤ 操作输出开关,电空接触器应动作;同时连接的触点指示灯亮;反复操作几次,试件应能正常动作。

⑥ 将复写纸(下面垫有白纸)放入主触头间,操纵输出开关使主触头闭合,然后释放。通过白纸上的压痕检查主触头间接触线应大于 0.8 倍接触线长度(接触线长度为 30 mm),并量出研距。

实验原理图如实图 0-3 所示。

(3) 动作性能实验步骤。

① 将持续输出上的端子接在需要试验的电空阀的线圈端子上,红色端子为正极,灰(黑)色端子为输出的负极。

② 将试件的触头接到触头(1~8)输入的端子上。

③ 按照要求连接好需要测试连线与试验气路。

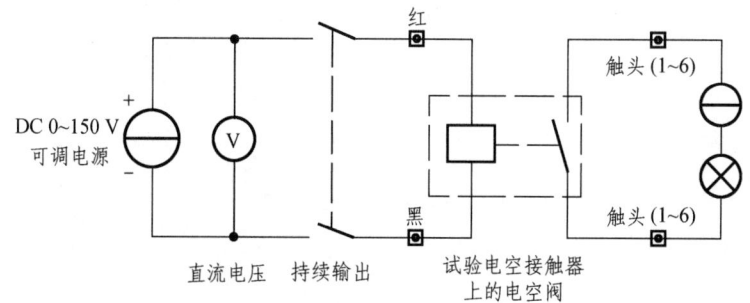

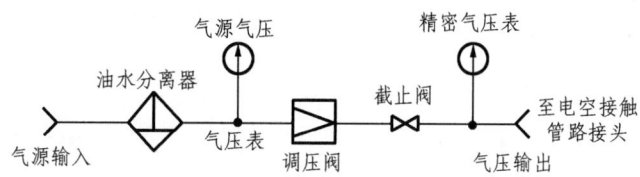

实图 0-3 电空接触器性能实验原理图

④ 打开试验台电源,调节电压调节电位器,使电源输出电压为 110 V,调节气压到 0.6 MPa。

⑤ 操作输出开关,电空接触器应动作;同时连接的触点指示灯亮;反复操作几次,试件应能正常动作。

⑥ 保证电压为额定值不变,调节气压值,使之从 0 开始增加,记录主触头闭合时的最小气压值。此时应以触点指示灯亮为触头闭合依据。

⑦ 保证气压为额定值不变,调节电压值,使之从 0 开始增加,记录主触头闭合时的最小电压值。此时应以触点指示灯亮为触头闭合依据。

(4) 气密性能测试

① 将输出电压调节到 110 V,闭合接触器。

② 将气压调节到规定值。

③ 关闭截止阀,读出并记录下此时输出气压表的值;操作气密计的钮子开关,计时仪表开始计时。

④ 观察计时表,到达规定的时间后读出输出气压仪表的值。

⑤ 将先前记录下的值与到达时间后读出的值比较,即可计算出泄漏量。

⑥ 试验完毕,将试件内气路的气压排出(通过连续操作电空阀得电可以排出气路内残余气压)。

四、实验注意事项

实验时防止电压输出测试连线短路;通电时,严禁碰触测试连线及其连接的裸露部分;同时注意接线的极性。

实验二

电流继电器、时间继电器、接地继电器实验

一、实验目的

（1）熟悉 JL14 型电流继电器、JT3 型时间继电器和 TJJ2 型接地继电器的结构和动作原理。
（2）掌握电流继电器的动作值以及动作时间的测试。
（3）掌握时间继电器的动作值及延时时间调整方法。
（4）掌握接地继电器的动作性能的测试。

二、实验设备

机车电器综合实训台、JL14 型电流继电器、JT3 型时间继电器、TJJ2 型接地继电器。

三、实验步骤及方法

1. 电流继电器性能实验

（1）将 AC 0～100 A 输出上的端子接在需要试验的电流继电器的线圈端子上。
（2）将试件的触头接到触头（1～8）输入的端子上。
（3）将调压器调节旋钮调节到最小位置，接通试验台电源。
（4）按启动按钮，启动交流调节回路。
（5）缓慢调节调压器，观察交流电流表的值。
（6）试件动作时迅速记录下动作值。
（7）试验完毕，将交流调压器输出调至最低后按停止按钮，停止试验。
实验原理图如实图 0-4 所示。

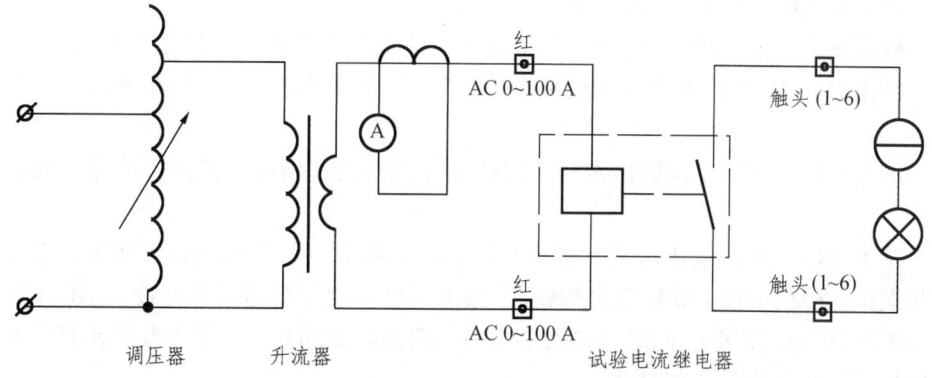

实图 0-4　电流继电器性能实验原理图

2. 电磁式时间继电器性能实验

（1）按照要求接好测试连线：持续输出上的端子接在需要试验的接触器的线圈端子上，红色端子为正极，灰（黑）色端子为输出的负极；试件的开点接入接口板端子的常闭端；用一根测试线将常开点输入的两点短接。

（2）检查测试连线的连接无误。

（3）打开试验台电源，调节电压调节电位器，使电源输出电压为 110 V。

（4）按清零按钮对动作时间表进行清零。

（5）操作输出开关，使电压输出至线圈，试件动作后，动作时间仪表开始计时，至试件断开停止计时；该时间为电磁式时间继电器动作时间。

（6）调节反力弹簧，再进行步骤（4）、（5），观察并记录动作时间，与前一次测量进行比较。

（7）试验完毕，将所有的输出切断，并将输出电压调节至最低。

实验原理图如实图 0-5 所示。

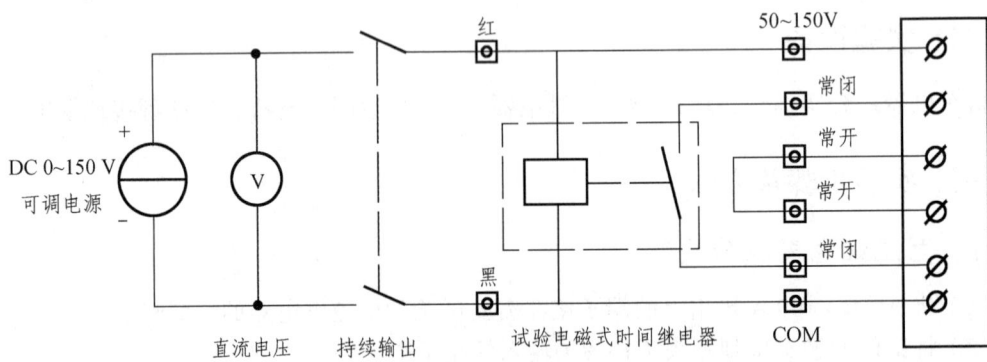

实图 0-5　电磁式时间继电器性能实验原理图

3. 接地继电器性能实验

（1）将持续输出上的端子接在需要试验的继电器的线圈端子上，红色端子为正极，灰（黑）色端子为输出的负极。

（2）将试件的联锁触头接到触头（1~8）输入的端子上。

（3）将恢复线圈接到 DC 110 V 输出端子上。

（4）打开试验台 DC 110 V 电源，调节电压调节电位器到动作线圈额定值。

（5）操作 DC 110 V 输出开关（模拟接地故障），指示杆应凸起，同时连接的触点指示灯应亮。

（6）断开 DC 110 V 连续输出按钮，但指示杆仍凸出（模拟虽然故障消除，但机械信号仍存在）。

（7）按下 DC 110 V 输出按钮，触点亮灯，模拟故障，若要继续投入使用，需先消除故障（断开模拟故障的 DC 110 V 输出按钮），按下司机台的主断路器合（按下 DC 110 V 输出按钮模拟主断路器合按钮），此时恢复线圈得电，联锁触点动作，钩子卡住指示杆，指示杆凹进去。机械信号和电信号一起消失。

实验原理图如实图 0-6 所示。

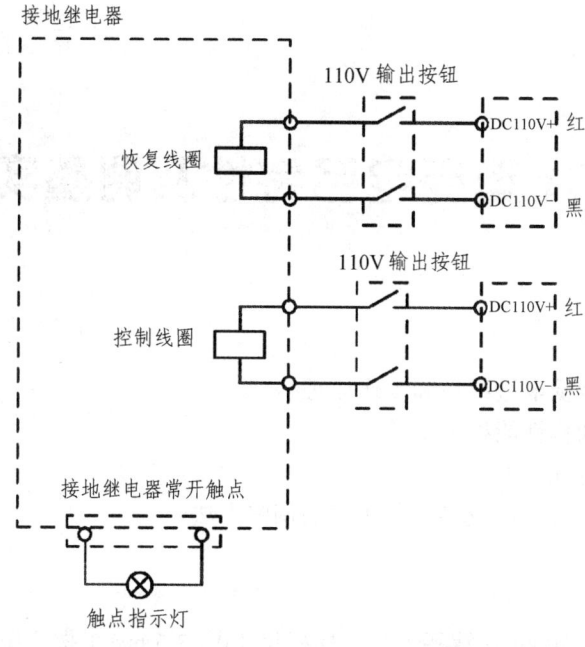

实图 0-6　接地继电器性能实验原理图

四、实验注意事项

实验时防止电压输出测试连线短路；通电时，严禁碰触测试连线及其连接的裸露部分；同时注意接线的极性；注意测试的时间不要过长。

实验三　TSG1 型受电弓特性及调整实验

一、实验目的

（1）熟悉掌握单臂受电弓结构和工作原理。
（2）了解受电弓动作性能检验实验。
（3）掌握测量静特性的方法。
（4）掌握受电弓升弓高度及接触器压力的调整方法。

二、实验设备

单臂受电弓 1 台、20 kg 弹簧秤 1 个、标杆尺（0～2.5 m）1 根、压缩空气风源 1 套、绳子 1 根、秒表 1 块。

三、实验步骤及方法

（1）实验观察，掌握受电弓结构及工作原理。
（2）接通电源及风源，进行升、降弓动作，观察其动作是否灵敏，是否卡滞，动作过程是否符合先快后慢的要求。
（3）进行升、降弓时间的测定。以滑板表面上升 1 900 mm 为升弓时间，测定在额定情况下 0～1 900 mm 的升、降弓时间并记录。
（4）进行静态特性测定：以 400～1 900 mm 高度间，分若干测量点，升弓时用绳子拉住滑板下方，到测量点时用弹簧秤测出接触压力并记录。用绳子拉住滑板下方强行降弓至各测量点时测出接触压力并记录（准确测量应将气缸部分拆掉）。
（5）画出受电弓升、降弓特性曲线。
（6）调整推杆，观察受电弓高度是否变化，调整扇形板上的螺丝、升弓弹簧螺母，并测量接触压力是否变化。

四、实验结果分析

（1）升、降弓时间是否符合标准。
（2）静特性曲线是否符合要求。
（3）进行误差原因分析。
（4）若有故障进行分析处理。
（5）改进实验方法建议。

实验四

DSA200 型受电弓性能实验

一、实验目的

（1）熟悉 DSA200 型受电弓的结构和动作原理。
（2）掌握 DSA200 型受电弓动作时间、升弓高度、静态特性的测试。

二、实验设备

风源系统 1 套、直流电源柜 1 台、DSA200 型受电弓 1 台、安装"受电弓微机测试系统"软件的计算机 1 台、受电弓试验台 1 台、气压行程检测装置 1 套、导线若干。

三、实验步骤及方法

1. 受电弓动作时间试验

（1）确认并连接好相应的测试插座。
（2）连接好试件气路，并将气压调节转换到自动模式。
（3）接通电源并打开计算机电源。
（4）在计算机上双击"受电弓微机测试系统"图标，在界面"开始"菜单中选择开始测试（见实图 0-7）。

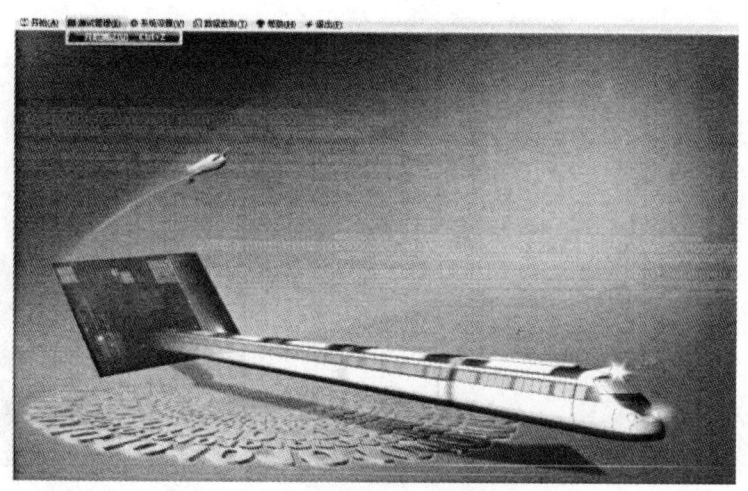

实图 0-7 受电弓动作实验开始测试界面

（5）在显示界面上确认气压、电压参数（见实图0-8），点击"时间测试"图标（见实图0-9）。

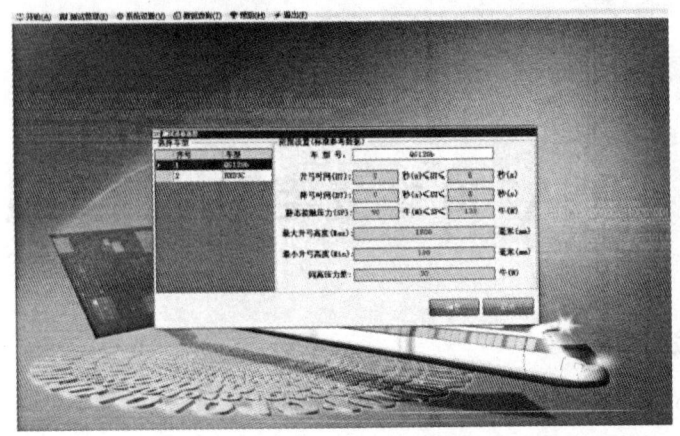

实图0-8　气压、电压参数输入界面

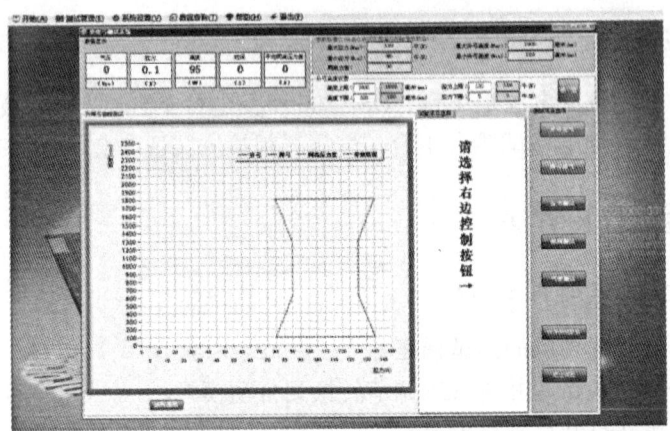

实图0-9　时间测试界面

（6）在显示界面上点击"升弓开始"按钮，记录升弓时间、气压大小和升弓高度（见实图0-10）。

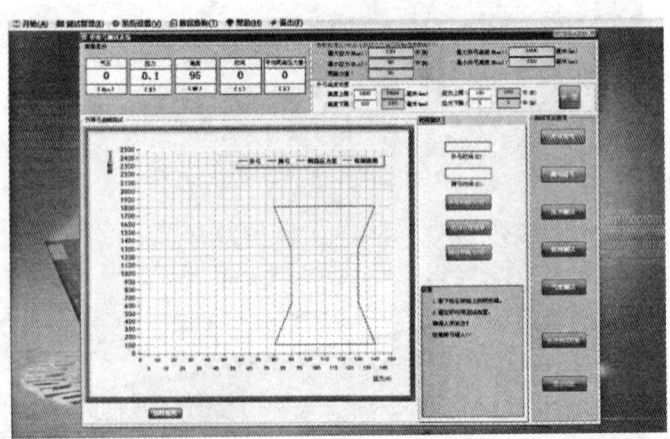

实图0-10　升弓计时软件界面

（7）在显示界面上点击"降弓计时"按钮，记录降弓时间（见实图0-11）。

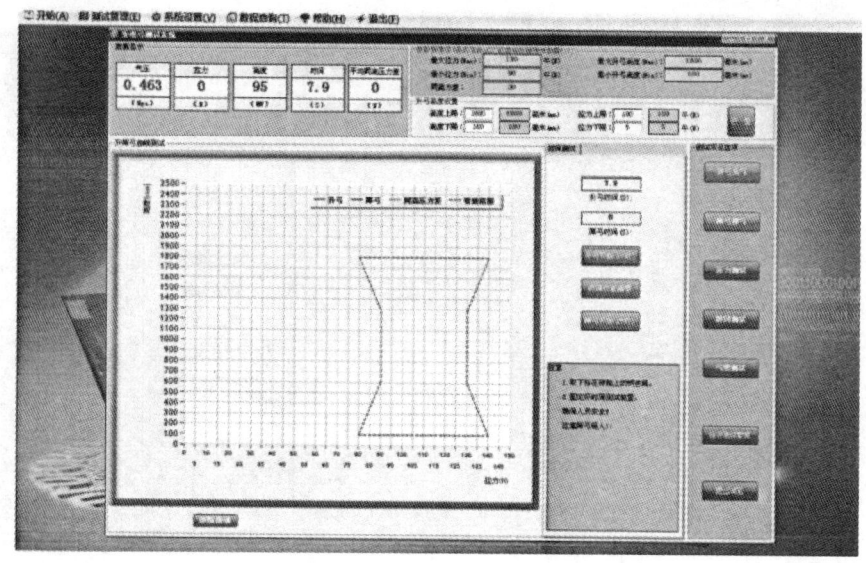

实图0-11　降弓计时软件界面

2. 受电弓静态特性试验

（1）确认并连接好相应的测试插座。
（2）连接好试件气路，并将气压调节转换到自动模式。
（3）接通电源并打开计算机电源。
（4）在计算机上双击"受电弓微机测试系统"图标。
（5）在确认气源打开后，将压力测试用的拉力测试挂钩挂在受电弓上。
（6）在显示界面上点击"升弓充气"按钮，记录升弓拉力大小（见实图0-12）。

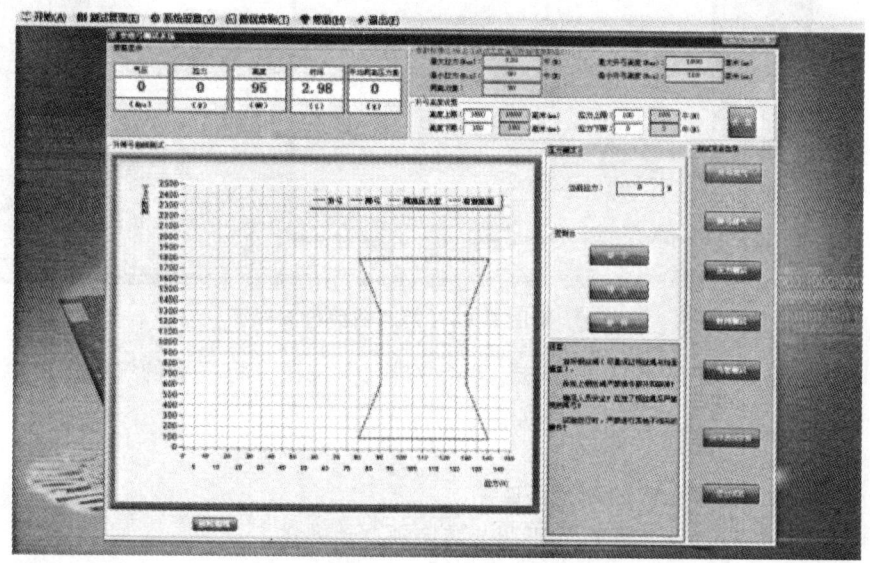

实图0-12　升弓充气界面

（7）在显示界面上点击"静升"按钮，进行升弓曲线实时绘制（见实图0-13）。

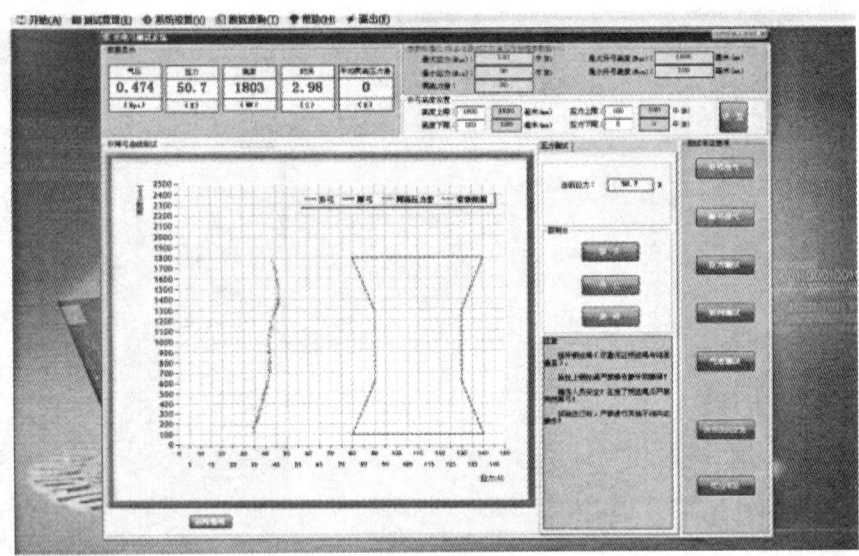

实图0-13　静升曲线绘制界面

（8）在显示界面上点击"静降"按钮，进行降弓曲线实时绘制（见实图0-14）。

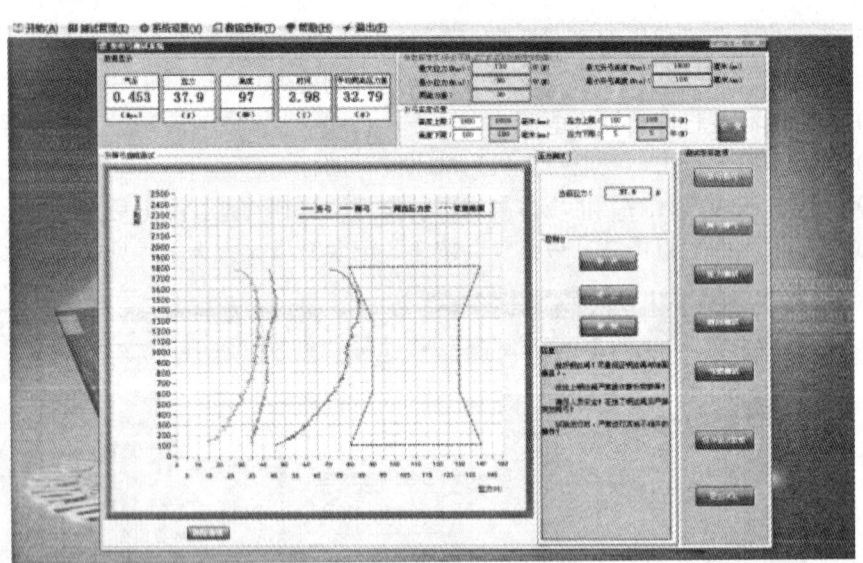

实图0-14　静降曲线绘制界面

（9）实验完成后在显示界面上点击"降弓排气"按钮，将气囊的气体排出。

3．受电弓气密性试验

（1）确认并连接好相应的测试插座。
（2）连接好试件气路，并将气压调节转换到自动模式。
（3）接通电源并打开计算机电源。
（4）在计算机上双击"受电弓微机测试系统"图标。

（5）在主界面右侧点击"气密测试"按钮，在显示界面中点击"压力测试"按钮，记录测量时间及气压值（见实图 0-15）。

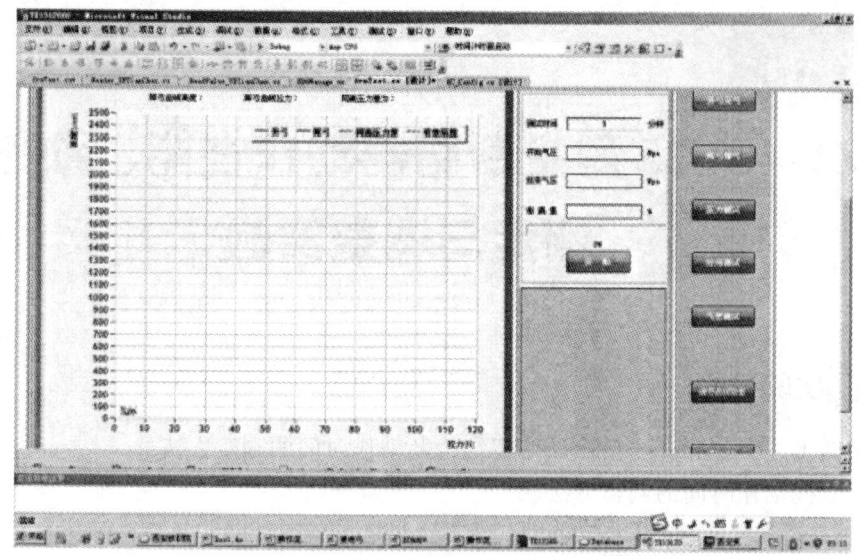

实图 0-15　压力测试软件界面

四、实验注意事项

实验时要防止电压输出测试连线短路；通电时，严禁碰触测试连线及其连接的裸露部分；同时注意接线的极性。

实验五

TDZ1-400/25 型主断路器动作性能、动作时间测定与调整实验

一、实验目的

（1）熟悉 TDZ1-400/25 型主断路器结构及动作时间的测定方法。
（2）掌握动作时间的调整方法。

二、实验方法及说明

（1）本实验采用 401 电秒表直接接入线路，只测定合闸、总分、延时分闸 3 种时间，固有分闸时间用总分减去延时分闸时间来得到。
（2）延时动作时间采用调整延时阀的调整螺栓来进行调整。

三、实验设备

直流电源柜 1 台、交直流电源墙壁插座板、TDZ1-400/25 型主断路器 1 台、401 电秒表 1 台、单相闸刀 1 个及导线若干、空气压缩机 1 台。

四、实验线路及步骤

1. 合闸时间测定

（1）合 K 前，隔离开关打开位置，1，2 断开不计时。实验原理图如实图 0-16 所示。

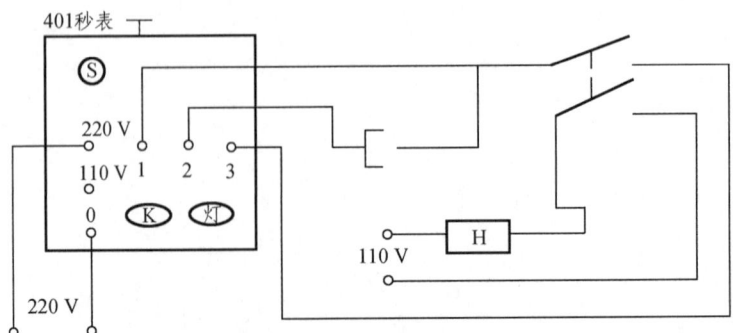

实图 0-16　合 K 前实验原理图

（2）合 K 后，合闸线圈有电，1，3 短路，秒表开始计时，直到隔离开关闭合，1，3 短接，停止计时，从秒表读出时间即合闸时间（从合闸线圈得电到隔离开关闭合的时间）。实验原理图如实图 0-17 所示。

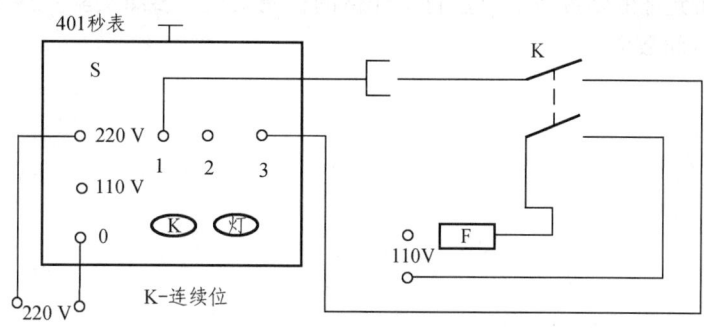

实图 0-17　合 K 后实验原理图

2. 固有分闸时间的测定

（1）合 K 前，隔离开关闭合，1，3 断开，秒表不计时。

（2）合 K 后，分闸线圈得电，同时 1，3 短接，秒表开始计时，直到隔离开关断开时，秒表停止计时，从秒表读出的时间即为固有分闸时间。实验原理图如实图 0-18 所示。

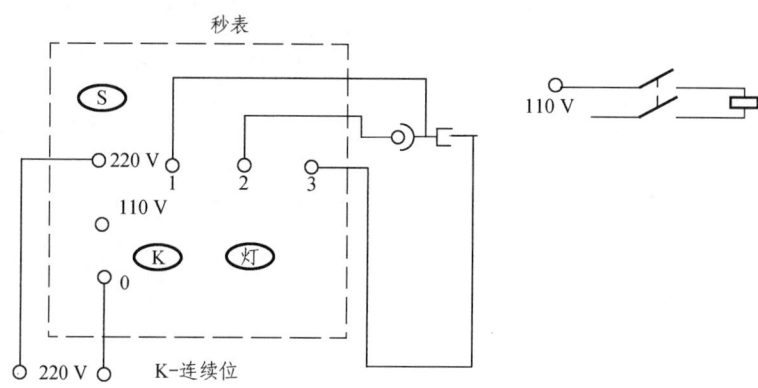

实图 0-18　固有分闸时间测定原理图

3. 延时动作时间

（1）合 K 前，分闸线圈无电，电器不动作。

（2）合 K 后，主触头先断，1，3 短接，秒表开始计时，直到隔离开关打开（即 1，3 断开）时，秒表停止计时，从秒表上读出的时间即延时动作时间。

4. 延时动作时间调整

（1）顺时针调延时阀的调整螺栓（微调），再测延时时间，观测变化情况，进行若干次。

（2）逆时针调延时阀的调整螺栓（微调），再测延时时间，观测变化情况，进行若干次。

五、实验注意事项

（1）在风压＜400 kPa，停止实验，防止主阀滑块发生卡滞现象。

（2）在时间允许的情况下，可进行动作值的检测实验，参照实验步骤1~4项，并依次记录各次实验的时间数值。

实验六

BVAC.N99 型主断路器性能实验

一、实验目的

（1）熟悉 BVAC.N99 型主断路器的结构和动作原理。
（2）掌握 BVAC.N99 型主断路器动作时间的测试。

二、实验设备

风源系统 1 套、直流电源柜 1 台、BVAC.N99 型主断路器 1 台、安装"断路器微机测试系统"软件的计算机 1 台、断路器试验台 1 台、气压行程检测装置 1 套、导线若干。

三、实验步骤及方法

1. 真空断路器性能试验

（1）确认并连接好相应的测试插座。
（2）连接好试件气路，并将气压调节转换到自动模式。
（3）接通电源并打开计算机电源。
（4）在计算机上双击"断路器微机测试系统"图标。
（5）在显示界面上确认气压、电压参数，点击"动作性能"图标（见实图 0-19）。

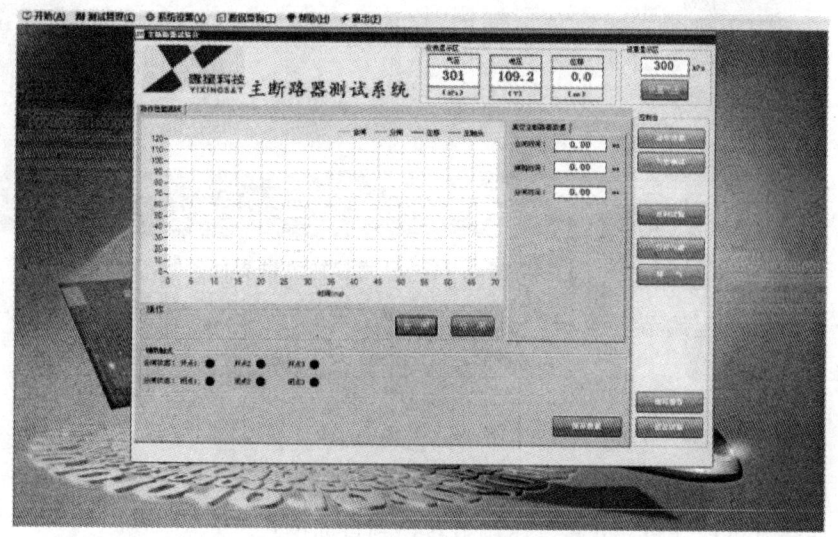

实图 0-19　主断路器动作性能测试界面

（6）在实验台上按压"合闸"按钮，记录合闸时间和弹跳时间（见实图0-20）。

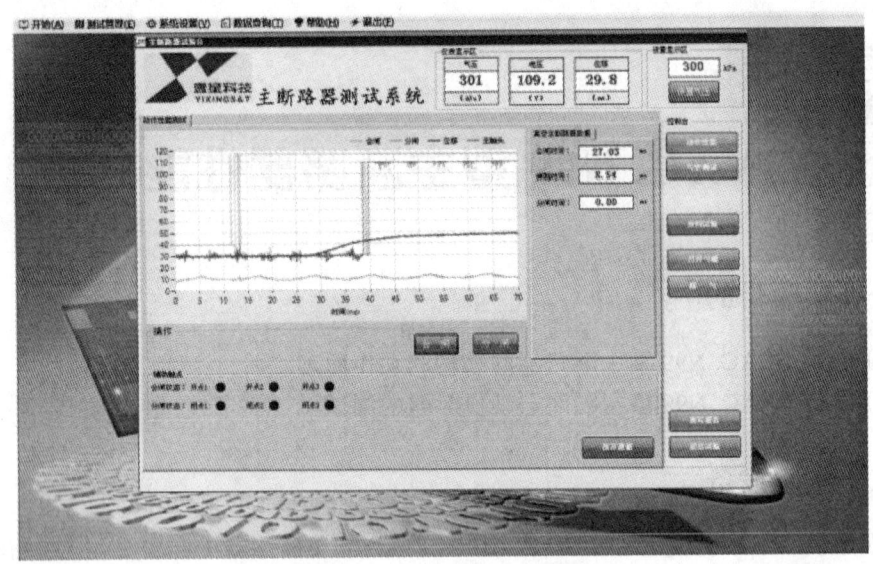

实图0-20　合闸参数测试界面

（7）在实验台上按压"分闸"按钮，记录分闸时间（见实图0-21）。

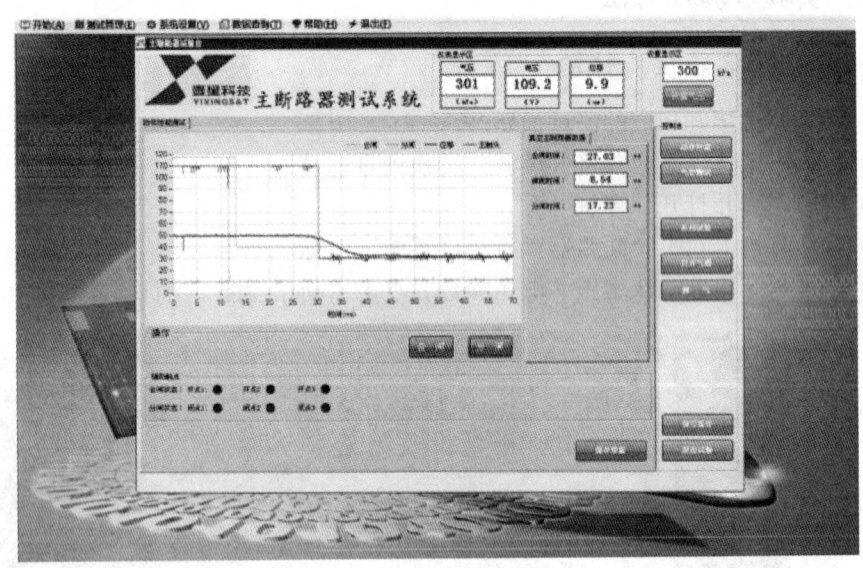

实图0-21　分闸参数测试界面

（8）在计算机上调节"气压"参数，重复（5）~（8）步骤，观察不同气压下相关参数的变化。

2. 真空式主断路器气密性测试

（1）确认并连接好相应的测试插座。
（2）连接好试件气路，并将气压调节转换到自动模式。
（3）接通电源并打开计算机电源。

（4）在计算机上双击"断路器微机测试系统"图标。

（5）在显示界面上确认气压、电压参数，点击"气密测试"图标（见实图0-22）。

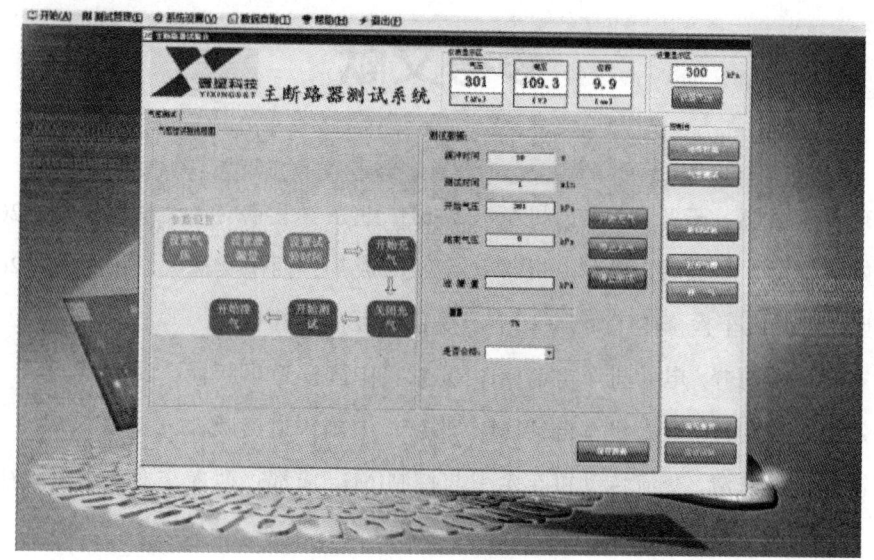

实图0-22　气密测试界面

（6）在弹出的界面中，点击"开始充气"图标。

（7）气压充好后，点击"开始测试"图标，系统开始测试泄漏量。

（8）测量结束后可以得到开始气压、结束气压、泄漏量等参数。

四、实验注意事项

实验时要防止电压输出测试连线短路；通电时，严禁碰触测试连线及其连接的裸露部分；同时注意接线的极性。

参考文献

[1] 刘玮,王丽娜,于彦良. 电力机车电器[M]. 北京：北京交通大学出版社,2021.

[2] 付娟,崔晶,杨会玲. 机车电机与电器[M]. 成都：西南交通大学出版社,2021.

[3] 莫坚. 电力机车检修[M]. 北京：中国铁道出版社,2012.

[4] 谢家的,祁冠峰. 电力机车电器[M]. 北京：中国铁道出版社,2008.

[5] 张效融,吴国祥. 电力机车电器[M]. 北京：中国铁道出版社,2013.

[6] 张铁竹,王秀清. 交流传动机车牵引与控制[M]. 成都：西南交通大学出版社,2014.